歷史文獻

第二十四輯

上海圖書館歷史文獻研究所 編

上海古籍出版社

編纂委員會

顧　　問	王鶴鳴　王世偉
主　　編	黃顯功　陳建華
委　　員	（以姓氏筆劃爲序）
	王　宏　胡　堅　高洪興
	陳先行　陳建華　吳建偉
	梁　穎　黃顯功
編輯部成員	王繼雄　吳建偉　趙　毅

目　錄

笈遊日記　　　　　　　　　　　鄧石如撰　陳碩整理（ 1 ）
書舶庸譚續録　　　　　　　　　　董康撰　梁帥整理（ 14 ）
起居記　　　　　　　　　　　孫毓修撰　胡欣軒整理（ 75 ）
蔣藩日記（上）　　　　　　　　　蔣藩撰　李素雲整理（137）
雙海棠閣日記（外二种）　　　　瞿宣穎撰　唐雪康整理（171）

江人鏡友朋書札　　　　　　　　　　　　陳昌强整理（220）
潘祖蔭書札　　　　　　　　　　　　　　李軍整理（262）
趙烈文致陳鍾英、趙細瓊函五十八通　　　樊昕整理（324）
費熙書札　　　　　　　　　　　　　　　任莉莉整理（370）
《黑龍江通志編輯檔案卷》　　　　　　　胡豔傑整理（383）
上海圖書館藏合衆圖書館檔案文獻彙録（一）　張柯整理（414）
光禄公賦稿　　　　　　　　　　　王茂蔭撰　曹天生整理（429）
陳寶箴佚文五篇　　　　　　　　　楊樹清　劉經富整理（445）
金兆蕃集外文輯存　　　　　　　　　　　尹偉傑整理（453）
胡懷琛手稿四種　　　　　　　　　　邱睿　李吉辰整理（480）

日涉園録　　　　　　　　　［清］陸慶循編　陳才整理（506）
敦煌文獻中古代裱補修復形態研究　　　　　　宋雪春（544）
明前期（1368—1464）土司司所志輯録　　　　黄偉（557）
中華醫學會上海分會圖書館藏《丹亭盧真人廣胎息經》探研

　　　　　　　　　　　　　　　　　　　　　白照傑（587）
再辨王韜六札的撰寫年代　　　　　　　　　　陳正青（608）

笈遊日記

□ 鄧石如撰　陳碩整理

鄧石如(1743—1805)，初名惟琰、琰，字赤玉，後更字石如；嘉慶改元(1796)後以字行，並更字頑伯，一字完白；號笈遊道人、古浣子、完白山人等。安徽懷寧白麟坂(今屬安慶市五橫鄉)人。鄧石如未曾入仕，亦無學術著作，以職業書法、篆刻家身份遊於世，因在篆、隸書與篆刻等領域取得了開創性的成就，被尊爲清代"碑學"的開山宗師。

鄧石如一生四處鬻藝，遊歷甚廣，作書、治印甚多，雖經兵燹，猶有數百件存世。惟其自幼未嘗治舉業，向不以著述爲務，偶作詩文，亦不擅長。因而，在缺少充足原始文獻流傳的情況下，後世學人對其藝術實踐的認知，要遠逾於對其生平事跡的了解。在此並不算豐富的生平事跡的信息中，鄧石如結識梁巘(1727—1785)，特別是入江寧梅鏐(1734—1797)家之後的經歷，又顯然成爲毋庸置疑的主體。其家庭情況、成長經歷、早期鬻藝階段等，則因文獻的闕如，無從進行實質性的討論。幸運的是，故宮博物院藏有鄧石如書《笈遊日記》一冊，恰可爲上述空白的填補，提供關鍵性的自述。

《笈遊日記》凡一冊，十三紙，二十六開。第一迄第九紙上，皆加點斷句(或爲鄧石如所加)，餘者則無。冊外有木板加護，然無題籤。冊內諸紙曾罹污損，每紙對折處下端皆有殘缺，致失數字而無可補苴。

《笈遊日記》主要記載了鄧石如於乾隆三十七年（1772，時年二十九歲）迄乾隆四十年（1775，時年三十二歲）間外出鬻藝的寶貴經歷。其中乾隆三十七年迄乾隆三十九年（1774，時年三十一歲），皆以蕪湖（屬太平府）爲活動中心；至四十年，則由蕪湖南下，以涇縣（屬寧國府）爲活動中心。概言之，鄧石如在此間的活動範圍，大抵沒有逾於清代安徽省的行政邊界。

關於此册的書寫時間，其《序》首句云"乙亥元月上元後一日，是爲甲子，余束裝遊於江上"。按：乙亥爲乾隆二十年（1755），鄧氏時年僅十二歲，又乾隆年間只有乾隆四十年（乙未）正月十六日的干支爲甲子，遂可判定"乙亥"乃"乙未"的筆誤。而乾隆四十年正月十六日即爲《序》乃至全册《笈遊日記》的成稿時間上限。此外，考慮到諸紙書跡風格統一，雖多有塗抹勾乙，然整體上清晰勻稱，故而《日記》的性質在初稿、定稿之間。基於上述信息，筆者推測，鄧石如的具體書寫時間，應在乾隆四十年之後。[①] 正因此《日記》爲事後彙總、抄録，所涉許多信息已難準確寫明，即如年份，文中有兩處預留了空格，即爲填寫年份干支之用。

鄧石如書寫此册《笈遊日記》的初衷，或爲臨時性、私人化地記録見聞，並非有意付梓流播，故而文本措辭頗有未妥處，用字亦多簡寫、俗體甚或訛謬。筆者此次整理，依通行做法統一調整其間的字形，然亦酌情保留了原稿中的個別寫法。對於少數幾處明顯的筆誤或草法訛謬，則依據文意徑改，不復注明。

茲刊布全文，用饗學界同好。

笈遊日記序

乙亥元月上元後一日，是爲甲子，余束裝遊於江上，至棕水登舟，舟泊射蛟臺南岸敗蘆之下。昔漢武帝南封皖潛之天柱山爲南嶽，歷此而蛟興，江水噴湧，舟楫不安。帝以肅慎之矢三發，水波始平，後人因建臺於此，以誌異云。是日陰雲四合，朔風甚烈，舟不敢行。俄而雪片漫飛，帶雨作錚錚之響；花成六出，隨風來蜜蜜之聲。蓮花池上，已非青草之湖；龍眠山中，盡是瓊瑤之島。遂命舟子下幔，假寐舟中，寒生窗牖，四體半僵，敗絮空擁。□□更後，忽兔魄穿窗，金精點水。披襟起視，千山皆靜，六合俱清。□曳玉而搖堤水，梅粧粉以媚柴關。可云清景怡人，幽賞難已者。急趣舟子起而謀以酒，而鼾齁之聲不輟，以物擊之，始醒。問：“有酒乎？”曰：“無有。”“可沽乎？”辭以夜。余慷慨悲生，蓋余自邀遊以來，凡所遇良辰美景，以余視之，人或陶陶，而余猶戚戚。今值此寒夜，得佳況，而余甚樂之。轉思老父，夢寐之中，或以予爲戚戚，而不勝其悲也。嗟乎！情思兩地，憂喜難同，能無感乎？於是秉燭檢篋中卷，得客歲所爲《遊黃海記稿》以改正之，並追記歷年笈遊所得嘉山水，筆之於書以自娛。因爲此《序》，以酬此況，且釋良夜無酒之憾云。

笈遊日記

余幼志無所定，舉業遂荒，父雖督責使學，而心嘗自苦也。蓋父幼博舉子業，至老不能得一衿，遂枯老窮廬，嘗自悲之。故余益得以不肆力於學，乃挾史籀遺法以遊於世。自壬辰年始，時春暮，買舟江上，江水活活，不終日抵烏沙夾鎮。迴望龍山皖水，飄渺於煙雲水涯之間，仿佛猶見之也。余始不覺其悲，及夜宿舟中，夢魂間，仍碌碌樵采之事。蓋余自有知識以來，即遭貧困。父力不贍，余嘗操樵采以供給炊爨，此際猶夢見之，不沒其實也。

明日，舟傍蘆葦，行百二十里，抵大通鎮宿。遙望見九華山，峰巒叢簇，心馳之□，覺蒼翠逼人，爲之擺脫不去。明日，舟出荷葉洲，過六百丈，抵暮泊荻港鎮，繁昌界也。昏黑中見山影倒入江流，掀篷視之,有山頹然逼窗户,問之漁人,曰:"此鳳皇山也。"山有洞,名鳳皇洞,不及登。連日皆行於蘆葦中,見此山,不覺以爲異也。晨起,舟子作食,天亦無風,余乃登焉。山不峻,但岡巒疊疊數轉,山西北鄰江岸,洞屬山腰,石亦崚嶒。山東南樹木叢茂處,有若門焉,大書"青山古道"四字於其上。青山地屬太平,此蓋陸道,可通也。山南轉,開敞二里許,内有古寺,名人題詠甚多,僧亦不俗。茶罷,余辭出。時日出,照澈林表,露珠瑩瑩,皆金色。余尋故道至山腰,復踞洞石,跌而坐焉。因思岵屺之詩,不覺喟然歎興,潸焉涕出。蓋古人離父母兄弟,尚有行役之可憑;而余南北東西,誰覓高誼之地主? 萍蹤難定,跋涉之勞,尚無有涯涘也。際此,余有悔心矣。返,飯於舟中,舟子負縴而行,約四五里許,有山昂然,砥柱江流。古木數株,野竹交翠,上有墻垣,方圍數武,蓋板子磯也,爲明末靖南侯黄得功禦左夢庚處。其墻垣,蓋其所築砲臺也。吾皖爲七省通衢,當明末,爲盜賊之所萃處,非侯,吾皖幾沼矣。今歷此,猶令人欽其遺烈,而爲之徘徊不忍去云。是日僅行二十餘里,宿舊縣。縣無城郭,濱江,上司徭役之所往來,稱繁劇焉。縣令苦之,遂請遷於山陬,今惟荒江墟市而已。

　　明日凌晨,負縴行三十餘里,抵三山宿,昔青蓮詩云"三山半落青天外",即其□。是夕,五更即行,窗櫺中見檣桅,恍若蝟毛,叢集插天,昏黑中不辨其爲何處。問之舟人,曰:"此蕪湖關也,商舟泊此以輸税者。"即促余起,值關邏者躍入舟,見惟殘書數卷,無可注意者,遂笑而揮之。抵河北岸,館於旅店中,月餘,無所知名。間壁有王某者,狡猾之徒,亦業余業,嘗爲人摹印,己力不贍,常分以與余爲,謬以爲某寒生,"先生毋校其值也",而彼自得多金,余笑而頷之,且以之消旅中寂寞。自是,蕪人稍稍識余名。

　　一日者,遊於河南岸。岸,故市也,爲榷關使者之官道,市後即圩。時四月下旬,禾苗油油然,農歌互相賡和。余跌於柳樹下,坐久之，有書聲出於竹籬罅隙中，余叩門焉，須臾，一童子開門，與其先生揖而坐定，互相道姓字。蓋張姓，晉啓其字，濤其名也，館於戴氏有年矣。其人渾樸，寡笑言，與吾性同。善作書，其蠅頭細字尤稱絕技。余以所業告，遂大喜，歡甚。乃出匣中所藏石數方，余即爲摹一二方，謬爲稱贊，以爲今世罕有也。餘數方，袖而歸寓所成之。其居停戴華章者，年屆耄矣，爲蕪邑之善士，凡此地之寺觀興造，皆其所董。鳩江之西岸，窪下約四五里，每水漲，居人虞其汨没，常苦之。江北岸有梟磯，上祀漢昭烈帝后，爲長江之險要處，當水落，石伏其中，戕舟楫，往往死者指不勝屈。翁憂之，遂募邑之豪，襄而成之。至今石壁兩岸，繞若墻垣，人安之，稱康衢焉。其孫金鑑，年少余一歲，亦好士。自後余常往來其家，與戴氏賓主爲忘年莫逆交。閱數日，余送圖章與晉啓，告我曰："逆旅不能免塵囂之擾，恐難安靜。余與敝居停議，送君館於南寺可乎？蕪邑四大寺，惟南寺幽僻。"余然之，遂改館焉。龍孝田者，戴氏之親家也，世宦□。晉啓常爲余吹噓及之，亦雅好余，相過從益密，於是爲吾廣爲延譽，旅中得以不困。時五月初旬，榴噴火以烘市，蒲抽劍而辟魔，金鼓之聲，喧徹蕭寺。見龍舟競渡，奪錦標於中流，弔忠魂於波底。遊人乘醉橫行，婦女麗都雲集。甚至奪標不勝，足踏舟翻，溺死無算，蓋爲此者，皆屬亡命之徒也。雖襲弔古之佳名，而實傷今之治道。嘗讀《溱洧》之詩，雖事不同時，而聖人存之，以垂戒後世，後人反漠然視之。噫！其風洵不美矣。……②

是月中旬，余欲遊太平、青山，泛羅、采石一帶，諸友人不可，余難之，遂出遊。時霉雨霏霏，瘟疫大作，道路屍骸漫滿者纍纍，犬烏旋繞蠅覆其上，軀肉爲之不現，數日則白骨委地矣。余掩鼻行六十里，至郡城南門馬馴街宿焉。市無行人，但聞斷續呻吟之聲而已。余逆旅主人謂余曰："余夫婦幾鄰於死者數矣。余家六口，一子、一媳、二女，不三日盡死。今余夫婦不死，天其或者以君爲有所主,而留余夫婦在耶?"言未竟而淚涕交迸矣。是夕,鄰寓有幼女啼哭聲。晨起,訊之主人,謂:"彼家凡八口,前數日已死其子女數人,今其夫婦並亡,雖存此女,尚未卜其存亡。敝郡自四月至今,十家有三四家無恙者,則天幸矣。"余聞而哀之,悚然歎息良久。自恨囊無可解之金,胸抱無涯之感,身非鐵石,又安能爲彼歎息而躊躇乎?又安能保己無恙而不填壑,以免吾親夢寐之思乎?以故不敢登覽青山,泛羅、采石諸勝,至今忽一思及之,猶令人作數日惡也。返於蕪,爲諸友人道之,皆爲之股(慄)[慄],歎余之能耐顛沛也。時屬六月初旬,至七月盡,皆避暑於寺中,聽晨鐘暮鼓聲。寺屋甚高廠,雖暑,亦未見甚酷,僧常以西瓜啖之。至八月初,抱微恙,以爲不甚受暑,瓜性寒,恐以此□,每日飲薑茶,忘余之有痔疾也。至是,遂大發,出血數升,遂絕去薑茶,月餘乃□。

時涼氣初透,諸友人邀遊赭山,山無奇,自三山循江而下,至此始有此山,高不里許,頂有亭,可觀江景,今廢。轉飲於陶塘之壚頭,塘寬闊數百畝,在邑之西北。塘之東北沿赭山腳,蘆葦數莖,脩竹十餘竿,互相欹斜其中。西南鄰市,水閣、茶亭、酒簾,相掩映於垂柳、古木間。凡花朝、月夕,邑之人雜遝至焉。每酒酣耳熱,杯盤狼籍之(侯)[候],遊人喧譁叫號其間。水鳥或亦如之,展翅作驚避狀,或亦倨然無恐。余每憑欄,玩水之澄澈汪汪,清鑑鬚眉,而良久不語。人每怪之,而不知余心斯時之悲也。家君嘗爲余言:"欲覓一處,以爲老來耕鑿之所。或山之椒焉,內有蒼松脩竹,可憑依吟嘯,曳杖而徘徊其間;或水一方焉,傍有垂柳板橋,可濯足持竿,攜朋而澹蕩其間。余皆未之能措也。"今兹之遊,余方有山水之樂,(啣)[啣]杯酣暢,能無感及垂白窮愁之老親,抱膝窮廬之中,方以遊子長途之慘淡爲念者乎?故雖朋儕攜遊於此,而余心實不樂也。返於寓,時已二更矣。寒生牀席,正屬客子授衣之時,而余家書難達,鄉夢徒馳,聽隕葉敲窗,寒蛩鳴砌,如助余之歎息。晨起,余未盥櫛,僧以餻進。問今是何日,曰:"今日重陽節,君未之知耶? 若非予來,君幾忽忽過矣。"午刻,戴金鑑同張晉啓、龍孝田至寺,邀余登高於赭阜之巔,彼等未至其半,余已登矣。喘定,□□余之捷足也。四望蒼涼,寥廓之態,已令人感歎時序之變遷,霜葉尚未卷紅,遊人烏集,各成詩一章,□飲於厶氏糟坊。金鑑沽美酒一甕,是日濫觴,遂大醉,不成步,遂相牽挽欹邪而歸。張子亦客,而不知彼二人歸時,於妻孥處作何狀態也。

明日,僧言於余曰:"吉祥寺後,菊花甚熾,□不往觀之?"余曰:"諾。"遂往遊焉。此地沼汎羅山腳,一帶村居籬落,場圃相接,居人皆以蒔花爲業。時菊花尚未盛開,五色相間,叢簇爛縵若錦繡。其東南一家,花尤稱最,傍有酒樓、茶肆。圃中叢以百卉,籬旁有塘一二畝,雖茆屋數椽,而有一二豔麗,巡環相繞於花圃間,遊人往來常心醉焉。惜此花稱節操品,若值梅花、木勺正開之時,沉香亭畔,太真不得獨擅其美;羅浮山間,師雄詎可説夢耶? 此亦可以知此地之風華矣。時日尚有數竿,因乘興躡汎羅山之椒焉。數轉而履其頂,邑之人每於秋日集此玩紅葉。時爛縵若霞,遊人已去,余眺覽者久之。山之西落,起小巒,上有亭焉,西臨江,橫匾豎"識舟"二字,石刻碑記詩章甚多,蓋士大夫讌集之所也。帆檣上下,若爭相逐焉。天際歸帆,雲中江樹,秋風颯颯,孤客他鄉,鱸膾蓴羹,歸思頓興矣。返於寓,爲之終夜不寐,枕上惟聽禁城斷續擊柝聲而已。

是日凌晨起,檢點篋中石,尚有數十方未鐫竟,人來取者踵至。於是遂閉户奮興,不十日成之,時九月下旬盡也。明日爲十月朔,余將束裝歸矣,適戴子金鑑至,出袖中石數方,告余曰:"予有友,久慕高誼,轉介僕以相求,敢祈一揮而成之,榮僕多矣。"余以歸告,戴子難之,而不可以辭,雖勉全彼友朋之信,而余腸日九迴矣。於是諸友聞戴子之言,皆以多方迂滯余,遂至十一月中旬始掉歸帆。諸友人送至江干，依依有不忍分袂之意，頻相囑曰："來春須早買舟東下，勿鄙棄江東布衣人也。"余唯唯。是時江水壅滯，波浪起疊，如峻嶺深谷，不似春水之流動也。行不二十里，余昏憒，須臾，大嘔吐，出清水數升，和江水□一色焉。余笑曰："吾胸中無物，一至此耶？何不出吾肺腸一洗濯之乎？"稍定，側而臥焉，不知身之在舟中也。是夕，宿蘆蓆夾，村人以織蓆爲業，故名。夜不成寐，掀篷起視，見斗柄東指，敗蘆迎風散花，搖蕩於月明中，作蒼蒼之響，以與江濤之聲相映和也。時歸心如矢，遂喚舟子曰："日甚短，當及月明行也。"舟子然之。余就寢，覺而起，不知日已三竿也。晨刻過荻港，抵暮泊丁家洲宿，即元伯顔敗賈似道處。至今江水嗚咽，若猶爲之含羞。明日抵青溪，日尚未暮即泊舟，以池口內河涸，不可行，恐開江有不時之風浪也。偶步於岸，有宋二生祠，當元兵破池州，州守趙昂發夫婦死之，二生抱昂發屍痛哭，同躍入青溪水死。郡守李樟刻碑表之。嘗讀《宋史》，賈似道空臨安之兵，得六十餘萬衆，禦伯顔於丁家洲，身爲國相，至兵敗，逡巡逃退，卒貶竄以死。嗚乎！固一死也，較之二生之死，其間壤隔爲何如哉！明日午刻，過棕川，已望見龍山巖壑，舟沿陂坂行。去年江水濫汜，大江兩岸居村廬舍皆汩沒無存，田地壅塞不可闢，雖今歲山田有收，而近水處□餓殍載道也。岸上男婦拜跪乞錢，言語甚哀。商舟過，或有抛錢於岸，以觀其搶覓跌仆之狀爲戲，而不知窮人以錢爲命者也。日夕矣，舟始抵皖，仍宿舟中。

是月望後二日也，月明中，見江底若銀柱然，橫截江水，乃塔影也，爲吾皖八景之一。晨起，運行李於妹丈方九疇家，問知吾家皆平安，而喜可知矣。幼甥繞余膝左右不離，以爲舅之遠來，必有果餌之物以啖我，及探囊無有，遂匿跡於堂奧間，作忸怩狀，余殊愧之。妹欲留宿其家，余不可，裾幾爲牽絕。是日雨，手足沾濡，離家不三里，遙望見燈光熒熒於吾廬破壁間，則吾弟夜讀，猶未眠也，時已三更矣。父□□之,遂披襟起,歡甚,猶津津於卜之驗也。遂熾火,問此遊之得嘉山水否?得益友否?不落寞否?諸伯仲皆起而來聚談。明晨,弟檢篋中無他物,仍殘書數卷而已,余深愧之。吁!余性樸,自出遊,所遇不無豪貴之士,而余未嘗亦懷刺以投其門下,諸友嘗過之,曰:"君性亦太執!"余曰:"余胡以拜跪得金錢耶?"所得諸性情交者,皆本分篤實之士,故常器重余,以故余囊橐雖蕭然,無可奉親,而歸時父子兄弟間常歡然有喜也。

明年是③,家中無業,又抵蕪,仍寓舊寓。諸友皆以余之能踐言也,皆忻忻。是月中旬,戴子、張子挈榼至寺,邀看鐵佛寺梅花。未至一二里,即有香氣迎人,花屬數百年物也。僧墙而垣之,枝幹盤曲,如龍俯仰,而上成蓋。時花盛開,乘風蕩漾,致蘂萼相摩盪,摧殘花片,錯落紛紛,若紅雨霏霏,墜地如錦毹,遊人履之,香滿道路,數里不絕也。余顧戴子言曰:"對此清標,須存冰雪心,作出世想。忽效羅浮山人,爲此花所播弄也。"張子亦云:"每對此花,覺吾之凡骨煩重,令人情癡而不決者,何也?"余曰:"是謂有豔世之心矣。"張子感之,半餉不語,矍然曰:"君真此花之密友也!"遂於花旁席地而飲焉,酒盡而返。自後春夏之間,多遊蕩於陶塘、赭阜,或獨自而遊焉,或友朋相追逐而遊焉。至八月,又遷寓於戴氏槽坊中,凡僧寺房金、食用之需,皆免探囊,而遊囊稍裕矣。是月十三,值萬壽期,上官傳諭通城內外各張燈掛綵,前後十日,邑人爭趨之,靡費鉅萬。凡十家一燈臺,五家一燈樓,每家又復張燈數對,於是燈光燭天,花綵炫目,鼓樂宵奏,婦如亦炫服新粧。夜遊於市,滿耳太平歌聲,齊祝萬年天子也。歎余生長於窮鄉草野,至此而亦爲之心熱焉。遙思帝都,此日當又爲之何如哉?心爲之超越皇都矣。中秋之夜,殊屬悵悵,離鄉見月,□□□□。九月,余獨遊於東梁山,履其巔焉,望西梁山咫尺間耳,爲江水所斷,然脈實相承,兩山峙立若門焉,太白所謂"天門中斷"也,爲金陵噤喉所。兩山惟東梁山最陡峭,聽江濤須以此爲雄觀。返於蕪,欲往梟磯一遊,因雨阻,未果。荆山石壁,此邑八景之一,余亦欲焉,以他事阻。

是冬,戴金鑑爲余訂方姓之館,余不可。彼輩見余濫遊,故謀以爲余息足地。余雖濫遊,人皆不知余心有感也,然已厭之□,遂許之。十月,此地出東嶽出巡,凡市上燈臺樓閣,亦如萬壽時也。外帝之巡遊駐輦處,其行宮三十餘所,皆別爲出奇。其宮殿或三層、五層,莫不欄牙蔓迴,簷牙高啄,各出其奇而不一格。其鑾儀全副,其鬼使沼市布武,又有戰車八乘,每乘用廿四人以推挽,凡在衝□倒□不如意。其輪高丈許,兩軾起木沖,高五尺餘。人盔鎧雄偉,而倚縛於沖上,手持大刀,合八乘於隙處,旋舞作戰鬪狀,皆有陣法,會數十合,又簇而別去。又有隨神之臺閣十餘架,扮□今□。童子迎香者,動數十百人,衣著甚偉,皆地之俊秀者。每日於行宮處演劇,皆鄙褻,不堪入耳目,婦如亦爲赧顔,男子若靡,大抵賽會迎神莫蕪之甚者也。嗚乎!帝之神巡遊天下,爲五嶽尊,而豈享此一邑一方鄙褻之血食乎?律載賽會迎神,例有明條,治此土者,爲之不聞不問,何哉?是年,爲朋友之糾纏,遂不得歸,度歲於此,然不無異地之感焉。

明年是爲　　④。春二月七日,開館於方氏庭。童子四人,亦皆聰慧。余每晨生書上三進,理書或一二册,搭書亦如理書數。午刻,書《忠孝經》一兩行,選讀五、七言唐詩各一首。晚課亦如晨課。改館時,□讀畢"四書"者,皆能熟背,艱澀字皆能認,字體可觀。童子凡早晚歸時,見長者皆□□禮儀。俱令午刻所讀唐詩、《忠孝經》,縱其作歌,行止吟哦之,於是主人有惜其勞苦者。余曰:"童子六七歲時,不以此陶鎔其性,使之有愜於心。至八、九歲時,又要講書,作破題。到十歲以上,其習舉業者,功夫不得不爲時文所磨耗。非然,其性情滯而不流。斯時非苦之,乃所以放之也。"余性直樸無華而放於是,遂辭此館。所有些須俸金,亦爲衣履所耗,歸時囊亦無所有也。父亦不予怪,知予時命之不造,而憐惜之心生焉,然余心實苦矣。

春,余仍束裝東下,欲爲金陵、廣陵之遊,息於蕪,諸友人識余意,止之曰:"君年少,而非木石人也。恐湘江花木深處,君遇迷人,而致尊人虛倚欄也。"余覺之,遂擔簦而爲黃山、白嶽之遊,蕪市人皆笑之,時春仲廿六日也。是日行百里,抵南陵宿,兩腿僵仆,喘喘殆欲斃然。明日,猶蹣跚不成步,市人聚而譁曰"跛先生"云。憶余數年來雖無安居之樂,亦無步行之勞。雖蕪邑往返數年,每片帆江上,小舟容膝,猶可稍安。陸道崎嶇,今纔發軔,而肢體遽然不和,宇宙無垠,將何所以望於後日也耶?嗟乎!而正不得已也。於是沿城南野行,樹木鬱然,城皆環水,居人以木駕橋,通官道,故流水板橋,亦曲有佳趣。復西北行數步,有書聲出於垂柳茆舍間,遂進一憩焉。塾師李姓,字致雲,湘西其名也,亦雅致人。問余之所來,余以所往告,遂命烹茶,縱談少頃,同把臂散步於墅後之土崗。是時,春已□□,綠鋪麥野,黃滿菜畦,草木皆滋榮,時時有香氣襲人,望城內□□盛開,幾疑爲⑤河陽縣也。李子欲留爲一夕之談,余告以行李在逆旅,遂循故道歸寓。別數十步矣,李子忽趨而前,謂我曰:"黃海歸來,務必迂道以告我。"遂依依別去,余以是知李子爲豪俠人。明日凌晨,往涇縣道路,過吉字嶺,離南陵二十五里。迴望南陵,盡茂樹平原,不見其爲城也。然余心中有一李子在。高不二里許,憩於一茆店中。其婦已死矣,三子、二媳,一子尚在襁褓。其長媳方挑菜於野田間,喚之歸。粥一釜,其幼子作覬食不食狀,然父子兄弟間熙熙如也,自恨不如遠甚。是日抵涇六十里,日尚數竿,余愛其山水清秀,桑麻滿野,樹千章,竹萬个,相迷離於山巔水涯間,意謂此間必産高人異士焉,遂宿於此。逆旅主人年垂老矣,無子,好潔,雖事賤業,而擔夫、販夫不屑留之宿也。故館舍頗清曠,西有樓四間,余駐右室,面吞涇川之佳山水者,常十八九。以故余繾綣於此，遂不欲他去。

明日，主人謂余曰："觀先生非凡俗人，此地有趙太史者，致仕家居，方課子侄於七聖殿僧舍，若往謁之，吾知先生必有合也。"余然之。一見，果如故交，遂命諸子侄曰："此吾道中人也。"余遂以所業請，頗見稱許，遂欣然爲余作《印稿序》以贈余。先生名青藜，字然乙，號星閣，爲海内之所瞻仰。於是涇之人士群相趨焉，而所寓之樓爲之冠蓋相接，皆歎曰："若非君來，幾虛此樓之勝。"每客去，憑牖聽欸乃聲、滄浪聲、竹韻聲，余間亦挑書一卷，覺聲聲來伴余之書聲，而相唱和也。一日，趙蘋山先生凌晨攜石數方來晤，余尚未盥櫛，眼矇矓間，先生□□余曰："水西北山麓漏若紅霞者，君辨之乎？"余謝不知。先生曰："此地明泉清坑□□□桃李爲業。每當春日，遊人若蟻，惜余足力不健，不能與君偕遊也。"余聞之，食不暇飽，便行，主人止之曰："且緩。余有從弟名崧者，館於湖山殿，與桃園咫尺間耳。前日已爲彼言之，彼欲延至其館，今可便道過也。"遂出西門，登渡，猶望見余所時憑之牖。上岸，遂穿脩竹行，翠色蒼蒼，筠林立，時時作風雨之聲。約三里許，又過一溪。緣山行，又里許，始至其處。時春已闌，落英繽紛，紅白相間，鋪地寸許，屋舍亦爲伏没，但時聞犬吠雞鳴□□聲而已。余欲窮其所止，不辨其徑道，遂尋故道，出山口而坐焉。此趙先生所云"山麓漏若紅霞"者。轉至湖山殿，沈先生一見笑曰："君神仙中人耶？何爲著錦袍？"余曰："適自桃林中來。"先生曰："見君倩甚，固知自桃林來也。"余始覺花片點綴余衣裾間，是花之辱厚貺於余，非先生言而幾没其情矣。先生即主人從弟名崧者，字南瞻，別號湖樵山人。善作書，直逼古人，人之求之踵相接也。性情灑脱，嘗自稱爲"沈郎"云。余歸而爲摹印大小十數方，自是數往來於余寓，稱密焉。因薦水西書院趙荊來先生處，先生言語謙默，容止藹然可觀，坐對之間，覺余形穢。導余遊水西寺，寺左右有浮屠聳插雲，爲唐厶宗之流遁處，李太白亦愛慕此方山水，嘗流寓於此。出寺數武，有煙雨亭，亭前修竹，不啻渭川千畝，杜牧之有詩云："李白題詩水西寺，紅白花開煙雨中。"後人遂以"煙雨"名亭，志其概也。余嘗日暮獨往來於水西、湖山二處茶話，聞鐘鼓聲，即戴月行於脩竹中歸寓，自是以爲常。

後記：筆者在整理過程中，故宮博物院秦明研究員、浙江大學漢語史研究中心許建平教授多有指正，謹此致謝！

（整理者單位：山東大學文藝美學研究中心）

---

① 相關考證與分析，詳見陳碩《消失的片段——鄧石如〈笈遊日記〉考論》，《新美術》2021年第1期，第147—157頁。
② 原冊在"矣"下殘損數十字，今不可辨，遂以省略號代替。
③ 原文此處空二格，以作填寫年份干支之用。
④ 同上。
⑤ 原文此處衍一"爲"字。

書舶庸譚續錄[*]

□ 董康撰　梁帥整理

　　董康(1867—1948)，字授經、綬經、授金，號誦芬室主人，江蘇武進人，中國近現代著名藏書家、法學家與圖書出版家。董康早年肄業於南菁書院，光緒十四年(1888)鄉試中舉，第二年會試奏捷；並於後年(1890)參加殿試，得三甲第四十二名，初授刑部主事。光緒十八年(1892)董康丁憂南旋，戊戌政變後入京復職，晉刑部員外郎、郎中；庚子事變之際其因留署有功，升任提牢廳主事，總辦秋審兼山西司主稿。光緒三十二年(1906)，董康出任京師法律學堂教務提調，並於當年四月赴東瀛考察，回國後繼任大理院候補推丞。辛亥革命後，董康避居京都，至1914年應北洋政府司法總長梁啓超之邀出任法律編查會副會長兼署大理院院長，此後官至北洋政府司法總長、財政總長等。1922年，董康辭去財政總長職，遠赴歐美考察財政、司法；回國後亦謝絶政治，並相繼接任東吳大學法學院教授、上海法科大學校長等職。1926年底，因卷入政治風波，董康不得不冒大東書局沈駿聲之弟沈玉聲之名避難日本，並於次年歸國。在這之後，他還有三次短暫旅日的經歷。晚節不保是

[*] 此篇系國家社科基金"清代宗室戲曲活動研究"(項目編號：20CZW016)階段性成果。

董康一生揮之不去的污點。1937年底，董康出任僞中華民國臨時政府委員、司法委員長，抗戰勝利後便因爲這段不光彩經歷被捕。後被保外就醫，1948年病逝於北平家中。作爲清末民國極爲重要的學者，董康在諸多領域取得了矚目學術成就。他是傑出的法律家，所撰《秋審制度》《前清法制概要》等在中國近代法律學科體系的建構中有導夫先路之功，更榮膺民國四大法學家之首。董康在藏書方面的深耕踐履更爲學界公認，主持編纂的《誦芬室讀曲叢刊》《曲海總目提要》嘉惠學林尤廣。在董氏諸多著述中，尤以《書舶庸譚》最負盛名。是書首創"日記體"的目錄學體制，不僅開闢了版本目錄學的新體式，更保存了董氏赴東瀛寓目的珍本文獻。

《書舶庸譚》有兩種刻本。一爲四卷本，誦芬室1928年自刻本與大東書局1930年石印本皆屬此，該本是董康在1926年12月至1927年5月避難日本時所記。另一種爲九卷本，即誦芬室1939年自刻本。是書較四卷本增加了1933年11月至1934年1月、1935年4月以及1936年8月三次赴日的日記，並相應地對四卷本進行潤色調整。臺灣廣文書局曾將四卷本收入"書目叢編"(1967)，之後臺灣世界書局又將九卷本收入"中國學術名著第七輯"(1971)。日本學者芳村弘道還於20世紀90年代將四卷本《書舶庸譚》翻譯爲日文，連載於《就實語文》。①大陸學界關於《書舶庸譚》的整理與研究較晚，直至1998年，遼寧教育出版社才出版了傅傑點校的四卷本，後來相繼有王君南(河北教育出版社，2000年)、朱惠(中華書局，2013年)整理的九卷本，《日本藏漢籍善本書志書目集成》(國家圖書館出版社，2003年)亦影印了九卷本。

除此之外，近日筆者又在上海圖書館歷史文獻部發現董康《書舶庸譚續錄》(下文簡稱《續錄》)手稿。是書藍色書衣，朱筆題"書舶庸譚續錄，董康"。索書號：T54683-97#8，板框寬高：25.7×18.2 cm，半葉11行，行20字。凡一冊，首頁鈐"上海市歷史文獻圖書館藏""上海圖書館藏"朱文長方印。《續録》屬《誦芬室叢稿》之一種，另外分別爲《比較刑法》、《古刑書考略》、《新舊刑律比較》、《刑法比教學》、《刑法史》、《中國法制史》、《重輯新舊刑法比較》（兩種），皆爲董氏未刊稿。《續録》所記時間起自 1933 年 11 月 8 日，至 1934 年 1 月 21 日止，較刻本缺少 1934 年 1 月 22 日。1934 年 1 月 14 日則是寫在外印有"日本郵船株式會社"字樣的白紙上。經筆者考察，這部稿本實爲《書舶庸譚》卷五、六、七之底稿。另，中國科學院文獻情報中心也藏有一部《書舶庸譚》手稿，亦爲藍色書衣，排架號：272226－7。是書凡兩册，首册題"《書舶庸譚》卷七"，鈐"中國科學院圖書館藏"朱文方印，半葉 11 行，行 20 字。首册所記起自 1934 年 1 月 1 日至 1 月 22 日止。第二册不記時間，所録爲《光嶽英華》《四不如類鈔》《玄羽外編》《翠樓集》《品花鑒》提要，内容與九卷本中的 1933 年 11 月 27 日、11 月 30 日相吻合。將此本與《續録》、九卷本比較，該本是《續録》卷七、卷五（部分）的謄清稿。

《中央日報》1933 年 11 月 9 日報導："董康偕秘書孫逸齋、楊無恙，八日晨搭上海丸赴日講學。董語記者，此去約定爲兩個月，如延長時期，最遲明年三月中必返滬。本人並受教育部委托，與袁同禮統統調查日本文化事業，以資我國借鏡。"[②] 董氏此行有兩項任務，一是應日本中國法制研究會之邀進行講學，二是與袁同禮（1895—1965）一道爲北平圖書館預備影攝的書籍尋覓底本。前者進展頗爲順利；後者却因袁氏遲遲未到，董氏只能與時任北平圖書館館員的楊維新負責。相較與傳世刻本，稿本有重要的學術價值。它是董康訪日期間日常生活、延宴交友、訪求書籍的原始記録，其文字表述真切地反映了董氏在日期間的學術活動，由此也就形成了與刻本迥異的面貌，概括起來約有以下几個方面：刻本有意隱藏的内容，稿本中多有詳細表述；刻本有許多語義不甚自然連貫處,稿本有對其前因後果的準確交代;稿本著錄的董氏部分訪書事迹及寓目書籍,刻本或有徑行刪去者,或有調整至他年者;刻本中的書目提要,稿本多與之不同;董康在《續錄》上已作有点讀,而王君南、朱惠的句讀時有與董氏原意不符處。胡適於《書舶庸譚·序》稱董康是一位"多情的人",董氏也的確多有即興賦詩之事,然刻本或刪去之,或修改之,刪削者也不見於董氏詞集《課花庵詞》。尤爲值得關注的是,待1939年九卷本出版時,董氏剛剛接任華北僞中華民國臨時政府司法委員長,彼時心跡與早先實已大不相同。故從考察董氏心態變遷及學術活動的角度看,《續錄》與四卷本有承傳之跡;而與九卷本却相去甚遠,甚至有所隔隙。由此而言,無論是研究《書舶庸譚》的成書過程、董康個人的學術活動,亦或考察民國時期中日兩國的學術交流,《續錄》都有着重要學術價值。

　　筆者此次針對上海圖書館藏《續錄》手稿進行整理,並多有參考學界有關《書舶庸譚》的研究成果。

十一月八日　陰曆九月二十一日　晴

　　余復有日本之遊。先是,東京法學博士松本烝治等組織中國法制研究會,由滬上辯護士村上貞吉托司法常次石友爲君介往講演,曾一度婉謝。閱數月,村上君復申前議,余亦因内藤、狩野、田中、倉石諸舊友契闊有年,並聞高野山發見《文館詞林》三卷,欲竟戌丁訪書之役,遂允其請。訂定期間兩月,俟歸慎芳畢姻後,定期今日乘上海丸東航。村上遂回布置,留書記大谷途中照料。余遂邀虞山詩人楊無恙、丹徒孫逸齋、鄉人劉錫堂同行。閩中龔禮南之女公子玉徽亦請加入遊團。是日六時起床,更裝。玉姬謂七年前,君自日本回,儂佇迎江岸,遥見天際船大如栗,漸行漸近,斯須達岸,欣喜如何,不意今復爲江頭送別人也。言之悽愴,余以暫別慰之。七時頃,高三分院長梁雲山、大東經理沈駿聲、親家陶蘭泉(自津來)、少卿堂弟暨盛綏臣、瞿鳳起先後集寓所。前農次趙晉卿亦遣技士高文御車衛送。玉姬率申寶、雙寶、全寶分乘雲山、駿聲、晉卿、少卿四車,八時抵匯山碼頭。遼寧高值卿、閩中蔡伯俞、山左袁景唐、河北查良鑑已在船株候,一一握別。玉姬雙淚綆垂,余情難自禁,屬雲山載之先回。弟子史良最後至。九時啓碇離岸,與岸上諸君揚巾告辭,入船室部署行篋。余室一〇五,無恙等一〇七,玉徽一二二。長崎警察署警士三岳春男檢查旅客,而於余之歷貫頗諗。日本勵精圖治,即此一端,令人驚異也。晚餐後,船主演活動寫真娛客。

九日　晴

早餐後,倚舷眺望,海程恬適。午後一時半抵長崎,同儕五人登陸遊覽。寄上海各法院信,電京都小林告行期。新聞記者遮問:"公之此行,感想如何?"余曰:"勉膺研究講學之招,乘便溫循舊跡,別無感想也。"是處為軍港,兩岸諸峰環峙,天然畫境。詣大德寺,寺供菅原道真。道真為日本歷史上人物,因忠譴放,歿於戍所,即為此地。國人哀之,遍處為立神社,又稱天滿宮。歸途至一鱉甲商店,購鱉甲鋼筆二本,以貽兒輩。鱉甲,吾國名玳瑁,世界產玳瑁惟長崎與意大利最良。復至一商店,購繪葉書十餘枚。壁間黏剪髮女子攝影,悉為東京電影明星,瘦肥修短并皆妍妙。歐風東漸,妝束一端,效力尤速。昔人咏美人,大都於低鬟峨髻寄其遐想。設生今日,不知更易何種名詞以摩寫之。四時半出帆,晚神戶稅關入室詳檢,於書籍綦嚴,為防赤化宣傳之故。檢查畢,復介一兵庫縣廳特高課吉川為藏來談,於余等行蹤已甚了了,不過作私人之問答而已。夜梦博陵君侍母至,仿佛當年館甥情形。醒後追維,彌益悵楚。

十日　晴

　　八時過栗島，雙峽對峙，似揚子江之東西梁山。潮流至斯驟束，浪花卷雪，激蕩可觀。午後三時抵神戶，小林偕次郎長文並辯護奧平昌洪迎於留繫場。遙相爲禮，斯須登舟，握手道契闊，欣喜可知。總領江華本踵至，知雨岩公使南都旅行未回。同儕上陸，分乘三車。余之手行篋爲紙煙專賣局巡查所瞥，必須開檢，告以已黏有印花，請其免驗。其實余素忌此物，不過慮其翻騰，致失次序。巡查益疑，取匙開示，巡查道歉而去。入倭林旅館，啜茗稍憩。聞七時之上行車已無寢臺，乃至一宮驛附近百貨場晚餐，預定九時半之寢臺車券。小林以時間尚早，約赴京都驛專候，乃改乘他車入洛。在二樓食堂閑話以待。十時許車至，別小林，乘車東駛，殊爲車中蒸汽所苦。是日，發東京田中電，告行程，並分寄滬上各函。

十一日

　　六時起床，車停國府津驛。窗外微雨，無從睹富士眞影。八時許抵東京驛，法學博士松本蒸治、田中耕次郎、瀧川政次郎，暨村上、田中二君均出迎，一一爲禮。由田中、村上二君導入麴町區平河町六番地六丁目萬平旅館，新聞界邀入客座攝影，田中別去。龔女士暫入余侄婿劉斐家借居。村上君偕余答謁出迎諸公並法、學兩界各要人。晤文學博士服部宇之吉、帝大總長小野塚喜平次、司法大臣小山總暨次官皆川治廣。新聞記者踵至，於司法省會客室攝一三人合影。回旅館部署行篋，寓四樓五百二十四番。接一宮志田博士電，候起居也。

十二日　晴

　　清晨，登屋頂花園眺遠，見各店均下半旗。本與村上約定九時走,方得來電謂朝香宮妃即明治天皇第八女薨逝,舉行葬儀,仗衛嚴肅,路絕行人,請改緩二小時。比賃車前往,仍繞道始達。村上君留午餐,商略講演事宜。三時回寓,覆志田電。一行同訪田中,未遇。長君乾郎導遊墨堤,適值競艇,觀者遙爲呼應。岸邊高樓矗立,爲競艇之裁判所也。沿堤素以櫻花著名,遇震悉毀,補植新本,無復昔時偉觀。次詣淺草觀音寺,乾郎言環寺民居俱罹浩劫,惟寺巋然獨存,以故香火尤盛。寺之前市廛櫛比,約半里許,皆貨玩具暨價廉物品,仿佛吾蘇之玄妙觀。而肩摩踵接,殊難作比例觀。升階祇謁,金錢布施之聲不絕於耳。旁有僧人專司卜筶掣問吉凶,乾郎爲余掣得九十二,無恙掣得三十二,均標吉字。詞爲五言韻語,逐句和釋,後附人事,如問病、尋物、招婿、入子之類。此等心理,中日有同情也。出寺至梅園,分購知留粉(即赤豆湯),品嘗團子,風味亦與蘇州相似。回寓已屆上燈時候,田中偕妻君暨次君震二並村上君來譚。最後檢察署外務課亞細亞石井軍治調查歷貫,以示特别保護,均先後辭去。

十三日　晴

　　蔣雨岩公使偕秘書孫伯醇來。公使與余於北京内閣時有同官之雅,海國相逢,亦殊感愴今昔。詳詢昨日朝香宮葬儀,知内外官均循國習,致送榊樹,分陳於儀仗中。各國代表爲一組,滿洲宣統帝班於李王之次,代表丁士源復班於宣統帝之次。以皇族之尊屬,典禮至爲隆重。村上君繼至,與伯醇商定講演日期。午後,服部介紹法學博士仁井田陞來見,贈余所著《唐令拾遺》一册。中唐本令自官品至雜,爲三十三門,都七百十五條。采漢籍六十四部,和書十一部。博士年近三旬,蒐羅如此宏富,將來定執東方法系之牛耳也。三時,移居神田區駿河町三丁目四番地龍名館,余入松字三番八疊,餘入辰字二番地,較萬平幽寂。無恙均異常愉快,不以趺坐爲苦。志田由一宮來，蒙饋優美食品，彼此慰勞。志田君語劉君云："余與董君勝於親類。"則我二人交誼之摯可知矣。晚餐後，乾郎昆玉邀無恙等三人赴淺草觀劇。田中偕楊維新來譚，維新爲北平圖書館校理，守和約其襄助調査事務也。

十四日　晴

午後，留學黃監督率林秘書來，欲開會歡迎。余以整理譯稿無暇，謝其盛意，並述此次之來與北平圖書館長兼有教育部任務，俟袁到此，再與諸同學圖暢敍。黃監督辭去，復晤同學代表三人。

十五日　晴

田中遣送"二十四史"，借以供參考之用。爲籌備講演事宜，日來稍親書籍。學生代表三人來見，表示欲開會歡迎，因刻無暇晷，請其暫緩。午後，村上君送講演日程，復有改定。四時，偕無恙、錫堂至上野訪勝山，邀其導遊博物院、美術館，已逾閱覽時間。出公園，赴不忍池閑步。池之中央有辨天寺，祈福者衆，香火極盛。復至勝山家稍坐，見其妻女，以久客燕臺，能操京語。勝山出示龜形銅蓋，背鐫河圖洛書文，裏面有陽文行楷書四行："觀象能作卦，采蓍即成爻（兩行），貞元四戊辰（一行），巳日（一行）。"乃占課所用之盒，失其底也。索價五百圓，惜其製作不精，未予論值。歸乘電車，僅達須田町。道路災後變更，探詢數處，始達至寓所。八時，田中來，譚一時許而去。

十六日　雨　午後晴

余此行本以私人資格，無須周旋官署。村上君言，有吉公使曾電致此間外務省，不可缺交際之禮。於午後偕赴外務省投刺，大臣暨次官均因事公出。秘書某君曾任杭州領事，接待極殷摯。六時半，偕無恙赴學士會館歡迎會。入門遇岡田博士，握手歡然道故。涖會者法、學兩界，凡七十餘人（名單引後），大半富於著作者，新交如瀧川、仁井田均在座。前司法大臣原嘉道主席致歡迎詞，述日本改革法律歷史，繼述研究東方法制之必要，終述余之歷史。次由蔣雨岩公使述因研究法制，兩國益形親善之故。余答謝如後。復由服部、岡田兩博士演說，誠偉大熱烈之盛況也。回寓後，勝山來譚。

十七日　晴

晚六時半，赴蔣雨岩公使之宴。於玄關晤臺灣林光熊，在此營保險業，昔年舊相識也。同座有余之親戚劉斐、長崎領事張翅，詢以長崎商務近況，並中國僑民人口。張言長崎屬九州，僑民凡五千人，長崎約千人。明時航渡居多，年深代遠，習用日人姓氏，同化已久，無從識別，惟有一户尚留明代祖先像。港內舊剎五六處，如崇福寺及某寺，皆明清以來閩僧開山建造祖堂。歷代住持皆中國籍，今始改爲日本僧人。九州火山，一爲阿蘇，一爲雲仙。雲仙距長崎自動車僅三時，約回國時前往遊覽云。九時，由劉斐伴送回寓。

十八日　晴

日來草《春秋刑制考》，挽孫伯醇譯述。伯醇爲陶心如親家之內侄、壽州相國文正公之侄孫，將余稿逐條研究，於群經諸子洞悉內蘊。舊家子弟，自異等倫。留伯醇午餐，備鋤燒暨卵蒸，味甚佳。村上君至，已將該稿譯作現代日文，臨時講授，或無隔閡之虞也。

十九日　晴

九時，孫伯醇來，校正譯稿訛誤數處。邀赴北京亭午餐，居然北京風味。伯醇言，日本言語今昔大不相同，而和文在昔，惟女子擅其長，如紫式部所著《源氏物語》，多難達其意。此書已改爲現代語，是否合於當日神情，是(以)[一]問題。至中國傳入之書，音分吳、漢，如《文選》之"文"讀爲"孟"(平聲)，《文館詞林》之"文"讀爲"蓬"，此類不一而足，皆本於最初傳來人之讀法。其中區別，詢之日人，無從詳答。故譯述之時，於中國古書之名詞，極應加以注意。接鐵保來信，家中平安。是日，景熙侄由滬經長崎，改乘汽車來此，寓萬平。知伊之川路案失敗，深悟老子禍福倚伏之理固有定分也。

二十日　晴

午後二時半，村上君導余暨伯醇赴學士院講演。先入客座，晤服部博士、平沼副樞密。余民國十二年歐美漫回，平沼時長大審，治尊浣塵譚次，猶記憶之。電報通信社來攝影，繼由平沼君介紹，到者大學教授約五十人，至五時半輟講。此次稿中將《周禮》列入成文法典，視爲成[3]一代之會要。村上君來，言："《周禮》之屬於王莽僞作，日本學者極端主張。公能爲之解決此疑義，固所願也。"余曰："此問題自宋以來，即爭議至今。除余今日所引《書錄解題》暨《四庫提要》之理由外，斷爲屬於周之成憲尚有二説。(一)莽爲漢賊，是人皆知。二鄭爲漢之經師，如知爲莽之制作，必不爲之注釋。此從事實上觀察，不能認爲僞作者一也。(二)聚訟大都出於兩可，能研究之，斯能排擊之。今使聚反對《周禮》者於一堂，置三禮於此，令各擇所業，吾知擇《周禮》者必多。所以然者，以此經之注，俱出於先後鄭，其時上距戰國以前較近，於一切制度尚可尋因革之跡，雖不能起鄧析、李悝於九京，叩以得失，而得漢人之緒論,與面壁虛造者不同。猶之生清之世,上譚明代之史料,比元以上掌故爲親切也。如無研究價值,何必敝精神於無用地乎?此從心理上推定,認爲非僞作者又一也。英國爲世界守舊之國,其犯罪年齡,完全同於《周禮》。余昔年客倫敦,值英皇莅議會宣布愛爾蘭自由,見控訴院長朱衣扈從,與《秋官·大司寇》'使其屬蹕'之意相符,安知此非東來法也?"村上屬將此義藴宣諸講座,必爲諸博士之所樂聞也。夜,勝山來譚,寄玉姬信。

二十一日　晴

午間勝山來,介紹平尾(纘)[贊]平,約於本星期日餐敍。晚偕無恙訪田中。無恙遊興勃發,擬明晨赴元箱根觀紅葉,震二君願爲導引。

　　菩薩慢 田中夫人晴靄女史繪雲山一角便面,無恙題此闋於上,余亦倚聲。

　　鐸鈴上界更番續,蓬瀛方寸羅心目。何處覓樊劉,山山雲氣稠。

　　玉臺虩雅課,難辨伊同我。載梦渡吾妻,而今識仲姬。女史攻繪事已廿年,韶秀如錢叔美,與子祥伉儷尤篤。

二十二日　晴

接武昌吴仲常信,言波蘭刑法已分載於昭和八年《法學論叢》中。無恙偕錫堂赴元箱根。小林自京都來。晚,田中夫婦來譚。

二十三日　晴

無恙從熱[④]回,言此遊以元箱爲快意。午後一時,赴學士院講演,晤大學教授小野博士。博士治刑法有名,余叩以刑法之新趨向,伊言刑法從歷史來方有根據也,深有契於余之溫故知新之説。

小林來譚，留共晚餐。景熙餽我美國甜瓜一枚，聞價值二圓，即以貽小林。

　　二鄭外並有鄭大夫即司農之父，與莽同時人。⑤

二十四日　　晴

　　大谷來別，將於日内返滬。午後陰雨。晚偕無恙、逸齋赴劉爲章陶陶亭之約。同座爲公使館孫伯醇、陸軍學生監督唐天閑，及龔玉徽、吳夫人、景熙侄并其姊，賓主十人。

二十五日　　晴

　　午後三時，由乾郎導引余輩至高田馬場，訪劉爲章，謝其招待。繼詣明治神宫外苑，爲青山練兵場所改建。神宫規制仿法之凡爾塞，廣袤異常，樹則震後新栽者。青山離宫即在附近，大正天皇居東宫時之青山御所，故皇太后仍居於此。薄暮歸寓。伯醇來，與無⑥合繪一幀贈余，亦此次東行之紀念也。自兹以南朝之梁、北朝之魏與周，俱懸爲禁令，而《魏世祖本紀》："太和元年詔，民相殺害，守牧依法平決，不聽私。輒報者，誅及宗族，鄰伍相助，與同罪。"且用曹魏之法，并濫及鄰伍。

二十六日　　陰雨

　　午後六時，平尾贊平招余輩赴萬安樓夜宴。座有平尾會社顧問二人，及勝山岳陽伊子，平尾贊平最後至。贊平風儀伉爽，嗜古泉，因號聚泉。出拓片二册，並仿"壯泉"範"聚泉四十"遺客作紀念。萬安豔姬與芝區紅葉館埒，夙爲江户銷金之窟。嘉肴多海錯，酒半效唐人歌舞，曼聲低唱，有"四君子""我之青春""松之緑"等名。金扇長裾，雲鬟羅襪，猶夷狀態，宜於錢舜舉《仕女圖》求之。雖同屬娱樂，與時世裝之裸臂袒胸實分雅鄭。既而主人召寫真師合攝一影。無恙以佳會稀逢，令姬各書名，準備作重來劉阮。各姬腆腼應命，亦有楷書清秀者。一姬名鈴甲子大黑貞子，乃冠以三姓，蓋平康中人多冒假母姓氏。此等風習，中日從同矣。十時回寓，雨聲淅瀝徹夜。

萬安樓豔集贈平尾聚（齋）[泉]

歌樓遺譜溯三哥，歌樓格爲明皇飭供奉所譜，附見徐子室《南曲譜》。梦入連昌劫屢過。一曲雲謡誰省得，《雲謡集》凡三十二闋，皆唐人曲調，敦煌殘卷，今存英倫博物院。笑他胡舞習天魔。

競寫芳名筆格妍，吾妻月色照瓊筵。聞歌驀觸青春感，紅葉題襟已卅年。最初航渡，與沈子培諸公觴咏於芝區紅葉館，距今閱三十年矣。

二十七日　晴

村上來，述帝大欲另送講演料。余以此來，乃代表中國之人格，非爲私人謀收益，却之。午後三時，赴學士會。七時，景熙來辭行，定於明晚由長崎返，與龔女士俱。大谷復至，托其帶中鈔一百五十圓帶滬。

二十八日　晴

奧平昌鴻以所著《泉譜》乞敍。譜中所黏泉影皆此間著名珍品，可稱大觀，體例亦完密，並附有日本藏泉家小傳。此刻正料簡講演事宜，無暇握管，還之。楊鼎甫來，出守和函，知伊因事羈絆，不克東航。附有目錄數紙，屬鑒定應印書籍。乃邀集長澤、田中來寓，共同選出。屬於圖書寮者爲《玉堂類藁》《宋景文集》《王文公集》《太平寰宇記》（均宋本），《金臺集》（元本），《群書治要》（古鈔本）七種。屬於静嘉堂者，爲《吴志》《王右丞集》（均宋本）二種，均世間孤本也。午後四時，瀧川博士來，詢問此間甄用法官，先經國家試驗，程敍大致同於吾國。初試及格，予以試補名稱，歲俸千元，分各裁判所執行判、檢事務各一年。而司法當局於審判、偵查成績外，獨注重於人格家世，始能再試，及格拔十得五，以故風紀嚴肅，無篋簋不飭之弊。是日狂飆震撼，寒信驟增矣。

再贈平尾聚泉

泉刀銖兩足生涯，氈蠟頻年燦墨華。今日墨隉傳韻事，範金吉語補新家。

二十九日　晴

接上海趙晉卿函，內附工部局何德全函，代英人鍾思索此次講演錄中日文各稿也。日文爲仁井田譯，商諸村上君，允譯全寄滬。

三十日　晴

午後三時，赴學士會館講演。閱某新聞，知鈞任專任司法部，已將外交辭去。該新聞並載有中央銀行破產消息，此受時局影響，固意中事。所願此信不確，庶不致牽動全國金融也。入夜雨。

十二月一日　十月十四日　晴

《春秋刑制考略》今日草畢，交村上，次第托仁井田譯後再校。稿中擇載籍之有似法文者，概輯於內，錄《墨子》尤多。村上君言："此當係墨子私人之見，必非爾時頒定之法。"余曰："姑無論是否國家法令，亦此文屬墨子或弟子等之記錄，書爲秦以前人撰述無疑。每條概用法文體，則其人必習見當時之法文可知。況其中'入場園取桃李瓜薑''角府庫竊金玉蚤累''逾垣牆擔格子女''入闌牢竊牛馬'四項，言堯、舜、禹、湯、文、武亦同。而秦商鞅之'不告姦要斬'，亦(苻)[符]於《尚同》篇。所引《大誓》'小人見姦巧，乃聞不言也，發罪鈞'之逸文，則鞅當亦私淑墨子者。種種證據，必非後人僞作也。"

二日　晴

　　午後一時，赴學士會館講演。晤會田君，言獲聆前日講壇所述，可破吾國《周禮》爲新莽僞作之説，甚佩。執別歸寓，乾郎適至，無恙勾起遊興，擬明晨偕赴葉山。余以楮墨鮮暇，愧未能從也。錫堂覓得動物園麒麟攝影，雌者體高，雄者頸長。聞某新聞懸賞徵求題名，有人題以"長太郎""高子"二名，居然獲賞，可謂謔而虐矣。

三日　晴

　　楊維新、長澤偕寫真師樽井來，商略印書事。余亦因時值歲晏，輟講後即摒擋歸國，不能久留，允予進行。

四日　晴

　　接鐵保函。上午十一時，偕楊維新赴上野博物館，謁館長杉博士。博士原任圖書寮寮頭，六年前，余擬印其宋本《論衡》，已呈請願書，迄未攝影。今北平圖書館欲印此書，請其向新任證明此事也。十二時，赴帝國大學午餐，松本、小野、中村諸博士均列席。小野總長舉觴致敬，謂伊始終服務本大學，迄未膺他校之聘。有之，曾爲梅謙之法政大學、寺尾之某校兩任講師。何也？因是二校專爲中國人留學東渡者而設。回溯日本文化之發源，在在皆由西鄰之波及，爲報德故也。余簡略致謝。小野君復云："是室專以宴歐美學者，爲中國學者設宴，公第一次也。"率松本博士等導遊各處，惟藏書樓規模宏廠，爲安田銀行捐助建設。一會議室作半圓形，容一千八百座，可擴充之二千四百座，已需一百二十萬圓。所藏書七十萬册，各國文字咸備。館長某出示《李朝實録》，謂："豐臣秀吉征韓，無役不勝。是書伍⑦勝爲敗，此何説也？"館之中央築高臺，可以眺遠。有閲覽室數處，學生百餘人據抄録，仿佛巴黎圖書館光景，即此可推知其成績之佳。三時二十分攝影，入大講堂，學生約二百有奇，秩敍整肅。先由松本致介紹詞，講題爲《中國修訂法律之經過》，略述清季、北政府、國民政府三時期。五時半輟講，由中村答謝，歸寓。夜，田中來譚。

五日　晴

接玉姬并南潯劉翰怡信。滬上寄石印《衆香詞》，裝訂雅潔。午後二時，明治大學教授大谷美隆御自動車來迓，導入客室。岡田、志田二博士先後至，二君爲余昔年至契。岡田君出前清修訂法律館匾額，爲張杏生所書，並云："革命時此額爲勞動者所得，欲劈以代薪，出資留之。返國，寄附於兹紀念。"余環顧身世，不勝今昔之感。有中國留學劉、向二生，代表全生致候，知是校因風潮停課，遂輟講。大谷君導入刑事博物館，種種殘酷刑具，非夷所思。有一明治初年獄門刑攝影，獄門外設架，上有首級六，矗立不欹，蓋以鐵樁貫之也。又一木箱，中有木樁，蓋以木板二，鑿圓孔，甫容人頭，上有鋸刀二。館員云："此箱明治初年得諸刑人場，專以懲治奴殺主者。執行時，將犯人跪縛樁上，加蓋，露其首，埋於土中，用刀鋸之，維新時始廢。"又一銅板耶穌像，爾時禁止袄教，令犯者踐踏之，否則處以死刑。館中新製説明書已成首册，次册不日印畢，允以是書相贈。俟獲是書後，當再譯餘之也。兼又有文告數通，一高一尺、長六尺之木板，乃書法律榜示群衆者，亦即象魏懸書之意，字文隆起，但墨色剝落不可辨。一爲禁止仇洋文告，用娑羅體。一爲西鄉隆盛起兵時所頒之招降文告，文云："投降官軍者，免殺。"下署官軍先鋒大營。逐一研求，大有增興味。諸教授留晚餐，並召寫真師攝影。七時餘，歸寓。

六日　晴

覆翰怡信。午後二時，中央大學教授瀧川政次郎御車來迓。抵校，由原嘉道介紹講演。學生約二百人，四時半輟講。客座外陳列漢文書籍，並余與瀧川君之書劄，流覽畢回寓。

七日　晴

十二時，法政大學教授藤井新一導赴本校秋山雅之介之宴。是校爲光緒季年法學博士梅謙次郎爲中國留學生所組織，原在九段坂上。余曾就梅博士聽講民法數次，今博士墓木拱矣。秋山君即爲校中理庶務，歐戰時日本由德人手占領青島，秋山君膺民政署委員。吾國接收後回國，仍服務於本校。今年已逾七，精神尚強健。是日演題爲《中國歷代刑制之變遷》，學生二百餘人，三時半輟講回寓。於書堆中獲申寶十七日、玉姬二十二日信，不知何時到此。午夜地震，余已入黑甜鄉，不知也。

八日　晴

午前十一時，偕孫伯醇、楊維新赴圖書寮，謁寮頭渡部君並山本科長。寮原在虎之門，今移於⑧門內。地屬宮掖，門禁森嚴，入者叩來歷，詢其所至之處，用電話探問，符合，予以門證，始放入。有宮良者出應客，六年來此，與之熟稔，允此後閱覽予以便利。余謝其盛意。午後二時，由早稻田大學教授清水泰〇⑨導往講演，晤青柳篤恒、寺尾、中村諸教授。寺尾君介紹講演，演題爲《中國編法典之進化》。聽講者最盛，并有博士數人在內。青柳君諳北京語，素稱支那通，廿年之舊相識，譚四谷區徵逐故事，余不盡記憶矣。校爲大隈伯所創造，晚年即將邸第捐助。晚即在邸中聚餐，贈余英文豪《錫格司比耶文集》一部。歸，值會田範治來譚，漢學根柢頗深，十時別去。是日，接上海玉姬、南京管逸園信。

九日　雨

　　寄玉姬及石友如信。午後一時,赴慶應大學講演。適值試驗期中,聽講僅三十餘人,均希望講前清考試制度,允俟數日後草講義稿送校。是日,接申寶並景熙函。

十日　晴

　　上午十時,偕維新(時維新移來同居)、無恙、錫堂赴砧村閱岩崎文庫藏書。長澤君已先至。文庫所儲,名滿東京,除陸氏舊藏外,餘爲和文書籍。前數日開展覽會,雖承諸橋博士招令閱覽,講演羈絆,未克來此。今獲長澤君紹介,亦眼福也。閱宋槧廿餘種,約舉最佳如左。

《周禮》殘本

　　宋蜀大字本。高七寸八分,寬五寸三分。存《秋官》二卷。首行題《周禮》卷第幾,次行題《秋官司寇》第五,下題"漢鄭玄注"。每半葉八行,每行大十六字,小二十一字。上計大小字數,中縫魚口下周禮幾,下間有刻工姓名。避玄、縣、殷、徵、讓、桓、慎等諱。有蒙古官印并黃、汪諸記,蕘圃跋二通,已見適園刻《士禮居題跋》中,即《百宋一廛賦》所云"《周禮》一官"是也。

《廣韵》五卷

　　相傳爲北宋本,字體實類紹興。高七寸,寬四寸九分。每半葉九行,每行小二十七字。有景德四年牒、大中祥符五年牒、隋仁壽元年陸法言序、唐儀鳳二年鄭⑩知玄序、陳州司法孫愐《唐韻序》。每卷首目錄連本文。板心有刻工姓名。諱缺禎字。有"黃省曾""黃叔子""脇安元八""雲科脇坂氏""淡路守"諸記。流傳此間頗早,舊爲竹添井井所藏。

《漢書》一百二十卷

《漢書》序例

湖北提舉茶鹽司新刊《前漢書》目錄

湖北庚司舊所刊《西漢史》，今五六十年。壬辰歲，前提舉官梅公嘗修治，今又二十餘年矣。鋟木既久，板缺字脱，觀者病之。余將命於茲職事，暇日因取其朽腐漫漶者，凡百二十有七板，命工重刊。或加修剔，俾稍如舊，以便覽閲。然板刻歲深，勞於棃木，則損壞日增，此理必然。隨時繕治，誠有待於來者，因其後以告。紹熙癸丑二月望日歷陽張孝曾題。

黃杲、沈綸紋。淳熙二載季夏十日。後有張璹、梅世昌題名二行。

本司舊有《西漢史》，歲久益漫，因命工刊整，計一百七十版，仍委常德法曹盧陵郭洵直是正訛舛二千五百五十八字，庶幾復爲全書。慶元戊午中元括蒼梁季珌題。

宋紹興刊，紹熙、淳熙、慶元疊有修補。高七寸三分，寬四寸六分。首行小題在上，次空一字，撰人次空一字大題，次行題"正議大夫行秘書少監琅琊縣開國子顔（空二字）師古（空二字）注"。每半葉十四行，每行大二十六至九字，小三十一至四十字。中縫題前漢幾，下有刻工姓名，補版則無之。諱缺玄、敬、驚、弘、殷、匡、境、恒、徵、樹、讓、完、構、慎等字。一稱庚司，一稱提舉茶鹽司，實同一署而異名也。有明正德二年孫道静題識二，舊爲藝芸書舍藏書。余愛其古雅，度必有與他宋槧不同之處，屬維新亟予攝影。

《梧溪集》七卷

明洪武本。舊毛氏、罟里瞿氏亦有此書。未識槧印若何，命榑井攝之，并錄顧千里跋於後。

是日爲星期休息日，慮館中人招待之煩，僅錄以上數種，餘俟得暇再來流覽。亭園幽寂，幾忘其密邇朝市。青翠中有大塜，即購陸氏書之岩崎（禮）[彌]之助之墓。歸訪田中，田中言適偕幼女訪公，不意相左也。架上有閩魏憲補《石倉詩選》，余藏有此君所輯《詩持》，遂議價留之。今年十月間，滬上晤遂雅趙子豐，以三百九十圓購嘉靖本《六朝詩集》，凡二十四家，前有謝枋得序並目錄，以其價昂，復讓於他人。《文求目錄》亦有之，前有吾鄉薛方山序，諦視之，乃隆慶間刻，從嘉靖本出也。

十一日　晴

服部博士遣仁井田來，訂期二十日至（方）[東]方文化會，與諸名流譚話。

宋刊《吳志》跋尾

癸亥除夕，菦翁祭酒於百宋一廛。時已二鼓，以書招余與梟香往觀，且曰今歲所得書以此爲第一，故列史部之首。予既爲題籤，並記數語於卷末。顧蒓。

去冬偕菦翁泛舟虎邱，訪購是書，自謂追隨樂事。今春過士禮居，菦翁出示，則裝潢已就。適徐君爛雲亦在坐，相與展玩，并續跋語，歎賞不置。甲子三月陳鱣記。

癸酉九日，瞿木夫招同人泛櫂石湖。時菦翁甫得是書，攜示諸友，咸共咨賞。已而泊舟登陸，尋幽選勝。菦翁獨兀坐艙中，披覽不釋手，爲歎當世好古乃有斯人。甲子三月廿又三日過士禮居，陳君仲魚在坐，菦翁復出見示，相與展玩久之，并綴數語。鹿城徐雲路。

元刊《梧溪集》跋

鮑丈渌飲向欲刊行《梧溪集》，知毛子晉所藏在從兄抱沖小讀書堆，屬予勘定而未果也。今丈已下世，令嗣規續成先志,以作《知不足齋叢書》之廿九集,深嘉厥意。從望山侄借出,竭三旬力補改傳鈔闕誤。唯是六、七兩卷,板心有粉墨塗改痕跡,於次第頗舛錯,蓋景泰板模糊斷爛,致有此失。又悉爲之推求訂正,庶幾稱善矣。然終少七卷第四葉,故其三葉末《節石銘》題下梧溪自注云"有後序而今俄空焉"。此集在毛氏時已難得,錢曾《敏求記》具言之。予並見汲古別本鈔、刻各半者,此兩卷尤舛錯脱落,相較殊遜。不知世間尚存洪武印本,可足是一葉以成完璧否也。校既畢,遂志於尾而歸之。時嘉慶丁丑歲,顧千里書。

開卷有"歸安陸樹聲藏書之記"(朱文倒印)、"元本"(二字細朱文長圓印)、"甲字"(方印)、"毛晉之印"、"毛氏子晉"(均朱文方印)。卷一下有"毛晉私印""子晉""汲古主人""毛扆之印""斧季"等印(均朱文),又"蓮涇"(二字朱文)、"太原叔子藏書記"(白文長方印)。

《重修毗陵志》二十卷,缺卷一至六

每葉九行,行廿字。首有"新豐鄉人庚申以後所聚"(朱文長印)、"歸安校勘秘笈"(朱文方印)、"臣陸樹聲"(白文方印)、"歸安陸樹聲叔桐印"。

《吳書》二十卷

上三國志注表(元嘉六年裴松之)

《吳書》目錄

中書門下牒(咸平六年)

咸平三年校刊官夏侯嶠等官銜

宋咸平國子監刻本。二十卷,分上下兩帙,從舊制也。卷二、六、十四、十八之末,有校正者之官銜。高六寸六分,寬五寸九分。首行小題在上,次吳書,次國志幾,中縫吳志幾,下有刻工姓名。每半葉十四行,每行二十五字,注大字低一格。余

所見《三國志》，一爲小字殘本，原藏愛日精廬；一爲紹興本，今藏商務印書館；一爲紹熙本，聊城楊氏暨此間圖書寮有之，當以此本刊印爲最早。曩爲翰怡作《三國志》校記，惜未得是書也。舊爲蕘圃藏書，題跋已見張氏適園刻本。茲補錄顧蒓、陳鱣、徐雲路三跋焉。此書經長澤君周會，影印之事，已蒙書庫主人許可。

《皇朝編年綱目備要》二十五卷，《補刊編年備要》五卷

自序

真德秀序(紹定二年)

鄭性之序(同上)

林岊序(同上)

《皇朝編年備要》參用凡例

《皇朝編年綱目備要》引用書目

《皇朝編年備要》目錄

宋刊本。高六寸一分，寬三寸九分。每半葉八行，每行大十六字，小二十四字。雙行界線，中縫細線，黑口，單邊有耳。目錄二十五卷，末有"已後五卷見成出售"一行。首行題《皇朝編年綱目備要》卷第幾，下切邊凡幾年，次行題壺山陳均編（每字約空一字餘）。諱缺匡、義、貞、勗、桓、構、購、慎等字。末抄補一卷，亦士禮居舊藏。

《王右丞文集》十卷

《王右丞文集》目錄

宋刊本。高五寸二分，寬三寸二分，左右雙邊。每半葉十一行，每行十九或二十字。首行題《王右丞文集》卷第幾，次行題尚書右丞贈秘書監王維（"尚"字與"第"字并，"王"下約空三字）。中縫上計字數，魚尾下僅一"王"字，下有刻工姓

名。行款與《李太白》同，而字體微瘦，是必同出一書坊，而時代有先後，猶臨安書棚本之唐人小集，均一式也。舊爲士禮居藏書。

《重刊毘陵志》二十卷

宋刊本。缺卷一至六。每葉九行，每行二十字。費芑懷同年舊藏此書，屺懷故後，不知是否軼出，求之十餘年未見，耿耿於懷。今海外見此，關係鄉邦文獻，且爲孤本，不能以殘帙鄙之也。屬榑井攝影，備將來付梓焉。

十二日　晴

仁井田來，借所校《神龍散頒格》去，擬刊入雜誌。從松雲堂購近衛公校刊明正德本《唐六典》一部，價至十三圓。楮墨均佳，原板尚在。此昭和接位，印以作紀念者。

十三日　晴

清晨訪鹽谷溫博士。博士曾充經筵講官，去年遊歐，從巴黎印《韓朋十義記》，詞甚佳。又《二刻拍案驚奇》，凡三十卷，除前十卷同內閣外，錄其十一卷以後之目如後。是晚，會田範治君偕其室人三浦英蘭女史來訪，貽《群書類從》第七十五《律令部》上、中、下三卷。文純本《唐律》，酌加修改，逐句用《疏議》作注解。又《令集解》一冊，據金澤文庫本排印。又《法曹至要抄》一冊，長承、保延年間明法博士坂上明兼之所撰，當吾國紹興時間也。女史前年遍遊江浙名勝，題咏頗多，兼工山水，落筆灑脫不俗。余識扶桑詩人多矣，女子則僅見也。

《二刻拍案驚奇目錄》（巴黎國民圖書館藏本）[11]

卷一　滿少卿饑附飽颺　焦文姬生讐死報　內閣文庫本卷十一

卷二　江愛娘神護做夫人(韓侍郎婢作夫人)　顧提轄聖恩超主政(顧提空據居郎署)　同卷十五

卷三　男美人拾箭得婚(同窗友認假作真)　女秀才移花接木　同卷十七

卷四　瓢監生浪吞秘藥　春花婢誤洩風情　同卷十八

卷五　遲取券元烈賴原錢　失還魂牙僧索剩命　同卷十六

卷六　李將軍錯認舅　劉氏女詭從夫　同卷六

卷七　呂使君情搆宦家妻　吳太守義配儒門女　同卷七

卷八　沈將仕三千買笑錢　王朝議一夜迷魂陣　同卷八

卷九　莽男兒驚散新鶯燕　傷梅香認合玉蟾蜍　同卷九

卷十　趙五虎合計挑家釁　莫大郎立地散神姦　同卷十

卷十一　不苟寸心終不苟　淫奔受辱悔淫奔

卷十二　李侍講無心還寶物　王指揮有意救恩人

卷十三　恤孤仗義反遭殃　好色行兇終有報

卷十四　延名師誤子喪妻　設姦謀敗名殞命

卷十五　暱淫朋癡兒蕩產(義僕還自守)　仗義僕敗子回頭(浪子寧不回)　《幻影》第八回

卷十六　骯風情店婦宣淫　全孝義孤兒完節

卷十七　貪淫婦圖歡偏受死(淫婦情可誅)　烈俠士就戮轉超生(俠士心當有)　《幻影》第九回

卷十八　老衲識書生於未遇　忠臣保危主而令終

卷十九　賣富差貧夫婦拆散　尋親行孝父子團圓

卷二十　死殉夫一時義重　生盡節千古名香

卷二十一　姦淫漢殺李移桃　神明官進屍斷鬼

卷二十二　任金剛假官劫庫銀(劫庫機雖巧)　張銅梁偽鐺誅大盜(擒兇智倍神)　《幻影》第十五回

卷二十三　認惡友謀財害命　捨正身斷獄懲兇

卷二十四　無福官叛而尋死　有才將巧以成功

卷二十五　狠毒郎圖財失妻　老石頭憑天得婦

卷二十六　忠臣死義鐵錚錚(烈士殉君難)　貞女全名香撲撲(書生得貞女)　《幻影》第五回

卷二十七　報父仇六載伸冤(千金苦不易)　全父屍九泉含笑(一死樂伸怨)　《幻影》第二回

卷二十八　癡人望貴空遭騙　財禿貪財却受誅

卷二十九　財色兼貪何分僧俗(淫貪皆有報)　冤仇互報那怕官人(僧俗總難逃)　《幻影》第二十九回

卷三十　飲蠱毒禍起蕭牆　資哲謀珠還合浦

卷三十一　積陰功徒遷極品　棄糟糠暴死窮途

卷三十二　騙來物牽連成禍種　遇故主始終是功臣

卷三十三　逞姦計以婦賣姑(設計去姑易)　盡孝道將妻換母(買舟去婦難)　《幻影》第四回

卷三十四　孝女割肝救祖母　真尼避地絕塵緣

十四日　晴

午後三時，赴上野學士院講演。聞京都內藤博士來，寓銀座小松屋，亟圖一晤。適患腹疾，受醫生治療，電約次日來館。今日爲赤穗義士就義之期，事跡類前明五人墓。都人感其壯烈，爲之設祭，參拜者頗多云。

十五日　晴

午後五時，內藤博士來譚。握手寒暄未畢，謂今日大發見，從某舊家見《古文尚書·周書》末一卷，有全目。又《文選》白文廿餘卷，獲見三十卷之舊第，蓋所缺無幾矣。又《文選集注》八、九兩卷,行款與金澤本異,俱千年前之古鈔本。伊此來爲文部省審定國寶,明日返洛。譚一時餘,約一月初在奈良晤聚而去。維新代表北平圖書館照書事,與樽井寫眞師訂約,長澤爲委托人,余與田中爲見證人。略備日本料理,同人均集此,行簽約手續云。

十六日　晴

天氣驟寒,閱報信越各地方見雪二三尺不等,名處女雪,形容其初次也。余左目內障散光已逮九年,大學教授小野塚博士懇切爲介紹於大學病院石原眼科部長。午前十二時赴院診察,謂余用腦過度,越時旣久,無從療治,并屬此後亟宜節省目力云云。辭出回館,知鹽谷溫來此答謁。午後一時,赴學士會講演,較前聽講者爲多,並有大學教授及外務省職員數人在內。歸途經文求堂,見萬曆刻《明初四傑集》首二冊,以二百五十圓購之。餘在北京文友堂,屬其卽時寄東。又《樂府珊珊集》二冊,刓目不知其卷數。田中饋我白菜煑雞,回寓與同人共饗之。維新從長澤借《內閣書目》油印本,較印本所注刊刻時代爲確。摘抄一目,備將來閱覽。接程雲岑函,言吳湖帆允以千圓借印貝義淵所書滎陽王及敬太妃二誌。此爲宇宙間珍本,俟歸國時當盡力圖之。入夜雨聲淅瀝,抱膝而聽,亦頗閑適。

訪靜嘉文庫閱陸氏藏書,無恙有詩,余亦繼作

裙屐翩翩此駐車,羨君先業紹經鋤。載將典冊隨徐福,應是秦庭禁挾書。

青藜東壁徹霄騰,百宋題鏖額倍增。陸氏書號稱宋刊二百種,顏其樓曰皕宋,以壓荛圃。詳檢牙籤評甲乙,□[12]徵掌故繼吳興。

觸蠻蝸角任縱橫,展卷令予百慨生。好借名園儲石室,免教浩劫罹臺城。

十七日　晴

　　接滬函,知劉叔裴丈於十二日逝世,玉姬即於是日旋里。回憶九月間因事赴常,與丈晤聚。見其精神頽唐,深以爲念,不意竟成永訣也。聞兹噩耗,深用悵然。晚小野博士來譚,贈所著《吾國刑法總則》暨《日刑訴》各一册。夜夢兒時隨祖父宦山左,寓濟南東城根光景,並手植石榴一株。各房窗戶,歷歷如繪。忽燥熱驚醒,開電稍坐,神定復寢。

十八日　晴

　　午前十時,偕無恙、鼎甫赴北羽門圖書寮閲宋槧多種,大半記入《書舶庸譚》中。此次東航承袁君守和之托,選印善本,自宜以孤本且有價值者爲限,故前日與長澤、田中公定若干種。乃今日鼎甫交來袁君函,大致傾向於類書《廣韻》,俱吾國習見刻本者,莫測其意之所在。是直以己之尺寸,度人之長短,閲之頗爲掃興。下午三時,赴學士院講演。

《春秋經傳集解》三十卷

　　宋刊本。高七寸三四分不等,寬四寸九分。每半葉八行,行大小十七字。左右雙邊。首行《春秋經傳集解》某公第幾,次行上空六字杜氏,空一字盡幾年。板心上記字數。魚尾下左氏幾,下記刻工姓名。卷末爲《經傳識異》四葉,後有"經凡一十九萬八千三百四十八言(一行),注凡一十四萬六千七百八十八言(兩行)"。又校刊官銜沈景淵、聞人模、鄭緝、趙師夏、葉凱五行。藏書印記有"枝山""允明"二方,蓋明時所軼出。

　　"本學五經"至"聞人模敬書"。

《初學記》三十卷

　　宋刊本。高六寸四分,寬四寸六分。每半葉十二或十三行,行大字二十二字至二十六字,小字二十八字至三十一字不等。左右雙邊,板心魚尾下學幾或學已幾。前有紹興四年福唐劉本序,序後木記:"東陽崇川余四十三郎宅,今(一行)將監本寫作大字,校正雕開(一行)。並無訛謬,收書賢士幸詳(一行)鑒焉。紹興丁卯季冬日謹題。"舊藏金澤文庫。

《游宦紀聞》十卷

宋刊本。首行《游宦紀聞》卷第幾,次行鄱陽世南。每半葉十行,行十八字。板心紀聞幾,尾有紹定壬辰李發先跋。

静嘉堂觀書,意有未盡,復補一絕

連床遺稿慶天留,毛鮑汪黃儼倡酬。地下若知鈃夙癖,于于聯袂渡瀛洲(秀埜選元詩,梦元人高冠,于于來拜。是庫爲各藏書家精神所聚,當亦諸精靈雅集之所也。"遺稿天留",鮑氏章)。

迪功郎興國軍軍學教授聞人模
朝奉郎通判興國軍兼管内勸農營田事鄭緝
宣教郎前權發遣興國軍兼管内勸農營田事趙師夏
奉議郎權發遣興國軍兼管内勸農營田事葉凱跋

本學五經舊板乃簽樞鄭公仲熊分教之日所刊,實紹興壬申歲也。歷時浸久,字畫漫滅,且缺《春秋》一經。嘉定甲戌夏,係有鄭緝來貳郡,嘗商略及此,但爲費浩瀚,未易遽就。越明年,司直趙公師夏易符是邦,模因有請,慨然領略,即相與捐金出粟。模亦撙節廩士之餘,督工鋟木。書將成,奏院。葉公凱下車觀此,且惜五經舊板之不稱。模於是並請於守貳,復得工費。更帥主學糧幕掾沈景淵同計置而更新之,乃按監本及參諸路本而校勘其一二舛誤,並考諸家字説而訂正其偏旁點畫,粗得大概,庶或有補於觀者云。嘉定丙子年正月望日聞人

模敬書。

印記。"文炳珍藏""子孫永保"(楷書朱文),"枝山"(白文),"允明"(朱文),"金澤文庫"(墨印在下角)。

十九日　晴

寄玉姬信,並附挽叔裴丈聯語(榆社頌耆英,廿年杖履追隨,黍廁烏衣蒙藻鑑。蓬山驚惡梦,一旦天人睽隔,徒憑黃籙憶宗風),屬其托范友傑代書寄之。丈爲吾鄉夙德,酷嗜莊老之學。余於卅年前與小阮静齋訂交杵臼,數數過從。嗣迎玉姬,每旋里下榻其家,以館甥遇我,較二王尤摯。前年繼室谷夫人逝世,秋間屬余誌其墓,以倉猝東航未及屬稿。上聯"烏衣"一語,即指其事也。

二十日　晴

上午十時,鹽谷博士遣其弟子齋藤導引余等赴内閣文庫。庫在丸内之大手門,比鄰宮禁,幾察出入,較北羽門爲嚴。俟電話通知庫中僚屬,持許可閲覽證始予放行。晤其科長川島,款待殷勤。并晤龍口君,從前職掌典籍,今改任他職。即在事務室陳書廿餘種,恣令閲覽,並允攝印,誠異數也。小字《前漢書》爲岩井氏所藏之覆本,不逮初刻遠甚,餘録數種爲後。晚偕錫堂、伯醇應東方文化會服部博士之宴,座中如宇野、岩谷、小柳,皆東京文學界鉅子,酬酢歡恰。宇野詢考試制度,伊曾漫遊長安,彼處貢院號舍如昔,國家掄材大典,而拘置士子於咫尺之地,令其構思,諺所謂"試驗地獄"也。余曰:"不然,鈍秀才風檐寸晷,日移花影,執筆不能下一俊語,雖儲之高廳大廈,仍地獄也。若懷才特異之士,藉此片刻,抒其胸臆,貢獻國家,且天堂視之矣。"宇野邃於經學,詢孫詒讓而後,研究群經諸子繼起何人。余謂:"若書院之制盛行,則研經之士輩出。如詁經、廣雅、南菁等,萃高材生昕夕摩練,衰其撰述,皆足羽翼經傳。若木天、清閟爲儲才之地，敝精神於摺楷，同一訓育而趨向不同。今哈同花儲前鼎甲編檢，尚有世的人，研索注疏之學者，未之聞也。"宇野頗贊余言。有佐伯好郎者，爲會中重要職員，通意大利文，耽景教，贈余元主忽必烈時遣赴歐洲景教僧之旅行誌一冊，可作《元史》資料，即從意大利文景教典籍中譯出也。

《東坡集》

宋刊本。存序目，一、二、七至十、十三四、十九、二十、二十四至二十七、三十一至三十五、三十八至四十。高七寸五分，寬六寸，左右雙邊。每半葉十行，行二十字。板心魚尾下東坡集第幾，下記刻工姓名。卷首爲《御製文忠蘇軾文集贊并序》。序後有"乾道九年閏正月望選德殿書賜蘇嶠"，兩行。每卷首行題《東坡集》卷第幾，次行低二字。詩有千首，題目低四字。卷尾隔一行，題同首行。有"仁正侯長昭黃雪書屋鑒藏圖書之印"（長方朱文篆書）、"淺草文庫"（長方朱文楷書）、"昌平坂學問所"（長方朱文篆書），"《顏氏家訓》曰：'借人典（一行）籍，皆須愛護，先有缺（一行）壞，就爲補治，此亦士（一行）大夫百行之一也（一行）。'鄞江衛氏謹誌（一行）。"諸記。

《類編增廣潁濱先生大全文集》一百三十七卷

宋刊本。高六寸半，寬四寸三分。每半葉十五行，行二十六字。板心魚尾下由幾，或上加"編"（一字）、"類編"（二字）等字。每卷首行題《類編增廣潁濱先生大全文集》卷第幾，次行低二字，題某類。題目低四字。有"昌平坂學問所"（長方朱文篆書）、"文化戊辰"（長方無邊朱文隸書）諸記。

《鉅宋重修廣韻》五卷

宋刊本。高六寸七分，寬四寸八分強。左右雙邊。每半葉十二行，行大二十一字，小字三約當大字二字。板心魚尾下韻幾。開卷爲丁丑大唐儀鳳二年序,次陳州司法孫愐序,序後隔二行有"己丑建寧府黃三八郎書鋪印行"一行。每卷首行題《鉅宋廣韻》某聲(平聲則題上下平),卷第幾,餘爲韻目,分三排,連正文。有"蒹葭堂藏書印"(長方朱文篆書)、"蒹葭藏書"(正方白文篆書)諸記。

《東萊詩集》二十卷

宋刊初印本。高六寸四分,寬四寸九分。每半葉十一行,行十九字至二十一字不等。左右雙邊。魚尾高約低正文二字半,下呂集幾,下記刻工姓名。開卷爲乾道二年曾幾序,每卷首行題《東萊先生詩集》卷第幾,空二格呂本中居仁,題目低三字。卷尾隔一行或二行,題書名如首行。有"昌平[坂]學問所"(長方墨印篆書)、"文化己巳"(無邊長方朱文隸書)諸記。

《箋注陶淵明集》十卷

宋刊本。高五寸三分强,寬三寸八分。左右雙邊。每半九行,行大小十六字。上下線口。版心題陶詩幾,或二字單題一字。梁昭明太子序,誤訂卷末。開卷爲目錄四葉,次爲《補注陶淵明集》總論,盧陵後學李公煥集錄。每卷首行題《箋注陶淵明集》卷之幾,分目連正文,題目低二字。題目後並詩後,錄諸家評語,均低三字。靖節詩僅見湯漢注四卷,此孤本也。

《司馬溫公集》

宋刊本。存卷一、二,卷十至四十七,卷五十四至卷六十,卷六十九至一百十六。高六寸,寬四寸二分弱。每半葉十二行,行二十字。開卷爲黃華序。每半葉八行,行十四字。板心魚尾下溫幾,下有刻工姓名。每卷首行題《司馬溫公全集》卷幾,大字占兩行。分目低二字,接正文,題目低五字。有"仁正侯長昭黄雪書屋鑒藏圖書之印"（長方朱文篆書）、"昌平坂學問所"（長方朱文篆書）諸記。

《淮海集》四十卷,《長短句》三卷,《淮海後集》六卷

宋刊本（未量尺寸）。左右雙邊。每半葉十行,行二十一字。板心上記字數,魚尾下秦卷幾,下記刻工姓名。開卷爲《淮海閒居文集序》,以次《舒王答蘇内翰薦秦公書》、《蘇内翰答淮海居士書》、後山陳師道撰《淮海居士序》。次爲目録。每卷首行題《淮海集》卷第幾,次行秦觀少遊。"秦"上低八格,下空一格,"觀"下空兩格。卷尾隔一行,題同首行。次爲《淮海居士長短句》,有目録。次爲《淮海後集》,凡詩四卷,雜文二卷,撰人題款同上。後有《淮海居士集後集序》,乾道癸巳林機景度撰。

高郵軍學《淮海文集》,計四百四十九板,並副葉標背等,共用紙五百張。

三省紙,每張二十文,計一十貫文。

新管紙,每張一十文,計五貫文省。

竹下紙,每張五文,計二貫五百文省。

墨工每板一十文,計五百文省。

青紙標褙作一十册,每册七十文,計七百文省。

官收工料錢,五百文省。

軍學諭韓濤林經楫校勘。

左脩職郎高郵軍録事參軍兼推官兼教授趙伯膚。

右承事郎權發遣高郵軍主管學事兼管内勸農營田屯田事王定國。

有"仁正侯長昭黄雪書屋鑒藏圖書之印"（長方朱文篆書）、"淺草文庫"（長方朱文楷書）、"昌平坂學問所"（長方朱文篆書）諸記。

《豫章先生文集》

宋刊本。存卷五至九、十六七、二十至一、二十四至六,外集存五至十五。左右雙邊。每半葉八行,行十五字。板心魚尾下(予)[豫]章幾,下記刻工姓名。每卷首行題《豫章先生文集》卷第幾。有"仁正侯長昭黃雪書屋鑒藏圖書之印"(長方朱文篆書)、"淺草文庫"(長方朱文楷書),"《顏氏家訓》曰:'借人典(一行)籍,皆須愛護。先有缺(一行)壞,就爲補治,此亦士(一行)大夫百行之一也(一行)。'鄞江衛氏謹誌(一行)"(長方朱文楷書)諸記。

《玉山名勝集》不分卷

每半頁八行,行二十一字。板心上端題集名,從可師齋起至拜石壇止。題額大字分別篆、隸占兩行。葉數自一至八十二,而魚尾下記二至四,中間實未分卷數也。末葉有弘治元年八月中秋日吳人楊循吉題一行。此書《四庫》抄本爲五卷,曩見一不分卷本,較《四庫》本爲多,未識是本有無溢出。雖明時刻,亦孤本也。

《文館詞林》

舊抄本。存一百五十二(詩十二)、一百五十六(四言)、一百五十七(詩十七)、三百四十六(頌十六)、四百一十四(七言)、四百五十二(碑三十二)、四百五十三(碑三十三)、四百五十七(碑三十七)、四百五十九(碑三十九)、六百六十五(詔三十五)、六百六十九(詔三十九)、六百七十(詔四十)、六百九十一(敕上)、六百九十五(令下)、六百九十九(教四)。

《新鐫出繡通俗丹忠錄》四十回

孤憤生戲草,鐵厓熱腸人偶評,崇禎壬午翠娛閣主人序。前有圖,述毛文龍抵抗建州事。

《醋葫蘆目錄》

且笑廣演評醋葫蘆小説目録

第一回　限時刻焚香出去　怕違條忍餓歸來
第二回　祭先塋感懷致泣　泛湖舟直諫招尤
第三回　王媽媽愁而復喜　成員外喜而復愁
第四回　思療妒鴿鵬置膳　欲除姦印信關防
第五回　周員外設謀圓假夢　都院君定計擇良姻
第六回　脱滯貨石田長價　嗟薄命玉杵計窮
第七回　落圈套片刻風光　露機關一場拷打
第八回　再世昆侖玉全麟嗣　重生管鮑弦續鸞膠
第九回　都院君勃然瞋假印　胡主事混沌索真贓
第十回　伏新禮優觴禍釀　弄虛脾繼立事諧
第十一回　都氏派分家財　成飆浪費繼業
第十二回　石佛菴波斯回首　普度院地藏延寶
第十三回　産佳兒湖中賀喜　訓劣子堂上毆親
第十四回　告忤逆枉賠自己鈔　買生員落得用他財
第十五回　畫行樂假山掩侍女　涉疑心暗鬼現真形
第十六回　妒氣觸怒於天庭　夙孽報施於地府
第十七回　波斯閲招救難　都氏帶罪受經
第十八回　翠苔重過家門　都氏閫堂拜謝
第十九回　都白木醜態可摹　許知府政聲堪譜
第二十回　昧心天誅地滅　碩德名遂功成

二十一日　晴

　　午後三時,赴上野學士會講演《中國分權問題》。余以爲,周制純爲地方分權,秦迄清爲絶對之中央集權。除割據外,間有類似地方分權者。如唐之藩鎮,乃一時外重内輕,釀成尾大不掉之勢,初非定制。宋太祖之於錢吳，因其奉中朝正朔，大度包容，不忍收其土地。然至太宗時即納土賜第，臥榻之旁，不容他人鼾睡矣。清之封吳三桂於滇南，官吏且由其自任，謂爲西選。然逮伊子吳瑶即行戡定，南服歸一。亦官制類分權者，遼之南北院，南以治漢人，北以治契丹。此因種族之區別，非分權也。元之行中書省，用中書之名，此代表非獨立，明清且沿其省制。又明之南北京各部院，此成祖靖難告成，不敢冒不韙之名革太祖之舊制。故兩者對峙，或南或北，冠以"行在"二字。至正統時，南京加"行在"，遂爲定制。朝官之擢南京者，官署清閑，直等左遷。清之設奉天五部侍郎，亦因祖宗發祥重地，定作陪都。采明制而縮小其範圍，俱非地方分權也。輟講後，由小野博士略述敬詞，攝影各散。

二十二日　晴

上午十時，赴北羽門圖書寮，閱韓活字本《晉》《唐》等書，即後之慶長活字也。歸途訪田中，購《花陣綺言》一部，前有中郎袁宏道序，記逸艷之事七則，惜已漶漫。内閣有是書，擬托人鈔補之。午後四時，偕鼎甫等赴淺倉屋書店，蒐求二時，無佳帙，所謂乘興而來、盡興而返也。

《王狀元集百家注分類東坡詩》二十五卷

宋刊本。每半葉十三行，行二十二字，小二十七字。左右雙邊。板心上記字數，魚尾下詩幾。每卷首行題《王狀元集百家注分類東坡先生詩》卷之幾，次行前禮部尚書端明殿學士兼侍讀學士贈太師謚文忠蘇軾（軾上空一格），三行廬陵須溪劉辰翁批點，尾隔三行題同首行，間有無"分類"二字者。有"平安崛氏時習齋藏"（長方朱文（傳）[篆]書）、"衛"（圓白文篆書）、"淺草文庫"（長方朱文楷書）、"昌平坂學問所"（長方墨文篆書）諸記。

《樊川文集夾注》四卷

韓本，夾注多佚書，蓋出於宋人之手。末有正統五年六月□[13]日全羅道錦山開刊。

小杜詩可稱可法，而善本甚罕。無[14]所有者，字多魚魯，學者病之。今監司權公克和與經理李君蓄議之，符下知錦山郡事李君賴，令詳校前本之訛謬而刊之。始於庚申三月，歷數月而告成。公之嘉惠學者，其可重哉。前通政大夫成均大司成知制教鄭坤題。

《方輿勝覽》

宋刊本。每半葉十四行。凡遇路、州、府及卷中故實，大字占兩行。左右雙邊。上下小黑口，板心《方》幾。開卷爲嘉熙己亥良月望日新安呂午序，次爲嘉熙己亥仲冬既望建州祝穆和甫序，次目錄。

《史學提要》三卷

元刊本。臨川黃繼善成性編，盱江吳志伊此民校勘。卷一上古至戰國，卷二秦至南北朝，卷三隋至宋。每半葉十一行，行大小二十二字。左右雙邊。上下小黑口，魚尾下《史要》幾。卷尾有"皇元混一，奄有敷天，聖子神孫，於萬斯年"兩行。

《玄玄棋經》六冊

明刊本。皇祐中學士張擬撰。《棋經》分《論局》《得算》《權輿》《合戰》《虛實》《自知》《審局》《度情》《斜正》《洞微》《名數》《品格》《雜誌》十三篇。開卷爲至正年虞集、歐陽玄、晏天章序，後有棋譜五冊。

二十三日　晴

清晨聞號外聲，繼聞館中給侍人等歡呼大喜，產皇太子矣。出外諦視，見各家旭旗高懸。九時半，赴內閣文庫，遙見二重橋外羅拜者約及萬人。至文庫,依上次許幾查手續畢,放入。調取小說若干種,並前次所閱之《淮海集》,詳查長短句行款。又《丹忠録》,録其細目。鼎甫約赴北京亭午餐,同行均在座。午後赴明治大學譚話會,岡田、志田以次諸教授均集。大谷美隆贈上次所攝之影片。諸教授詢問刑法歷史上之掌故。是日伯醇未至,約略用筆答之。岡田詢子母姦作何判斷,余曰:"《公羊傳》邾婁叔術妻嫂一事(昭公三十一年),唐徐彦疏引律:'外内亂,鳥獸行,則滅之。'所指血族爲姑姊妹,非血族爲父祖妾,當爲漢律之禽獸行。然罪已至極,過此則非筆墨所忍言。"岡田謂:"日本古時確有是項罪例,但非死刑。有犯,令對神設誓,湔濯復其清潔之身分,但其家資予以全部没收。今《大祓祝》中之某項,即指此事也。"遂贈余祝詞數紙,此亦海東法制上之軼聞也。六時,赴蔣公使宴,到者爲小山司法大臣、原前司法大臣、杉博物館長、渡部(圖書寮寮頭)、鈴木(圖書寮科長)、坪上(外務省文化科長)、服部、岩谷兩博士、石田(東洋文庫長)、長澤、村上君,留學生黄監督暨館員。席中蔣公使致敬詞,並介紹余此來兼調查司法、教育事項。余亦略述《後漢書》志日本爲泰伯後裔,及武周時朝卿真人爲鸞臺侍郎,以證親善。小山大臣以個人意見答詞,大致述中國古昔聽訟之公平,爲日本所則效。故德川時代,大岡越前守決獄明效,不啻中國之包孝肅。並以染習歐風,頃致濡滯之非,蓋與余目擊現代中國情形同感想也。席終,立譚片刻,爲岩谷、長澤拉入赤坂春梅妓樓。杉暨渡部繼至,二公俱服務宫内省有年,膺親任之待遇,以誕育皇儲,異常歡忭,招藝者舞子十餘人侑觴,興酣群起,聯袂蹈舞,高呼萬歲。忠愛之情,天然流露,釵冠錯雜,形跡都忘。余以疊劫餘生,對之不禁觸夢華之感也。迨堅辭放行,已逾午夜矣。

《淮海集長短句》三卷

目列各卷首。每卷首行"淮海居士長短句"(上、中、下),

次行題秦觀少遊，卷尾書題隔一行同首行。板心魚尾下長短句(上、中、下)。

《淮海居士後集》六卷

有目錄。每卷首行題《淮海居士後集》卷第幾，側注"詩"或"雜文"字。次行撰人名同前。板心魚尾下秦卷後集幾，側注"詩"或"雜文"。卷六尾有林機景度序。

《豐韵情書》六卷

豫章竹溪主人彙編，南陽居士評閱。前有萬(歷)[曆]戊午夏坦然生小引。卷中夾圖，甚精。分室家、金蘭、青樓、幽閨、情詞、情詩六門，尺牘情致綿邈，詩與詞皆習見者。

《語》有云"詞達而已矣"，曷嘗言情哉？書以情名者，予鏡諸古矣。咏白頭而歌㚏嫠，非室家之情耶？思雲樹而懷梁月，非金蘭之情耶？憶章臺柳枝，戀吳江鱸魚，非青樓之情耶？炎袄廟之火，贈溱洧之蘭，非幽閨之情耶？顧情而不達以書，何以語情？書而不表以情，何以語情？茲編室家寄好矣，金蘭遞悃矣，青樓與閨幃通殷勤矣。一紙素箋，露出五衷丹悃；寸心微意，寫來滿眼嫻詞。其丰韵之灑灑，真如蝶之戀花、魚之樂水矣。是用殺青之，以怡風流者眸睫。萬曆戊午夏戩穀之吉坦然生漫題。

二十四日　晴

上午十時，赴上黑目訪山本二峰，亭園幽邃。前六年來此，樹甫移植，今居然喬木，故家固土壤之沃，亦點化之功也。二泉言日本近來中小學校偏重歐化，致令道德墮落，擬於今日至議會，建議加增漢籍功課，問余意見何如。余亦告以中國同感此項痛苦，自廢止讀經後，幼年學子俱饒有獨立思想，但未從根本上著脚，以故趨入異端者日衆。今錫山唐侍郎倡一中學，提倡讀經，際此潮流中，未易作狂瀾之障。北平大學雖有經學一科，眛於師承之法，難期步武乾嘉。若貴國此條通道獲有成績，則吾自當翻然復計耳。譚及衮甫病故，深致惋惜，贈余詩集一册而回。狩野昨有信訊赴洛日期，作函覆之。小山大臣遣屬來，訂廿七晚設宴於官邸。余此來承司法、文學兩界之接納，亦未能拂之也。夜，田中來談。

二十五日　晴

上午十二時，長澤君來商定攝印書籍。岩崎文庫爲《吳志》（已印成）、《王右丞集》、《周禮》（殘卷）、《集韻》、《梧溪集》，圖書寮爲《論衡》《春秋集解》《金臺集》《玄玄棋經》，内閣文庫爲《淮海集》《廣韻》《史略》《子略》《丹忠錄》，共若干種。一面行請願手讀。傍晚，文泉閣主人村田君來謁。此君於民國四年謀事赴燕，時余官廷尉，令典守藏書樓，特謝昔年知遇之恩也。

二十六日　晴

接玉姬、劉陳太夫人並袁景唐來函。午後四時，赴江蘇同鄉青年會之歡迎會。由張清鑑介紹講演，到者約百餘人，秩序整肅。余略述中國古來編纂法律之進化。輟講後，赴新宿白十字堂江蘇同鄉之夜宴。列席同座爲朱大昭、邵亮焕、石堅白、徐方幹、王建今、王世義等凡十人，暢譚時政得失及科學之進步，賓主歡洽，歸寓已逾十時矣。（晚）[挽]無恙代撰七律一首，寄二峰。日前岩谷博士出燉煌寫本《茶酒論》，令箋其疑誤。此文作賦體，皆嘲笑詼諧之語，不離鄉學究口吻，無足稱勉，爲一一注釋送還。內有"脊上少須十七"，余謂自宋以後，杖不足數。元每十以七計，所謂"天饒他一下""地饒他一下""我饒他一下"也。清則四折除零，每十以四計之，積數過五板除其零，例如杖六十，四折應杖二十四，復除其四板之零數。兹稱十七者，詳《宋刑統》"五刑條"下。檢原書以示無恙,乃杖八十者,應決臀十七下放。無恙謂此條非專家莫能對也。

二十七日　晴

下午一時許,赴小石川區留學生監督事務所答謁黃監督,並晤林、雷二科員。繼至帝大文學部研究室訪岩谷博士暨齋藤君。出小說數十種,縱余觀覽。內《萬錦情林》記宋元軼事,尚佳;又《浪史》,亦舊抄本。岩谷君款余於四樓之茶室,夕陽璀璨,雲中富士,隱約可辨。旋回寓易禮服,應司法大臣小山松杏之招。綦履駢集,原樞密顧問、和仁大審院長、林檢察總長、蔣公使均先至。席間小山大臣以余此次講演刑法與禮教之一問題,多資啓沃。日本立法趨向禮教,如刑訴子孫不得告尊長,醫院因案解剖女屍先行致祭,以及夫妻間制度,與余主張闇合。蔣公使致謝余此次來航各界招待之盛意。余略述日本昔年司法由中國產生,中國前清季年編訂法律,概由日本學者顧問,則中國司法復由日本產生。就司法一端,中日本合一團體。余自釋褐以來,官法曹迄三十年,學問非所長,願數十年之經驗,猶蘊蓄於腦中。民國十二年,辭官漫遊歐美。因吾國司法革新後,適用法律,諸與國習鑒相,遂特別注重司法一項。覺英之法院手續單簡,人民尊敬法院之判決,上訴寥寥。關於幼年及夫妻制度,純與吾國未革新前相似,始信英國亦爲我東方法系所薰習也。繼至巴黎,參觀最高法院。該院法官倍於我,而積案等於我,濡滯之苦勝於我。詢以有無速結之方法,院中人云:"當事者之權利,不宜駁奪。惟於民事,勵行最新之調解法。"以視英上級法院之清簡,遠不逮矣。歸國後,擬向政府建議改革,適值國家多故,無置喙之地,亦惟卷而懷之而已。劫影疊更,洊至今日。學校思潮誤於邪僻,閨闈風紀墮入自由,睠念將來,憂心滋切。茲膺研究會之召,負笈來遊,所晤朝野名流,譚及立法事業,與康同一懷抱,則懸崖勒馬,規復故常,亦意中事。吾國服務法院,以留東占大多數。平心而論，貴國法學較昔年爲鋭進。今後留東學生之程途，水長船高，亦屬自然之理。則未來膺司法之付托者，仍屬此莘莘之學子。由是測之，因法學之洇結，不論何時，此大團體決不容其涣散也。座客咸以爲然。席終，復暢譚一時始回。

二十八日　晴

上午，村田文泉閣偕平凡社書藝編輯野本白雲來譚。野本君善寫經體，遒勁絶倫，於南北朝書體之沿革言之瞭然，知其於此道三折肱矣。村田贈余珂羅板印經帖數帙，内有臨川李氏之《孟法師碑》，誠余東航以來之大快愉也。晚應外務省東方文化局坪上局長之招，松本博士及前天津總領事均在座，餘亦知名之士。坪上致敬詞，謂余此次講演，日本學界能洞悉東方法制之古歷史，獲益良多云云。余答詞録後。入夜雨。

晚翠軒答詞

今晚承外務省東方文化局坪上局長招待，並蒙松本博士、船津前總領事暨諸名流，於歲末撥冗陪席，董康萬分榮幸。刻聞坪上局席間致詞，禮宜作答。論吾日華兩國自隋唐以來親善之跡，載在史書。在座皆法、文兩界俊彦，博學多聞，早已洞悉，無庸複述。兹就個人關係足爲親善之實據者，爲諸公陳之。自來譚及鄙人之行歷，莫不以法律、文學二端爲獎飾。竊以爲法律一端，鄙人南中下士，科第濫叨，習於案牘之塵勞，未聞名師之講貫，不過在新陳遞邅之秋，服官三十餘載。復因襄助修訂法律事宜，迫於必要，始從事探討。迨謝政歸田，爲生活計，忝擁臯比。平心而論，則鄙人之研究法律，屬於強制性，不敢於松本博士前以法家自詡也。惟於文學一端，確係出於自然性，非強制性。且爲貴國奔走，此事成績有三。在昔束髮受書，酷嗜典籍，始讀朱竹垞《曝書亭集》，見《吾妻鏡跋》，心嚮往之。旋購得森立之《日本訪古志》，知唐宋孤本流傳於貴國之多，益形欣慕。嗣疊因公務東航，與貴國士紳多所接納。遂依《訪古志》所載，四出蒐求。於金澤稱名寺敝簏中，發見五代時寫本《文選集注》三十二卷；繼於高野山尋獲唐儀鳳年寫本《文館詞林》二十餘卷。俱白諸內藤博士，轉達政府編列國寶。其他殘簡逸編，不可縷計。此因訪書證明親善之成績一也。貴國珂羅版一業，擅東方美術之名。然最初所製，為繪葉端書。推而廣之，僅及尺餘之畫幅。時鄙人僑寓京都，始發明用佳楮印書之法，如上述之《詞林》暨福岡氏崇蘭館宋槧本《劉夢得集》。其他類此之鉅帙，不下廿種。以寒士滄海餘生，獨力營此名山事業，此日華兩國所共見共聞者。今帝室圖書寮印宋本《尚書》單疏，前田侯印宋本《世說新語》，其餘私家如靜嘉文庫、成簣堂之印書影，尤風行一時。廣百宋之名槧，平三都之市價，此因印書證明親善之成績又一也。鄙人曾兩筦司農，以團匪賠償事件為清庭不幸之事，國體更新，不應於敦槃留此污點，建議將庚款留充別項事業。未及實行，旋即辭職。漫遊於美國，晤威明敦丟彭之顏料廠普恰君。其時美之庚款，僅以其半充清華教育，餘額尚多。此君為歐戰歷史上人物，政府暨輿論界均所信仰。譚及此事，極端贊助。即由其周旋，提出議會通過。繼至英倫，與前駐華公使朱邇典君有舊，告以美之善意，朱遂仿而行之。大正十二年春歸航過貴國，受山本二峰之招待。席間，山本君言日本擬由國庫歲支七十萬圓，創立大規模之漢文大學，惟文部省尚多隔閡。鄙人即告以英、美處分庚款之法，勸其改轍，山本君欣諾，未幾通過議會。今英、美雖設立庚款委員會，尚未具體進行。而貴國於東西二京暨平、滬分設文化機關，節節設備，並納鄙人續修四庫之議，從事編輯。此因文化事業證明親善之成績，尤其一也。

兹者同座諸公俱一時勝流者，歷史發展可以斷言，今夕之會，非同尋常酬酢，從此兩國藉文化事業，締結一永永親善之團體，即諸公亦爲未來之歷史之朝臣眞人、朝臣仲滿、弘法大師也。此則鄙人所深冀者也。

二十九日　晴

　　上午田中來，導余赴服部三越購餽贈物品，約用去二百八十圓。午後一時，偕同行赴黃霖監督上目黑雅敍園之招。園之主人某，素業浴室搓背，爲某資本家所特賞，贈以地二萬坪，建築費達三百萬圓，專業支那料理。營業茂盛，亦擁資千萬元以上，爲東京料理屋之冠。若芝區紅葉館，不能望其肩項。廣廈長廊，儼如阿房複道；廁所地板，用黑漆螺鈿，其淫侈逾制可知矣。是日，接石友如、黃公覺、陶蘭泉信。

三十日　晴

　　下午四時，仁井田博士來，校正前所錄《神龍散頒格》之訛誤。松本博士代表學界來謝。六時，赴柳橋津久松樽井君之招。長澤亦在座，商榷代北平圖書館印書事宜。歸時晤孫伯醇，爲余繪山水一幀。是日，寄小山大臣信，謝其招待。入夜雨。

卅一日　晴

　　清晨赴文求，付田中書價四百圓，又托其匯寄四百四十圓於蘇寓。由次君震次導往丸善，爲鐵保等購西文書籍。家家綮松枝、稻草，松取其長青，各國皆同；稻草則歷史上之關係，蓋日本古稱嘉穗，亦數典不忘祖之意。吾人心理，陽曆不逮陰曆之感覺，然睹各家點綴年景，亦頗起思鄉之念也。是日，寄玉姬、小林、黃公覺信。

　　　　斫地悲歌蘊目胸，相逢可識舊時客。退方人習圜橋禮，附近湯島聖堂，震後重建，益形宏壯。景教常傳隔寺鐘。比鄰爲居古刹，教堂鐘聲，終日不絕。靜對花枝驚歲宴，佇看柳色試春幡。舶書任我頻來往，留與他年話昔蹤。

民國二十三年甲戌
一月一日　十一月十六日　晴

接司法部編處董其鳴、申保長媳劉德如各信。其鳴，江西玉山人，自云出自廬陵，以與余始祖籍貫同，屬其取譜一閱。茲來函謂係出江都，繼遷廬陵，復遷玉山，譜中且言一枝遷武進云云。董之發源廬陵，證以溧陽、浙之慈溪，皆同。惟余家宋時由廬陵遷吳江，元時始遷武進，並非直接遷來，或另又枝也。

二日　晴

賀年郵信紛至，余以楷墨勘暇，未及省視。午間，長澤、田中相繼來譚。

憶津久松雅集贈長澤君

柳橋瑤月滌心胸，罨畫河房隱玉容。睹向頻教輸魯酒，論交雅合契潮鐘。丁娘齡稚人稱麗，子夜歌殘夢亦幡。餘福而今誰健者，騎鯨看我逐奇蹤。

三日　晴

傍晚，野本偕村田來，約同行赴綠風莊夜宴，順道爲田中夫婦拜年。擬拉田中同往，田中以小恙推托。綠風莊爲日本式之中國料理，長廊廣疊，令人心曠神怡。河井仙郞繼至，君工鐵筆篆，屢客海上，爲雪堂叟之舊友，久耳其名，今因年齡高，刻印謝不作矣。評論當代書畫家，多與余合，尤不以吳昌碩派爲然，可見賞鑒自有真也。

四日　晴

　　下午六時，偕鼎甫至北京亭宴客。圖書寮宮良君、内閣文庫山田君暨田中、槫井至，商略北平備書印書一事。是局本長澤君所指定，長澤臨時不至，合座頗失望。

五日　晴

　　起草《春秋刑事訴訟法》。用現代文體將《周禮》《禮記》《春秋》《大戴禮》等書，凡關涉斷獄事宜者，悉包入内。余曩時曾用此體編《唐律名例》，改稱《總則》，讀者便之。今用此體，尚不爲難，惟資料較少耳。午間，勝山來譚。二時，《朝日新聞》記者磯部佑治偕一寫真師詳叩東來底蘊，并訊及日本對於法律有無改革，及余對於日本之感想。余答以此次專爲研究歷史上之沿革，樗散已久，於新法案迄未注意，不知其他。旋攝影而去。入夜，田中夫婦偕三女來譚，聞余有入洛消息，來致拳拳也。是日，無恙偕錫（唐）［堂］遊日光未回。

　　　　與勝山話昔年柳橋雅遊，感賦一律贈之，仍疊前韻

　　　墨堤璐月滌心胸，窈窕河房隱玉容。睹壁何妨輸酒酸，同岑雅合契潮鐘。丁娘齒稚人稱麗，子夜歌殘夢亦慵。幾度昆明尋劫影，那堪惆悵話前蹤。

六日　晴

　　天氣嚴寒，勝山約來譚，失約未至。本擬於八日入洛，村上以各處仍須辭行，爲展期一日。

七日　晴

　　上午十二時，赴大學赤門前某西洋料理田中之宴，伊妻晴霭女史暨三女均在座。因鐵保等來東入第一高等留學之志願，屬其以父執之誼盡監督之義務，田中欣然承諾。余東遊識田中最早，迄今逾卅年，相知亦最深也。一時，赴森川町訪松岡博士，聞伊偏廢之證，臥床已半年餘，今已稍瘥瘳，然能出而對客。此君勤於撰述，在病中猶注釋《物權債》兩編出版行世。旋妻女均出見，詢以母堂安否，始知於十二月間患糖尿病逝世。譚一時許辭出，博士攜杖送至玄關，鄭重而別。歸過文求稍坐。至小川町水晶堂，訪昔年女友仲子，晤其女，知因患病臥鄉。設余在少年時，因不勝崔護之感矣，購水晶少許而回。

八日　晴

　　赴各處辭行，晤大學各教授、平沼副議長、司法小山大臣、皆川次官、杉博物館長、外務重光次官、坪上館長、松本博士、蔣公使。田中慶、平沼爲卅年舊相識，自述因宮中鞅掌，未及盡私人酬酢之誼爲歉。微微譚及政治問題，惟希望各方據義利二字自省云云。余以久脱政治羈絆，不問理亂，如回國遇政府中熟人，當代達公意。是日回館甚晚，檢點行李，已逾午夜。復爲村上草東方圖書館啓事，寢已三時矣。

九日　晴

　　上午九時，乘燕字急行車南返，伯醇加入團體。送行者爲平沼、松本、圖書寮鈴木科長、小野博士、田中耕太郎、會田、村上樋口、中央秋山庶務科長、蔣公使、楊雪倫、丁參事、青年會代表、監督處代表田中、勝山夫婦，及留學生多人，頗極一時之盛。九時雪分開車，握手作別，同人入七號車。午餐甚美。過名古屋以南，積[15]甚厚。四時四十餘分，抵京都驛。狩野、倉石、吉川、三浦、小林、喬梓迎於驛，仍入長谷川旅館之雙佳樓，余此所題額也。晚餐後，謁小林母堂，年八十五之高齡，尚康健。余與小林敍昆仲，因之執家人之禮。夜至古梅園購墨，繼赴佐佐木書店閲覽舊書。惟元槧草書《集》（注：依據通行本，此處當爲《集韻》）尚佳，惜僅餘三册，以索價太高未收也。

十日　陰

同人約遊高野山，期於上午十一時在電車站會齊。十時，余偕楊鼎甫、孫伯醇、小林及其長君長文訪狩野博士，譚一時許。旋至大阪《每日新聞》社京都支局，晤局長岩井武俊及藤田信勝、城南健三。因岩井君與野山親王院住持水原堯榮稔，托其用電話通知來院投宿。社中人爲余等攝影。繼至電車站。斯須劉錫堂偕楊無恙、孫逸齋乘車至大阪，改乘自動車赴難波。在南海食堂午餐，乘南開電車南駛難波，即曩時與小林相失之處。小林譚前事，歷歷在目。途中風雪交加，倚窗遠望，頓成琉璃世界。三時半至極樂橋，改乘開勃車登山。車作階段式，昔年在意大利微細微所乘相似。至高野山，易公共自動車。至女人堂，隨衆頂禮。維時雪山大如掌，道途被雪掩没，無從辨識。下石已，復乘人力至親王院。時已昏黑，電燈不明。詢諸侍者，知每遇風雪，電燈綫即生障礙。遂燒高燭二枝，並燃爐取暖。住持出應客，知余爲訪《詞林》逸卷而來。言天氣酷寒，寶館暨大學圖書館均扃鎖，管長避寒下山，無人主持，實有負公之此行。余曰此次竭誠參詣靈山，不專爲訪書也。晚餐俱素饌，味至美。無恙曰，自罗霓燈後，燭視同芻楊，不意今日在此剪燭夜話，亦韻事也。語未畢，電燈驟明，同人拍掌呼萬歲。住持招余至客座圍爐，旋贈余所著書二册，皆關涉野山掌故者。並出内藤及亡友天囚手跡，令余鑒賞。造詣深邃，不愧爲弘法大師派下之弟子矣。伯醇、無恙各就燈作繪二幀，伯醇圖本山雪景，無恙寫青松紅燭，尤饒逸趣。是日廚中寒暑表在零點下，滴水滴凍，惟余尚能入浴，他人則無此勇氣矣。

《遼海丹忠錄》

《丹忠錄》目次

　　　第一卷
第一回　斬叛夷奴酋濫爵　急備禦群賢伐謀
第二回　哈赤計襲撫順　承胤師覆清河
第三回　拒招降張斾死事　議剿賊楊鎬出師
第四回　牙旗折報杜松亡　五星鬭兆劉挺死
第五回　作士氣芝岡斬將　死王事台失自焚
起萬曆四十七年至四十七年秋。

　　　第二卷
第六回　振南出奇毒虜　芝岡方固全遼
第七回　易經臣禍產亡遼　收降夷謀疏覆瀋
第八回　侍御罵賊殉節　兩賢殺身成仁
第九回　款西夷牽東虜　撫南衛固西河
第十回　遍巡島嶼撫窮民　夜戰鎮江擒叛將
起萬曆四十七年秋至天啓元年夏。

　　　第三卷
第十一回　避敵鋒寄跡朝鮮　得地勝雄據皮島
第十二回　劉渠力戰鎮武　一貴死守西川
第十三回　廣寧城叛將降奴　松山堡監軍死義
第十四回　群賢憂國薦才　奇士東征建節
第十五回　陳方略形成聚訟　分屯駐勢合聯珪
起天啓元年夏至天啓二年。

　　　第四卷
第十六回　大屯田戰守兼行　通商賈軍資兼足
第十七回　毛帥規取建州路　陳忠首捷櫻桃渦
第十八回　大孝克伸母節　孤忠上格天心

第十九回　張盤恢復金州　杜貴大戰滿浦
第二十回　亮馬佃官兵破賊　牛毛寨賊衆再衄
起天啓二年至天啓三年七月。

　　　第五卷
第二十一回　鐵山八路興師　烏雞連戰破敵
第二十二回　屬國變生肘腋　帥臣勢定輔車
第二十三回　王千總臘夜擒胡　張都司奇兵拒敵
第二十四回　皇恩兩敕褒忠　偏師三戰奏捷
第二十五回　天神頓息邪謀　急雨盡消賊計
起天啓三年秋至天啓五年春。

　　　第六卷
第二十六回　建重關朱張死節　遏歸虜茂春立功
第二十七回　聖眷隆貂璫遠使　朝鮮封唇齒勢成
第二十八回　寧遠城火攻走賊　威寧海力戰擒奴
第二十九回　官軍奇撓斃奴　裨將潛師獲虜
第三十回　丞拯恤寒儒生色　請附試文脈重延
起天啓五年春至天啓六年。

　　　第七卷
第三十一回　有俊自刎鐵山關　承禄扼虜義州路
第三十二回　除民害立斬叛將　（掃）[抒]丹心縛送孤山
第三十三回　請鎮臣中外合力　分屯駐父子同功
第三十四回　滿總理寧遠奇勳　趙元戎錦州大捷
第三十五回　疏歸不居寵利　奏辨大息雌黃
起天啓七年春至崇禎元年。

　　　第八卷
第三十六回　奇間欲疏骨肉　招降竟潰腹心
第三十七回　改運道計鎖東江　軫軍民急控登鎮

第三十八回　雙島屠忠有恨　東江牽制無人
第三十九回　後患除醜虜入寇　大安失群賢靖節
第四十回　督師自喪前功　島兵克張先烈
起崇禎元年至崇禎三年。

十一日

　　雪繽紛不止。早餐畢，由水原住持導遊各處勝跡，同人均步行，雪深沒踝。金堂爲全山最莊嚴之區域，前被焚燬，茲募資重築，將次工竣，較前壯麗。柱大可合抱，黏以五寸正方之金箔二層，即此一款，所費已恒河沙數矣。繼至金剛峰啜茗，循途至奥之院展謁。踏雪登山，較前遊尤暢。偕同人攝影於一之橋，余復偕伯醇攝影於淀君墓，以志崇持美人之意。途中有明智日廣守光明之墓，即弒其主織田信長者。聞其遺族屢加修葺，而石欄自裂，詢可怪。午後二時，回院。午餐後，余出資一百圓爲先慈唐太夫人暨博陵君於永代祠堂設位。復出資三十圓，爲製金漆牌位，懇其每日諷經，用資冥福。余以前次以未至秀次墓爲缺望，住持見余遊興不孤，飭役前往掃雪，偕《每日新聞》通信員城南健之伴予同往。墓極小，僅植一高尺許石表。因懾於乃翁豐臣氏之威稜，雖切腹時壯烈，無人爲之修葺也。墓之對面有（送）[良]助親王墓。四時半，至女人堂，自動車人數擁擠，僅錫堂、伯醇二人登。餘落後，約適十五分鐘，次車始至。別住持諸人，乘之下山。至高野之開勃車站，約三十分鐘。待開勃車至，循舊路至難波，即在此處晚餐。比入洛，已十一時矣。是日洛中雖寒，並未見雪。

十二日　晴

　　早餐後，偕謁小林母堂。小林爲余等攝影，單獨或共同不等，以作紀念，并留午餐。一時許，余偕伯醇、鼎甫、小林雇自動至瓶原村訪湖南。是處有木津河，可航小艇。回山環抱如甕，亦稱甕原村。湖南於山半小築數椽，題爲恭仁山莊，因屬恭仁京之舊址也。湖南適臥病，延余等在榻旁清話。知余之來，預儲古書以待。內藤（原）[源]朝寫本古文《孝經》《周易》單疏，新以五百圓得之田中者。並出莫子偲舊藏唐寫本《説文・木部》，俾余題跋。余以不善書堅辭不獲，勉題四行於後。湖南指余爲文化侵略大將，余安能具此資力，然自問不無宣傳之功。若改稱祆教之牧師，固無忝矣。四時半辭出，令余等至附近某小學訪恭仁殿舊址。至則時已薄暮，有一大石礎居乾方上，可容六七人，則柱之偉大可知，殿之廣袤更可知。校員陳列瓦當數箱，上有"大伴國分出雲我（反文）"等字，皆藤原、鎌倉、室町、新安、奈良諸朝之物。蓋都此七年，屢因地震，始遷回洛云。回寓已八時。伯醇得神户電，知眷屬東來，定明晚移東京。

十三日　晴

　　午前十一時，狩野博士偕倉石來，代表研究會迎講演也。倉石示我明刻殘本《剪燈新話》《餘話》，聞與余前刻日本活字本有同異。並言有明一百卷本李卓吾評《水滸》，惜殘十一至三十。余一並借之。狩野與余評論《水滸》及《紅樓》人物，余曰："《水滸》於宋公明無所可否，金聖歎極端攻擊，未爲至論。若第一流，當屬之林教師。《紅樓》則寶兒遠在瀟湘之上，寫其美，如天仙化人，令人不敢狎視；寫其情，於無字中著筆，仍不脱閨娃身分，恐執筆亦屬意此兒。"狩野深韙余言。狩野精公羊家言，歷指關涉法制各條，俱爲余采入《春秋刑制考》中者。午後一時許，倉石君復至，導余至會，演題爲《追憶前清考試制度》，由倉石代譯。聽者約百二十人，如大學總長暨諸教授，與余稔者約三分之一，並有荷蘭漢務司顧問細部安郎偕其夫人在座。七時，偕伯醇、鼎甫赴本會之晚餐會。

十四日　晴

午前十時，狩野代表東方研究會致謝，談二時始去。作書致田中、鈴木。午後二時，偕同人遊嵐山，登龜山，是處以秋深紅葉擅名，今非其時，然喬木中窺見對面嵐光作深綠色，亦天然圖畫也。山有階段，上其最高處俯視河流，有木筏聯絡而下，以數人枝柱其上，一日可達大阪。山氣著衣如細雨，有凛乎不可久留之勢。下山經小督局墓，題二絶於後。

　　嵐山之麓有塚，大僅如拳，圍以木柵，碑題"小督局墓"。墓中人名德子，爲藤原成範⑯之女，供奉内庭，高昌院天皇寵以專房。後被嫉逐出，於嵯峨之野遣送歲月。小督局，即奉職時之稱謂也。

　　千金難買相如賦，望斷長門事可克。一例沽堤留蹤跡，玉鉤憑弔幾人來。

　　嵯峨歲月幾經過，梦裏君王雨露多。蘭佩縱生湘水怨，勝他駝背慘笳歌。

旋至金閣寺，庭院位置，甲於洛中。一石一木，俱書來歷。余素愛東山，以其處處擅林壑之美。小築其間，均可吸收爲我所有。昔年此寺之建築，即先得我心也。歸途至小林別莊，亦在東山境内，推窗可挹比睿諸峰。惜時已昏黑，無從辨識，但俯視下方，萬家燈火而已。小林出示畫帖，内有松鄰題余東山寄廬詞，錄之以歸。

　　倏然塵外識君廬，山翠吉田居。中原劫火匆匆過，已侵尋、海漚桑枯。旅逸（墅）[暫]容遊釣，行吟漫誤樵漁。

　　相從襆被記應無，小别隔年餘。重闗一握征車迅，想嵐痕、樹影還如。勝我紅兒讀曲，輸他綠子鈔書。

　　董授經兄遊日都，新營吉田山居，寫真寄示，率賦小詩。昌綬辛亥冬，駐居庸南口，兄屢來相訪。展畫如睹舊遊，而吉田遠近山樹蔥蔚，風景尤勝，恨不得移家過從。

十五日　晴

清晨，小林處送赤豆沙煮團子來，因是日爲元宵節。雖爲陽曆，無從測知月之圓缺，仍存舊日風俗也。十時，倉井至，並小林偕赴裁判所。控訴院長久保田美英、地方裁判所檢事三橋市太郎出迎，導觀民、刑各庭。庭之位置及訊問制度，大致同於吾國，惟有特異處三點。一、調停庭。此法頒行於□年，用圓桌會議式以判事。一人居中，處於監督地位。左右調停員二人，由判事以職權指定。此職選舉有資望者充之，各業咸備。餘爲雙方當事人之坐。凡債權在一千圓以下，若商業及因家產爭訟，各事件不問價額多少，俱先行調停手續，其便利有二：一可於最短期間獲真正之結果，免致訟累多年，損實際之損失；一雙方泯勝訴及負訴之痕跡，致傷感情。勵行此法，成績優良。以上年計矣，商業三百餘起，債權九百餘起，家屋一千三百餘起，總計可減少民事二千五百餘起。至繼承、婚姻事件，不入此範圍之內。然亦有人提議，正在審查中也。二、陪審制度。專責陪審員以調查證據，與泰西行陪審制之國家名同而實異。三、思想之檢事偵查庭。此即共產事件，特設專名，一以見政府之防範之嚴密，一以見共產之程度較吾國爲高，恐未來之患尤烈也。二君情意殷殷，贈以上年各項統計表册，遂辭出。至狩野家，留午餐，贈余玻璃版製殘本宋槧《禮記》單疏二册、古寫本《春秋正義》一部。余報以嘉靖本黃刻《水經注》一部，以作紀念。狩野詢前清刑部現審、秋審事宜，將所歷者逐一告之。狩野詫爲聞所未聞，言："《會典》何以不載？"余曰："《會典》乃彙輯一朝之法律，猶各國之法規大全，而法律範圍內事情之掌故及變更，固不能詳載也。"狩野屬余仿《東京夢華錄》筆之於書，附此次講演錄後，余諾之。別狩野，至岡野兩替屋購物，費去數十圓。回寓，擬偕同人遊東山印證鴻雪,詎時已昏黑,徒呼負負。晚餐後至小林家,與其母堂暨家人話別。十時許,荷蘭人細部安郎來譚。此君諳於唐時法制,自言職東方稅關之試補,在中國稱漢務部,名賀思威,在日本職和務部。以"細部"二字訓讀與原名相近,故易此名。蓋荷蘭與中日通商,在明之中葉,歷史上有此職務,實際則使署之學習員也。叩余研究唐制應參考各書,舉其所知以對。而尤屬其留意唐人如孔穎達、賈公彥等之經疏,因昔賢喜以時制箋釋古籍。如二鄭注之今律,知爲漢律;孔等注之今律,知爲唐律也。又如"手模",《周禮》鄭注爲"大手書",而《尚書》某篇孔疏引唐制甚詳,其一例也。細部辭出,遺一財賦,中貯日鈔幣、日記、書目等,作書遣旅館役人送還。

十六日

黎明即起,雨雪繽紛。檢點行李,遣錫堂於七時偕小林次君送神戶上海丸,因在東京與村上有約,同舟赴滬故也。八時,小林至,偕長君並鼎甫送余登舟。鼎甫亦擬待船二日,直接航津。錫堂仍留此業製版。先著京都驛,狩野、倉石、吉川相繼來送。閱一時半,著神戶。比登舟,與村上君相晤。十一時許出帆,小林等在留繫場,植立雨雪中,揚巾作別。余亦遙應,不覺淚涔涔下。此等況味,平生於是地嘗之最深也。遙矚至不見人影,始入船室。余之室爲一百十三,村上君一百十五,貼居鄰室。楊、孫二君一百二十二。夜午過門司,出栗島,頗有風浪。室中蒸汽暖度過高,不能成寐,作七律一寄小林。

小林忠治送余登舟別去,入夜追憶舊遊,
不能成寐,撚燈吮墨,作此寄之

雞林聲價舊傳揚,余譚藝爲是行人士所稱許。縞紵論交軼范張。丙寅避囂東航,易名沈玉聲。忝拜母堂稱子弟,太孺八旬晉六,

尚康健。能於藝術見文章。君製版爲東西二京之冠，今流傳《尚書》《禮記》《春秋》正義，及其他宋槧，皆所攝印也。東坡買宅誠虛幻，余昔年結廬東山，歸航棄去。徐福求仙太渺茫。風雪津亭勞遠送，那堪身世屢滄桑。十年中在此處握別，已三度矣。

十七日　晴

早餐後，寫小林信。九日抵長崎，村上君約登陸散步。余亦因寄京都書留信，并發滬迎接電，偕楊、孫二君隨同至市内。村上邀至控訴院訪其友人某君。繼登諏訪山，上有神社，歷石級一百七十餘。無恙因足力不健，在半山二銅柱間株候。忽聞午炮，余促其歸舟。村上君言五時出帆，不妨盡興遊覽。蓋記伊由滬航渡，出港爲下午五時，殊不知回航係在一時。因往復時間不同，俱以四小時爲限也。下午一時四十分至留繫場而舟已去，同人驚愕失措。斯有本社役人至，謂船主待至一時半，已越定晷，見公等不回，無從用電詢問，船客催出帆。已將各室行李留此，并改填赴滬票，可少安無躁。檢點行李相符，惟倉庫内之書箱柳筴共十個不在其内。隨至郵船會社事務所拍無線電於上海丸，請其抵滬時將箱筴負責保管，即投海岸小山之巔平野屋住宿。是館臨海面山，境地幽寂，各房設備周至，女侍三五，婉媚可人，爲歷次旅行中第一適意之旅邸。無恙大悦，小詩紀事，有"留滯高樓飽看山"之句。長崎爲東行之第一海程，風景至佳，秦人所謂海上仙山者即指此。余航渡廿餘次，獨於本港無所點綴，殆出此意外之錯誤，山靈罰令償笠屐緣也，余亦繼作。此間領事張羽生在東京有一面之雅，遂與通電。張君偕日書記井手至，告以誤舟之巔末，並懇其轉電滬寓，暫展行程。六時許，羽生招飲於克魯斯之皆花園，園有某鉅公"滿地皆花"額，據以製此。亦襲昔年北京陸文貞公題江蘇會額，依庾蘭成《江南春賦》末句"無江南兮江北"爲"並春堂"之故事也。回館已十時。

因登諏訪山誤舟，投宿平野屋

不隔神州路幾千，采風問俗且留連。無端觸起迷津感，爲欠名山笠屐緣。

仙蹤采藥渺難尋，勝負楸枰閱昔今。擊楫中流誰佳者，頓教祖逖輟雄心。

新詞慣唱采春劉，幾度江干誤去舟。昨夜燈檠空結蕊，又勞鏡聽祝刀頭。

張羽生領事招飲皆花園，即席賦此，時羽生有内遷消息

名園樽酒洽高情，兩度相逢歲律更。歸去神州勤自愛，軺車佇傍使星明。

誤舟長崎，留宿平野屋有作　無恙

千里毫釐問渡難，何須興歎柱闌珊。海航頗解行人意，留滯高樓飽看山。

授老示詩，予亦同梦，襲其意成廿八字

長崎日月同中夏，西少東多暫爾違。勸住稿磁山外曲，年頭歲尾阮郎歸。

十八日　晴

上午十一時，偕同人至領事署答謁羽生領事。此署建築於光緒初年，迄今歷五十餘稔，久應翻造。然各國使領署，除美及日本外，俱租屋爲之，所謂慰情聊勝於無也。長崎舊屬九州舊轄，區内以雲仙山爲勝，近次由政府指定爲公園。往還須信宿，遂由羽導觀左之三唐寺，皆明時中國商人招集浙、閩名僧駐錫開山，殿宇悉仿天台，以祝僑商航渡之平安。累代住持皆唐僧，今則易爲日本人。寺且列入國寶矣。

福濟寺　建於寬永二年（碑稱五年），最初爲泉州僧覺海東

渡時選岩原鄉（即是地）勝地結構精舍，供奉天后聖母，以祝普渡漳、泉、永三處之船舶。慶安二年，應檀首潁川藤左衛門之請，招溫陵紫雲山開元寺僧蘊謙（第一世）戒琬禪師東渡入寺，分號紫山。翌三年，拓左右地，建圓通殿，構衆寮齋堂等。面目更新，香火不絕。承應三年，迎請興福寺應化東來，隱元禪師隨喜。又明曆元年，邀秋木庵禪師侍僧雪機、喝禪、慈岳（第二代）等東渡。蘊謙讓席，令開堂説法。自兹紫山派之宗風，播揚於遐邇矣。明曆三年，能書之悦山渡來。萬治元年秋，潁川氏建立山門。延寶元年六月，蘊謙圓寂。此後，東瀾（第三代）、獨文（第五代）、喝浪（第四代）踵至。值延寶、天和之荒歉，慈岳蹶起，謀諸東瀾等，施行賑濟。長崎之民仰之爲救世大士，至今頌其遺德。又寶永七年全巖（第六代）、享保七年畫竹大鵬（第七代）相繼來。第七代之主席，即出之本寺。出世於黄檗山之木庵、悦山、獨文、大鵬四僧賜紫衣，隱元恩遇尤隆。沐後永尾法皇暨歷代天皇，尊爲國師。大正天皇封謐真空大師，誠逾格之光榮也。大雄寶殿本尊三像從普陀山傳來，相傳爲唐楊貴妃所供奉。（以上節譯《大修繕意趣書》）

　　興福寺　本寺開基之真圓，江西浮梁縣人。元和六年渡來長崎，即本寺之現地結庵。小隱時，清人中每有吉利支丹教徒，長崎奉行本幕府命嚴重取締。居留民南京地方船主，自願捐建一寺，即於本寺現在地建設佛殿，以真圓爲之開基也。唐僧默子如定者，於寬永九年渡來。至十一年，於酒屋町與西古川町之間，建設長十二間半、寬二間六合之眼鏡橋。日本有明朝式之石橋，自此始也。黄檗宗開祖隱元禪師承應三年七月五日夜入長崎，翌日上陸，本寺三代逸然率檀徒並諸弟子迎之入寺，則本寺爲隱元初登之寺也。自初代至九代唐僧，十代以下和僧，今松尾旭峰爲三十一代矣。（節譯本寺之印刷物）

崇福寺　創立於寬永六年。延寶、天和間饑饉，第二代千呆鬻書籍墨蹟，製大釜熬粥賑濟貧民。釜猶存寺內，故又名大釜寺。山門名龍宮門，嘉永二年重建。有"聖壽山"額，隱元大師筆。兩旁有屈門，右云如意，左云吉祥。大雄寶殿，正保三年建，中奉釋伽，旁侍伽葉波、阿難陀二尊者，左右十八大阿羅漢。明佛師印官范道生作護法堂，亦云關帝堂，享保十六年建。中央觀音大士，旁侍善財、龍女。右壇關帝，傍侍關平、周倉。左壇韋駝天、彌勒、五方五帝。本寺開山者超然外長老，重興者道者超元，開法者即非如一。各禪師俱福州渡來之高僧，又呼福州寺。最初奉（馬）[媽]祖，祝航海平安者。前後駐錫之唐僧近三十餘人，其中黃檗宗爲千呆、靈源、伯珣、大成四人。超然之來爲慶安三年，先於隱元四年，傳黃檗禪最早者也。

下午三時，羽生送同人回館，即辭去。是館主人爲平（尾）[野]信子，乃守貞之女。年五十餘，工烹飪。是晚特別治饌，煮大頭魚，肥美得未曾有。無恙即席賦詩，有"絕似西湖宋五嫂，紅爐親手煮魚羹"之句。又東坡肉，絕類吳中風味。自東航以來，公私讌會，當推此次爲第一也。

福濟寺本尊三像，由普陀傳來，相傳爲楊貴妃所供奉

杯渡於今囷計年，雪衣也沐蛻塵緣。爲何一滴楊枝露，不灑驪山馬足前。

華冠世外足風流，暌隔華清春復秋。枉使鴻都窮上下，香魂先已渡瀛洲。借用香山《長恨歌》詩意。

附無恙作

一別金身恨已長，塵緣還借海南香。太真一度爲女道士。珠鈿未醒梨花夢，唐土如來久姓楊。

縹紗仙山此一隅，精靈道士説鴻都。今看金粟旃檀影，得似沉香亭子無。

贈居停主人平野信子

歧路感蹉跎，蒙卿雅誼多。清樽開北海，佳饌出東坡。估舶門前繫，山雲檻外過。聊將今夕意，書此鎮巖阿。

十九日　晴

畏寒未出門，屬逸齋書近日各詩留與主人張之於壁。無恙并作畫三幅贈之。女侍悦子，美而慧，亦有所獲，同列中有缺望者。小林聞余等船，來電慰問。

二十日

早起風勁，雪灑窗淅瀝有聲。下午一時許，聞海面汽笛嗚嗚鳴，遥睇上海丸已入港停艤。挽村上君登舟，詢問箱笈保管情形，彼此各道歉忱。比村上君回，本思赴領事署辭行，奈寒度較昨日尤低，余素恃一副傲骨，與天時爭勝負，顧僅衣和服一襲，覺勇氣頓衰，遂改期明日再往。村上君言："長（畸）[崎]附近有唐人，景至佳，自動車往返僅一小時，如看山未厭，盍往遊諸？"余曰："甚善，再留四日，仍乘上海丸歸航，不第可補前之缺陷，楊君又可得詩若干首以壓歸裝，余將更爲飣佳工梓續稿也。"同人大粲。居停主人仍治饌餉客，無不精美。肉炙骨一味，去骨存肉，酸甜類余等二常（常熟、常州）風味，更不知其從何傳授也。

二十一日　晴

晨起檢點行篋。九時，見窗外長崎丸停泊山下。別居停主人信子，詣領事館辭行，時羽生領事尚臥。至東濱町二枝鱉甲店購飾物數事。登舟，遇南京須磨總領事、静嘉堂職員今關並白堅甫，今關贈我《四僧詩》一册。堅甫則由長春回，詢問遼左情形，與日本新聞無稍異。午後一時出帆，遥見羽生在海岸致别。蓋伊來時，余適在客座與諸人譚話。即聞箏鳴,遂倉猝登陸也。四時許,風浪驟作。晚餐僅五六人。豫作函致小林。

邁陂塘·購鱉甲鏡貽姬人

出菱花,試加拂拭,一規明月清朗。漢宮春色唐宮豔,佳制咸誇心匠。依繡幌,宜博得,鬱金少婦常珍賞。伊儂非雨,看玉立亭亭,揣摩鞶定,能事勝周曠。

溫別況,長憶春申江上,珠淚秋朝同漲。欲題紅葉流波渺,幸賴夢魂相傍。休悒怏,君不見,舶出又鑿歸來榜。丁娘酬償,待舊懷勾銷,凝妝細認,可是前時樣。

(作者單位:鄭州大學文學院)

---

① 《書舶庸譚》卷一,《就實語文》第12號,1991年11月10日;《書舶庸譚》卷二,《就實語文》第13號;《書舶庸譚》卷三,《就實語文》第14號;《書舶庸譚》卷四之"4月1日至10日",《就實語文》第15號,1994年12月10日;《書舶庸譚》卷四之"4月11日至22日",《就實語文》第16號,1995年11月10日;《書舶庸譚》卷四之"4月23日至25日",《就實語文》第17號,1996年11月10日;《書舶庸譚》卷四之"4月26日至5月1日",《就實語文》第19號,1998年12月20日;《董康〈書舶庸譚〉譯注補訂》,《就實語文》第20號,1999年12月20日。承立命館大學芳村弘道教授檢示,特此致謝。
② 《中央日報》1933年11月9日,第2版。
③ 據通行刊本,"成"後脫一"周"字。
④ 據通行刊本,"熱"後脫一"海"字。
⑤ 本段文字寫於二十二日、二十三日兩日日記所在頁之背面。
⑥ "無"後當脫一"恙"字。
⑦ "伍",疑當作"譚"。
⑧ 原稿此處空一格。
⑨ 原稿如此,當爲清水泰次。
⑩ 原稿如此。
⑪ 此目錄爲鉛印本。
⑫ 通行刊本作"恍",據原稿,似非該字形,然無法辨識,暫以□代替。

⑬ 原稿此處空一格。
⑭ "無",通行刊本作"世"。
⑮ 據通行刊本,此處當爲"積雪"。
⑯ "藤原成範"係據通行刊本補入,原文爲"……"。

起居記

□ 孫毓修撰　胡欣軒整理

上海圖書館所藏孫毓修《起居記》一册，係近代學人孫毓修光緒三十三年（1907）至民國二年（1913）間的日記。孫毓修（1871—1923），字星如，號留庵，江蘇無錫人，早年就讀家塾，光緒二十一年考入江陰南菁書院，畢業後輾轉多年，於光緒三十三年經沈縵雲介紹進入商務印書館工作，自此開始了其編譯生涯。其後在張元濟的支持下，着力於古籍整理輯印工作，主編《痛史》《涵芬樓秘笈》兩部古籍影印叢書，並參與了《四部叢刊》的輯印工作，是張元濟在古籍影印出版工作上的得力助手。孫毓修所著《中國雕版源流考》，則是國内最早的一部版刻印刷史著作。《起居記》時間跨度雖僅七年，且於宣統二年（1910）至民國元年（1912）三年間有長時間的中斷，但此七年，恰是孫毓修人生經歷中極爲豐富而又跌宕的時光。其間孫毓修主編《童話》叢書及《少年雜誌》，編譯《地理讀本》《世界讀本》，主持涵芬樓工作，輯印《痛史》，爲商務印書館的古籍叢刊輯印業務奠定了基礎。然而，在此七年間，孫毓修又經歷了子女蘇海、貴度及妻子張氏三位至親的去世。《起居記》中對此間的工作、生活、交遊多有記録，對其在商務印書館及涵芬樓的工作所記尤詳，且多評論，可與《張元濟日記》《張元濟書札增訂本》相參看。宣統二年五月二十六日日記中附有《自訂年譜》一則,對於其四十歲前經歷有較爲簡略的記録。兹整理如下,部分文字因字跡潦草無法辨識,則以□代之,部分日期記録疑有誤者,出注説明,敬請方家指正。

光緒三十三年

一月①

結算去年。

編譯《地理讀本》(歐洲)上集(約五萬言),約值二百元。

此書發軔於去年春,在孟里之日。去冬閉户家居,力疾從事,至十二月脱藁,寄至吕明叔處,托其消售。歷於廣智、圖書、樂群(皆上海書肆),皆不納。

《中西文字指歸論》。

此書已經營數年矣,宗旨未定,故久不成書。今年正月間擬自備資出印,亦曾寄與吕明叔。

授貴定書。

定去年隨予至孟里者約三月。嗣予有江西之行,棄之而去。以有限之光陰而不善爲之設教,是予之大過也。至下半年送至上海競業中學校,歲暮歸來,於英文、算學、理化略有所知,而中文則荒矣。

半年川路三千里,一襲寒衣五夜霜。閉户著書多歲月,科頭看世幾滄桑。

弋陽末路,大受豎子之欺;南京北京,一肚子世態炎涼;孟里之學務,滿腔子風塵齟齬:然皆我之間接的利益也。

樹滋公學(二月至四月)得薪水一百二十五元。

上年之負債:

吕明叔,三十元。

王鶴琴,二十元(本年還訖)。

○○○ 十五元 書。

十四元　京。

六元　錫。

鈿閣，三十元。

雲樵，三十元（本年還訖）。

度去歲十二月至上海，在外家過年。惟貴定追隨膝下，日夜以中英文字相切磨，間與至王强之處問以算術。鐙下恒兩人踏月至山塘街，取《時報》一紙，歸來共閱，殊覺相得也。

正月

十八日

雲樵來函，云貴度有疾，屬予速去。

十九日

予早起，擬搭早車至滬，一則領度回來，一則爲定擇校，約三日可返。臨行之際，見定意似怏怏，蓋定在外家久，又樂舊校多故人，故意甚願去。予則以此校閉歇無常，終非久計。去年本欲令其至東吳大學堂，以齒稚不納也。今臨別，既彼意欲同去，即與之同行，如不入校，父子兄妹同時並歸耳。

臨行時，鈿閣欲予我川資，予曩[2]中有金錢二枚，莫愁途窮矣。惟取銀二圓，以作車資（三等至申，兩人二元一角）。

是日十點至南市，見度面目腫黑，寒熱雖退，尚未清透。予見之甚心痛，悔不如不在家度歲之爲愈也。度云："我夜夜見父母、阿哥，今果來矣。"予急欲歸，岳母亦病，因度病多勞故耳。鶴年内姪仍至競業去。

二十日

午後領貴定、鶴年至北市。歸途至電報局視吕明叔，叔曰："吾俟君久,何才至也?"蓋叔因探得徐家匯高等實業學堂中院招考插班生,本將其子之名以報,因年幼不甚放心,知定尚未有佳校,故易以定名。明日即考,故昨日有電至吳也。予已行,故未接到。設今日吾不去,則坐失此機矣。予急歸,告知貴定,准明早去考。

廿一日

步至清心書院弄,雇車至西門斜橋,再易車至徐家匯。十點在上院之講堂考試,人數約有二三百。定並不怕縮,接卷而入。予在外靜俟。上、中兩院比鄰而居,以予所見,除京師大學譯學館外,屋宇之宏壯,以此爲第一。

午後二點,定納卷而出,予急慰問之,所考者:默英文數行、算題四道、中文論題一。

仍坐車回南,來回車錢、點心等共十角。

廿二日

買泰西緞,五元。度腫仍未消,晚至李醫處診視。看封、車費,一元二角;洋畫,三元半(美華畫館);鞋子,一元;洋紗一尺,二元;元青斜紋,一元二角。

日來天氣蒸熱,匹似暮春。

二十六日

實業之案揭曉,定列次取限,出月初十前到堂。定來時行李未帶,今只能回蘇一次再來。

二十七日

搭晚車回吳。至車站,雇轎讓二子坐,而予步行。車費二元七角,轎七角。

在申之日，雲樵言圖書公司編譯之事或可設法，勸予略抄譯文寄示以爲媒介，即將《地理讀本》序例寄之。

二月
四日

爲定部署一切，擬明日至上海去。至祥豐取洋四十元。還《時報》錢四百八十文（一個月）。交鈿閣四元，自帶卅六元。

五日

午後與定偕行，度戀戀其兄，送至吳淞橋而返。此行有行李，只好搭小輪。輪船一元，船錢二角。

六日

早抵埠，將行李暫寄局中，至呂明叔家小坐，還明叔電報費一元五角、去年買藥一元。度急欲得一洋裝《康熙字典》，爲購一册，洋兩元；貴定買鞋子，九角。

八日

偕雲樵送定入學，雲樵作證人。定住所在樓上，入豫備班，聞十一開學云。付上半年學費十五元，操衣十元，東洋車三乘十一角。

午後走徐家匯之北，至李公祠、愚園、張園一遊。

通商銀行息六元二角。

拾元　付雲樵七元（托買荳油）。

拾元　貴定照相八角。

三十角。

初十③

星期。

午後至徐家匯，見定安好，深慰，即與同歸。定買學堂書一元半(外國書)。

可喜哉！離父母而獨立兮，江山蒼蒼。可懼哉！離父母而獨立兮，前程茫茫。惟早夜以自勉兮，子無忘乃父之義方！

十一日

雨。送定至學，車錢十四角。

雲樵有友曰沈曼雲者，與商務印書館之總理夏粹芳善，沈以《地理讀本》序例示夏，夏歸以示諸張菊生，張許可。今日曼雲約雲樵至信成銀行內詳詢予之生平。

畫鏡架　共四角。

A Silent War　一元。

十四日

又至貴定處。

十六日

雨。沈曼雲約午後同至商務編譯所與張菊生接洽，又見高嘯桐。

張出章程見示，並約何日到所辦事。予約以本月十八④，即星期一日也。往返坐雲樵車，給力四角。

十七日

本擬回家帶些行李，今日至貴定處，得寒熱，不能去也。

廿一日

　　寒熱止，然仍怕風。勉強就館，既見張公，屬坐在樓上國文部。出《科學界》六冊，屬為刪改（渠初意欲令吾續譯《地理讀本》，予恐受其愚，辭以此書非我一人所譯，須商之他人，以上半集版權售與，始能續譯云）。

　　午後頭重惡寒，不得已告假五天，至南調理。倩醫診脈，費一元一角。

二十二日

　　寒熱退。定處放清明學回南。連日雨，至廿四始晴。

二十五日

　　定至學，予亦復常。

二十六日

　　午前九點至館。每日館務分上、下兩班，計六點鐘功夫。夜班另算，到否隨意。

二十八日

　　張菊生生子，賀洋一元。寄鈿閣、貴定信。

　　春暖無衣，購呢一丈二尺五寸，費五元七角，夾裏一元六角。向雲樵借洋七元。

三十日

　　宿於南。胰子等物二元。岳時赴蘇。

三月

朔日

始上夜班一次。呢袍已製好,雲樵送來。

初二日

星期。

偕呂明叔至徐家匯,觀實業、震旦學生演戲。定至龍華去,四點後始見之。面似不肥,問之,云甚好。看資一元六角。薄暮赴張菊翁之招於大慶樓。

初八日

雲樵來言夏粹方之弟十二完姻,予與沈曼雲合送幛子,出洋三元,暫請雲樵墊付。

午後搭火車回吳,至家已暮。鈿閣適自西園歸,度尚未。家中皆好,竹筍已高。火車今減三等,六角六十文。

初九日

星期。

至西園領度歸。檢廂子。寄信三叔。錫箔四塊,上墳。壽禮三元,四房。

初十

行,鈿閣與予二元。早車不及,坐晚車。

十一日

至光華晤士康,仁法之摺托渠交還(一四十元,一二百元)。

洋鎖等三角。

十二日

纸笔房笺九角。沈曼云午後來,同至夏家,禮畢而返。

十三日

《地理讀本》並原書交張菊翁。孫起元之二十元當作江北賑濟。張菊翁即日來詢《地理讀本》之價值,予答以請其自裁,必不計較。

十六日

星期。

至南,岳尚未來。至徐匯,定已登樓遙望矣。

十七日

館中薪水例於月終致送。予之館穀幾何,既尚未言定,故上月未蒙贈送。日來困乏,向帳房支二十元。

自去年八月以來出京消數:

三十元,代孫還孫菊樓、祥來。

十元,今年在申向祥借。

六元,銀行息。

六元,鈿閣。

二十元,又小洋約三十角。

菊公又索《地理》下半冊,午後面交之。黃昏,士康及同培來,欲托攬印書生意。

托同培印英文《雕龍》,稿紙百帙,計洋一元。

二十一日

雲樵來,示我張菊生與沈曼翁信。信中略言孫君辦事勤慎,文章亦淵匹,擬送月薪百元,予爲轉致云云。點心三角,與雲樵。

二十二日

《科學讀本》初稿畢,經杜亞泉改。

廿三日

至南。定以學堂內發喉症,放假兩星期。定因無恙,惟稍有風痧耳,曾不以爲患也。雲樵請沈曼雲邀予倍⑤坐,午前與雲同至沈處道謝。日來天熱如盛夏。鐙下寫信與夏粹方、張菊生道謝。

廿五日

張回浙。夏函交郵局,既而遇之於編譯所。

廿六日

至南視定,岳已來。

廿七日

二姊回鄉,贈洋一元,並屬照顧其家,予諾之。寄音吳中。

廿八日

至慶祥里看屋。午後送來月薪八十元,並前之二十元,合百元也。

廿九日

曹甥來,云須付房租,予之五元。
租定慶祥里單幢一座,月租九元,先付定洋五元,有收條。

買灰色素綢三丈四尺，一元七角；敘緞一尺，九元六角，共計廿一元三角。

四月
一日
還鴻泰昌二元，襪、手巾、鈕巾。還雲樵十元。夾裏綢二元。

初二日
青灰羽格紗四角，九尺五寸，定長衫、自褲料。白蛇皮布，一角二分，二丈。白洋紗，一角四分，一丈。七元七角。

初五日
張菊翁告知，《地理讀本》酬我二百元，即面允之。版權讓與證，浼曹君翼臣爲證人。

初六日
午前收書價二百元。《科學讀本》甲集終。寄信鈿閣說遷居事。

寄蘇，一百三十元。

貴定，十五元。

貴度，十二元。

洋布，六色十元。

英文書，三元七角。

還雲樵，十元。

初八日
天酷熱。至南，定擬明日至校。約葉煥卿、任有壬聽書，用洋六角。

初九日

　　早見《中外報》云實業之疫仍未已,予悔不令定緩去也。急至徐匯,則續放四星期之令又下矣。天氣殊熱,跋涉良苦。車錢十角。

初十日

　　張園開賽珍會,予獨往一觀。
　　外國書六元一角。

十一日

　　寄信吳中。

十四日

　　王強之自吳來申。
　　雲樵賬:
　　上年結欠五十元。
　　上年八月分付還三十元,三次。
　　又收一元,又二元,又八角半,收三元。照雲樵賬,果屬何用則不可知。
　　本年正月,收十元,在店取。收三元,送夏幛子。收五角,夾裹找。
　　付二十元,二次。
　　約尚欠十四元光景。

十五日

　　星⑥。

至南,視定。至沈曼雲處,未遇。

十六日

得吳中來信,云日來收拾物件,預備遷居。

外國書,共十一元。得醉樵來信。

十八日

補送到二月分薪一百元,如到年無曠,則可不扣。

十九日

樓居甚熱。買衣料等十三元。

貴定在南,予常以其荒廢光陰爲憂,然亦無可如何也。昨日寄去題目數則,未知渠肯留心做去否。

張菊裳(南菁舊同學)在城內警學堂當教員,曾遇之。

二十日

午後,雲樵至。

廿二日

在第一春宴客,以沈曼雲爲主陪。客爲雲樵兄弟、明叔、月泉及謝孟鈞。

番菜十元,聽書四角,吳伯方。

房,小租四元,並前五元,共九元;租四元五角,四月半起至三十日止。

廿八日

前出與定兩題"哀朝鮮""熱帶人與寒帶人",今寄來,殊少學力。

得鉏閣與王强之函。送岳母洋貨一元。

二十九日

星⑦。

至南,視定安好。遷居事,岳母等皆不以爲然。本月薪存發行所生息,有摺一扣。

目下廂中存洋八十八元。

五月
二日

雨。午後乘火車回家。本館明日遷入新廠,放假三天。至士康處,托其初五至碼頭來迎。抵李⑧行李大半已檢起矣。

初三日

收檢一切,勞極矣。祥豐之摺交醉樵結算,另換新者。

初四日

行李省之又省,已得六十餘件。午後急大餐間至申。⑨

初五日

黎明到埠。先將眷屬送入寓所,再至船運行李。貴定自南來。士康來相助。

二姊送飯來,雲樵送來饅頭糕,月泉送來畫鏡。送呂明叔皮絲、瓜子,渠始來送饅頭糕。

初六日

噴有煩言。

初七日

赴新廠。來時,大伯屬其工人陳姓送來,今日歸去,托其帶信與醉樵並大□,謝其相助之匹,並托以租屋之事。

初十日

送與醉樵《李文忠聖教序》一册。自初六以來日日淘氣,悔之已晚。送王強之《癡漢騎馬歌》一册。自上月尾至此,共用五十八元,今存四十九元也。

劉屋之西鄰於四月尾失火,予家雖未波及,而中造瓦壁已壞。呼劉來修理,而彼置之不理,只得央中阿才爲憑,我代他做,將來扣算。

十三日

定忽然發痧,幸即愈。予亦腹瀉。

十四日

雲樵將至蘇,托其買修尖參鬚。《科學讀本》完,擬序例。

遷居時,收祥豐之賬大略如下:曾付過卅元。

皮箱二隻,約十元。

南腿一。

皮絲二包。

寄信三叔,説遷居事,問做墳洋收到否,催桑麥租。

是日打灶,洋七元。

十五日

和光同塵,與時俯仰。潛鱗戢翼,思屬風雲。

十六日

交《科學讀本》,約共四五萬言。

向合衆公司保火險(林瑞記手),每千兩取費十九兩(七折,實十三兩三錢),合洋十八元四角(十七日交去)。收條一,保險單一,內開:自光緒卅三年五月十一起(即一九〇七年六月廿一號)至卅四年六月十一日止(即一九〇八年六月廿一號)。

十九日

天熱甚。五點赴南。始譯《地理》。

二十至廿三日

天氣不甚熱,終日碌碌,無善可述。月泉約予及子女同至跑馬廳觀煙火,是日爲美國獨立之日也(西七月四日)。

廿四日

雲樵夫人來。醉樵帶來參。

廿五日

大雨終朝。函埜樵。

二十九日

岳母來,貴度同去。收本月薪。

六月
一日

　　天氣甚涼。

初二日

　　貴定擅自至徐匯，一夜未歸，想寄宿外家矣，予甚懸懸。昨接醉樵信，復之。

初三日

　　士康來，自錫帶來陳租三元、張租五元、長區長凡一人四元，共十二元。朱姓連房租六元，未來。麥租、唐田未收到，其餘共收到一石一斗八升（每石四千），完上忙二千五百六十文。
　　是日購照相藥料及暗匣。

初四至十二日

　　天久雨，俗謂"倒黃梅"，惟氣候涼快，亦一樂也。自本日起，館中午前早一點上班，午後則停，如午後仍上班者，作夜班算。貴定習字有進境。買米五斗，四元五角。

十三至十六日

　　天晴而涼。孫巷有來信。十五始食瓜。

十六日

　　岳母來，寄宿二宵而去。沈曼雲開錢莊，送燭對二事，約合洋一元三角。
　　蘇州寄來之物如下：
　　火腿一蹄，藕粉一包，埜樵送。

青筍一斤,藕粉一斤,蠶荳一斗,邱聘三送。
米一石五斗,寄存於山塘米店者。
錫箔七元三角二斗,菊花、五角荳一斗三百五十文。
合計洋七元八角三分三厘,錢三百五十文,曾付過六元。

二十日
醉樵來信,言房子已租定,廿三復之。
押租房租與多壽,還來之款皆在醉手。

廿五日
王強之來印代數書。

二十八日
家鄉之田於完糧一事甚難,今姑商之於曹翊臣。

二十九日
赴南,取托研之參末。鐵路之北有天主教士所設之女學,去者皆西人而亦不拒華人。頃悉其章程,走讀而一餐者每月六元二角,住宿者二十二元。

三十日
天酷熱。午後一點三刻,產一兒,母子皆安。產婆秦姓,手段甚佳,胞隨兒下,與以二元二角。仁法之妻來相助。胞衣沉諸蘇州河,如隨潮退,則入浦江,泛大海,乘風破浪,亦男子之壯志乎!故命名曰蘇海。祝曰:
二十世紀,子展雄圖。
蘇固天堂,海接仙都。

壯矣吾兒！他日當行萬里路而讀萬卷書。

是日收月薪百元。

七月

一日

天熱腹痢，不能至館。

初二日

仍未至館。樓上太熱，產婦不能耐，遷居樓下。

初三日

星期。

館中歇夏之舉止於此日矣。月泉來。書櫃二具，十一元。

初四日

天稍涼，然終不雨。腹疾仍不好。吳伯翁來，托其代假一天。二姊至，言曹君將辭萍鄉，來申就電局事。陶惺存者，故督之子，約於上月至館。

初九日

寄信孫巷，略言唐昌之册結，役錢歷年由叔手交予，豈有短少之理。至歷年版串，事關緊要，望即追索。林弟明年出嫁。

初十日

昨日王強之來，云係為弟償逋，借去三十元。雲樵兄弟來。

十一至十五日

自上月二十八至今不雨,晝炎宵涼。十三至南市。

商務印書館續招股,買兩股,計二百元。

寄信垒樵借《虞初新志》。得醉樵信,帶來白米二石。

月泉送來鴨一匹、金器一件。

十六日

南有人來。秋氣爽。

十七日

星期。

老鄰居張志瀛夫人來,數年不見,忽已老邁。吾之生也,夫人見之;吾子之生也,夫人又見之。曾幾何時,吾已生子,子且成人,而夫人之談興亦減矣。順法、志瀛皆送來豚蹄,二姊送銀釧。

張菊生日來不常至館,現因《歐洲》將譯過,擬譯何書請問之。

十九日

張復,言續譯《北美》。秋涼,惟多時疫。貴度昨日至學(啓秀女學),半年二十四元。

廿三日

兩兒出外步遊,及歸,定忽腹痛吐瀉,予大驚。幸不久即安。夜半,沈娘姨亦吐瀉,即愈。

廿五日

收到商務股票。次兒自昨晚起發熱。

廿六日

送定至學(徐家匯實學)。

廿七日

天陰雨將屆一旬矣。次兒以屢熱不退,聞有幼幼丹者,治小兒極驗,早起購服,瀉去痰濁,寒熱即清。然當欲瀉未瀉之際,兩目直視,口吐白涎,危險之狀,極可怖也。時予已赴館,家人惶急。幸一瀉而愈,殆有天幸。

得貴定信,云極安好,惟尚未開課。

廿九日

秋氣甚佳。岳家送來次兒新衣數襲,爲彌月之禮。雲樵來,埜樵自蘇來,予皆未遇。

八月
一日

星期。

至徐匯,順道南市視埜樵昆弟。十一點到貴定處,甚安好也。折花而歸。

初八日

遇曹翊臣,完糧事彼已與唐昌接頭矣,是否托伊,尚未畫定一策也。

十二日

午後雨。

十三日

　　館中放中秋假。午後冒雨至徐家匯領貴定歸。鐙前聚話，亦一樂也。是日過七月節。

十四日

　　天晴，兒童皆雀躍。寄信醉樵，屬陳米不必帶來。又寄信沈曼雲。

十五日

　　午前率兩兒遊吳淞。午後外家來接貴度去。吳翊庭率其子姪來。

十六日

　　午後送貴定至學。

十八日

　　雲樵來，未遇。

十九日

　　岳母同貴度歸。寄野樵兄弟信，屬沈媼帶去。

二十日

　　與定講電話。寄強之信。寄稿。
　　勿貪小便宜，勿要造次。士康來，其女火送交來媒人錢二元四角。

廿五日

　　天寒。沈媼來，帶來駢體書數部，野樵托帶來《虞初新志》。
　　三叔帶來三十一年糧米串及本年上忙串。卅三年糧米托榮阿根完納，其串帶至祥豐，惟未曾寄來，有醉樵之信可憑。

廿六日

強之有信至。

廿九日

至徐匯，見貴定甚好。

九月
二日

天雨。四支軟癱，未到館。

三日

午後未到館。

六日

貴定傳德律風，言今晚歸來，然雨甚，至恐不能矣。

七日

至信成，並至岳家。視曹翊臣，未遇。

十一日

雨。榮巷來信，催胡二川出池，以此事函托張仲華。

十三日

自婢子浣香去，家中甚困難。鐙下赴南，擬暫假一婢來相助。貴定歸。

十四日

　　南有人至。王公之母死,送奠半元。函知大伯,去催婢至。午後送貴定至西門而返。

十五日

　　自婢子去後,新育之兒無人搖篅,鈿閣未免過勞,遂得咳嗽,咳嗽不已,胃口遂壞,心悸不寐,種種惡象,思之可怕,令人如飲瞑衒之藥,沉痛昏人,吾不如達觀。
　　貴度之學堂今日始遷至靶子路。

十六日

　　咳嗽漸有鬆機。祥雲在此相助。孫巷有信來。四房帶來鮮菌。

十七日

　　復榮子蘭。

十八日

　　雨。復孫巷(打租米,催出池)。函野樵。函呂明叔。

十九日

　　雨。

二十日

　　雨。屬朱木匠做一床架與籐榻,價十六元。

廿一日

　　雨。

廿二日

　　內人病咳,倩曹君翊臣來視,據云肺燥之故,宜吃梨,服藥一劑。急於雇乳母,至薦頭處物色來一人,大似江北,產而無乳,一宿而去(與洋一角)。

廿三日

　　岳母來,予未遇。

　　陳水頭記廿三來,廿五付工錢。

　　陳氏,常熟之黃泥橋人,與昔年之新來者同里閈。母家王氏,姊某氏,母隨之在申作縫人。薦頭姓朱,亦常熟人,言明月工五元。

　　約法:一、不准半途中止;二、不准還家;三、工錢至每月月終付;四、或蘇或申,隨主居住。

　　九月二十五日黃昏,朱薦頭領其母來,當面言明預付工兩月十元,酬薦頭兩元半。

廿六日

　　函月泉(云將至京)。函醉樵。告鶴年。

廿七日

　　王公之來,未見。

廿八日

　　陰雨,天寒,未至徐家匯,《中國地圖》一本寄與貴定。至南市。雲樵來,未遇。祥雲去。

廿九日

　　水頭無乳,兒腹痢,又是荆天棘地。

三十日

　　午後至徐家匯,貴定過用功,勸其休息。

　　寓中賊偷去洋傘一柄、呢袍一件,約值十餘元。

十月
初二日

　　水頭去(乳之缺少,尚可敷衍,所最不能耐者,因兒吃後腹中不安也)。

初三日

　　岳母來。兒吃牛乳甚合宜。

初四日

　　天晴,殊可遊,惟無暇及此耳。

　　《小兒閑話》譯得十首。

初五日

　　大哥來。

　　近日法政學甚入時。王強之之書托小輪寄還。

十二日

　　貴定以學中放學,初九午後歸來,今日去。在南市遇見梅春孀,知胡租池不能直捷了結。吕明叔來。

十三日

　　寄信張仲華與醉樵。是日雨天,始寒。

十四日

　　午前十一點打呵欠,下頷脫,急歸臥。既而整日安臥,終不能望其自愈,乃出就醫。嗣後當戒之。

十六日

　　昨日午後即有些惡寒,今日遂不能起。

十七日

　　惡寒之至,午後尤甚。夜雨,冬雷震震。

十八日

　　購幼幼丹服之,吐瀉,然病仍不見減。倩曹翼臣來診脈。

十九日

　　午前吳君伯方來。午後雲樵來。得定來信。

廿一日

　　至南。日來午後五點即夜。

廿二日

　　到館。是日陰風怒號,不見日光,覺驚沙撲面,瑟然寡興。午後頭痛甚,即歸。岳母來。

廿三日

日暖風晴,身暖足健。乞假半天,以蘇病軀。至南,屬人送衣與定。

廿八日

至蘇取鈿閣、貴定兩人之皮衣。

十一月
初二日

始攜被宿書館中,與許澈齋同住。

初三日

貴定回來。至曹亦臣處。

初四日

午後送貴定至陳家木橋⑩,視其登車而歸。黃昏呼士康來,與商四房單事,彼應允還他。寄信岳母。復三叔。

(一)催串給役錢,(二)四房單,(三)地捐,(四)出池還租,(五)慰問。此信托鄉航寄,未知何日始開耳。

曾寄兩信野樵,問以池捐、唐昌之事,未得一復,此等誠非文明社會之人物也。

初 ⑪ 日

午後偕同人送江浙鐵路代表進京。

十六日

與貴定通話。

十七日

　寄信與醉樵,屬寄皮袍。

十八日

　至南市,途遇孫旭初。士康來,言單已許還四房,四房亦無異言云云。

　凡事既欲與人爲難,則必堅持到底,不然亦當逐層退讓,如裁縫之事又多出一元,而口舌亦覺空費。

　四房只准予以碑田、唐田(自光緒卅一年起,約共九年)兩處之租,餘外不准。十九日寄信與三叔。

二十日

　榮吉人表兄至,飯罷而去。

　冬至後,貴定歸,言彼將以十二月十三放年假,日内温課,不再授生課矣。

十二月

初八日

　岳母壽,送三十元,屬醉樵在賬上代付。日來天氣極暖,不似冬令。

　某日,雲樵來,言梅春嬬托少伯帶來口信,計有 ⑫ 事。

　一、四房欲將租米盡吃;二、胡如明正出池,以今冬水大之故。

初九日

　士康來,允將四房之單於十三帶來,然未至也。

十六日

　仁法來,送來鯽魚一尾。四房又托其帶來佛帚。聞榮士庚死。

是日,天熱如春暮,甚覺煩躁。貴定亦咳嗽。

十七日

陰。

十九日

館中年假。

廿二日

詳書函備存。貴度至舅家去。托五嫂做貴定皮馬褂、貴度夾絝。

廿三日
廿四日

五嫂領貴度來。

廿五日

寄信蘇州。

廿六日

重傷風,臥不能起者三日。

廿七日

過節。

廿八日

祀先。

大除夕

　　蘇海發熱。天寒夜雨。作《學生叢書》總序。《地理讀本》校至第十九章。

光緒三十四年

一月

一日

　　午前陰雨。午後同諸兒至大馬路,歸過老閘橋,翻車。

二日

　　陰。
　　四處拜年,紛紛數日。
　　自初六以後常常惡寒,入暮尤甚。推原其故,皆去年在浴室冒風之故。

初十日

　　至編譯所一視。

十一日

　　至編譯所,從此又開工矣。

十二日

　　午後發寒熱。

十三日

　　未到所。

十四日

　　數日前,蘇海吃粥過多,今日腹瀉。

十五日

　　天陰寒。送張仙一軸與雲樵。貴定至南。

　　午後一泉來,言四房之單經四房托銅匠嫂來取去。完糧米、下忙共餘錢七百十文(前交與九元),今一泉還來。

十六日

　　去冬氣候和煦,雅似初春。正月間雨雪數次,殊覺畏寒。

　　沈傭以十二日去。

十八日

　　天氣甚佳。

十九日

　　岳母自蘇來。貴定至學堂去。此次貴定家居一月有餘,專治中文,然進境殊遲緩。

二十二日

　　星期。

　　至南洋公學。該學教習尚未聘到,開學之期尚不能定,因與貴定同歸。

廿六日

　　貴定去,彼至舅家一宿,廿七午後至學。

二十七日

是日風日晴朗,匹似春景,惟遇暖恐將雨耳。

晨赴館,以《學生叢書》總序並《五十故事》序示陸煒士。陸公轉示高夢旦。

二十八日

夜雨,天稍寒。

謙卑自牧,必無後患。

廿九日

同貴度至南吃壽麵。

去冬無雪,今春雪已三次矣。天寒甚。

二月

初七日

連日東北風,氣候凜冽過於三冬。昨日貴定歸,今日去。

初十日

以《五十故事》交高夢旦。

所擬《學生叢書》譯稿散失不可復檢,惟原書俱在,如需逐譯,即可帶來。《五十故事》殊不足取,既承敝徒檢來,聊以呈教云爾。

十三日

購蘇股三股,計洋十五元。

鈿閣及蘇海至南市去。

午後雨,送貴定至陳家木橋[13]。

十五日

　　至南市一行,假票二十元。

　　月泉至,言月尾將出洋去,其得意可知矣。

十九日

　　貴定回。

廿日

　　至南市。是日天甚熱。定赴校。屢次買呢,論價不合而罷。

廿四日

　　燈下月泉來話別。

　　貴度至舅家後,招之不來。廿七視之,則又出痧子矣。不聽長者言,終無佳趣。

廿七日

　　寄信貴定。

廿八日

　　天寒,與昨日又不同矣。

　　《地理讀本》甲、乙兩編大約三、四月間可次第出版。《南美》方譯得十餘章,而廿四日張菊生翁又屬先從事於《亞細亞》云。

　　《五十故事》及序文久在高夢旦處,未見下文,不知何意也。

三月

初三日

　　定於午後回家。該堂放假二日,以清明也。定近來頗用力於國文，其程度日上矣。渠欲得《古文觀止》一部，即買與之。

吾妻及貴度、蘇海仍在南市未歸。薄暮赴南，歸來大雨。

初四日

寒雨終日。未到館。連日身體怯弱，急當謹慎於衛生也。

初五日

清明。

天陰。午後送定至陳家木橋⑭，視其登車而歸。途遇陳、趙二君，入茶社小坐。

是月，予製衣五襲，約費洋五十元。春秋之衣又可以敷衍得數年矣。

初四日⑮

貴定歸，將皮馬褂、棉縵帶歸，豈知天氣一天冷似一天，予甚愁定之受寒也。

上月十八、九，南市有祝家娶婦，岳母欲使貴度去，予已辭之矣，乃必欲以車來領之去。二十，星期，貴定歸，予遂與同至南市，則內人欲以是日同蘇海歸家矣。予以內人在彼既甚安樂，勸其多住幾天，爲蘇種牛痘而後歸，乃貴度亦不肯來矣。

二十七日

至南，見貴度發痧子而與蘇同床，予雖主分床之說，然亦不能實行也。

三月初，蘇海果然發痧子，痘尚未清而又遭此，其爲危險何可勝言，此皆爲劣女所傳染也。

天氣忽寒忽熱，變動非常。

十二日

　　星期。

　　定於昨日歸來。至南,蘇之痧子可無憂矣。

廿六日

　　至南,蘇之痧子雖愈,而自廿二起又發寒熱。急走問曹君亦臣,屬買金雞納,以膏藥貼兩脅及脊梁下。午後又至徐家匯,見定甚瘦,勸其不須苦學。

廿七日

　　午後即出,至南視蘇。幸寒熱漸退,稍有笑容。是日爲雲樵之兒剃頭,黃昏而歸。

廿八日

　　奉張菊翁旨至別發購書。視明叔,大餐而歸。

　　貴定入補習國文科,以是雖星期亦不能歸,是固非予意也。

廿九日

　　入春三月而氣候變遷至難捉摸,一日之間,涼暄不同矣。

　　今日雨,寒如春初。晨起寄信貴定,屬其初三回家。及見該學堂告白,知是日適開運動會,想無暇來矣。

四月

朔日

　　天陰雨,寒如初春。

　　《地理讀地⑯》甲編大約本月底可以出版,照該館新書預定章程,照碼五折,因定十部。

初二日

　　終日細雨,可著棉衣。貴定久無信來,甚憶。《中國新報》,湖南楊度刊行,內容甚好。

　　本月當還書帳,又須買書數種,只可多做夜課,以求錢耳。

　　《學海》乙編,多講科學,可買。

　　《學報》,又。

　　《經餘必讀》,貴定要。

　　《世界六十名人》。

初三日

　　天寒似冬。貴定回家。

初四日

　　早起,寒暑表幾達五十度,陽光既出,天氣漸暖。午前至南,蘇海已好,大為喜慰。午後送貴定至鄭家木橋,視其登車而歸。明叔來,未遇。

初五日

　　天氣甚暖。

初六日

　　午後七點赴商務股東會於一品香,歸已十一點矣。

初七日

　　煙囪積煙,晚炊時火星上飛,灌水而息。

初八日

午後至南,蘇海已能下樓,內人將在南過夏。

初十日

陰雨。午後定歸家。

十一日

陰雨。午前內人歸取夏衣。飯後仍去。予送定至鄭家木橋,亦至南。

十三日

天晴。散步郊外,新綠成矣。

十六日

風雨,天氣轉冷,改穿棉衣。

收商務上年股息、餘利兩項,共十八元三角(作四個半月算)。

十七日

風雨。貴定未歸。

十八日

星期。

至南,蘇海已復元矣。晚赴張菊生之約,至其家晚飯。

十九日

天晴,甚倦也。

二十日

　　天暑如伏中。

廿一、二、三日

　　天暑。至廿三午後發風而涼。

廿四日

　　午後貴定歸。

廿五日

　　午前至南，貴定自南至徐匯。是日大東南風，飛沙揚塵，不便出行也。

三十日

　　愛國女學送來學校一信，連夏季學費索洋十二元，並春季學費、飯錢、書籍合並計之，共費二十餘元，然入學不過一月餘耳。光陰空過，良爲此女惜也。

五月

初二至初五日

　　爲本所例假。貴定在南未回來也。

初六日

　　貴度歸，仍至愛國，彼之不要好，固依然不能改也。

十一日

　　風雨交作，天氣陡寒。夜九點鐘，雨勢正猛，忽有扣門而至者，問之,則自稱爲巡捕頭腦(其人似外國人,著雨衣)。及開門,則問曰:是一七四號乎?予曰:然也。曰:有林〇〇〇(聽不清楚)之小兒乎?予曰:吾姓孫,不姓林,余子在南洋公學讀書,不在家也。遂去。

十二日

　　自本所歸寓,僕人又告予曰,適有印度巡捕來叩門,在客堂內一覽,又看號頭而去。此兩事也,予終不能明。然予自問在此與他人一無交涉,或係該捕之誤歟?

　　是日天氣更寒,貴定之衣未知足用否。上年花紅分到七十元,爲貴定存儲蓄銀行五十元。

十三日

　　本所吃端陽酒,人多氣劣,體甚不適也。

十四日

　　晨起赴所,腳軟腰酸,請假而歸。

　　三叔處今年未通過信,今日托仁法寄一信去。仁法處常有物送來,予無以報,今日送與國文教課書一部與其子。

十五日

　　似有不能用心之象,閑散數日爲佳。午後至南,蘇海又發熱一次,今已愈矣。

十六日

　　星期。

　　是日病起。

芙蓉鳥今日午前入籠。

十八日

以心中震動，不能作事，午後至愚園閒散。

十九日

《地理讀本》甲編出版，予購十部以備贈餽。

張菊生，一部；陸煒士，一部；富敏安，一部；榮吉人，一部（五.廿九寄）；張雲樵，一部；沈曼雲，一部。

廿一日

午後大雨雹。

廿二日

午後（是日天氣悶熱，予又有痧意，午後請假在家），仁法妻同三慶妻來，云欲將先父母墓側之田賣來。此事議之已久，因其田中有棺一具，予不能買也。三慶妻忽言，既不欲買，則以其單還予。彼之單又以向我來索，真所謂無理取鬧。姑念其孤苦可憐，與以盤費兩元，令之早日歸去。

廿三日

雨竟日，天氣漸暑矣。

廿六日

貴定回家歇夏。

廿九日

　　復三叔。

六月

　　本年淫雨,南省多水災。天氣乍涼乍熱。

初四日

　　編作文教科書,而或主張不依 Parts of Speech 者。是日風雨竟日,天甚涼。

初七日

　　星期。
　　連日風雨,天甚涼。內人自南來省,不肖女又同去。同貴兒至商品陳列所,遇陸煒士。

初九日

　　雨終夜。

十一日

　　天晴,涼爽。午後同貴定至南。

十二日

　　暑。

十三日

　　張菊生君至東洋去。予以上禮拜至其家話別,未遇也。傷風不適,未至所。午後同貴定出遊。是日午前陰雨,頗涼爽也。

十四日

　　天尚涼。貴定早上腹痛，午後至南，傷風，腹中上下不通，十六日服瀉藥。

十八日

　　至南。定仍未歸，至十七而歸。

七月

　　六月尾天氣尚涼爽。七月初一日起，始苦熱也。庭除之間草花數種，蘆簾斐几亦足消夏。

　　《地理讀本》乙編出版，予購七部，計送：

　　呂明叔，乙部；謝洪賚（字暢侯），一部；張醉樵，一部；王強之，一部；康福安，一部。

初四日

　　午後將沈娘姨歇去。此婦驕橫，頗不似僕人。

初六日

　　星期。

　　天久不雨，以有涼風，故暑氣猶可耐。新應男僕以是日至。午後同貴定坐電車至外灘，頗快心目。

十二日

　　立秋。

　　連日涼風，頗有秋意。

十三日

　　午前至南。蘇海自入夏以來，不肯吃牛乳，體氣羸弱，悔不早雇乳母。此爲父母者之罪過也，每一念之，輒深憂慮。

　　初以貴定將赴學，家中乏人，擬屬其母子即日歸來。嗣貴定言，母、弟既皆不健，家中人手又少，萬一致病，則反顧小而失大矣，不如姑緩。予甚韙之，因屬貴定於午後赴南告知此意。

十四日

　　牙根腫痛，又以貴將赴學，因共在家閑話，特遣人至商務，告假一天。

十五日

　　前日西北風，故天甚涼爽，今日殊覺鬱熱。

　　午後歸家，送貴定至徐家匯，同遊李公祠而歸。歸後頗覺寂寞也，入夜登樓，月色皎然，因又憶與貴兒聯床夜話之樂矣。

十九日

　　連日秋暑甚酷。貴定以學堂尚不上課，於十六歸來，今日午後送之去。

二十日

　　蘇海頭上有瘡，以秋熱故也。

二十一日

　　大風雨，天陡涼。午後貴定來，以取錢買書也。

廿二日

　　早,送之去。是日仍大風。

廿三至廿六日

　　連日秋暑甚酷。

廿七日

　　上午視貴定,面色不如在家時紅活,昨日黃昏嘔吐。下午視蘇海,尚好。

廿八至三十日

　　大風雨,天陡涼爽。

八月
一日

　　天氣晴佳,至徐匯視貴定。

初四日

　　內人及子女皆歸來。貴定昨日歸,今日午後去。

初五日

　　一男僕辭之去,以內人之意,既有婢子使用,此僕可省也。

初六至初十日

　　天氣炎熱。岳母初八來。

十一日

天氣甚熱。同貴度至徐匯。貴定甚瘦。

十三日

館中節假自今日起至十五止。午後雨,天陡涼快。寄《北美》一本與康福安。貴定明日午後當歸。

光緒卅三年以來買書記:

貴定上半學期英文書,五元。

高等修身書,五角二分半,文筆尚好。

算術教科書,一角半。

格致教科書,一角四分。

經訓教科書並教授法,三角一分半。

家事課本,九分。

高等小學歷史,二角二分半。

又,地理,二角二分。

以上皆爲貴度。

《鄉土歷史》,共七省,一元〇五分。

《中國輿圖》,三角五分。

空白簿子,一打,一元二角。

《大清帝國全圖》,二元八角。

《新體中國歷史》,五角六分。

《泰西學案》,五角六分。

《繙譯捷訣》,四角九分。

《繙譯小補》,三角五分。

《世界第一談》,一角八分七。

《游戲祘學》,一角八分六。

以上貴定。

《國會與旗人》，一角八分七。
《海上觀雲集》，一角五分。
《土國遊記》上下兩本，一元三角五分。
《環球學生報》二冊，九角。
《火裏罪人》，七角。
《修身教科書》，七角。
《桃花扇》，五角。
《鐵世界》，三角。
《穡者傳》，三角七分。
《黑奴籲天錄》。
《經國美談》，三角七分。
《殲仇記》，三角三分七。
《説部・腋》，一角八分七。
袖珍日記，二，二角一分。
便用月曆，七分。
學堂日記，三角五分。

望日

是日本思與貴定同至蘇州遊覽，以舒倦眼，因相約早起，可以搭七點半之早車也，然天氣陰沉，不見日光，早飯罷，雨又至矣，遂不果行。良辰不易得，得之矣，又有天時或人事阻之。此番中秋又空過矣。

十六日

天陰，甚寒。予午後早返，思伴貴定至學，而彼已先行矣。
予於西洋史甚荒疏，因立志日譯 *The Story of England* 數則以自課。貴定飯後去。

蘇海乳汁、米粥之外,間與以雞蛋、牛肉汁。

十七日

天氣晴佳。擬《今古奇觀新編》目錄,得八則:

> 李明妃擅寵召胡塵
> 來瓦士立法霸小國
> 屈左徒搔首問天
> 柳敬亭信口開河
> 希臘國王妃見擄
> 崇明縣老人享福
> 感索居文定南遊
> 應徵聘馬可東至

十八日

南市有人來。貴定有信至。

十九日

雨。寶山路方在修築,雨中甚難行也。

二十日

晴。

二十一日

天甚暑。貴定有信來。

廿二日

聞士康在家,境甚不裕,父子之間時不和也。

廿四日

接貴定電話，云明日該校攷國文。

廿五日

星期。

爲貴定買《簡明地理教本》。野樵來。

廿六日

午後擬往迎貴定回家，以明日孔子生日，該校放假故也。歸來得其來信，言明日開會，不回家矣。

廿七日

雲樵來。天陰，有時日出，又覺甚熱也。

廿八日

晚微雨。聞孫叔方將赴河南臬幕。

寄信貴定。

九月

初三日

星期。

昨日貴定歸來，述實業學堂今年下半學期功課較從前加多。貴定今能看 Scott 之 Ivanho[17]。

午前同蘇海與貴度至英昌照相店攝影。蘇海每坐車洋車[18]中則即酣睡，日來頗有學語學走之意。

午後同貴定遊四馬路之中國品物陳列所，光怪陸離，頗多精品（尤以福州漆器、上海紅木品爲美）。遊賞未倦而已五點鐘，恐貴定晚至學堂，不及晚餐，遂出。送之至法界上電車，以赴徐家匯。
是日天頗熱。

初四日
《亞細亞》脱稿，譯"上海"爲《東方什[19]志》之用。

初六日
岳母來。天氣尚熱，頗似秋仲。

初九日
貴定歸來。是日午後祭先，天雨。

初十日
微雨竟日，甚悶。貴定去。

十一日
雨。

十三日
連日雨，寶山路甚難行。張菊生自東洋歸。《馬可遊記》擬序，又不果譯。

十七日
星期。
雨。寫信與富敏安（海鹽人）。

十八日

　　晴。午後至謝洪賚、徐仁全處。

十九日

　　夜間蘇海腹瀉，不能安眠。今日早晨瀉已略止，興致亦好，惟有疲耳。至十一點忽然面青，有寒熱，腹仍瀉（色黃、味腥）。三姊薦一老嫗爲之推拿（與之小洋四角，錢五十），勢稍定。黃昏請曹君至，渠言病已去八分矣，甚渴，喜茶，飲以焦建曲、車前子、通艸。

二十日

　　大雨竟日。蘇海病稍好。予甚倦，安臥一日。

二十一日

　　仍雨。始擬編"學生小説"。

二十二日

　　晴佳。蘇海昨日黃昏已跳躍如平時矣，夜間受涼又發熱，惟不重耳，甚倦（腹疾似已盡愈，胃口亦好）。

　　寄信貴定。

二十三日

　　蘇海已愈。午後，貴定歸。雪樵來。

二十四日

　　星期。

　　貴定去。

廿五日

廿六日

聞南洋公學有腳氣病（腳氣病起先兩腳腫，如腫至上腹則不治。病初起，只要遠遊一次，病即霍然），午後特去領貴定歸，暫息數日。

廿八日

天氣甚悶熱。

十月

初一日

天陰雨。

初四日

貴定歸，學堂於明日開運動會，不在會者可以放假。

初五日

雨。運動會改期，貴定於早晨坐電氣[20]去。

十三日

內人停飲，病又發。

袋袋花、蔻仁殼，以此二者沖茶。

硃茯神，三錢；石決明，八錢；宣木瓜，一錢；製香坿，六分；白蔻仁，五分。沖。

十五日

星期。

至南市。

十六日

贵定颈上有块,归来医治。

十七日

午前同贵定至唐乃安处诊病,据言因平日吃饭不细嚼,加以吃得太多,消化不及,胃火太盛之故,当令稍泻。

十八日

天稍寒。

十九日

贵定颈上之块本非紧要之病,无奈此子胆小不过,以为唐医之药不灵,再要易医。予姑循其意,今日至南市去寻一外科徐鹤山诊视。

午后仍赴馆办事。

廿一日

笠樵请客,予于黄昏去,十点回。

贵定自十九宿于舅家,病渐好。

廿二日

星期。

廿三、四两日

以光绪、慈禧之丧,停课二天。廿四至南,至沈曼云处少坐,便領貴定歸。

廿八日

　黄昏,月泉自外國歸來,譚海外之景。

卅日

　早,貴定坐電車至學堂去。

十一月
初五

　貴定歸,看他神氣終是不旺也。

初六

　至六三亭與貴定看書畫展觀會。山水有四王手跡,花鳥有惲南田、錢籜石手跡,皆希世寶也。六三亭爲東洋旅館,中皆仿日本式紙窗竹屋,精匹絶倫,盆景尤佳。盤桓久之,日已當晝,遂飯於其處,飯亦精絶。

　天久不雨,暖如三春。

初九日

　新皇以此時午刻行登位禮。

十二日

　滿望貴定歸來,而竟未至。

　《童話》之已成者爲《無貓國》《小王子》《三問答》《怪老人》《大拇指》《樵夫奇遇》《絶島漂流》《肉代債》《木蘭從軍》《能言鳥》《和氏璧》共十一種,年内可出兩種。

十三日

　　陰雨連日，天氣鬱蒸。予逢此天氣易發胃火。

二十日

　　星期。

　　貴定來，予至南市一行。

廿五日

　　天始晴佳，氣候稍寒。

廿七日

　　星期。

　　午前在家揩洗椅桌，脱去外衣，暗中受寒而尚不覺，會至午後遂覺頭重腳酸，興致索然。

廿八日

　　至館後覺身上漸漸惡寒，即雇車歸寢，漸有寒熱。

廿九日

　　仍寒熱，請曹翼臣診脈。是日爲冬至節。

十二月

　　自月初至初十日晝夜不適意，大寒大熱，十分鄭重。初三起，始專心服李幹卿藥。渠初進桂枝湯以袪表寒，不能見效，後服連翹等味，以治肺邪，亦不見效，後知寒在表分，熱在血分，遂用清血之藥，於是寒熱以解。而肝陽上越，頭痛殊甚，疊用鹽降之法，稍稍見效。

此次病後，胃口亦久不見醒。初九夜用瀉藥，始大瀉一次。
某日雲樵來，與洋卅元，屬買衣料等物。
病中到門見訪者，爲徐君仁泉、張君菊生、蔡君松如、吳君伯方，而仁法夫婦又爲請醫奔走，殊可感也。

十二日

榮莘耕之妻來，蓋爲其子薦生意之事（送來青魚一尾）。
貴定特來視予二次。
三叔有信來，已復。

十三日至十五日

漸能下樓，而胃氣薄弱，天氣又陰雨，興致索然也。
自八月以來，任使令者衹一小婢，月初始用一無錫老婦，少分內人之勞。
蘇海一向安好，雖不能言，而能解人語。

十六日

是日天陰。予坐車赴館。十七日不出門，覺車馬道路皆有驊迎之狀。同人相見，慰勞甚至。
予以九點去，坐至十點半，覺已力倦，仍雇車而歸。
薪水以此日收到。
《童話》已發行。據高夢旦言，《無貓國》最淺顯，銷場甚好，《三問答》則稍艱深。
午後王達之來（近在安徽大學堂當庶務長），已留鬚矣，托予爲其弟名勤之者謀事。
今日多走樓梯，陡覺腿酸。日內腹中亦似不和，病後總不免有胃強脾弱之虞，當以節食爲要著也。

雞湯、麪包味極鮮冽,今日始殺雞也。

十七日

天陰。午前赴館。身子仍不耐久坐,敲過十一點即返。

歸時吹冷風,覺身子甚不快,久睡而愈。

王達之復來,借去洋五元。

榮莘畊之妻來,送與肥皂一元兩角,以報其魚。

是日仍吃雞汁、麪包、粥蓮子。

十八日

病後夜間睡至三四點鐘,不能再寐。間或披衣起坐,吸菸看書,倦則復臥,饒有清趣。

　　　昨聆教益,快甚。茲因購物還鄉,阮囊不濟,乞假拾元應用。如不足,則六七元亦可,到蘇即寄趙也。

　　　此金今日晚車赴蘇。

　　　星師台鑒

　　　　　　　　　　　　　　　　　文授百叩[21]

天雨,氣候殊不寒。寄信與野樵,謝其餽醬肉等也。午後本思出門,而神思昏昏,一味好睡。

十九日

天仍陰。

夜間三、四點鐘常起床大解。

午前出門,購《童話》各二十册、《自由日記》甲種六册以爲送人之用。

岳家諸人,共《童話》十六册、《日記》五册。

富敏安,《童話》二册。
一泉,又。
蔣竹莊,又。
高夢旦,四。
張菊生,四。
陶惺存,二。
午後岳母、雲士、吳伯方來,是日始飲香賓酒。
得貴定信,言彼堂中須廿一日出年考榜,二十一日方可歸也。

二十日
天陰雨,大有釀雪之意。
午前出門。貴定今日歸來,始有家庭之樂。
午後蔣君竹莊來,渠言有人壽袁世凱聯語云:戊戌八月,戊申八月;我皇萬歲,我公萬年。
薄暮時吃赤荳沙,陡覺飽中不適。夜間少睡。

廿一日
午前同貴定出門購書及送岳家之物。天仍陰。
午後貴定至南。至編譯所,遣人送與張君菊生糖精、櫨糕、《童話》等物。
貴定年終大考得獎銀二圓,今日又與以八圓,並存信成銀行內。

廿二日
午前微雪。出門購物,至商務付息。貴定仍未歸。

廿三日
天寒雨雪。晨餐後即至南,貴定以衣服尚未完工,須午後方歸，予遂先返。

午後又出門買年糕等物。

是日天殊寒，出門兩次，覺甚倦矣。

廿四日

夜間三點後臥醒，揭帳起視，見寒月滿窗，饒有清味。

是日天寒而晴，見之雀躍。

午前同貴兒出門，購得天竹、水仙、梅花。

養水仙例以石卵，今購得廣東珊瑚屑，紅潤可愛。

入品物陳列所，中有閱書室，啜茗觀書，頗覺清閑安適。購得張子祥畫屏四幅，計洋九元。

一泉將歸，托其代完下忙漕米，並催租池錢。又托其交三叔一信。榮千金表弟明年成婚，送與一元。

午後榮君子蘭來。

掛畫、供花、拭几、掃地，安排過年，亦一樂也。

二十五日

天又陰雨。蘇海善笑。午前出門送金鈕扣。

張君菊生送來雞蛋、洋點。午後往訪，未遇。

在海寧路遇見曩在蘇州傳教之慕女士，渠亦住在愛而近路也。

貴定頗有左性，難慰予懷。

廿六日

天暖微雨。得商務編譯所公信，言明年縮短假期之事。

午後至蔣竹莊家。曹雲士來。

廿七日

天暖而雨，極悶人也。午前至大馬路小菜場，可謂大觀。

午後至商務發行所，知 Children's Encyclopaedia 已由倫敦寄到，自一至第二十期，中缺十六、八兩冊，共收到十八冊，每本五角，八五折計，實洋七元七角半。

今日過年。

陸費君伯鴻同其弟來談。

得富君敏安信，招予作海鹽之遊。

廿八日

雨甚至，不勝悶損。今日祀先。

貴定常有耳鳴、胃炎等病。予原其故，由於性情執滯，無活潑氣象之故。尤可怪者，渠自言於文字喜讀悲哀之辭，誠所謂無病而呻。予望其能力改之，以招福澤也。渠之中文殊未入門，予意謂讀《東萊博議》最佳。燈前茶後，未嘗不以此相語也。

廿九日

早起甚寒，啟帳見寒雪皦然，至爲欣喜。早餐後出門一觀。

午後天又陰，寒甚，擁衾坐臥，諸兒環侍，殊有佳趣。

卅日

天氣晴佳，增人遊興。貴定當十四歲即用眼鏡，無如洋貨鋪中所賣者，視察不精，以致目光日近。有西人名高德者，以視學名家，今日特率貴定同往。據云左目最近，就配眼鏡，計洋八元。

蔣君竹莊來，未遇。

午後天陰，寒甚。

家鄉舊俗，除夕夜飯例以芋艿煮肉，取有餘之意。記得吾童年所食者，必芋艿紅燒肉也，過年所留存之雞血湯也。餘則醃江魚、筍乾等物。食時忌食澆湯飯。飯罷則吃炒米茶。

大年夜飯吃完則炒花生，蓋以飯鍋多油，炒過花生則油垢自去，故家家皆如此也。

此時諸姊則在竈下作或掃地抹桌，予侍先父掛字畫及先母畫像。

家中字畫極少，新年所掛者非劉海即三星。對有二：一綠色，王莘鉏所書；一紅色，侯緯辰㉒所書。屏則何紹基之字、鄭板橋之竹，皆木刻也。

諸事既畢，則籠火至大門外，以石灰畫弓箭於地上。

黃昏，月泉來譚。

（整理者單位：復旦大學出版社）

---

① 年、月爲整理者所加。下同。
② "曩"，疑當爲"囊"字。
③ 日期疑有誤。
④ "十八日"疑爲"十九日"，光緒三十三年二月十八日(1907年3月31日)爲星期日，十九日爲星期一。
⑤ "倍"，當作"陪"。
⑥ "星"後當脫一"期"字。
⑦ 同上。
⑧ "李"，當作"裏"。
⑨ 疑本句文字有脫誤。
⑩ "陳家木橋"，當作"鄭家木橋"。
⑪ 原有空格。
⑫ 同上。
⑬ "陳家木橋"，當作"鄭家木橋"。
⑭ 同上。
⑮ 日期疑有誤。

⑯"地",當作"本"。
⑰"Ivanho",當作"Ivanhoe"。
⑱"車洋車",前一"車"字當爲衍字。
⑲"什",當作"雜"。
⑳"氣",當作"車"。
㉑此爲附件内容,今依原稿位置插入。
㉒"侯緯辰",當爲"侯瑋辰",即侯瑧森,字瑋辰,無錫人,工書。

蔣藩日記(上)

□ 蔣藩撰　李素雲整理

蔣藩(1871—1944),字徽五、恢吾,號蓼盦,河南睢縣人,定居杞縣,光緒二十八年(1902)舉人,揀選知縣,著有《梧蔭樓文鈔》《梧蔭樓詩鈔》《梧蔭樓詩話》《求愧怍齋筆記》《蓼盦筆記》《杞縣金石跋》《開封金石目》《河南通志·金石略》《河南通志·學校志》《河南通志·編校日程》等,爲晚近中州重要學人。

蔣藩善詩文,早期以坐館爲生。時見知於先後任杞地知縣、開封府知府、彰懷衛兵備道道尹的浙籍官員石庚,膺其舉薦,蔣藩得以在河南通許、開封、河朔等學堂中任教。尤其是1906—1909年任教開封浙籍旅汴學堂期間,蔣藩與蕭惠清等浙籍學人結交,共組詩社梁社(後更名衛門詩社、梁園詩社等),開展社課,編刊詩社集《梁社嚶鳴集》《衛門社詩選》《衛門詩鐘選》,相與主持詩社活動三十餘年,省內外詩社成員一度發展至百餘人,其中多有名著一時的地方學人,衛門詩社遂成爲民國年間北方地區有影響力的重要詩社之一,而詩社友人亦成爲蔣藩生平重要的交遊關係。

辛亥革命後,河北道尹(駐武陟縣)任上的石庚退隱濟南,而隨其執教武陟河朔學堂的蔣藩亦在新學衝擊下辭歸鄉里。時應故交河陰知事胡荃(字巺青,浙籍)之聘,蔣藩赴河陰任《河陰縣志》

總纂，在 1915—1918 年間主持纂成《河陰縣志》《河陰金石考》《河陰文徵》三種，廣受好評。河陰纂志經歷爲蔣藩此後的纂志生涯奠定了基礎。1919 年蔣藩返里，任杞縣志總纂，時因軍閥災亂衝擊，杞縣志纂修工作告輟。1921 年河南重修通志局創設，蔣藩作爲四大纂修之一任職其中，而通志局骨幹成員亦多有衡門詩社的舊友。直至抗戰爆發後，蔣藩作爲通志局纂修元老（1928 年杞縣志又重啓纂修，時蔣藩亦負責主要編纂工作），沉潛河南方志編纂近二十年，於民國《河南通志》先後領任金石、學校、藝文、人物等門目的編纂，對河南地方文獻的發展做出重要貢獻。

蔣藩嗜藏書，其自言髫齡失怙，室鮮藏書，自束髮癖書，至 1924 年已累聚約二十萬卷，時擬建梧蔭樓庋藏群籍，而托嘉業堂主人劉承幹題額，後又邀劉廷琛、關百益、許鈞等書畫名家繪梧蔭樓藏書圖，廣徵師友題贈，並在 1943 年刊成《梧蔭樓藏書圖題咏集》一種流傳。蔣藩梧蔭樓藏書經戰亂衝擊，劫餘舊藏亦在建國初期匯入公藏，而今多已不存。斯人斯樓遠去，《梧蔭樓藏書圖題咏集》遂成爲蔣藩藏書活動及彼時學人藏書觀念的重要記録。

蔣藩九齡失怙（父蔣性鎔，1829—1879），母胡氏（1834—1913）爲清初杞地理學名儒胡具慶來孫女，知書能讀，而籍貫地睢縣爲清代理學名臣湯斌桑梓故地，蔣母常以湯斌事迹相教，受此家族淵源及文化環境影響，蔣藩亦自覺研修性理之學。而在獲生員資格後（1887），蔣藩因足疾致跛，窮苦困頓中愈加自省内修。時蔣藩因居鄉里，以書信求教於河南洛學及明道書院山長湘儒黄曙軒（名舒昺，1834—1901），黄曙軒以經世理學指導蔣藩勵修聖學，並以廣大聖學、救治時弊相激勵。在書信往還中，黄氏爲蔣藩講解聖學要義、批注體悟文字、寄送書籍等，切實指導和影響了蔣藩的理學研習。1934 年蔣藩與張嘉謀、韓嘉會等黄門弟子組織校印了黄曙軒《晚晦庵筆記》等著述。1943 年蔣藩在刊印早期理學著述

《求愧怍齋筆記》時，亦將黃氏批注及往來書信載錄其中，以感念彼時向黃曙軒求教的交往事迹。理學爲蔣藩重要的思想底色，是其學術活動及國學講授內容的重要方面。1921年在蔣母卒後八年，蔣藩爲之申請政府褒獎，又遍徵師友題贈，在三十年代刊印成《蔣母胡太宜人褒揚錄》一種，並持贈友人，期推揚孝道，顯揚親名，而后蔣母之名亦榮登民國《河南通志・人物志》褒揚目下。

1938年河南淪陷後，蔣藩歸杞避居，1944年四月病卒於里，期間其將生平大部分著述整理刊印，而《梧蔭樓日記》《梧蔭樓家書》《四書求心錄》等在其卒後，因儉於貲，未能續梓，而多散佚。現今河南省圖書館尚藏有蔣藩《梧蔭樓日記》稿本四册，主要記錄了1922年、1924年、1934年蔣藩寓居開封纂修民國《河南通志》期間，與關百益、張嘉謀、許鈞等諸多學人名流的日常交往，涉及其坐館督軍署、講授國學館、來往書肆鋪、校藏印贈書籍、組織詩社社課、編纂通志兼修杞縣志等經歷，對考察人物生平及二三十年代河南通志、杞縣志的編纂情況，觀摩民初傳統學人日常生活、地方風俗等皆有重要參考價值。

現存的《梧蔭樓日記》四册稿本，其一封面書"梧蔭樓日記 恢吾"，內里收錄了1922年六月至九月及1924年正月、六月、七月、八月間的部分日記。兩個年份的日記在各自記錄的起首，分別題作"含辛日記 壬戌""梧蔭樓日記 甲子"，皆以行草書於綠絲欄紙頁，半頁10行，行23字，四周單邊，無魚尾，白口。另外三册日記皆作於1934年，封面分別題作"梧蔭樓日記 蓼盦居士自識 日記二""日記三""甲戌日記 日記六"，依次記錄了蔣藩在1934年二月一日至四月十三日、四月十四日至六月二十六日、十月二十二日至十二月三十一日的日常活動，均作於版框外印有"蓼盦居士寫本""梧蔭樓日記"字樣的烏絲欄紙頁上，半頁9行，行約20字，行草，黑口，黑魚尾，左右雙邊。

含辛日記 壬戌

六月

初一日

　　午前晴，午後三時暴雨如注，五時後始止，院中水深半尺許，道上流潦及膝，蓋今歲第一次大雨也。晨盥後到署，看紀評《文心雕龍・序例》及《原道》《宗聖》二篇，惟神思頗困，時復睡去，甚矣其憊也。仲子風先生來問故實，既語之，復檢書證之，仲先生旋贈所著《明道集》一本、督署所印週刊報一册。八時回寓早餐。奇文齋李某來。去後余到局，時已開會，議王敬銘先生《陳所見通志義例》。散後至敬翁室，談所作新樂府及趙鏡秋先生和章，足稱詩史。聞子蔚來，出話少時。去後至伯益處談，晤壽昌吳君，觀所繪册頁，取許子猷兄所書屏條一副、楹聯一副歸。午餐後到署寫明信片二，寄山東及杞。晚息困甚，三時後起，校《若園詩・序》二首並寫清稿，欲改定跋語未就。看仲子風所贈書數十葉。晚起，暮餐，接二姪來書，知杞境盜匪充斥，近城數里即有架票者，緝匪清鄉，誠不可一日緩矣。晚八時後復雨，閱新華書局出版之《吳佩孚百戰奇略》，令汴兒學寫日記自今日始，九時後歸。

初二日

　　晴。晨起早點後，到署寫信致韓曉巒、李祝亭、世臣老、石氏姊、二姪各一通。回寓聞劉鑑塘表阮來，乃詣通志局。至庶務處，又與吳壽昌話，聞鑑塘至乃出見。少時任子俊來，少頃鑑塘去。余令子俊在室少坐，乃詣敬銘先生借所作新樂府一册。回室，任去。余詣郁臣處，以致杞函屬子曦明日帶回。歸過鑑塘寓，不值。回寓午餐。到署少息，三時後爲學生講《孟子》前所講過者。晚飯後吳參議紱蓀來談，以新移居外間，近在同室故也。去後講《孟子》"王者之跡熄"二章;旋檢書,寫日記,時已九時矣。是日接興賢來書,及高鶴樓、孫仙耕二君書,均爲人説項和代謀事者。噫,人浮於事,到處皆然,何處位置此紛紛者耶！九時半歸,十時後寢。

初三日

晴。晨盥後作《勉學箴》一則,云:"剛日讀經,柔日讀史。經以經世,史以視己。餘力學文,夜則調詩。文以載道,詩以感時。日知其亡,月無所忘。一息尚存,此志勿荒。"蓋擬此後每日晨起讀經、史兩小時,相間爲之,爲一定功課;燈下讀詩、文各一小時,亦相間爲之,均須專取一種次第研究,此爲終身不二課程。餘事量力所至,勉盡己職。而此四事者,則當視爲身心性命之學,不可一日懈息。以七年之病,求三年之艾,失今不畜,終身不得,蹉跎一生,良可痛哭已。六時半到署看《易經·序》,有方、黄二諮議來,居外間,因與接談,遂誤看書。八時後回寓早餐。出門詣金臺旅館訪胡捷三君,捷三屬余爲霖峰表兄作生傳。別後路遇翟文泉八分對一副,雖破,尚屬真跡,遂購之。過郁臣處。又到局,時已開會議,議分配薪水,蓋每人得支三分之一耳。散後詣敬銘先生所,又至蕭章處,取所得洋叁拾三元。歸寓小餐。到署,晚講《孟子》"可以取"以下二章,課題爲《惜陰説》,燈下改就即發。閱六月初二日《時報》,蓋前定之報今日始來也。九時後冒雨歸。汴兒回署,始宿書舍云。

初四日

晨以雨故,未赴署。早餐後少息,汴兒自署歸,乃邀麗甫立談數語。回寓。旋出門,至榮全齋付《太平御覽》書價廿元,又至和合堂訪鑑堂,遇耀齋,又晤蓬仙、郁臣、範臣,移時歸,已十二鐘後矣。到署少息,看《孟子》,神頗困,與黄俊明、方竹如談。晚講《孟子》"西子蒙不潔"二章,飯後講《左傳句解》"楚人哀甲"篇,燈下閲初三日《時報》，鈔敬銘樂府訖，寫日記。是日午前陰，晚晴。九時後歸，鑑塘及邊廣昇之徒在寓，談少刻辭去，余少息即就寢。

初五日

晴。晨早起後至署，温程子《易傳序》。少時同汴兒回寓早餐，旋同詣第二中學報考，晤琴堂，少坐辭出。至郁臣處，不值，還昨所借錢壹竿。出門至上街，遇李新齋，又晤謝涵九，立談數語。到局與張蘭皋先生談，又與敬銘先生話，知敬銘訪余寓不遇歸。余又至賓南處道賀，遂回寓。午餐。假寐。一時半起，到署三時後講《孟子》"公行子有子之喪"二章。飯後講《左傳》"左師辭邑"一段。燈下講昌黎《後二十九日復上宰相書》，閲初四日《時報》。少息，書日記，回寓。是晚温《孟子》"離婁"篇。

初六日

晴。晨入署温《程易序》兩首，神尤困。八時後回寓早飯，時鑑塘來訪，約同詣善後局見王紹唐，到則並無其人，知向所誤也。歸，余赴局，敬五在焉。談少頃，余至敬翁處送詩稿，又與賓南談，薦鑑塘不諧，復回室。怡宣來，約異日至省公署。十一時半回寓午餐，少息入署，後困甚，假寐移時。三時後講《孟子》"禹稷當平世"兩章，飯後出題爲《向戌論》，又令汴兒作《蟬說》。燈下試電扇，九時後改課文。歸寓，少頃就枕。是日辰刻有杞人趙某來送學生投考，使汴兒同往焉。

初七日

晴。晨入署改汴兒《蟬說》，飯時回寓，李相賢來，余試以講解，知其不通。乃至榮全齋，又由河道街赴和合堂，路中購皮匣一隻、《蘭説》一本。至曹某處，購《溉堂全集》十本、《矩庵詩質》兩種。又東購《古文雅正》《近思錄集解》兩種。至和合堂,晤蔭周,暢談移時歸。午飯後,使小二送軍用票八十元於鑑塘。晚余親往河道街取書,又購《參同契》一册、《煙嶼樓詩集》六本、《楚辭箋》一本、《文選勝本》一册、《文昌雜錄》一册,歸閲所購書。燈下入署,九時後歸,閲《時報》。

初八日

　　晴。晨入署閲所購書,飯時回寓。旋詣通志局,開議更換會計、庶務。午正歸。飯後至署,三時後講《孟子》"曾子居武城"兩章、《左傳》"遊者如楚"一篇。九時後歸,閲《時報》。是日熱甚,燈下著小二赴和合堂,知鑑塘已歸去矣。是晚致周達泉書。

初九日

　　夜來暑雨達旦,晨以泥濘未出門,飯後假寐移時。午正食點心,十二時後赴公署稍息,三時後講《孟子》"齊人"一章,飯後講《左傳句解》"子産相鄭伯如楚"一篇。閲《時報》,又看《近思錄》《溉堂文集》,寫三日以來日記。是日晨,小二送函件及軍用票廿元於許郁臣處,托帶交鑑塘。又於晚間寫信致高鶴樓、孫仙畊,又致二姪,付郵寄去。午間,接和合堂所寓杞柳林寨人之匿名信,著小二往,稱未知爲誰氏也。

初十日

　　早陰,午前後時雨時止,晚晴。晨起在寓看《溉堂文集》,飯後赴通志局,至金石室,閲《改七薌畫册題詩》六首。回過賓南、怡宣處,怡宣以所作文一册及藏硯、藏鏡二種題跋相屬,又假《馬通伯文》一册。歸室,敬五在焉。少頃,子蔚、少蘭偕樹棟來,敬五去,余與談少時。以今日公餞賓南赴汝南任,筵已設,遂赴席,席上同人約爲詩以送之。飯後冒雨回督署，衣半濕。少時學生至，講《孟子》"舜往于田"一章，四時後出題爲《墦間乞食論》，燈下改發。閱《時報》一份，九時後書日記。

十一日

晴，午後陰。晨入署看《溉堂文》，飯後詣通志局，午偕星珊、翰蓀同赴賓南之約於景福樓。飯後余至古董鋪，少頃歸署。三時後講《孟子》"娶妻如之何，必告父母"章。五時後，汴兒及樹棟來署，詢以試題及答案。晚飯後講《左傳》"晏子辭邑"篇，樹棟去，九時後余歸。是晚接繼成、煥甫函，以駝寨族人名學禄者來托謀事也。在院與家人話移時，始就寢。

十二日

晴。晨入署看張清恪公所注《近思録》，少時疲倦，復假寐焉。飯時歸寓，飯後少時復困。午初看《溉堂文》，欲出門，不果。十二時午餐，旋入署息。三時後講《孟子》"象日以殺舜爲事"章，晚飯後講《左傳》"季札觀樂"篇，九時歸寓。

十三日

晴。晨起詣楊姨丈家，以姨母有病不能多食，見後話少時辭去。至省議會晤子蔚，知少蘭、橋梓均在彼，遂與共談，又同往留美預備學校參觀，觀畢回通志局。至金石室，托子猷寫夾板題款字。又晤怡宣，借所作詩一册歸，敬五在室，少話。又至總纂室歸，少頃回寓午餐。假寐移時，回署看《孟子》。少時令學生回講昨日書，講畢放學食飯，出題《論子産畜魚》。寫三日以來日記，忽憶昨晚接二姪明片，知雍甫丁内艱，已應酬矣。今日又接鑑塘書，知軍用票已换訖，遇便便寄也。作《上邵伯英先生書》，燈下草就。改學生文並發,九時後歸寓。

十四日

　　晴。晨到署寫《上邵伯英先生書》約五葉,飯後詣通志局,交劉怡宣兄請代轉。又至金石處,回室見關伯益兄來,余乃往見接談,約明日九時後公餞范鼎卿先生赴江蘇。午初訪鼎老,不值,又詣郁臣處。少時回寓,少蘭與樹棟在焉,談次,封第二中學揭曉,樹棟列名,汴兒黜落,爲之悵然,因數汴兒之浮躁云。少蘭去,飯後寫信致二姪及鑑堂、蓬仙,即付郵。晚訪紫珊,其已移居,乃至相國寺,買劉廷傑山水橫批一軸、胡性亭先生屛條四幅。回過榮全齋。燈下在院納涼,是日天氣熱甚,夜不得寐。

十五日

　　晨起步行至河道街,買故書三種。至紫珊處,少談去。回通志局,晤怡宣,聞胡捷三來,話少時去。余往味蒓樓赴伯益之約,移時伯益、子猷至,旋請鼎老,無他客。飯後余回寓息,二時後到署,與方竹如談。三時後講《孟子》"咸丘蒙問曰語云"一章,旋息。看《馬通伯文》數首,晚與學生講《爲學大要》。燈下寫日記,憶是日到局接李秀亭信一函,寄自留壩縣。到寓聞子蔚來,爲汴兒報名第一中校焉。燈下閲《時報》,看怡宣文稿數首。九時後歸寓,閲怡宣集訖。是日陳子翼君來訪,不值。

十六日

　　晴。晨入署,飯時歸寓。赴通志局,敬五至,少時子蔚來,談次,修武劉慶萱至。午刻公餞范鼎老,筵張客去,設兩席,皆局同事,無外賓焉。飯後至伯益室,坐少時歸寓食。頃到署,三時後講《孟子》"堯以天下與舜有諸"章,飯後講《左傳》"子産知陳必亡"

"申無宇論王子圍""子產相鄭"三篇，燈下講畢，九時後歸。是日榮全齋送《説鈴》《祛威禍書》二種，略翻大致，云是日立秋。

十七日

晴。晨到署，使小二借洋蚨郁丞處，飯時歸。郁丞送洋廿元，少時去。硯耕來，去後余赴石紫珊處與存古齋送錢。回局，敬五至，余至後會計處，又與文牘李芷庭話。後至金石處，少頃歸，與敬五談，同出門。余歸寓息，飯後至署。三時詩，看《孟子》。飯後學生回講昨日書，出題《論人力車與自轉車之比較》。薄暮，與竹如談，章參謀至，少話豫東剿匪事。燈下李溪亭引董幼亭來談，接班振庭書，改學生文，書日記。汴兒自外至，知張子昂來省，寓相國寺後，明日擬往報謁焉。是日午刻小松姻阮來，飯後去。

十八日

晴。晨起詣范鼎老處送行，時猶未起，候移時，有二客至，少間乃出談，頃別去。余訪李子貞於藥善局，未至，遇陳留王介眉兄，坐談半小時。晤李後，訪劉慶軒於中西旅館，旋回通志局與陳雨老談，至金石處與壽昌談，午後歸。飯後入署，三時後講《孟子》"至於禹而德衰"章，令學生回講前日《左傳》。九時後回寓，看怡宣所藏尺牘。

十九日

晴。晨出門至河道街，過東司口北，購李鐵林斗方一，又購《綱鑑擇言》《鹿忠節公年譜》二書。回過商務館，償前欠書價九角，取樣本二種歸。回局與壽昌談，子蔚來話，去後余回寓息。午飯訖，入署，晚講昨日《孟子》，又講《左傳》"叔孫知昭公不度""子產毀晉館垣"二篇，燈下九時歸。是日復班振庭書、劉鑑堂書，致二姪函，取德和恒所兌大洋廿枚。

二十日

　　晴。晨到局寫手字，與壽昌出門，過東司口北聚文齋，又購牙箸七雙。歸食早餐，旋復到局，晤壽昌與怡宣。假寐移時，敬五來談。一時後，晤伯益。回寓，少頃即到署，閱晨刻所購尺牘墨蹟二本，皆光緒年間人所爲，亦有一二佳者。又，鄭黼門墓誌係秦幼衡爲之。三時後講《孟子》"伊尹割烹"章，出題《問近日讀書作文所以不能猛進者何故》。又課汴兒以《孔明讀書略觀大意説》。寫信致趙惜時，詢時間守約會成立後入會章程，付郵寄去。

廿一日

　　早陰雨，午晴。晨入署，移時冒雨歸。飯後赴通志局，與壽昌、伯益、子猷話，座客有李雅軒。午後歸，飯後至相國寺購牙章一方，鐫"居敬"二字，獅紐，刻亦佳。歸寓，紹森來，昨來自里中，飯後與話。燈下晚餐，十時後寢。是晚二甥女擬於明日回杞，雇車束裝。

廿二日

　　晴。晨早起送甥女及五甥光昌、彌甥紹森回杞。余將出門，閆耀功來，少坐同出。余至郁丞處，托買故傢俱。回，欲過河道街購故書數種，多殘缺者，惟有《蘭亭》墨蹟臨本頗佳，惜不審爲誰手。至局息，開會，同人促送夏賓南詩，又候關、許二公不至，散會，余少遲亦去。回寓午餐，到署困甚，看《孟子》"或謂孔子"兩章。五時後詢洪國功課。燈下詢汴兒考試狀況，蓋今日試第一中校甄錄也。九時回寓。

廿三日

晨雨未出門,擬作《送夏賓南之任汝南詩》未就。早飯後入署,午前十時郁丞來邀赴裏城購器物,以陰雨遲疑,終乃勉從之。午後一時歸。少蘭與樹棟來,約汴兒赴省議會住宿,以便明日考試留美。余取款,復赴裏城購桌一、椅二、書櫥二。歸寓即赴署,已過三時矣,學生至塾。督軍使人語以學生功課欲增加尺牘一門,亦逐日爲之,旋擬就功課表一紙,送溪亭轉致焉。爲學生出題《約友人練習尺牘書》,燈下論塾中功課,九時後歸。是日午後大雨如注,約半小時,時余至督署矣。

廿四日

陰,午微雨。晨在寓料檢書物,早飯後欲出門,適遇尉氏王生子餘及秦奉族人至,話少時。去後余始赴志局,晤敬銘及張蘭皋先生,又至金石處見壽昌及那先生。及旋,伯益來,少時余回寓。飯後到署,看故實,困而假寐。三時後起,聽學生回講《子產毀晉館垣》篇,又爲講子產《不毀鄉校》《論尹何爲邑》兩篇。六時後汴兒歸,詢所試文字。爲學生出題《儉以養廉論》,燈下晚餐後改學生文,此首頗有進益,遂發給閱看。又寫日記,已八時後矣。是日午刻接閱杜恩波來書。

廿五日

晴。晨在寓,欲作《送夏賓南詩》,迺入署,竭一日之力成詩四律,九時後歸,稿乃就。是日五時後,講《孟子》"孔子於衛"一章,出題《勸友人早起書》,燈下改發。晚雨,夜又雨。趙茂源來,未晤。

廿六日

晴,午微雨數點,晚雨一陣。晨起改詩,朱叔賢來,談少時去。

余到局繳卷，與敬銘兄談，旋晤怡宣。回齋，子猷、伯益至，云甫自寓過訪不值，故來此，談少頃去。陳敍九來談，去後余至光甫處少坐，馬某民來，余回齋晤談。去後，余回寓午餐，旋入署看《左傳》，困而息。五時後講《左傳》"北宮佗論威儀"一篇，出尺牘題爲《勸勤業》。七時後寫兩日以來日記。是日午間，陳雨翁到齋談伯益約任金石事，云俟下星期一開會解決焉。九時改尺牘，遂發落。放學與汴兒論入校辦法，蓋第一中學今日已取，留美未取，祇有入一中受課耳，好在季泉在彼，可爲關照也。

廿七日

晴。晨起六鐘後攜汴兒赴一中校，時季泉猶未起，旋話，少頃出。遇子蔚，乃與汴兒先回寓。余至青雲街，與厚甫、誠甫昆仲晤，並晤少棠，楚材昆季焉。回寓早餐，少蘭、樹棟來。飯後炳南處托寫信稿，少蘭、子蔚三人去，余作稿後始赴通志局。晤光甫，支薪水十五元，晤王葉五同門，又晤壽昌。旋回室，葉五至，少談去。余回寓□點，假寐片時，至署又休息，三時起。五時學生回講《左傳》，出題《論衛生與求學之關係》，晚飯後日已暮矣。上燈接大哥來書，寫日記。偶憶是日自青雲街歸，捷三與子蔚在寓，少時捷三去。早後令汴兒繳學費、操衣費、運動費共九元，托季泉代辦云。

廿九日

晴。晨七時郁丞來，言子曦夜來陡患霍亂，刻正醫治，尚未能止，請往視之。余即往看，至則有劉先生針治，已見效矣。少時余赴通志局，旋開會，議金石處約余贊助事，其月薪則由彼處照給，俟竣後再任局中職務，惟不爲脫離關係云，議決後又議別事。午後歸，飯畢入署，四時學生未來，詢悉已於昨晚赴演武廳矣。燈下閱報，與方黃二諮議、田參事談，九時後歸。

三十日

晴。晨起食點心少許，攜汴兒赴商務館購一中應用教科書八册，又墨水、橡皮，共洋三元八角。余赴志局與壽昌談，又訪王葉五於東棚板街，與其老太神談少時。至塘坊口訪幼曾，聞已移入雪苑寓廬，眷屬回籍矣。歸局與子猷談，又往光甫處借其宋景文、元憲二公集、《玩極堂詩集》三册。見雨老，談金石處接辦事宜，旋回寓息。飯後入署，少間督署承啟官來，言督軍命學生在南關演武廳讀書，請先生往移居或走授，余覆以先行走，再議移居焉。去後，晤崔、趙二君，已束裝將往，余又訪溪亭少話，遂歸室將書物先移回寓中再作定奪。晚書日記。

七月

初一日

晴。晨檢點書物，預備移至演武廳。崇山來，少間硯耕來，代覓洋車一輛，日往來二次，錢叁百文。早飯後赴通志局與同人談，午餐後由寓赴南關，時督軍進城未見。講《左傳》"子羽卻楚逆女以兵"篇，課題爲《防患未然説》，八點改發，八點半歸寓，十時後寢。是夕自南關歸來，風頗涼。

初二日

晴。夜來以感冒故，眠不穩。晨令小二赴張宅爲仁山作弔，蓋今日首七也，著汴兒代奠。子曦來，談次，督軍派車來接，余即束裝往，午刻安置就緒，晚上課講《孟子》"或問百里奚"一章。督軍邀談。薄暮蒲牧師來塾話，燈下八時半歸，十時後就寢。是晚學生以見客未作尺牘。燈下回寓，葆哉在焉，談少時去，蓋請余爲其先德作傳志。

初三日

晴。晨起早點後，出至河道街，買農學書十一册，均故本。又訪葆哉於桂茂估衣鋪。赴通志局與壽昌談，午晤總纂陳雨老談，鑑塘、葆哉先後來，十一時後相繼去。余赴南關上課，講《左傳》"祁午以不信稱趙武"，燈下講説古文讀法，八時半歸。是晚寫信致郭韞卿及二姪，爲贖南頭房子事，以世臣族叔不洽於衆故也。又致二姑太太函。數日以來，城内外虎刺列疫甚熾，歸途聞送冥路者、哭兒女者甚多，而尤以僻巷爲最，由於不講衛生致然，吁，可悲也！是晚課尺牘，題爲《論郊居之樂》。

初四日

晴。晨起繼成回杞，李平甫元坦來，旋去。余詣通志局，又出門至書店街，過百城書莊、廣益書局，與鄔先生談，又至文會山房坐少時，買筆歸。飯後晤壽昌，歸室假寐，張蘭皋先生邀談，少頃回寓。又赴南關，三時後上課，四點後開飯，飯後出題《論事親以得歡心爲本》，先時講《左傳》"趙文子請釋叔孫"一篇，七點後作文。八點半回寓，時汴兒以星期放假早歸，遂詢校中情形，十時後就寢。是日晨訪張旅長，聞其入京，未晤。

初五日

晴。晨起赴督署，與黃俊德話，又閲《時報》一份，旋晤李秘書溪亭，言支薪及擬辭職事，李允以支薪事轉致之。飯後李表舅母來寓，即平甫之老太太也。余赴公署，將見參謀長，以將赴南關，未果見。遂赴郁丞處，不值，與子曦談。少息即赴炳南寓，晤其夫人，托起《呈懇開釋》稿子，許之。過和合堂，晤鑑塘、澤生、王朗珊，話少時，余至集文齋取《經苑》夾板，又買《易知録》珍本四大册，及零星故書三本以歸。時固始吳小坡明府之夫人在寓，夫人宋姓，杞人也。飯後息，晚四時陳子翼來談，少間去。五時，余詣相國寺買故書二册，一爲《楊花詩百首》，一爲《蘇昭六詩稿》。蘇，明季鄢陵人,亦中原之文獻也。十時後寢。

初六日

晴。晨在寓,爲紫珊代擬呈文一首。早點後詣通志局,閱《時報》,困而假寐。午前至金石處,回室,少間午餐,又息移時,赴南關,始悉洪國將於今日赴漢口揚子工廠,入博文書院習制鐵械工。同人由督軍支配,趙授督軍洋文,崔至煙酒公賣局,余任十一師手槍營,教授《左傳》,其名義尚未知何屬也,然由重任而改爲,或亦暫時調劑之一道乎?旋張營長來,約定每日早九點半至十點半鐘講《左傳》一小時云。少間洪國自城來,云與汴生相見。二點半同趙君某赴車站,督軍亦往,並接靳師長焉。四時後晚餐,書日記。

初七日

陰。午後雨,晚止,夜又雨。晨起早餐,遂乘車至南關預備《左傳》,所講係摘要本。九點半上課,先講大意,後授"太子忽辭昏"篇,聽者頗表歡迎,張營長執禮亦甚恭。下堂衣皆透汗,少間遂歸。以雨少止,雨後步行至南門買車歸寓。午飯後雨止,晚出門訪蔣緒周同年於文和堂。蔣,穎上人,江蘇知縣,來豫投劾者,談少頃。過中華書局,爲汴兒買學典書夾,遂到局。又至百川,既訪捷三不遇,至中校訪季泉,亦不值。遇河陰段先生,少芳之令弟也,爲一中生理教員,談甚洽。過呼汴兒,以書物付之。歸寓,少頃至公署,與黃諮議談,又見李秘書。歸,燈下閱報,九時後寢。

初八日

晴。晨起早餐,旋乘車至南關。休息。又預備功課,上堂講"狐突不教子貳"篇,下堂少頃回城。過訪陳賀芝,又訪郁丞,又至通志局。少息至金石處,見關伯益兄,知其自京旋,後日將赴奉天葫蘆島差，余約明日午後四時餞之於味蓴樓，話移時歸室。先是，初到局，族人蔣緒周在焉，談少時，王敬銘先生催繳詩卷。少談，客去，余始至後院焉。歸寓後午餐，晚出門詣相國寺，購《駱侍御集》四册、《景行錄》二册歸。過北忠升店，與元甫、麗中、禹山談。將暮回，過公利茶店，晤楊曲亭君。回寓乃息，閱書。燈下晚餐，閱報，困而就寢。

初九日

晴。晨小二回杞，以昨有書來，其父召之也。少間早餐，鄭晴湖兄至。話少時，余至南關，參考《左傳》"介之推不言祿"篇，將上課，營長來言，今日有要事，恐不能及時上課，請俟明日。余認可，遂書日記，旋爲承啓官及傳令兵講"公子忽辭昏"一篇。午回通志局，三時後與子猷、壽昌、那子英先生同赴味蓴樓餞伯益赴奉天，余爲主人。晚回局，旋歸寓，燈下閱報，九時後寢。

初十日

晨早餐後赴南關，九時半上課，講"介之推不言祿"一篇。十一時回通志局，午後候伯益、子猷不至，余歸。晚回寓，燈下閱報，十時後寢。

十一日

晴。晨早點後赴南關司令部，九時半講《左傳》"子罕辭玉"及"鄭伯克段于鄢"至"大叔出奔共"止。先是，爲承啓官講"狐突不教子貳"一篇。十一時歸通志局，午飯後少息，二時半赴南關送伯益上火車。四時歸，遇高蔭南、李芷亭諸君，蓋今日韓文軒兄亦赴金陵也。憶前日午後文軒枉過，請爲其祖作贊，今日送紙二幅云。晚回寓，閱報，九時後寢。

十二日

　　晴。是日星期，不赴南關，晨早點在寓，飯後出門至書店街中華書局取《知不足齋叢書》第三期，書已齊。又過廣益書局，至商務館送還教授書一册，回通志局，與壽昌諸君談。午後歸，汴兒回寓，飯後同至商務館、文化書社買習字帖，余購《柳子厚文集》八册，即《四部叢刊》新印本，又《章實齋年譜》一册、《青年修養錄》四册。晚過相國寺，燈下訪鑑堂，寫信致二姪。歸寓晚飯閱報，十時後寢。前晚杞人徐玉珩、徐承恩來見。

十三日

　　晴。是日徐來見。晨早點後七時前赴南關，九時半講《左傳》"克段"篇後半，十一時歸通志局。是日開會甫散，晤陳雨翁，少談，旋至後院。飯後四時歸，以偶患腹疾，微不適也。晚詣相國寺，歸閱報，十時寢。是日胡捷三來，不值。午後擬挽聯二付。

十四日

　　晴。晨早點後赴南關參考《左氏傳》，憲兵營營副來言今日軍官赴袁宅花園踢球，不及上課，余乃爲承啓處講《左傳》"介之推不言祿"篇。先是，崇山來，請轉致祝亭信於督軍，坐移時書上，批公賣局核辦焉。崇山去，講書，後余亦歸。過惜時所，不值。又訪崇山於何静宇寓，不值。訪方致齋於草市（是晨方來見），並晤子萬，歸通志局。午飯後，劉子博來托謀事，坐三小時。陳生建續來，談移時。去後余回寓，過捷三處，晤王茂梁。回寓少息，赴相國寺購書、硯屏、帖等事。暮歸。燈下報來，十時後寢，是夕閱《恩錫堂家訓》。

十五日

　　晴。晨早起大解，日來患腹疾，似微痢，但便數而無所苦，以内有積熱故也。早點後赴南關,書日記,已自初十後閣筆五六日矣,中多遺漏,僅記大致而已。少頃何生崇山來,持祝亭書呈督軍,請余轉,乃交承啓官,囑往公賣局候見。崇珊去,余將上課,張營長來言此後擬請改爲下午授課,以時間多抵觸也,乃議定自明日起晚四時至五時講《左傳》,承啓官請於二時半至三時半爲之演講焉。少間,與傳令處講"子罕辭玉"篇,十一時歸。至督軍公署,因前移桌几等事,今日遇車移歸故處。予先與李溪亭言之,又至黃諮議處,不值。晤陶參謀紹堂,談少時,出所爲優貢卷讀之,蓋渠山陽人,己酉優貢也,現充預外參謀。別後余回寓午餐,晚未到局。傍晚至相國寺一遊,購風景照片鏡子一掛。燈下晚餐,夜間仍患腹疾,並似痢而非痢也。

十六日

晴。晨七時赴通志局,擬覆范鼎卿函,旋與壽昌話。巳刻霖峰表兄來談,蓋前日自杞至汴,寓張又申家。少頃,陳雨翁來談,同去。余午餐後少時回看霖峰,並晤又申及其少君。至南關,四時半上堂講"宋穆公屬殤公"一篇,五時半歸。過鑑塘處,知已取第七名。禹山、敬亭均取,又江某、孟廣校亦取,明日覆試。余旋至廳署門閱榜,歸至一中回看子博不值,季泉亦出門,留刺而歸。燈下食飯,閱報,看《田墨山先生文集》,十時後寢。是日午前同人獲嘉劉德吾來拜,遂與星珊同往回看,乃近時發表之協修也,以無經費暫不支薪,亦變格矣。

十七日

晨服丸藥醫腹疾,八時後到局,遂至後金石處晤子猷,旋出信稿示之。少頃,劉德吾移入余室之東間,未晤面,旋去。余息,閱陳湘浦先生《崇祀名宦鄉賢錄》,蓋雨老之祖父也。午早餐一時後,乘車至南關,寫寄范鼎老信。息,看《左傳》,假寐片時,起書日記焉。是日晨，方致齋來談，言明日將歸杞云。

八月二十一日　晴

昨日爲雙十節，乃民國肇端之紀念，余之悠忽度日又月餘矣，誓自今始續書日記，以"剛毅木訥"四字爲標準，日三省之。

晨五時醒按摩，六時起盥漱，發昨夕復伊東表兄書並復陳廉卿函。到局至金石處發交馬介之所鈔唐墓誌，請那子藻先生校對。回室與蔭南、光甫談。虎彝至，託爲其少君執柯，蓋欲與鹿初之女公子議婚也。移時去，余至金石處，仲孚來，少談。聞子昂來訪，遂出見之，時敬五已在室，共話移時，張去。雨人先生邀開會議，以省長約午後二時開會議事，散會後午餐。余回寓，路過書店街，選廣益、惠文、中華書帖多種。至寓，少時赴公署，晤史吉甫同年，話少時，雨人先生至，共話。至內室，吉甫寢榻在焉，有老叟楊君先在，少間常靜亭廳長至，旋中孚至。移時省長邀同人開會，坐移時乃出。同坐者十餘人，皆志局編纂事務部人也。談及進行辦法，紛無定議，最後余以審查舊志爲先入第一步，衆贊成，乃作定規，並約吉甫明日到局細商焉。出署回寓，又至督軍公署晤李溪亭秘書少談，歸寓晚餐。燈下與家人談家事，移時閱報，寫日程表，書日記，時已七點一刻矣。是日仲凝回南陽，留贈其先德《四遊詩草》一册。

九月初一日（按：原文此處卷端作"含辛日記　壬戌九月"，另行作"初一日"，因現僅留存"初一日"日記，爲敍述方便，以"九月初一日"代。）

晴。晨五時醒，早點後赴南關看《左傳摘要》"趙盾弑其君夷皋""管仲謀用鄭世子華""沈尹戌勸誅費無極""蹇叔謀襲鄭""申包胥乞秦師"五篇，參看《左繡》。九點半上課，講"趙盾"篇，至"亦自亡也"止。回城至大坑沿郵局，代辦儲金。飯後赴通志局，已一時矣。與壽昌談，少時伯益、仲輔至。余寫信致韓文軒，爲訪求鼎老金石稿事，昨聞鼎老於八月廿六日作古，並聞其遺稿有散亡者，深用憂悼。四時後，子猷來，同往雙龍巷訪胡叔偉君，胡即味笙觀察之三公子，而鼎老之婿也，與商鼎老遺稿辦法，移時同去。余歸局，晤子蔭先生，旋回寓。初燈韓叔屏兄來，持伯益所爲《成師長哀啓稿》求訂正，少談去。叔屏早飯時曾與王紹唐兄同來寓，而未晤，故晚間再來耳，去後晚飯，寫日記。

梧蔭樓日記甲子

正月

初一日

陰，五鼓微風。盥漱後焚香致祭先人位前及竈陘。早餐後許郁丞來，以病足尚扶杖，去後余出門拜節。至漢蓀處不遇，雨公、伯益、子猷、寬如、壽昌、敬銘、晴湖均未見。晤子蔭先生，李芷亭，王虎彝，硯耕、麗甫昆仲。回寓午餐，硯耕、麗甫先後來，楊立甫表弟亦至，厚甫、競存及敬銘（楚珍諸弟）、健吾、芷亭諸公來，余均未獲晤。飯後復出門，拜健吾、子蔚，子蔚亦先來未見者。競存、郁丞、厚甫諸君皆不值，晤楊竹生姨丈，又路遇金瑞甫兄，立談片時。回寓，知伯益、式穀、介之、漢蓀皆來，悉未晤。少頃，朱次瞻同年來談，去後書日記。晚欹枕假寐，日暮晚餐，燈下檢金石處所藏誌目，看《三傳》，爲汴兒講"隱公元年春，王正月"傳，十時後寢。

初二日

陰，微雨。夜來心氣痛苦，睡臥不安，晨起稍晏，星珊來未晤。早餐後冒雨訪敬銘，回拜次瞻，過志局晤子蔭先生，歸過金瑞甫。回寓午飯後息，薄暮始起。燈下與汴兒論文字。晚飯後書日記。是日午刻，劉夢園先生處懸扁酬雅，未赴，使人謝焉。

初三日

　　早陰，午、晚晴，夜復陰。晨起温《古文雅正》二首，飯後少頃鹿初來，談少時去。子蔚來，蘇振名來，子蔚先去。午飯後息。晚子猷、寬如同來。燈下看《鬱岡齋筆麈》，十時寢。是日接二姪手書，子翼寄書一本、信一紙，遂並作復，兼復子昂，接竹亭、典三賀片，復典三。

初四日

　　晨改定《和張竹樵廳長留別詩》二首，早飯後稍息，内子率汴兒詣子蔚寓，問其太夫人疾，歸來余寫和竹樵詩，使汴兒送去。看李恖伯《日記》。晚韓生岳宗來話，知吳亦音得神經病，服安眠藥過劑而逝，蓋去臘除夕事也。燈下與家人共話，晚飯後看《語石》數葉，九時書日記。是日晴有風，夜微陰。

初五日

　　陰，午微晴有風。是日以大哥云自東歸，將西屋書物几榻清理至午。午後宗懷璞來，去後余率汴兒及小二赴南關車站，候一時許，東車來，大哥未歸，久之乃回寓，爲之悵然。晚飯後息，燈下看汴兒習隸書，九時後書日記，看《金石粹編》。

　　按：此日後蔣藩抄録《汪容甫年譜》中部分内容，兹亦照録如下：

　　(1)《代陳商答韓退之書》汪中撰，見《容甫先生年譜》。

　　商白："辱書示以學文求進士之道，非夫自得之而勇於爲人者，不能及此。屬思過苦，則造意反不能深，誠吾之病。然謂'工於瑟而不工於求齊'則不然，君子之道，非苟以求人好也。今徒曰不好瑟而已，不幸而王不好，士則將去而爲工賈乎？而淫樂百戲，又可視王之所好以中之乎？且君子患瑟之不工，不患人之不好。苟瑟工而人不好，雖舉一世之人棄之，猶將挾空桑、雲和之材，奏於鈞天，張於洞庭之野，使伶倫挎越，素女操縵，樂以《鹿鳴》《四牡》，與虞、舜、文王、孔子揖讓，曾何齊王之云哉！王雖不好，吾固未嘗攦指而徹御也，又何怨且怒哉！世之君子，屢仕而不遇，則憤然自負其學，而於富貴有不屑。名位已至，則以仕宦爲必可得，而謂同列晚達者無志。執事非其人也，且無貽簡賢者口實。商白。"

汪孟慈云："是時，先君有志用世，私淑顧亭林處士，爲經世之學，於出處進退無所苟如此。"

（2）容甫先生云："某以孤童就學，逮今二十年矣。其他記誦之學，無過人者，獨於空曲交會之際，以求其不可知之事，心目所及，擧無疑滯，鉤深致隱，思若有神。又喜爲文，自六藝子史以下，莫不知其利病而深思力取之。"見《年譜》。

（3）常州顧子明云："抱經先生在龍城書院講席，常常稱道尊公不置。某見尊公凡閲一詩一文，雖甚淺易，必再四循覽。"

（4）《上謝侍御書》云："平居罕接人事，專積思於經術。"

六月

初一日

晴。晨起修正昨作《中州金石叢刊發刊詞》暨《凡例》十條，步意勤來托轉謀勸學員。

十五日

夜來大雨如注，曉起視北屋後壁塌去半壁，而雨仍不止，至十時後始息。雨中檢隋唐書，考《唐梁秀墓志》未竟，恐屋壁傾，乃倩人移箱篋於別室。午間假寐，醒後看《歷朝詩選》，起至大門外閑步，知街市牆屋多倒塌者。午後一時市飯，與汲兒同餐。檢昨假《七家印譜》二册，歎其精絶，欲録其邊跋印文以資翫賞，蓋力不能致,不得不作此退步想也。少旋,書日記,晚至燈下鈔《蓮洋詩鈔》十二葉半。

十六日

晴。早餐後赴局,午飯後至郁丞處問疾,則已於本日早十一鐘長逝矣。聞之不勝痛悼,乃與商後事,至晚九時後歸。

十七日

晴。晨刻詣郁丞處,至則已大殮,旋與在事諸君同入哭奠,晚十時送路後始歸。是日午後到局,晚與星期五會議。

十八日

晴。早餐後至郵局,旋至志局。午飯後子翼來。三時後至官錢局,歸過郵局回寓。是日作挽郁丞聯,次日到局寫。

十九日

星期。赴局。

二十日

陰雨。赴局,午後開會。散會五時歸,爲子曦作挽郁丞聯。

廿一日

陰雨。午後至許宅,旋回寓,是日抄《蓮洋詩》十六葉半。

廿二日

辰刻詣郁丞處,午歸抄書。晚復去,暮歸。是日首七,諷經開弔,客來不多。燈下韓掌柜、老宗來,十時許去。

按：是日日記後，蔣藩復抄録《汪容甫年譜》部分内容，照録如下。

（1）《與畢尚書沅書》云："某少日問學，實私淑顧寧人處士。故嘗推六經之旨，以合於世用。及爲考古之學，實事求是，不尚墨守。以此不合於元和惠氏，所爲文，恒患意不逮文，文不稱物，不專一體。"此先君自道得力之處，讀先君遺書者，自得之。《容甫先生年譜》。

（2）又《與趙味辛書》云："比聞足下將肆力於文章，此道自歐、王之没，迄今七百餘年，無嗣音者。國初諸老，彼善於此則有之，要於此事，均之無得也。某以窮鄉晚學，費心力於此，僅二十年，昔人所謂天地之道，近在胸臆者，雖不能至，心嚮往之。有便過從，當爲足下陳之，仍願足下之化我。要其道，則用功深者收名遠，固非見小欲速者之所能爲也。足下頗心折於某氏，某氏之才誠美矣，然不通經術，不知六書，不能別書之正僞，不根持論，不辨文章流別，是俗學小説而已矣，不可效也。足下之年亦長矣，過此則心力日退，不可苟也。"

（3）先君服姚禮部鼐之爲人，嘗云："其人，則閑雲野鶴也。"

（4）焦里堂以文質先君，曰："燕之，此唐、宋人小説，何不學左丘明、司馬遷？"

（5）段君驤述茂堂先生之言曰："先君每言工文詞者不必通經術，通經術者不必工文詞，惟《述學》兼而有之，在當代爲有數之書。"

七月

初一日

晴。晨在寓，早餐後到局審查訪稿，抒《整頓采訪意見五則》，並查羅山、方城、陝縣、潢川四縣著録金石，開單交采訪員補查。老宗來，介之送票洋十元，合昨取之二十元統交老宗，爲拓登封石刻價。午後餐，袁荄青來，送所寫碑，同至後院。二時前，德吾晤談，云將回里小住。開會二時許,散會復至金石處少談,時敬五來,復訪孫蟄峰。李總纂來談,以徐總統所寫大字見示。旋回寓,閱報,燈下看姚選《今體五言詩》,困後就寢。

初二日

晴,午微陰,晚晴。晨在寓,早點後至好古堂取錶,赴河務局與星珊、翰蓀話,見雨人先生,贈所印《奏稿》四册。歸過博雅堂,訪韓炳南,不值,坐移時回局。午飯後歸寓,閱《陳侍御奏稿》。小二回來,擬明日回杞,高松亦至。燈下十一時就寢。

初三日

陰雨,時止時作。在寓看《陶文毅奏稿》,午刻欣亭來,言明日回里,屬帶口信,去後假寐。午後一時中餐。晚因事感觸,不勝悲慨。初燈寫日記,深恨悠忽度日,將終身墮落,無振拔之日矣。一身之責,肩荷至重,奈何至此。靦顏視息,何以爲人。汴兒放縱日甚,不能伏案用功,門户之憂,前途方大,負□先人,增□罪戾矣。可勝慨耶!

初四日

晴。晨在寓料檢書物,早飯後閱《史記評林》,已刻赴局,過韓炳南處,爲之送書。午寫《彭禹峰集》文數首爲志料。下午中餐,二時後開會,晤張鳴老,會議時特薦陳君子翼爲采訪員,特別調查全省山脈河流,薪津視普通爲優。鳴老屬爲致書,散會後即起稿寫就,送總纂閱訖付郵。日暮歸,董生在寓,擬赴鄭考師範,以所存洋予之。燈下檢書,至十二時始寢,蓋擬贈劉怡宣先生而爲之作書也。

初五日

陰雨，晚霽。晨起作致劉翰怡書一通，稿定後早餐。午閱《申報》《時報》，致西泠印社信片，詢《金石家書畫集》預券辦法並樣本。午後看顧鼎梅《石言》數十則。薄暮書日記，是日辰刻侯宗蔭君來看修牆，立談數語去。王翰蓀明日下午請客，午間遣人來約云。又改訂《河陰金石記》本子，以數葉跋語誤置上册末，今移置於序後，以便觀覽焉。

八月

初一日

晴。五鼓醒後看《讀書分年日程》，晨刻復陳子翼書。早點後俞鼎五來，去後余訪炳南不值，與紫珊談。旋赴省議會，子蔚未來，晤幼曾，談兩鐘餘。歸遇心垣道上，回局與問渠話，知款未領到，為受江浙影響。至後院與壽昌談，回前院午餐，餐訖重膳致子翼書，晤備老請付郵，即乘車訪敬五開封縣署，並回拜縣長王芳亭，未晤，遂歸寓。閱《時事新報》《時報》，均廿八日報也。袁甥來談，移時去。薄暮欣亭兄來話，至初更去。燈下書日記，閱報，十時後寢。

初二日

晴。晨在寓，早餐，至鼓樓街老穆處購石印《歷代賦彙》一部、《人譜》二本、翁覃溪秋蘅山館橫披一軸。過上街，購李子和、胡少泉七言對各一。至博雅堂小坐，到局晤劉德吾話，知其昨晚歸來。將回寓，胡霖峰表兄來局，話移時，聞其有北上之意。飯後回寓，閱《時報》《時事新報》。下午晚餐後到相國寺後購物，歸至豐玉齋、好古堂小憩，暮回寓。燈下子蔚來，移時去。安外甥孫來話，留宿，十一時就寢。

按：此日日記後，蔣藩抄錄步章五《林屋山人小稿》詩文多篇，當為二人郵遞交流之作，茲照錄。

林屋山人小稿

1. 玉鑑曲·爲吴子玉、程艷秋作

輓近世塗耳目幾無行矣！子玉不背曹氏，艷秋不負羅公，是可尚也。爲賦《玉鑑曲》美之。

兄事吴洛陽，弟蓄程玉霜。浩歌仰天笑，快意不可當。洛陽健兒氣如虎，指揮河嶽叱風雨。寧教善戰服天刑，安得喪心欺故主。玉霜佳士何温存，梨園子弟誰並論？脂粉何嘗污貴冑，恩禮猶見敦師門。君不見天綱近來忽墮地，市朝未改衣冠異。當時四海逐波流，自古幾人重風義。差喜二子強人意，英雄兒女俱嫵媚，何須有酒不同醉。

《玉鑑曲》成，走筆復作一律，云："昔讀三唐句，今知二語清。雷霆走精鋭，冰雪淨聰明。自識吴程義，從呼玉鑑名。文章吾豈敢，妙手本天成。"

2. 題聖因女士來稿（聖因即吕碧城也）

曾挾飛仙謁聖因，碧城縹緲絶紅塵。坤輿縱説多靈秀，自謂生平見此人。

3. 僧人怪函

林屋先生：

前承布施，彌誦功德。僧出家九載，托鉢十方，雖悟禪機，亦感人道。過屠門而大嚼，敢受清規；誘信女而隨緣，恥學滬習。先生大善知識，機樂牟尼，多識坤伶，常爲乾父，如蒙媒，以贅髡之所，遂其還俗之心。雖處六塵，不忘三寶。證因緣之果，參歡喜之禪，僧將永感大恩，長念壽佛矣。某僧合十。

林屋曰：此僧爲余鄉人，初亦文士，革命後遁入佛門者也。此函恐非本意，殆諷世耳。語雖惡濁，心門清淨，不但比近時學佛諸居士光明磊落，即班禪活佛，其居心亦未必能如此坦白也。

吾聞班禪飲食嗜欲無異恒人，三寶六塵，和光久矣。藉佛門之法，參政治之權（此段執政所以崇拜之也），遊歷我中華，傾動我人士，道耶？魔耶？菩薩耶？修羅耶？其怪過某僧遠矣，奈舉國不察，何耶？

4. 詩迷

花下同心樂有餘，隴西遙憶鹿門居。平生願得齊眉婦，生個孫兒玉不如。（每句射時人名一）

5.《大報》發刊詞

人情虎鼠，世道龍蛇。與其流涕山河，勿寧嘯傲風月。敝館不揣小醜，妄作大言，借自己酒杯，覆衆人醬瓿。或仿志傳，或托詠歌，或樂石吉金，或哀絲豪竹，雖曰斷爛之報，亦有條理之文。是非不敢誣也，好惡不敢改也，綱紀亡矣，不敢並清議而亡之；風俗隳矣，不敢並公道而隳之。文至雜事，秘辛豔矣，不敢效其豔；談論如談天，鄒子支矣，不敢罢其支。説不敢仇嫉同業，不敢謾罵群賢，不敢娛樂以附黨人，不敢謡诼以比衆女。若夫素能異技，交譽所不敢醉；巨惡顯奸，誅伐亦不敢後，是其沾沾自喜，巫巫共謀者也。雖然，腹儉蟲魚，力薄蚊蚋，非借衆木，何以成材；非假他山，何以攻錯？乞賜宏著，願錫良箴，庶足以陶寫性靈，優遊文藝，雖敝館之幸，亦諸君之光也。

6. 詩迷

帝號歸天上，清人在霄。中山起漢民。狼跋其胡。燕京誰犯蹕，有馮右翼。魏闕此蒙塵。土國城曹。

7. 提線京戲

提線戲以木人爲之，古傀儡遺法也。近時海内風行，京師尤盛。黎家、曹家諸班最爲有名，徐家次之。其主班者，非有勢力不敢爲之，以豪暴筆群伺於旁，欲奪其利也。其唱角，素碌碌庸材，以重提不重唱也。近有演馬戲者，合組此戲，名曰大京班，故其臺旁有鳳獐，有野馬，有獼猻諸素玩。所邀主角聞在京戲老園時有名，常三組大班，五爲臺柱，年老失勢，因就此班，是以觀者聞者無不傾動，登場數日，頗極一時盛況云。

8. 敘呈

客問雲、林曰："子之報，小報也，而侈其名曰《大報》，名與實違也，不將貽大言不慚之誚乎？"雲、林曰："吁，何客見之迂也！五石之瓠，千尋之木，非不龐然大也，而瓠落而無所容，木擁腫而不中繩墨，所謂大而無當者也。勺水之細，撮土之微，及其無窮寶藏興焉，群材會焉，此尚可以小論乎？且小大之數，何常之有？天地，樊籠也；萬物，蔑蒙也。而人之跂行蠕動於中者，如芻狗，如沙蟲，食毛飲血，更始迭終，吾安能知其爲虺爲蜮，爲蠆爲蜂，爲蝨蟻爲蚍蜉，孰爲巨蠹，孰爲元兇，孰也興敗，孰也雌雄乎？蚤鱗蚋甾，蝸角蠅喙，兼入其域，有人民有社稷，有方輿之紀，有古今之制，俎豆干戈，珠玉金幣，衣食父母之義，飲啄男女之事，群倫百類，罔不具備，安得以枕中爲滑稽，灞上爲兒戲也！群飛刺天，一羽蔽之；浮文亂道，片言折之。吾不謀與客量持墨之厚薄，較文字之多寡也。客不言名實乎？名者，實之廓也。廓乎有容，歸者衆焉。圜枘入鑿，難乎爲枘；削足就履，難乎爲足。吾能雖薄，而爲吾撰述者多老師宿儒，文也煌煌，言也炎炎，吾若自小，能容其大乎？群山所赴，邱垤可爲泰山；百川所歸，行潦可爲江海。吾亦將與客試籠鵝之幻，觀獅座之變，奈何小之乎視吾報也？客曰唯唯。丹翁《贈言》不云乎"無小無大，從公于邁"，此之謂也。徐峪雲、步林屋同撰。

附《孤山藥樵雲林歌》

聞雲、林二山人有組織《大報》之舉，道權得人，作短歌以祝之。

我愛步林屋，朗人照人蘇玉局。我愛徐朗西，軒軒鶴立藐群雞。胸羅萬卷遊萬里,伯仲之間見郭李。朝酹黃金綬,夕醉蘭陵酒。高陽市上發狂吟,煙雲落紙不停手。天公愛才促使起,責以董狐之筆司馬史,詞源倒瀉蕩天門,龍蛇驚走霹靂奔。我跨蹇驢不敢渡,下風翹視舌爲吐。裹裹六合坎坷多,爲君且作雲林歌。

9. 爲徐郎碧雲、梅女秀華合巹徵文啓

雀屏中目,名媛出仙尉(梅福)之家;鴛牒徵題,新詠續玉臺(徐陵)之後。借京兆畫眉之筆,爲結同心;催壽陽點額之妝,好窺半面。今有鬘羅館主,碧雲歌郎,裔出蘭陵,家傳菊部,雛冠劍佩,早著風流。鳳履珠衫,別饒嫵媚。城北譽美,都下名高。此紅葉之所以爭媒,綠華之所由願嫁者也。秀華淑女,繳玉仙家,族托梅花,詩吟柳絮,以浣花之小妹,得傳粉之才郎。延年歌北地佳人,少遊號東坡弟子。卿真徐孺,下榻何妨?儂亦極寿,歸林有待。卜陽月重三之日,好坿絲蘿;算芳春二八之年,初分瓜字。以兹韻事,乞眾仙同咏霓裳,宜有香奩,賀兩家聯成珠璧。今日爲瓊華代請,恕我之陳詞,異時以彤管相貽,報君門雜佩。天台山麓、林屋山人同啓。

10. 海上新謎

玉鏡臺,傳家寶。射温世珍。瑯琊石,扳不倒。射王固磐。蠶室封,召鈴護。射官邦鐸。蔡瑁誅,死不悟。射張允明。

注:鏡臺,温家物。瑯琊,王氏郡。蠶室,官刑。封,邦也。鈴,鐸也。蔡瑁、張允,三國時二降將也。

11. 四金剛詩迷

雲間有家家擊戳,閶門娶婦燒紅燭。生托文明邀幸福,得配孟光於願足。陸宗輿、吴光新、章宗祥、梁鴻志。

12. 題程硯秋小影

去歲余有集句云:"明月好同三徑夜,羅帷空度九秋霜。舊來好事今能否,小語偷聲賀玉郎。"今玉郎宛然,而羅公殁矣。

13. 志過詩

第四期本報《程艷秋小影》旁有空白，戲以去秋《調瘦公詩》補之，語出遊戲，非事實也。常時且猶不可，況瘦公已歿，有友責予，是也。因復集句爲詩以志吾過，云："平生風義兼師友，輕薄爲文哂未休。今日鬢絲禪榻畔，每吟風骨只生愁。"

附山襞《挽汪瑑瑑女士》

惟月美滿，一日不幾圓。好事多磨，算來二百三十九日，因緣不爲少矣。我佛慈悲，諸天極樂，話到數子前。悵匪年劫運，吾知免夫？

14. 醉歌贈太玄

太玄弄柔翰，睥睨當代人。予亦狎詩酒，有時呵鬼神。論文欲質杜陵老，太白太玄今孰好。白髮江湖氣已吞，狹路逢君苦不早。況今天闕正披猖，馮夷擊鼓蛟龍翔。北溟已聞失海若，太清俄見歸軒皇。長驅封豕逐天狼，瘴煙塞刃紛譸張。洗污不挽天河水，垂文空拂星斗光。投壺大醉仰天笑，狂生自謂生非狂。君不見中山行酤非我趣，款段都門亦君惡，安能坐失千頃陂，三日不見黃叔度。

附太玄《醉歌和林屋》

夙聞步林屋，名氏疑仙人。乘槎來海上，醉歌驚天神。把臂直以飯顆老，蒼髮朱顏猶美好。都門十載恣浪遊，太息雲萍聚不早。柏梁殿摧棘已猖，長鯨怒躍鴟梟翔。磨牙吮血作人語，疇回靈夢追羲皇。前驅虎豹後者狼，燕雲莽莽異幟張。魯戈孰揮夕陽死，扶扶熠熠尾吐光。伊川披髮豈獲已，箕子去國原非狂。吁嗟乎，韜精耽飲寓至趣，焉用文章爲世惡。與君且倒金叵羅，醉後趣趣見元度。

附寒雲《贈李組紳》

風流吾愛玉溪生，尊酒能令絶世情。看月三分思灔灔，靈妃一賦感盡盡。當歌拔劍天方醉，挝鼓催花夜不驚。廿載朋交惟念子，相期江上狎鷗盟。

15. 飲市樓

一臥京華覽暮秋，城南倚醉幾登樓。歌迴子夜迷星角，夢繞丁簾墜玉鉤。願作鴛鴦成繾綣，化爲蝴蝶亦綢繆。悠悠瘖寐忘歡怨，結體中宵數後遊。

16. 嫡準二派詩迷

大起平章宅，張作相。還師圯上書。張學良。闔廬非舊識，吳光新。錯把六郎呼。張宗昌。

前二人嫡奉派，後二人准奉派。闔廬，吳公子光。六郎，即張昌宗也。

17. 題畫

輕揮淡埽總依稀，神采猶疑紙上飛。自古胡兒知下拜，美人端不遜楊妃。

18. 詩謎

門戶已懸聲，張瓢。夢蘭知有腹。姚震。胭脂著多時，朱深。歌者人爲玉。王賡。

19. 綺語戒

門人凌太荒作《無題詩》云："壓線拋梭日往回，鄰家可伴不相猜。無端謔語偏含妒，赤風分明爲姊來。江東姊妹各風流，春日隨郎共冶遊。未免被伊知秘事，見伊還較見郎羞。讒脣妒眼總須防，莫向人前笑語狂。難道變容君不見，等閒相見又端詳。歌臺夜靜管弦清，狹路相逢一笑傾。暗裹不知人見否，低聲嗔喚玉郎名。玉尺裁量較瘦肥，畫堂看製六銖衣。定須添個留仙帶，第一防他字上飛。香雲笑挽玉纖柔，一相珠簾不上鉤。還怕有人簾外看，欲開菱鏡又回眸。"余見之責曰："士宜敦品，何輕薄乃爾？"以詩論，非不工也，余猶責之者，年少有才，輕薄宜戒也。太荒之才且猶不可，況不如太荒乎？

20. 酒中喜寒雲盟書至卻寄

江湖尚憶疏狂在，喜把雲牋對酒卮。命駕況聞千里信，答書無怪一春遲。江南亂後惟殘壘，海內交情幾故知。舉目不殊風景暮，能來莫待落花時。

（整理者單位：中山大學歷史系）

雙海棠閣日記(外二种)

瞿宣穎撰　唐雪康整理

瞿宣穎(1894—1973),字鋭之,後改字兑之,晚號蜕園。湖南善化(今長沙)人,晚清重臣瞿鴻禨之子。瞿氏一生經歷複雜,先後就讀於上海聖約翰大學、復旦大學,畢業後任北洋政府國史編纂處處長,並先後署印鑄局局長、國務院秘書長。北伐後專力治學,曾受聘南開、燕京、清華、北師大等學校講席。抗戰中留滯北京,擔任"華北政務委員會"秘書廳長、"北京大學"代理總監督、"國立華北編譯館"館長等諸多僞職。抗戰勝利後流寓上海,筆耕爲生。1968 年以"反革命罪"獲刑十年。1973 年瘐死於上海提籃橋監獄,"文化大革命"後始獲平反。一生著述頗豐,有《漢代風俗制度史前編》《方志考稿》《北平史表長編》《漢魏六朝賦選》《李白集校注》《劉禹錫集箋證》等著作傳世。

　　瞿宣穎日記早經散佚,本人近年多方蒐求,略有所獲,此前已將《還湘日記》整理發表,起自壬子年(1912)十二月,終於癸丑年(1913)三月。①本次整理的瞿氏日記手稿本三種,記在《還湘日記》之前。第一種寫於自訂竹紙册上,毛裝一册,封面自題"辛亥年雙海棠閣日記",卷端鈐"宣穎長壽"(白文)、"湘西瞿氏"(白文)二印,起自辛亥年(1911)正月十五日,終於辛亥年(1911)七月二十六日。第二種寫於自訂竹紙册上,毛裝一册,卷端首行自題"辛亥歲第二册",

起自辛亥年(1911)八月初一日,終於辛亥年(1911)八月二十日。第一種與第二種時間上前後接續,正可相爲連屬。第三種寫於九華堂紅格稿紙上,僅存散葉七紙,首頁首行題"壬子日記",起自壬子年(1912)七月十五日,終於壬子年(1912)七月二十九日。

據田吉《瞿宣穎年譜》,瞿鴻禨在光緒三十三年(1907)因遭彈劾,解職還鄉,五月全家自京抵長沙,於長沙修整屋舍,建超覽樓以望湘江嶽麓。②以上瞿宣穎日記三種,前兩種即瞿氏在長沙讀書閒居時所記,據瞿氏編輯《長沙瞿氏家乘》卷六《佚聞錄》:"書齋前有雙海棠高出屋檐,北方產也,余兄弟朝夕讀書於是,故吾仲兄自署'雙海棠館'。"③可知雙海棠閣(館)是瞿宣穎兄弟少年居湘讀書時所用室名。其時瞿氏恰逢新婚(1910年12月娶衡山聶緝槼之女聶其璞),在日記中記錄了日常讀書作詩,師從曾國藩長孫曾廣鈞(重伯)及尹金陽(和伯)學詩、學畫的情況,也涉及同王闓運及張其鍠(子武)等湘中耆宿、親友問學交遊經過。辛亥八月十九日(公曆10月10日)武昌起義後不久,瞿氏奉父母避亂寧鄉、湘潭,待時局稍定,又於十月初一日,舉家乘船趕赴上海。其辛亥年日記止於八月二十日即武昌起義第二日,當與此時局變故有關。第三種壬子日記是瞿氏居上海時所記,僅存半月,其中記錄了瞿氏日常讀書作詩,以及同避居上海的湖湘親友衡山聶其煒(管臣,聶緝槼之子)、湘陰左念康(台孫,左宗棠之孫)等交遊經過。此後不久,瞿氏即由上海返回湖南,其七月二十一日云"婧君書來,欲過廿四日歸,余復書促之,因有令余等赴湘之議也",亦可證。

與瞿宣穎同年的吳宓曾説:"兌之博學能文,著述宏富,又工書法,善畫山水及梅花。合乎吾儕心目中理想的中國文人之標準。"④通過此數册瞿氏早年之讀書日記,可證雨僧先生之言並非虛語。對於瞿氏之學術,今日也應獲得更多的關注研究。本人不念艱辛,訪求其日記並整理刊布,意正在此。本次刊布的瞿氏日記三種，第一種 2022 年 6 月現身於中國嘉德拍賣，第二、三種數年前曾爲吳中某書肆收得，蒙慨允留存圖片。爰著於此，以明流傳。

雙海棠閣日記

宣統三年歲辛亥正月

十五日　陰雨竟日

　　日前王壬丈有贈余七律一首，因疊韻奉答録如下：

　　　　宣穎得見湘綺太年伯之明日，即承寵賜詩篇，
　　　　勉其問學，輒述感荷之私，上詩一首

　　自慚世用乏經綸，來詩以"通經滲時"相勖。忽枉名章藻思新。得見蔡邕逢倒屣，丈獎余文甚至，許爲作家，愧非仲宣，不足盛譽耳。喜從虞愿拂牀塵。尊前柏泛長年酒，户外梅迎彩勝人。高誨正宜吟諷數，敢忘努力負青春。來詩有"莫言一日能千里，解惜分陰最愛春"之句。

　　薄暮送去。今夕家宴甚歡，盡醉而罷，仍閲杜集數葉而臥。

十六日　晴

　　閲《通鑑》二卷。書《玉臺新咏序》便面贈叔瑜，渠後日將歸寧，與之夜話。書課程一紙：

	七時半至九時	十時半至十一時半	十二時至一時	二時半至三時半	四時至五時
剛日	《詩經》	《通鑑》	誦文	《説文》	書法
柔日	《詩經》	諸子	《通鑑》	諷詩	《説文》

十七日　晴

製日記册，書右二日事。讀《論語》"顏淵""子路"兩篇，點《通鑑》。登樓一望，旋天色變陰矣。夜仍與叔瑜談。

十八日　陰

晨未起，聞外祖姑張太夫人已於昨夜寅正不諱，自念甫爾結褵，遽罹家厄，公義私情，兩相煎迫，相對淒然而已。旋同謁行禮，外舅臥病在牀，幸尚能抑哀痛，行年六十，在禮亦許不毀。余遂無言而出，入殮亦不再往矣。歸檢《大清通禮》及《讀禮通考》，將送去備查。又書訊叔瑜。夜誦義山詩十餘首。

十九日　陰雨

飯後即謁聶宅行禮，並視外舅疾。歸閱王代豐《喪服經傳學》。春雨沈綿，淒清特甚，臥後口占四絕，寫寄叔瑜。

二十日　大雪

二十一日　陰雨

昨夜讀《莊子》，臥稍安。得夫人書，問余疾，余固無疾，但有相思耳。飯後即去，約定明日歸家。其家甚雍容，成服乃在十日外，無余措手處也。歸閱小説《孽海花》《老殘遊記》。

二月

十二日　晴

余十八歲初度，歲月侵尋，雕蟲自誤，每歎逝川，徒傷撫髀。是日晴雲漾空，風光最佳，園中吟望，欲作詩，不成而罷。八伯母、二十嬸、昭姐均爲余生日而來，又有星槎、滲甫等。入夜觀書時許。

十三日　陰　微雨

訪諸處道謝,兼過聶宅一視。

十四日　陰

聶處成服,未食而往。昨遇張子武婭兄,今日得談刻許,余僚堉輩三得其二矣。又晤皈師,及昏而歸。

十五日　陰

閉門守靜,作《醫無閭銘》。近有小詩,錄稿如下:

櫻桃爲雨所敗

一夜東風解髻鬟,五銖衣薄怯輕寒。夢中引被情堪擬,鏡裏抽簪祗獨看。珠館朝歸虛白燕,石城歌罷佇青鸞。從知咫尺傷離地,碧海蒼天未是寬。

春思贈內

寂寂高樓曉,相思正渺然。離心與芳草,一半委春煙。願逐閑花度,飛君斗帳邊。

自從離別苦,難作雨中情。□□□□,真愁夢不成。淒清庭樹色,三兩杜鵑聲。欲寄文窗柳,春遲葉未青。

十二日超覽樓中口占

春陰二月中,東風草木長。策屐愜幽尋,雲山契遐賞。樓邊吟望得蕭閑,正見青霄孤鳥還。十里清川揮去棹,萬重空翠擁煙鬟。一從昨來走塵霧,那識風光成久負。今朝暫得眼邊明,重窺舊日馮闌處。乃知人境異喧寂,莫令歲月等閑度。君不見千齡閱世幾輩人,空有哀樂徒紛紛。

十六日　陰

聞聶季諼丈病甚重,往視之。春寒益甚,黯黯愁人。

十七日　陰

王母生辰設祭文作成。夜讀玉溪詩。

十八日　陰

點《樊南文集》。聞王壬丈云：先舅以哀毀卒，則不應有遺疏，其籲請旌恤，均具公呈，無庸瀆綴。此説甚精當，命余爲轉達。即遇外姑與談此事，不見聽。又詣皷師，談刻許，得觀其《送張劭翁入桂林》七律二首。又謁壬丈，假觀其《壽朱宇田詩》長律六十四韻，因鈔稿三通，詞極詼諧，對屬有極，妙者如"酬酢金剛四，招邀玉饌頻。牡丹從客賞，雌白守吾真""博辨臧三耳，重談亥六身"之類。夜不能寐，即起點李集半册。

十九日　陰

照像二幀，閱《絶妙好詞》，因填小詞一闋寄内。

看雨中桃花，記以《念奴嬌》一闋柬河東君：

　　曲闌深鎖，正春陰，幾日愁人無語。露井東風催解佩，赢得淒涼夢雨。短徑苔封，文窗影墮，看到花繁處。文嬀垂淚，分明芳怨如許。

　　鎮日小院飄紅，閑階胃緑，燕被疏簾誤。又容易芳菲，節換也，怨入落花無數。殘夢依稀，待歸南陌，記取花開句。喚愁春雨，愁來不自將去。

鐙下看杜牧集，點⑤李集首册畢。

二十日　陰雨

詣聶宅，候外姑，並取雋威所作呈稿。聞季丈昨狀極危，西風吹蘀，家運蕭森，一至於此，代爲唏慨。又至樂心田與子武談，極快。子武學不逾恒,而才識頗爲先舅所重,余將贈以詩篇。借戴文節《畫絮》一觀,其中論畫間有精語,惜體例不宏,抉擇未純耳。

二十一日　陰

父代擬呈稿一段,余鈔兩通,攜至聶宅,坐頗久。欲作贈張子武詩。點《八代詩選》數詩,閱《通鑑》二卷,圈唐詩五律數首,點李集十葉。作律詩二首。

二十二日　陰

閱《詩·曹風》及《豳風》序、《正義》二卷,《通鑑》未及閱。鈔《八代詩》僅二首,余曾以湘綺《八代詩選》乞皺師重選一過,將其最上者鈔出以便諷誦,尚未及其半也。得皺師書並朱宇田壽詩,此次題係《觀洞庭盛漲》五言排律五十韻及詞四闋,詩題殊不易著筆。子武來,云今日即起程赴京,喜其歸期不遠耳。作書與叔瑜,燈下戲蒐取舊書札閱之。又點李集。

二十三日　陰

舊書中有父親在浙中視學諸郡,母親在署寄贈之詩倡和,凡三首。時丙戌孟冬,距今二十五年,先我之生猶七歲也。戲次元韻一律紀之：

> 曾聞芳躅抗劉萊,珍重新詩五色裁。望海山銜吟月到,剡溪官驛憶花開。當時歠佩期松雪,此日衿纓奉壽杯。廿五年來應記取,華顚一笑首重回。

又書一律寄叔瑜,未錄稿。讀老杜排律詩約半時,閱《七月》正義。聽春雨,颼颼觸人愁緒,沉吟無賴者久之。計與叔瑜別正周月,當時海棠閣下正相攜玩雪,預約歸期,曾幾何時,變故百出。輒以小詩五絶句述相思之苦，他日相見，又當以爲拊掌之資耳。

二十四日　陰

近起太晏，當改此病。尹和師來，臨惲畫鳳仙花一幀未畢。皈師所批閱文已送來。燈下戲擬玉溪《無題》詩，即次其韻二首：

　　　　來是空言去絶蹤，心心一夜待晨鐘。纖袿猶作石華色，羅帕偏宜污酒濃。夢著沉吟低翡翠，定知消瘦緩芙蓉。相離莫道無多地，隔住春煙又幾重。

　　　　記否曾歌起夜來，香車油壁似春雷。雲屏取暖當花掩，月扇障羞背燭迴。引鳳幾聞秦女樂，驚鴻空費魏王才。華箋欲寄相思意，最觸離情是冷灰。

四月

初一日己巳　晴，熱

自昨日患頭痛齒痛，困臥數次。昨吟短歌一首，今足成，不計工拙，以爲送春之資耳。是日午後忽大風雨，驟寒。

　　　　小苑換春衣，春深花事稀。蚤驚南雁斷，還見老鶯飛。行行四月芳林晚，寂歷閑階春夢短。陰陰落地碧於金，麥風吹起南雲暖。花光日午潤無痕，小架薔薇紅惱人。不道心心怨璚樹，那堪片片舞僊裙。君看此日枝頭意，春來春去盡銷魂。

夫人以廿九歸寧，今日迎歸。夜點《通鑑》兩卷，臨帖二紙。

初二日庚午　陰雨

擬王湘綺《九夏詞》作《消夏曲》：

　　　　槐陰夢破輕輕雨，白雲不到花深處。起把金釵觸畫屏，嬌多背影最分明。

十斛新泉浸寒玉，窺人羞對雙明燭。香鬟冷透墜雲鈿，著衣無力向郎前。

　　曉妝攏罷東風鬢，細雨輕塵暗香引。（下闋）

　　芳綃影作春雲色，翠刀一畫如輕雪。粉痕先上鳳皇釵，冷香微散撲儂懷。

　　花叢午氣深深過，燕脂色重難勝火。鉛華一抹向眉峰，輕妝素豔比芙容。

閱《詩》疏一卷、《漢書》蓋諸葛等傳、《通鑑》一卷，臨帖一紙。

是日始聞廣州又有揭竿之變，禍機滿地，如奔猱伏虎，發而不可制。爲民上者方日縱其淫，無危得乎！

頰痛尤甚，夜眠不安。

初三日辛未　陰

夫人以事復歸。余病臥，閱說部。又擬湘綺賦，得《新昏聽雨六韻》云：

　　畫燭初搖影，紅紗復透寒。流珠飛玉卮，碎玉濺雕闌。未近凝脂暖，還愁翠被寬。嬌心同宛轉，春夜已闌珊。乍共鴛鴦枕，應羞同夢難。他年渺歡恨，爲憶一宵閑。

閱《樂府詩集》清商曲。夜但焚香靜坐。

初四日　陰雨

尹和叟來，夫人歸。看《漢書·蕭望之傳》、《通鑑》半卷，翻閱《湘綺樓詩集》，夜誦元白諸家歌行。

初五日　陰

昨思沈休文有《六憶詩》四首而軼二，憶壬父丈嘗爲擬補，見集中。清新婉麗,可稱青出,余愛之不能釋,輒復效顰。余昔敍《八代詩選》有云"假脂澤以爲飾,資婉孌以運思。曾微燕女之譏,本異狄成之響",讀此詩者,不可不知此誼,王序中固明辨之矣。

  憶來時,倩影傍花枝。盈盈如不遠,珊珊故來遲。別君未許久,相看復然疑。

  憶眠時,引被復波橫。不愁春夢少,應避九枝明。一作旬時別,難爲枕上情。

  憶食時,面前青玉案。微笑櫻桃開,傳杯脂暈散。不有帝臺漿,那應勞玉腕。

  憶去時,風迴步步香。玉階留履迹,璚樹挂羅裳。出門還顧語,後夜莫相忘。

  憶坐時,端然一尺要。錦薦香仍暖,羅衣褶未消。嫌郎太相逼,並坐卻妨嬌。

  憶起時,殢人唯繡被。臉印昨宵紅,鬟垂一編翠。儂覺不勝眠,倦倒君懷裏。

  點《通鑑》一卷、《漢書·馮奉世傳》。書扇一柄。

初六日　陰,昨夜及晨大雨

  閱義山詩,去年從畡師處借得馮氏箋本,迄今閱五月未歸,紙墨亦稍摩損矣。冬末買得坊間程氏注本,欲以相校,值婚期近而罷。故今復理故業,期以次月畢工。

  夜讀《漢書·匡衡傳》。賦《驚魂同夜鵲》《倦寢聽晨雞》二首。余欲效趙承祐演《昔昔鹽》廿韻,各爲五律一首:

  不見添香伴,鴛幃夜正清。那堪孤樹鵲,況值月明驚。片影千重怨,孤遊萬里情。音書欲憑爾,奈爾復南征。

黯影到紅閨,驚人報曉雞。風高聲自遠,望隱月同低。衾枕愁兼懶,川原夢裏迷。煩君最相警,真作杜鵑啼。

初七日　陰

尹叟來,繪扇一柄,讀《張孔馬傳》。

初八日　陰,午後微晴

得湘綺《答櫻花詩》並餽自植櫻桃。詩云:

春氣溟濛島嶼空,好花開日趁東風。平泉得傍玲瓏石,群玉曾吟縹緲峰。唐棣禮華分赤白,海棠微雨妒香紅。牡丹無子添妖豔,不用頹盤出上官。

遠僧親爲劚蒼苔,分得靈根兩處栽。玉蕊開時僊女至,碧桃看罷省郎回。芳名近欲移蘭杜,枝葉誰能認杏梅。野外棠梨應自笑,不曾東渡海波來。

讀《唐詩選》七律,校《義山集》。

初九日　陰晴無定

吟成《謝櫻桃詩》二律:

美人名字譜新歌,從古風流鬬翠娥。曾與寢園珍薦後,還誇紫陌玉盤過。淺深脂暈春鶯在,紅醉枝頭莫雨多。想見空山時駐展,香林一倍愛清和。

幸依陶令柳株前,不數明光伴御筵。春豔晚迷居士帶,瑤枝朝挂白雲編。名芳近已成新咏,經說還應續禮箋。爲見紅香勞遠憶,夢魂遥在九疑煙。

夜與閨人批閱《嘯亭雜錄》,畫芍藥稿一幅。

初十日　午後晴

校李集半册,閲王氏《爾雅集解·釋木》,鈔韓舍人七律二葉。夜畫《金農寫生册》五幅,此册筆意頗高潔,無時史氣。又觀黄筌《牡丹湖石稿》,乃知宋以前結體用筆與元明已判若霄漢,無論近代矣。例以文詩,則吾輩畫當學八代三唐,而真蹟今不可見,此韓公所以歎生晚也。能致力於兩宋名家,庶幾近古,若寫意小體,則不妨下逮明後,所以廣其蹊徑也。處流俗而求邇古,乃如屠龍刻楮,當不厭精勤,非鶩名者所能爲也。

夜月甚清,明或當晴佳耳。

十一日　復陰

尹叟來,畫牡丹。夜讀唐人五律,擬姚合詩二首。對月暢飲而臥。

十二日

晨讀唐人五律。至聶宅小坐,晤程子大丈。歸途經書肆,買温飛卿、李昌谷集,《困學紀聞》,《疑雨集》,《醫宗金鑑》,共錢七緡。歸閲《疑雨集》,讀温五律。

十三日　陰

夫人小疾。看《疑雨集》一本、《困學紀聞》"考史""評詩文"二卷、温集七律,欲擬温《江南曲》未成。

十四日　陰

看《疑雨集》次本、《困學紀聞·考史》一本,有所辨争,皆録之簡端。深寧學識於宋人爲傑出,雖不足以與古爲徒,未可求之元明以後也。其書簡練深切,猶近唐風,微惜不能博大。

《日知錄》名與之齊，而文遠不逮，豈亦時代限之邪？看宋人小說遣悶。

十五日　陰

看《困學紀聞》，買黃子久、王石谷畫印本觀之，又買漢魏碑帖數種。臨《刁惠公碑》三紙。余欲從三唐進求北朝筆法，庶乎操翰無時俗氣，書不到漢魏六朝，終無古茂淵懿之味，世以奇險相詆，非也。《天發神讖碑》勢尤險勁，然失漢風，《司馬夫人墓誌》微傷姚佚，作行書仿之，乃當佳耳。

《疑雨集》閱竟，唐人爲豔體者，前稱溫李，後稱韓吳，李最高雅，餘子不逮也。次回名學李實學韓，求之朱明，誠未易得，惜其淫也已甚，不足以入大雅之堂耳。君子修辭立其誠，唐以後文不足傳者多，豈非不本於誠邪？沒齒自惑於狹成滌濫之音，故宜及世之訾，《語》云"依仁遊藝"，既歎逝者，又以自儆也。

十六日　昨夜大風驟雨，今晨寒甚

題五言一首。閱《困學紀聞》，臨帖三紙。

十七日　晴

出市買扇，經靜樂街，又買舊書數種，內有高青丘集，經評點者，似尚精好。他如《閣帖考證》印極精，張氏《詞選》、《塡詞圖》均有評點，《十七史商榷》乾隆刊本，又醫書三種，亦精善。

歸閱《詞選》。

十八日　陰雨

三兄擬以今日赴京，離思黯然，旋因船未到而止。鈔《張皋文集》五葉，新買原刻本缺損，因据他本補鈔。

十九日　晴

閲《困學紀聞・諸子》。三兄今日登舟，把袂泫然，未明而起，登超覽樓目送征帆，月落雲森，不可窮睹，唯見暗影逶迤，晨雞曉柝，相唱答於寒風簌簌之中而已。同起者，長嫂及夫人也。

二十日　晴

誦《詞選》，填《齊天樂》一闋送征人：

危闌一上愁無奈，淒然暗迷煙樹。衣露侵寒，薄雲催曙，送爾茫茫川路。行舟是處。但縹緲寒汀，依微官渡。短夢初回，傷心暗枕吟愁賦。

瑣窗最驚夜雨，況芳草煙波，北梁南浦。霽色安陽，黃昏駐馬，歸鞶重經何許。離亭無數。想風景依然，撩人偏苦。付與垂楊，離腸千萬縷。

夜閲小說《儒林外史》，此書乃全椒吳文木敬梓撰，乾嘉間學者也。所指皆實事，而托之於明，寫小人情態如生，結構亦爲小說別開生面，近今蓋無此能手矣。

廿一日　陰

聶季蕻丈以今日開弔，飯後即往陪客，及午而歸，家祭故也。閲《詞選》，假寐片時，醒而誤以爲次日天曉矣，方大疑訝，視時表乃悟臥才數刻也。記湘綺詩有句云"卷簾斜日如初曙"，不謂今日躬逢其境，當填一詞紀之。夫人歸寧。

廿二日　陰

赴聶宅，傍晚方歸，看小說。下午晴。

廿三日　晴，熱

　　凌晨至聶宅執紼，歸晨餐。閱《墨子》數篇，前月嘗鈔韓君平七律詩一卷，昨已寫畢。

五月

初一日　晴

　　尹叟來，畫箑一柄。閱《藝蘅館詞選》，近人新會梁女士令嫻所選，頗詳備。

二十八日　晴

　　立此册幾及半年，而時輟時作，無一月全備可觀者，所書又半是雕蟲小技，絕無以驗進德之勤惰，閱之愧恨無地。古人云："少壯不努力，老大徒傷悲。"並此小節，而不能持恒，又焉望德業之有成乎？不痛自砭責，悔將無及。從此書日記雖酷暑隆冬，不得有一日之閒，誓不自負，當與閨人共勉之。

　　今日夫人以雲臺將赴申，歸寧一宿。余畫一紈扇，寄一書與桂林張劭希師。昨作三詩詠園中白芍藥，加以小引，寫入紈扇，令夫人畫之，亦佳品也，揮汗書成，未能盡美。鈎摹《中國名畫集》中南田畫册二紙。本日係八伯父忌日，詣其家行禮。歸家小臥，傍晚洗浴。觀《邸鈔》，知吏部中書科等署已裁内閣官制，頒示閣丞一人：制誥、統計、敍官、印鑄四局。昔新莽紛更官名，史稱其不能盡記，多復舉故名，今之人何爲襲亂亡之故典哉！擬杜《秦州雜詩》二首。書日記而臥。

題芍藥畫扇詩

　　流豔玉爲塵，香風暗度春。枝停初避日，影静不逢人。試咏當揩句，應知粉態新。

　　夜月照飛花，闌干玉樹斜。粉濃欺露凝，衣薄帶雲遮。晚梅正二月，顧影不如他。

　　　錦障騰香滿，輕妝背雨蔫。夢沉三日醉，春闥一枝妍。爲遇瑤臺月，朝來定化仙。

超覽樓前舊植白芍藥數叢，每歲當春，蓓蕾無算，及開才得一枝，素豔清芬，便娟獨絶，蓋名芳難數見，乃以彰其琛貴也。今夏閑居，追思其盛，輒令婦挲髩髴於紈素，遂復賦之云爾。

二十九日　昨夜風雨，驟涼

飯後讀《秦州雜詩》，作《擬昌谷秦王飲酒詩》，寫昨詩。翻閱王、孟、李三家詩，因集作聯句，得二紙。擬集五言聯狀雙海棠閣之景，得上句云：老樹空庭得，下句擬孟：琴歌野興閒，嫌其不稱不工。午餐後略清几案上書，夜圈點《絶妙好詞》。夫人歸，攜觀董北苑《滕王閣圖》、王若水《草蟲卷》、周銓《花鳥册》。

六月
初一日　雨，涼

上書艤公，送詩詞十八首。尹叟來，畫一扇，又畫桃花、玉蘭未畢。夜讀王右丞五律，又溫杜《夔府詠懷百韻》詩一過。日間登樓望雨景，極奇，麓山諸峰盡爲雲氣所掩，乃知"白雲迴望合，青靄入看無"二句之妙。

初二日　午前陰，晡後略有晴意難頭

畫牡丹團扇稿，閱楊巨源詩，擬《春日上聖壽無疆詞》一首。閱《十八家詩鈔》，將封面題識。讀大小二杜七律二卷，牧之時有極豪曠語，而皆豎以健邁之筆，亦他人詩境所無，雖太白亦不盡似。少陵七律殊無勝人處，乃知天資固亦有限也。將小杜尤愜心之句錄出，老杜則約略閱過而已。欲集一極興趣之楹聯云：塵世難逢開口笑,晴林長落過春花。下句爲劉夢得句,即景亦相合,微嫌句法不稱耳。夜閱小說解悶,竟忘書日記。

初三日　晴,熱

讀孟從事詩,續集太白詩句,畫扇,閱謝宣城五言。余於五言甚愛小謝,愛其才韻能變元嘉委弱之習也。句法頗開唐人蹊徑,如"大江流日夜,客心悲未央""天際識歸舟,雲中辨鄉樹""滄波不可望,望極與天平""洞庭張樂地,瀟湘帝子遊""雲去蒼梧野,水還江漢流",輕蒨大與晉宋不類,宜太白亟稱之也。薄莫納涼,口占一首:

　　　　水亭涼氣分,悠然白雲靜。夕照送餘暄,珍柯弄清影。丹葵拂兩袂,翠竹羅帷屏。華簟微波平,絺衣涼夢醒。正見紅荷斂,蒼然煙樹暝。散髮悐孤懷,長歌激清迴。擬議屬山阿,棲遲思逝景。嬋娟待初月,千里清陰冷。遙情一以歌,鳴蟬坐相警。

既夕獨往園中,則天容欲雨,實無月也,再作一律:

　　　　日莫百蟲鳴,孤桐響露清。氣吹涼袂靜,風過薄雲生。隔舍陰陰火,疏鐘了了聲。此中應得道,不是世中情。

初四日　晴

讀謝及鮑詩,畫牡丹扇,翻閱蘇子瞻七律。作書與三兄,昨接其來信也。熱甚,不能治事,閑坐甚久。夜作擬孟從事五律一首,驟雨增涼。夫人歸寧,夜仍返。

初五日　陰

讀太白集。雨甚,庭中海棠損一大枝,夜作小詩悼之。畫芍藥摺扇稿、桃花册頁。傍晚假寐。

　　樓頭海棠勢奇壯，雙幹扶疏碧霄上。年時繁累黏鼇蝀，冶色春光劇駘蕩。名種傳來自薊燕，皺膚歲月俱深長。百年陵谷更誰論，黛幹霜柯競森爽。南風吹雨湘上來，湘波頯洞天爭迴。驚颶怒號愁且哀，階前一夜濕蒼苔。苔深骨重風力厚，一墮龍要如折帚。參天濃色半隱現，恰似雲鬟初上手。摧頹玉骨怨天閽，寥落寒蟬動虛牗。憐君舊友森奇幹，卻憶池東折桑柳。桑已除根柳半臥，如君已是凌遲久。鍾虡遷荊聊可方，瓦全鎛折竟何有。世間萬事皆如此，是非不用多唯否。清宵愁雨不得寐，放筆爲歌聊清酒。

初六日　晴，不甚熱

況姪周晬，兼太高祖妣忌日。古人生兒及期，設雜具，令取之，以驗愚智貪廉，謂之"試兒"。自《顏氏家訓》詳稱其俗，而《南史》載王晛兒時唯取筆研及《百孝圖》，⑥知六朝咸重此節，迄今千年矣。人生生日以此爲始，故自壯至老皆緣此累，一期再期，累積而成。然則人當此日，寧可不灑然自警，迴憶往初，念生我之劬勞，圖罔極之德乎！故昔人孤露不稱生日，今人殆莫能知其緣起矣。感憶及此，因書之。余閱《通鑑》敬宗一卷。偶閱李易安《金石錄後序》，頗覺其情致纏綿，感人天性。人生閨幃之樂，殆無以逾於文字往還，典墳酬酢。況德甫夫婦未餐周粟，比之趙管，徒沾沾於書畫，不免失身他姓者，尤爲高出。讀其文，故宜使人增伉儷之重。

初七日　晴

尹叟來，攜示王煙客《擬古山水册》，凡八幀，李營丘、范華原、關仝、巨然、吳仲圭、倪雲林、范伯履、□□□，皆宋元名家。余近擬學山水，以博其趣。古人名家者，無不能山水，徒效徐黃，殊嫌其雕蟲,聲悅近於婦人耳。畫營丘一葉未畢,聶二來。

閱《說文》禾部,又爲唐仲蘭畫一扇。

初八日　昨夜雨,畫晴,傍夜又雨,夜又晴

畫團扇,此扇余與夫人同製,其一面乃虞美人花,用沒骨法,余之牡丹用鉤勒法。後有好事者,其亦珍異之乎？閱《圖書集成·畫部》。夜作書與三兄,暢論作官之說。

初九日

極熱,不復能伏案。夫人歸寧,余亦無所事,清理舊作書畫,檢出去年九月手鈔《曾文正家訓》一卷,係假曾氏所藏手蹟摘錄,七千餘言,一日而畢。其中教學之語一一切中余病,頗可時時省覽,以資警惕,蓋修身治學之道,畢於是矣。欲擬唐人詩未成。

初十日　晴,酷熱

出拜客,皆覘姪周歲日來者也。至聶宅,坐頗久。

十一日　晴

尹叟來,仍畫李營丘山水,鉤稿二葉。

十二日　晴,熱

聞朱七荷生卒,因詣其家唁慰,晤梅僧。聶季丈喪滿百日,便道一往,因遂爲所固留。與聶七等至鄰居黃氏水香別墅一觀,歸已昏黑矣。

十三日　昨夜大雨,逮晨不息

唐仲南二十生日,因一往,又至聶家觀尹叟授畫。夜坐,有詩云:

朝來新雨足，涼氣散餘曛。滴露和蟲語，疏鐘警夜分。詩成催落月，坐久失孤雲。斗覺絺衣冷，（下闕）

十四日　晴熱

讀《西征》《游天台》《登樓》《蕪城》等賦。至朱氏弔，其成服本明日，因家慶不便，故先往也。昨檢前年所臨之陳章侯《群仙拱祝圖》，略爲修補，擬付裝池，筆墨雖不佳，亦不欲没其傳染之勤耳。曾皴師送詩課來，從聶氏假得曹氏溶所刻《學海叢書》，紙墨板本皆殊，聊借此遊藝蕭閑之品，以消永晝而已。前數册無非書畫、古玩之談，似雅而仍不免俗。

十五日　陰雨

大人六十二初度，循舊例，不稱觴召客。傍晚登超覽樓聽雨，作七言律一首。夜閲《漢書》公孫弘傳、司馬遷傳。

明滅微嵐宿雨收，晚涼天氣好登樓。清泠初月宜消暑，淅瀝蟬聲欲度秋。蘿葉暗侵波影動，荷衣冷透翠珠流。蕭閑衹覺心無住，臥對江天數白鷗。

十六日　晨陰，午後晴

出拜客，周歷東南北城。閲《漢書·張湯傳》。
十四夜坐納涼，口占得句，今夜足成之：

清宵六月半，未伏似新秋。水月涼於玉，風簾穩上鈎。蓼花融粉落，荷露翠珠流。隔寺聞清磬，高吟且未休。

十七日　陰雨

畫罌粟一幀未畢，爲所鈔《曾相家訓》撰一跋，未脱稿。

十八日

　　陰雨沉悶，大有水潦汎溢之慮，欲作《夏雨》五言詩，不就。閱《説文》，畫牡丹稿，擬太白《古風》二首。臨《刁惠公碑》三紙，久已閣筆，乍爲之，乃驟退於前，無恒之爲病也如是。作書與三兄。

十九日　　陰，午後微晴，氣略躁

　　畫罌粟，録昨詩，又擬上官游韶詩一首、皮襲美一首，閱《漢書·司馬遷傳》《武五子傳》，臨帖三紙。

二十日　　晴，巳刻微雨，熱甚

　　閱《漢書·楊胡朱梅云傳》。作書與聶雲臺，其人好講理學，有宋人風，頗與論修身養性之説。擬温飛卿《江南曲》未畢，因觀温集。夜讀《詩·草蟲》《采蘋》二章，以後雖極忙冗，均不得廢讀經。

二十一日　　晴

　　尹叟來，臨巨然山水一紙。夜頗涼，讀《甘棠》一章，臨帖二紙。

二十二日　　晴，熱甚

　　夫人歸寧。再寫芍藥詩扇，此扇凡再成而再毀，易稿乃不計其數，此次易紈爲箑。夫人所畫甚工美，余自書詩，並記緣起於後，非敢望歷劫不磨，庶幾風流自矜，比於趙管耳。午間小睡，閱報紙甚多。擬上官儀《八詠》一首。今日心緒甚惡。

二十三日　　熱甚

　　昨讀《行露》《羔羊》二首，今日擬陸魯望一首，録諸作未畢。

夫人有書來，知廿六日當歸，作書覆之。夫人近習八分書，臨《曹全碑》才數日，已具規模，欣慰無已。吾家太夫人工此法，聞於遠近，得賢婦爲傳家學，以不墜其聲，使國人稱願，乃所望也。他日由此以窺文訓貫古今，則卓爾大雅，豈惟區區藻翰自囿於聲唲哉！

今晨讀張皋文《詞選》數十首。

日來於月下乘涼，輒有所感，頗思齊哀樂、外形骸，當仿湘綺《秋醒詞》爲詩道之。今夜閲謝朓詩，誦《金剛經》二分，微有所悟。

二十四日　熱甚

稍久坐，輒汗下如雨。畫菊花一紙，本婧君作而未成者，時歷一載，不忍棄去，爲補成之，因戲題一絶：

　　爲嫌庭緑盡迎霜，貌取陶家籬畔香。便作白頭偕隱券，莫將松雪讓嵩陽。

　　遊藝未甘輸趙管，隱居常自慕劉萊。他年若向深山去，荷畚先將紫蘦栽。

閲《説文》瓜、宀等部，閲《世説·德行門》。

接三兄信兩封。

二十五日　晴，熱

近每夜皆雷電，風涼而無雨，晝則炎暑如故。今晨隨侍至園中擷餐蕉露，乃其蕊。聞小囊所貯，才一滴，味甘香清，溢齒牙，作詩一首：

　　陰陰夏木有餘清，際曉剛宜捧杖行。落月初澄虚閣色，涼風稍亂竹塘聲。甘蕉一掇消塵暑，朝槿微紅驗道情。斗覺夜來多俗夢，悔無真訣遣浮生。此詩乃次日補作。

閲《世説·言語門》、《通鑑·唐》二卷。

讀《殷其雷》《摽有梅》二章。夫人是日歸。夜閲《國風報》。

二十六日　晴，熱

苦　熱

入伏才三日，驕炎苦不勝。剖瓜虚畫雪，今夏多雨，瓜晚出，不可食。吹氣欲消冰。

憶燕京遊蹟口占數律

五載衣消九陌塵，天遊翠輦夢時巡。雲移萬壽宫前仗，宫在玉泉渠旁，自禁城至頤和園常駐輦，蹕於此易舟輿。日靜頤和苑裏春。玉帳珠簾排角觝，牙檣錦帆簡鉤陳。他年花草傷心地，卻望橋山涕淚新。

曾向甘泉拜紫宫，研京欲賦敢言工。丁未孟夏嘗賄守園吏卒導入，遍觀名勝，驚爲仙境，時年才十三也。露臺本惜中人産，靈囿還成不日功。自爲尊榮天下養，豈忘歌舞萬方同。祇今歲月淹多難，猶夢韶音想大風。

熙雍省説太平年，故苑遺聞絶泣然。四聖重光崇紫極，三時避暑到甘泉。暢春園故爲世宗潛邸，聖祖所賜，歷雍、乾、嘉、道百餘年，皆以每歲春夏御園，冬初還内，詳王壬父先生《圓明園詞》序中。五侯珂轡驕皇陌，萬乘旌旗拱禁天。記取扇湖馮弔處，祇從荒礫數殘甎。扇子湖在園附近，舊多爲大臣賜第，所謂澄懷園也。乙丙之閒，曾過其地，略爲公廨所占，風景淒絶，時余方童穉，不復能省記其詳。

讀杜老《八哀詩》、《世説·言語門》首册。夜坐閑思五年前事，因以詩述其所感。

二十七日　晴

前母忌日。尹叟來，畫倪雲林山水一紙。夜閲《世説》政事、文學門。

  盤龍繡柱拱蓬萊，太液薪煙一炬哀。識伏蒼鵝虛遠識，妖徵白馬竟連災。不關宣謝譏人火，猶向驪山認劫灰。誰道胡塵逼南斗，蒲稍天馬至今來。

二十八⑦日　晴，熱甚，竟日無纖風
 詣曾林生之母處，賀其六十。
 題董北苑《滕王閣圖》，圖爲聶氏所藏。

  英光寶氣照滄海，畫棟珠簾儼素秋。未許吳生當大敵，置之唐苑故無儔。題詩杜老吟難就，作記昌黎筆欲休。（下闕）

續前題：

  望幸空思浩蕩恩，淒涼金粟掩松門。幾曾翠鳳巢阿閣，獨聽啼鵑托斷魂。南國漸催風露冷，北辰須慶冕旒尊。祗應□樂春堂（下闕）

二十九日　晴
 閱《世說》二册。

三十日　晴
 熱甚，不能伏案，閱近人小説《國朝中興記》，又閱孫季述《平津館叢書》中《長離閣集》《素女方》等册。日中難頭，讀太白歌行甚夥。

閏六月
初一日　晴，竟日皆有風
 閱《中興記》六册畢，閱孫氏《續古文苑》賦類，唯"天象"尚未及讀。中有若孔臧《諫拒[8]虎賦》、袁宏《東征賦》、蔡邕《述行賦》，均麗澤可諷誦，孫氏表章之功不可及也。午後大風，登樓，有作一首。

初二日　晴，風，午後驟雨，夜有電
　　讀隨李播《天文大象賦》，苗爲注論列星象頗詳晰，余雖門外漢，讀之不厭其煩賾，即其佳可知矣。臨碑三紙，自覺略進。夜再書字二紙，作書寄三兄。

初三日　晴，午後雨，夜雷電，甚涼
　　閱孫氏《魏石經考》，此書就《隸續》所載遺字考釋甚詳。漢世所藏孔壁古文，到永嘉而亡於五胡之亂。魏正始中立石，即承其法。歷魏齊至隋，石漸散佚，僅有《尚書》《春秋》。唐貞觀中，猶置經石於九成宮，蓋至北宋而始盡亡。皇祐間，蘇望得搨本而摹刻之，凡爲文八百十九，則又以《尚書》《左氏》雜糅不別，淵如董理之功頗足稱也。又閱《寰宇訪碑錄》敍目。《天文大象賦》讀畢，此賦諸書説撰人不一，孫之騄云張衡撰、苗爲注，王厚齋云李播撰、李台集解。孫氏從《困學紀聞》定爲李播撰，從《宋志》及孫本定爲苗爲注，後坿顧千里跋，考校各史志異同極詳。

初四日　陰雨
　　尹叟來，畫趙千里山水一紙。登樓眺雨，空濛漸瀝，極聲勢之奇。初猶依約可見遠山，頃之雨蓋急，並門前諸峰皆迷失矣。望湘流，清如碧玉，風動曾瀾，危檣一一漸過，怳如親在櫓聲人語中也。作小詩紀之：

　　　　超覽樓前雨，空濛似散埃。湘流浮地迥，青靄接天來。人語千帆過，江風疊浪開。危闌吾不厭，憑望且裵回。

初五日　晴，熱，夜有電

夫人歸寧，夜返。晨誦《邶風》一卷，點《通鑑》唐文宗、武宗二卷。日中小臥，擬張文昌《白頭吟》、儲光羲《田居詩》。閲《續古文苑》弟二册，詔敕類中有漢元壽二年，丞相、御史大夫遣郡國計吏二敕，次首"方察不稱者"，"方"當即"訪"假用字。又成帝《賜趙婕妤書》，並古茂可喜。

初六日　晴，熱

爲聶十畫一扇，並書辛稼軒《瑞鶴仙》詞於上。點《通鑑》武宗、宣宗一卷，看《續古文苑》疏奏類一卷，臨帖二紙，讀《詩正義·凱風》《雄雉》二章。

自卷重簾下，翻嫌午漏遲。花箋隨意引，翠墨暑中宜。體格高華擅，靈芬緒業遺。衛家珊管在，問字肯相師。《觀隸》。

煙暝萬鴉驚，荷香一水清。樹分深淺綠，風雜雨晴聲。涼氣侵衣上，螢光點砌明。衹看煙景異，便有入秋情。

初七⑨日　晴，午後微雨

點《通鑑》宣宗、懿宗一卷，看《續古文苑·書啓》一卷，《説文》穴、癘⑩等部，《詩·匏有苦葉》。發書與三兄。

園中夜坐納涼奉懷三兄京師

玉繩銀漢望霏微，超覽樓頭影到衣。詠罷新詩和夜杵，遠聞清梵發仙機。林風暗拂螢光亂，竹露涼生蛩語稀。爲問鳳城今夜月，縣光爭似舊柴扉。

無分機雲賦帝京，馳心千倍長離情。湘江夜月人初醒，易水寒風恨未平。少海三山無夢到，明河千里覺愁生。石田堪隱吾誰與，勸子他年約耦耕。

選唐詩七律,約爲五十首,余欲就王氏《唐詩選》重鈔簡編一册,要在三百首內外,以爲朝夕諷誦之資。

定消夏日課一紙:

《詩正義》以三章爲帥。

《唐通鑑》一卷。

《說文》十葉。

《續古文苑》一卷。

習字以二紙爲帥。

初八日　晴,熱

看《王湘綺文集》,吾最喜其《謝哈密瓜》《悼舊》《牽牛花》三賦,《哀江南賦》乃其少作,不足稱洛陽紙貴之目,直虛得名耳。臨帖二紙,點《通鑑》宣宗一卷,選唐詩雜五言體半本。僚壻卓君衛來訪,因往拜之,夕即行矣。接三兄初三信。

初九日　晴,熱,傍夕作風,欲雨

本日僅閱《續古文苑》二卷,篆《說文》日部。

初十日　晴

作詩一首。

長夏將闌,小樓清坐,有懷聶三海上十二韻

高樓一以望,湖海若爲心。夢裏江南綠,秋前楚澤陰。霧蒸青靄合,天暝翠煙沉。遠浦皺千疊,門前秀一岑。野花沐雨色,夏木餘蟬音。炎暑消芳酌,新泉引玉琴。莫情千里送,涼序兩鄉侵。之子饒幽興,相於愜素尋。塵中獨爲賞,言外一何深。樂廣多羸疾,陶潛返舊林。故山浮桂櫂,秋氣動湘潯。遲爾沙鷗畔,相和梁父吟。

与婧君议同治《说文》,婧摹篆文,余寫《隸釋》,日以七行格紙寫一番,約廿餘日而畢一篇,十四篇期季可周也。既可精習篆書,又可研求小學,爲益無窮。

自寫一至示部一葉,合寫一葉未畢,點《通鑑》一卷未畢,選雜五言體詩十首。

十一日　晴,熱

寫畢昨篆一紙。尹叟來,畫趙大年、吳仲圭山水兩紙。夜點《通鑑》僖宗一卷半。

十二日　晴

夜驟雨生涼,已而霽月,朗然可玩。臨魏碑三紙,看《渚宮舊事》一卷,此書唐太子校書余知古撰,記荆楚人物遺文軼事,巨細兼包,可稱佳作,使後人得以窺見佚書,古籍功豈小哉!吾鄉文獻可徵者不乏,願以暇日歷覽群書,裒而錄之,踵斯勝業,勉之勉之!

十三日

點《通鑑》一卷,篆《説文》一紙。新得馬齒莧花,以筆摹取其形並爲小賦記之,未成。誦王右丞、杜工部雜律,看《渚宮舊事》二卷,臨帖二紙。

十四日　晴

點《通鑑》一卷,篆《説文》一紙,臨《刁惠公碑》二紙,此通凡費月餘之功而畢。誦《文選》"雜詩""咏史"等詩數卷。作書與三兄,乞爲製一鎮紙,其一面鐫文曰:"辛亥七月蒙山館造,用銅十四兩,長七寸,廣容八十四黍。"其一面刻連理枝文。

十五日

　　昨夜大雨，晨猶未止，觀庭中落葉蕭森，漸有秋氣。嗟乎！朱明肆毒，則夢憶寒冰；白藏戒節，而神戀遙晝。故知無形之逝，澄慮而靡覯；不舍之痛，接感而方驚。人生百年之中，自擾七情之役，形神銷鑠，筋力變遷，潛冥之間，推移之迹，芒乎杪乎，離婁不能察已。然則世永者損深，而期促者真完，浮游有期頤之運，彭聃無殤子之樂。世人但欲駐景返顏，以爲至道，亦祇見其愚也，因作五言一首紀之：

　　　　風勁悲夏徂，日寒怨秋侵。云何窮居士，復軫蕭瑟心。嚴霜旦夕實，低檐覆愁陰。飛雨掠衡茅，薄涼生短襟。黃葉醉青柯，陽鳥引哀音。驕炎邈已往，促晝感至今。周天無返駕，六龍去駸駸。遲莫豈余懷，端憂寄微吟。默然曠虛慮，無爲涕淫淫。

　　臨《崔敬邕誌》二紙，此帖結構較《刁惠公誌》稍拙，而秀發之神，披露楮墨。看《文選》詩，篆《說文》一紙，點《通鑑》一卷，摹畫庭中雜花，成小卷。

十六日　晴，午後陰

　　點《通鑑》一卷，聶六來，臨帖二紙，篆《說文》一紙。

十七日　晴，有風

　　戲述連日所事，供閨人一粲，時立秋弟二日

　　露落風高秋氣初，綠蘿涼夢助蕭疏。喜逃三伏閑題篆，卻憶孤眠起讀書。花底圖成敧玉鳳，夜闌歌倦冷明蟾。雙飛試奏神仙曲，釣瀨微吟思有餘。

　　　賦馬齒莧花，花葉似莧，花具五色，叢生易長，
　　　不爲几幕之玩，燕京尤多此種，故有末句

　　短徑涼風雨過天，卻餘散綺一嫣然。石家自貫敲珊樹，姹女羞從鬭錦錢。粉豔客誇金屋寵,莫霞應勝綠屏仙。上京秋老曾憐汝,幾向滄江籠野煙。

晨詣芑孫處,見案頭有《湘綺樓詩集》,乃先生子伯亮手校,以授先生孫禮純者,與市中行本頗有不同,其改定處皆已旁錄。先生嘗云,觀名人稿本可以增悟,即以此義讀之。

十八日

往謁筑湘母舅,便道之聶家,又至肆中購紙。午中登超覽樓看山,作一律:

映門山色秀,翠入白雲層。永晝蟬相警,新詩水共澄。涼風搖兩足,穩夢近秋能。君問高人意,蕭然玉簟冰。

十九日

錦葵

柔縣芳草傍階斜,淺護朱闌籠絳紗。翠作蜨裙雲潑黛,紅為鶴頂綺成霞。嬌分黃赤清霜色,名擅笙歌玉樹花。若論新秋籬下賞,應同蠻婢入陶家。

牽牛

藍琖亭亭映碧羅,曉風涼動葉生波。星熒細蕊微香散,露浥茸絲冷翠多。斛脫似能超閬景,離憂終莫照明河。向來朝徹傳蒙叟,不獨閑情洽薜蘿。

讀《湘綺樓詩》,因鈔七律二葉,皆就心賞之篇錄之。

二十日 晴

鈔湘綺律詩,寫中元供色。申刻大雨如注。夫人歸寧,夜返。

二十一日　晴

尹叟來,畫吴仲圭山水一葉。夜作《咏花詩》三首,稿後錄。鈔湘綺詩。

二十二日　晴,午後大雨

湘綺詩已鈔畢,看《文選》詩,因擬《燕歌行》一首,寫中元供色。夜坐,聞雨聲,淒然動魄,口占一絶:

　　風過閑房燭影清,夜來涼雨似秋聲。檐前無限騷人意,省識江湖萬里情。

二十三日　晴,傍晚又雨,至夜不止

擬柳柳州、李君虞詩三首,仍寫色。讀《文選》詩,因擬《燕歌行》一首。夜鈔湘綺《夜雪集》。

購《名畫集》觀之,又看《風倒梧桐記》,是書爲明遺臣□□□撰,皆記永曆間事,痛詆□□□等誤國之狀,書名甚怪,豈取杜子美"青梧日夜凋"詩意邪?

秋　海　棠

　　憑將珠淚染瑶階,分付秋陰一尺栽。玉女仙雲元自夢,雨花唬露爲誰開。曾無逞豔禁紅日,總自含羞問碧苔。正有叢筠留帝子,好將孤翠伴妝臺。

夾　竹　桃

　　清秋妝洗豔逾新,秀色憑誰寫洛神。節貫四時千歲景,名偕雙美一家人。酲紅上頰如中酒,玉雪凝酥不惹塵。岩下碧桃無氣骨,風流饒尔獨占春。

頳　桐

　　新繙草木問䆻含,耐熱偏宜出海南。炎氣加衣侵午重,深紅無韻入秋堪。粗疏豈有驚人貴,弟靡如隨入世談。祇爲施朱成太赤,一生無分近華簪。

點選讀唐詩七言絶句,於花下咏之,有詩一首。

二十四日　晴,申刻又雨

將擬唐人詩録稿。詣皈師談,攜呈所書北碑,頗承嘉異。買石印唐碑十數種,偶臨《麓山寺碑》二紙。寫《説文》一紙,此業又停閣數日矣,暇時當力補之。擬儲光羲詩一首,看馬湘蘭畫,戲題二絶:

　　百般紅紫鬭芳菲,争似湘靈舊舞衣。寫出春風無限思,莫愁堂下燕雙飛。
　　莫向秦淮問板橋,錦衣玉貌儘煙消。薛濤箋上風流葉,猶似當年静婉腰。

二十五日　晴,申刻仍雨

寫《説文》一紙,點《通鑑》一卷。讀庾子山詩一本,庾之華秀,唐人唯王右丞近之,此則相馬於牝牡驪黄之外者矣。鈔湘綺七絶詩,擬庾《咏懷》一首,未成。讀《邶風》一卷,夜臨帖二紙。

二十六日　雨

兩校義山詩集足成,擬庾一首,又看庾集,讀《鄘風·柏舟》至《君子偕老》。夜寫《説文》一紙,思作《苦雨》詩,臨《麓山碑》半紙。

二十七日　晴

作《苦雨》詩一首效張載。尹叟來,畫范寬山水一紙。夜看庾集,擬庚《燕歌行》一首十二韻,寫《説文》一紙。

苦 雨

徂歲易及秋,初寒忽已陰。涼風肅金行,熛電警飛霖。曾雲鬱然滿,密雨處四臨。膚寸殊泰山,有渰帶南潯。擾擾黑蜧喜,皇皇元螾潛。盛潦溢周渠,縣溜穿廣櫩。候蟲訴衷情,賓雁無遺音。蒼蘚棲頹檐,弱草委低涔。崇朝竟淅淅,促夜彌淫淫。禾苗日夜疏,農夫坐悲吟。暘雨乘皇極,庶徵略已深。登高軫遥望,結念感微心。環堵困蕭條,端憂無開襟。

二十八日　晴

寫《説文》一紙,誦《文選》"符命",作篆書郭景純遊仙詩一扇,點《通鑑》一卷,錄昨詩。是日見王湘綺《後食瓜詩》。

二十九日　晴,熱

不作一事。看《世説》弟二過,寫《説文》一紙。

餞 夏

空庭老樹灑疏陰,一夕風聲换玉琴。寥落晚蟬清帶露,裊回新雁冷和碪。仍留水簟袪心熱,可耐銀河伴夜深。休訝年長秋信早,昨來涼夢上羅衾。

昨今兩日臨《書譜》兩紙。

七月

初一日　晴

鈔湘綺樓《夜雪集》已畢,因作跋一首記其意。

偶以酒後述所志,爲五十六字

一夢刪回午簟冰,初秋炎氣轉難勝。絺衣薜蘿閑來挂,落葉梧桐晚後增。酒半新詩難竟紙,眠中經卷悟三乘。祇應杜牧知吾意,佳句長吟静愛僧。

效義山

風過冷雲屏,鐙斜照玉櫺。醉歌憐酒緑,花眼笑鬟青。竹重聲和露,桐疏影漏星。看看蓮箭曉,猶伴玉顏醒。

詣四叔祖及竹湘舅,偕遊定王臺,今改建圖書館,姜白石之遊跡蓋亦不復可尋矣,裹回馮弔,唏歔久之。

從黃濟甫假得《稗海》,夜閱《侯鯖録》一册。

初二日　晴

閱《儒林公議》《隨隱漫録》《楓窗小牘》數種,點《通鑑》一卷,臨《書譜》一紙。午前微雨,後晴。

初三日　晴

看《絶妙好詞》,因填《念奴嬌》一闋:

半彎眉嫵,又匆匆,催到新涼時節。便玉簟銀牀冷透,怎得閑愁消歇。一秋星河,滿樓蟲語,夢裹都淒切。疏桐漸老,夜風吹上秋色。

曾記紅雨剛收,香塵尚軟,總付奈他鶗鴂。何况已秋還願夏,并入清霜蕭瑟。紈扇迎秋,絺衣消酒,難把離傷心説。望來新雁,楚天飛盡孤闊。

長嫂三十初度。夜看岳珂《桯史》,作書寄聶三。

初四日　晴,風

看《桯史》,同婧君畫一扇,夜作一律一絶。

孟秋日朔登定王臺故址感賦

　　草色西風暗換秋，只成高咏不成愁。孤桐半死猶殘淚，危磴幾尋餘古丘。影幻豈知人閱世，情多唯共水爭流。饒他舞袖寬還窄，終是千年旦莫休。

初五日　晴

　　清理畫幅，濟甫送《稗海》全部來，看葉夢得《石林燕語》。

初六日　晴

　　母親五十慶辰。

初七日　晴

　　出謝壽。夫人歸寧，余初未之知也，恨銀河雲錦之佳期，而無璧月璚枝相對耳。

初八日　晴

　　夫人夜歸。臨《書譜》半紙、魏碑二紙。

初九日　晴

　　作《七夕雜詩》三絕：

　　　　夜半涼風入畫廊，新秋偏是怯宵長。簾前星漢階前月，共與離人訴斷腸。
　　　　銀牀冰簟夢悠悠，千里明河隱玉鉤。惆悵佳期無處所，畫屏猶自待牽牛。
　　　　鵲橋鸞扇望苕苕，不抵年時恨寂寥。天上人間同一例，空將素手怨涼宵。

初十日　晴

閲《唐世説新語》、《詩正義·定之方中》至《干旄》。是夕以中元祀廟,蓋古秋嘗之典也。

（以後數日均未記。）

十七日　晴

尹叟來。昨謁曾公,録詩四首。今日閲畫四件,有郭熙《輞川圖》甚精妙,文徵明書右丞詩則未必真矣。仇十洲畫《文姬歸漢圖卷》、顧見龍仕女直幅、董香光山水均非上品。夜閲汪穰卿舍人所刊《振綺堂叢書》六本,内陳慶鏞⑪《漢官答問》尚有用,《聖祖五幸江南全録》不著撰人名氏,雖若記録遊幸、賞賜甚庸瑣,而中頗具微意。《客舍偶聞》,彭孫貽撰,記康熙間事,絶無隱晦,逸文瑣事,賴以略存,亦實録也。此外皆近人筆墨。

十八日　晴,夕細雨

臨《書譜》一紙,郭卷賈人索八十金,夫人出奩金爲余購之,相顧以爲趙德甫、李易安之風,不是過也。

十九日　晴

二十日　晴

看曾太夫人詩集,麟生之母,余妻從舅母也,詩甚佳,絶無脂粉態,滄海横流之日,乃有此閨中績學,令人欽慕。爲校一過,吾父已爲作敍一篇。

看楊子鶴、查士標兩畫卷,均不佳。又看《九宫大成南北詞宫譜》,乃乾隆中莊親王因開律吕正義館時所纂,中皆俗調,不足當雅樂之名。

誦《文選·文賦》。

二十一日　晴
二十二日　晴
　　閱畫,有趙千里《賞荷圖卷》尚佳,張果亭小山水亦真,又有孫正朋花竹。

二十三日　晴
　　赴張子武亞兄之約,同謁桂林王芝生⑫太守壽齡處觀畫,頗多佳者,如沈石田山水卷、金冬心梅及小册、馬江香花草、錢籜石蘭竹,皆妙品。其人風流儒雅,無俗官氣,環堵蕭然,琴書静靄,頗有眼力,惜藏不多不古耳。夜雨。

二十四日　陰,寒
　　與閨人同摹孫正鵬《富貴平安圖》。

二十五日　晴
　　仍鉤昨畫。至傅五舅處,不遇。至摯甫兄處借觀《中國名畫集》五册,又劉繼莊《廣陽雜記》閲一册。

二十六日　晴

辛亥歲第二册

八月
初一日　晴
　　自立日課一紙,録於左:
　　剛日:弟一,誦《毛詩》。弟二,讀《漢書》一卷。弟三,校義山詩集。弟四,看三乘經典。弟五,臨《書譜》。弟六,誦《文選》。

柔日:弟一,誦《毛詩》。弟二,點《通鑑》一卷。弟三,校義山詩集。弟四,習大字。弟五,寫《説文》一葉。弟六,看經典。

今日長兄三十初度,有客在座,未能行課,唯校《玉谿集》十餘首。看畫數幀,有趙文敏《竹林七賢圖》,定爲妙品。看劉夢得詩纔葉許。

初二日　晴,又復酷熱

誦《詩·淇奥》至《碩人》一卷,看《漢書》常惠、陳湯等傳一卷。看字畫數種,有董玄⑬宰、何蝯叟書,冷起敬、趙千里等畫,俱録入《蒙山館金石書畫記》。余自上月立一册,專記所閲古蹟,非欲爲著述,以備遺忘,爲他日之考驗耳。今日臨蝯叟所書《石門頌》一紙,似不失其貌。點《通鑑》唐昭宗一卷。

初三日　晴,仍熱

略無意緒治事,閲近人所刊明人遺著數種。《投筆集》,錢謙益著,皆和杜《秋興》詩韻,凡十三疊百又四首,附重題又四首,傳是樓鈔本,儀徵劉氏藏。多譏切北人,而眷懷故國,亦可謂驅邁蒼涼之作矣。《燼餘録》二卷,宋遺民吴人徐大焯撰,李模爲之校識,紀宋末喪亂時事。《餘生録》,張茂滋撰,紀其祖旨堂殉難時事,見稱於《全謝山集》。《留都見聞録》,貴池吴應箕次尾撰,紀秣陵遺跡,皆孤本零篇未行世者。賈人持陳眉公畫來,閲賞翫數過,因製短歌記之:

題陳眉公《江南秋畫卷》,卷爲寧鄉周夢公家藏

青山曾疊白雲滿,下望長江向天遠。歷歷漁村不見人,無限清幽遥在眼。中間山勢最雄奇,樹石莽蕩煙淋漓。兩頭空闊吸秋水,似有漚鷺一一飛。陳侯用筆真萬變,馳騁神靈一四

絹。飄然去向畫中遊,圖成題作江南秋。江南秋色無人識,苦向寒林喚空碧。他年夢到秣陵山,著我扁舟滄海客。

初四日　晴

尹叟來,共觀昨畫,俱爲矜賞。摹北苑《滕王閣圖稿》,刪改昨詩。

初五日　晴,熱

讀《漢書·韋元成傳》,校《玉谿集》。閱畫數幀,有董文敏《山中白雲》一軸,的爲神品,余愛不釋手,已書入《蒙山館記》矣。

初六日　晴

熱甚,不能治事。甚愛董畫,因摹一稿。校李集。

初七日　晴

臨董軸。夜誦唐人七絕。

初八日　晴,稍涼

作書與張劭希。

初九日　晴

尹叟來,共看畫多種。余與夫人議刊廣告,徵求佳畫,專以謹嚴工麗爲限,欲令海内士庶聞風興起以救頹俗,因擬一稿,亦可謂志大心勞者矣。將《山中白雲》軸臨寫一通,匆匆歸之。閱唐詩五律,集爲聯語,鈔寫三紙。夜讀《文選》"哀策""碑文"。

十日　晴雨不定

秋聲漸老，每一聞之，心摧目駭，秋之感人與人之感秋也，吾無以知之。觸緒懷人，聊墨短行記之：

纔聞征雁又悲風，無那秋聲向晚濃。不信閑愁無處訴，惱人都是木夫容。

似晴似雨晚涼初，滿目秋雲思有餘。拚得玉階成久立，任他清露濕衣裾。

密語清愁事已諳，攪人思緒似春蠶。不堪垂柳蕭蕭影，還有雲鴻度兩三。

赤花珍簟水紋流，曾記憑肩看玉鉤。今夜水精簾外月，淒涼猶自解當頭。

校《玉谿集》十餘首，清理字畫，誦《詞選》南唐北宋數十家，看《華嚴經論略》，又看《圖書集成·畫部》。曾皈公生日，余往賀之。夫人歸寧。

十一日　陰

尹叟來畫，鉤摹陳仲醇畫卷。夜閱《華嚴原人論》，又誦杜詩五律。

《華嚴原人論》云："此身本不是我，不是我者，謂此身本因色心和合爲相。今推尋分析，色有地、水、火、風之四，心有受、想、行、識之四。若皆是我，則成八我。"此説即《莊子》所謂"自其同者視之，萬物一體；自其異者視之，肝膽胡越"。不泯人我之見，便不能止息緣業，無我觀智，真妙諦也。

《華嚴經》云："佛子！無一衆生而不具有如來智慧，但以妄想執著而不證得。"此《孟子》"人皆可以爲堯舜"之誼也。悟道雖分頓漸，而求仁不遠，一也。

十二日　晴

十三日　晴

誦《詩·泉水》至《伯兮》,摹惲畫一紙,看《漢書》翼奉、京房傳。出詣傅、聶二家,又偕尹叟訪郭氏養雲山館,過畫賈戴朗軒,觀惲正叔《臨徐崇嗣花草》長卷,定爲神品。歸看近人所著《河海昆侖錄》,紀塞外風物。

十四日　晴,稍熱

點《通鑑》一卷,影寫《黑女誌》一紙,連前數日所寫共四紙。看近人所刊《嶽雪樓鑒真帖》。薄莫偶吟一首:

　　八月涼風際曉清,醒來無事只孤行。煙含叢桂傳香遠,露浥疏篁滴響輕。澹蕩詩懷堪送日,蒼茫風物又關情。百年醉夢能多少,試看朝暉漸漸明。

晨行園中,見牽牛花一叢,迎早涼,娟娟有餘態,帶露摘歸,對寫一影,因紀以絕句。湘綺賦云:"當淑子之晨妝,惜秋窗之旦開。襲羅襟而薄涼,朦豔影其臨階。"其爲勝事,定何如邪!

　　翠鬟羅衣不染塵,清秋籬落見精神。夫容初日饒相笑,終是炎天趁熱人。此花見日而蔫,與荷適相反。

十五日　晴

家人賀節畢,出外詣客,輿中漫成一律:

　　晴秋佳興復如何,且趁良辰一放歌。木末芙容兼夜發,小山叢桂向人多。一樓螢雁催涼氣,萬里雲煙散碧波。從此畫屏清夢穩,年年璧月照青娥。

夜與閨人踏月,散景明麗,照人灑然,裳袂俱清,香風時來,疏桐短竹，一一在地，嫋嫋蕭蕭，殆不復有一塵沾著我魂夢。況有縞衣雲髻，婉孌相輝，攜手顧盼，怡然傲然不自知，其過於樂也。嗟夫！百年能幾，四美難並，天幸優而遊之，又焉可不有以志欣感，且爲他日無央之券也。詩曰：

　　清風微嫋合歡裙，萬里冰華静夜分。璧月遥聯天上月，卿雲來護鏡中雲。荷花老後當秋豔，桂樹香來帶露聞。今度佳期無限思，鳳皇琴引欲煩君。

適聞鄰舍新昏，歌吹之聲清景奇絶，加此新豔，不可無以爲賀：

　　清秋佳氣引妝臺，湘瑟秦簫一片催。桂樹已教人比豔，月華應共鳳俱來。乍開羅幔疑冰扇，更卷銀河送玉杯。永願團圓比天上，莫將歌舞一時回。

十六日　晴

《再贈新昏》一首：

　　秋草映朱霞，冰陰散月華。蘭堂留海燕，桂樹擁雲花。酒上芙容椀，香融翡翠車。天邊團扇影，莫遣向人斜。

《偶書》：

　　灑落閑心鶴不如，高秋雲氣入看無。鑪煙不動剛眠足，起向晴窗揭畫圖。

摹陳繼儒卷一紙，影寫《黑女誌》一紙，點《通鑑》梁太祖一卷，寫《説文》一紙。

十七日　陰，寒

臨《書譜》一紙，看《圖書集成·閨媛部》，寫《説文》一紙，看《畫傳》。

十八日　陰雨

新寒撩人，意緒無賴，大似梨花閉門，時雨也，填小令一闋。讀張氏《詞選》，寫《黑女誌》一紙，點《通鑑》一卷。

浣　溪　沙

細雨斜風鎖畫樓，鑪煙深卷玉簾鉤。新寒人起倦梳頭，瑟瑟疏桐輕惹夢。濛濛香桂散成愁，天涯芳信不禁秋。

雨夜十七夜作

瑟瑟斜風悄悄涼，卷簾時有桂花香。卻如二月春分雨，紅燭高燒看海棠。

十九日　陰

晨誦《文選》"哀弔"諸篇，畫野菊一叢，又作畫二幅，遂無所事，夜與閨人對酌。昨賈人持一惲南田花卉卷，余閱之，愛其妍娟秀逸，即以四十刻之功鉤摹底稿，從容畢事，時已日入，篝鐙冒寒爲之。今晨退還，尚有審翫欣賞之功，殊不迫也。

二十日　陰，午後微晴

誦《文選》"序""頌"諸篇。

壬子日記

七月八月

十五日廿七日　晴，晚後微雨

閱《古今文鈔》"論類"二本。影寫《鄭文公碑》一紙，畫水墨畫十餘紙，皆不愜心。又將前畫之牡丹茶花補完，擬合荷、蘭二紙贈日本松崎鶴雄，並爲書以媵之，書云：

不接清徽，淹逾旬月，眷言歡晤，良用憮然。僕臥病等於漳濱，悲秋同於宋玉，難覓蘐蘇，躅斯愁疾，聊因續素，微遣窮陰。念昔曾面許作畫奉贈，今輒以近作四紙寄呈，伏冀論纂之餘，加之裁鑒。敝邦文獻卓冠寰球，畫雖小道，而名人文士研精覃思，二千年來日新月異。論者多以中法但求之筆墨氣韻，而西人兼能具體勢陰陽，斯言殊爲未達。求之古昔，尉遲乙僧之畫佛象，宣和之畫花鳥，近代沈荃、郎世寧，皆極精於陰陽凸凹，然而技之高者能寫神理於筆墨蹊徑之外，故不復斤斤於此也。今日畫學所以不能比迹歐美者，徒坐俗工不習古訓，不睹古法，妄樹流別，以草率爲雄奇，以婥媚爲妍秀，無神理之足言，無氣韻之足察，病其不古，非古之過也。但觀北宋以上之畫，皆氣超秀而溫潤，體雄偉而謹嚴，恰如漢晉六朝之文，與唐宋古文家不可同年而語，蓋盛衰關乎世運，非偶然矣！今之所獻，殊未足以副所言，然而較之流俗，故自有別，求之前代，則惲正叔之流亞也。念先生於敝邦文學既已精研，而孰識之，必能判然於今古之異、雅俗之別。倘不以下體見遺，憨其困苦，采其偏陋，得先生之介紹，以與貴邦美術家相周旋論難，增其學識，是所願也，不敢請耳。銀河曉没，玉露宵凝，林葉微黃，滄波無極。言念君子，願護寢興，佇惠箋僧，慰其翹想。

日有詩二首，今錄於此：

　　銀塘風起識秋聲，撩亂新妝理不成。消受涼天二分月，雲鬟翠袖不勝情。《秋荷》。

　　西風送飛雨，一夜滿江湖。水氣籠青靄，霜林換綠蕪。魂隨帆影落，夢破客情孤。淒絶沙邊鳥，驚寒亦自呼。《雨望》。

夜閱張溥《通鑑紀事本末論》，又讀《歷朝詩選》七絶。

十六日廿八日

昨夜枕上口占，擬《宮詞》三首：

雪覆宮花滿苑春，垂楊新踠御街塵。年年御輦從容處，依舊東風自惱人。

露濕煙濃曉色迷，小鬟紅粉隊新齊。君王手自調驄馬，葉葉春衣護踠躨。

金井風高莫色秋，夜寒無睡鎖珠樓。分明一樣昭陽月，不照繁華祇照愁。

鈔杜律詩，畫荷花長幅，閱《歷代名人書札》，臨帖一紙。

十七日廿九日　晴

午後偕婧君至商務印書館購書物。仍畫荷花，看《名人書札》，又看《繡像小説》。

十八日卅日　晴

婧君將歸寧，且留宿。旬日愀然不樂，是日除看小説外無所事。夜赴聶管臣宴。

十九日卅一日　晨雨，午晴

作《懷人詩》一首：

淡淡斜陽剪剪風，秋葵花發照簾櫳。羅幃人去飛塵冷，翠被香殘隔夜濃。舊夢新愁俱髣髴，清秋明月肯從容。莫將珠淚輕拋灑，弱水蓬山定幾重。

緩漏疏鐘斷續聞，曉來涼雨更紛紛。從來孤鶴無眠意，寫入新詞一寄君。

是日訪曾重伯，飯後至聶宅，四時始歸。仍看小説，中有某君著《小説原理》一篇，實爲佳構。夜看《英文云謂字通詮》，誦《八大人覺經》十五遍。日來情緒無聊，不復能收視返聽，精思傍訊，因之稍廢正課。夜臨帖一紙，已間兩日矣。

二十日九月一日　晴，熱

晨鈔唐詩四葉，看《英文云謂字通詮》，臨帖一紙。訪左台孫，不晤。夜檢舊帙，得婧君所爲雜詩兩紙，憮然有感。婧君當去年夏秋間家居多暇，又緣新婚，無塵俗相繞，得恣意於書史文藝，下帷引鏡，朗如連璧，彩雲蕭史，顧盼神仙。曾幾何時，都成陳迹，炳燭夜遊，斯言良爲不誣矣！今録其詩於此：

閑步畫郎前，氣涼風露零。今宵郎何在，唯影隨儂行。閨中枉密約，獨看牛女星。定知人静後，無睡倚雲屏。《七夕寄外》。

日日盼郎來，郎來卻羞見。執書佯未睹，低頭匿儂面。《無題》。

二詩並似南朝人風格，不能詩者乃有此，真性情語。余空學爲詩，愧不能及也。使君假歲時之力，耽寢饋之勤，班姑、左妹，何足道哉！

晨咏杜詩，頗有悟。夜誦《八大人覺經》十五遍。

二十一日二日　晴

婧君書來，欲過廿四日歸，余復書促之，因有令余等赴湘之議也。得電音，知明日歸，甚喜。臨碑一紙，又鈔唐詩，看《英文云謂字通詮》，又寫英字數行。夜復張子武書。

誦《八大人覺經》。

二十二日三日

倩君歸，余親往迎之。是日鈔唐五律詩畢，摹帖一紙，夜誦經。

二十三日四日

飯後訪左台孫,又不晤。是日僅看小說,摹帖一紙,夜誦經,並誦六朝五言數十首。

二十四日五日

婧君和余風韻詩,今日始見示,稍爲改定,亟錄之:

落葉殘紅怨峭風,臥看明月射簾櫳。秋來景色留人苦,昨日心情入夢濃。雙照故園猶有淚,清輝今夜若爲容。於今遠作申江客,迴望關山隔幾重。

眉注:江文通詩"秋月映簾櫳,懸光入丹墀",香閨怨別,此時爲最。

偕左台孫至寶豐飲茶。摹《鄭碑》一紙,又臨《張玄誌》一紙。

讀鮑詩"乘舲實金羈,當壚信珠服。居無逸身伎,安得坐梁肉",有感。

二十五日六日

誦《歷朝詩選》數葉,此選不愜意處甚多,因其每將不止一首之詩割裂吐棄,如《秦州雜詩》《武功縣作》之類,無以見其精神脈絡。又每一人往往將其作詩之前後顛倒,甚失知人論世之旨。至齊梁以後之新體詩,往往截爲八句,置之五律,皆非選詩正軌,蓋劉君亦本非行家耳。又有五言長韻截去其中十數句者,尤謬!

唐人五古無甚可觀,唯張文獻、李太白有劉公幹之風,杜老號爲"孰精《文選》",而五古殊不入六朝之室,徒以粗獷開宋人之門,何也?然他體詩實有能融化《選》理神髓者。近人李君詳著《杜詩證選》,僅於字句間求其證佐,恐未必然耳。

摹《鄭文公碑》一紙。

二十六日七日

是日閲《紀事本末》"晉論"畢。

夜閲繆荃孫所撰《古學彙刊》，中有《越縵堂日記鈔》一卷，會稽李先生尊客著也。此君學行風概，余素所慕，其日記歷四十年，無一日閑，亦聞之孰矣。觀其貫串馳騖，博極群書，顧氏《日知録》殆無以過，而一則刊木於生前，一則零亂於生後，何其有幸有不幸也！余年來問學，致力於詞章者多，致力於經史者少，緬對宏達，良用惕然。夫百家之原於六藝，猶百川之赴東海，衆星之拱辰極，蓋未有拾詞賦之咳唾，而可以窺聖賢之制作者也。服膺六經，咀茹何、鄭，扶唐宋之藩籬，趨兩漢之堂奧，庶守斯志，以終吾身。

二十七日八日

是日閲《通鑑紀事本末》東漢一本有奇。夜左台孫招飲酒樓，余乃初爲顧曲周郎也。

二十八日九日　大雨

婧君歸寧。閲《涵芬樓古今文鈔》。

二十九日十日　今日雨，寒甚

摹《鄭文公碑》一紙，臨《張黑女誌》一紙，閲《通鑑紀事本末》《古今文鈔》《歷朝詩選》。

湘南久熱，滬地先寒，感念平昔，倍有悲秋之意，聊以短韻紀之：

　　天寒意多悲，急雨夜浪浪。孤雁時一鳴，葉下如散霜。氣候感先變，窮居心旁皇。豈無忘憂酒，聊復引一觴。盛夏不再來，草木將不芳。念此終永夕，隕涕下沾裳。

（整理者單位：復旦大學歷史地理研究中心）

①　上海圖書館館歷史文獻研究所編:《歷史文獻》第 23 輯,上海古籍出版社,2021 年,第 74—93 頁。
②　復旦大學 2012 年博士論文,第 33 頁。
③　民國二十三年(1934)鉛印本。
④　吴宓著,吴學昭整理:《空軒詩話》二十六"瞿兑之",《吴宓詩話》,商務印書館,2005 年,第 217 頁。
⑤　"點"下,原稿衍一"點"字。
⑥　原稿"王睐"應作"王慈"。案《南史》卷二二《王慈傳》:"慈字伯寶。年八歲,外祖宋太宰江夏王義恭迎之内齋,施寶物恣所取,慈取素琴石硯及《孝子圖》而已,義恭善之。"
⑦　"八",原稿訛作"五"。
⑧　原稿"拒"應作"格"。
⑨　"七",原稿訛作"六"。
⑩　"寧",原稿省作"𡧛"。
⑪　原稿"慶"應作"樹"。案陳樹鏞字慶笙,原稿或因此致誤。
⑫　"生",原稿訛作"王"。
⑬　原稿"玄"避諱作"元"。

江人鏡友朋書札[*]

□ 陳昌强整理

《江人鏡友朋書札》，一函三册，稿本原件裝裱而成，每册卷前扉頁分題"蓉舫信箋　卷一/二/三"，各卷首並鈐長方形陽文"哈佛燕京圖書館藏"藏書印，今藏於美國哈佛大學哈佛燕京圖書館，編號T5773.8/3188。

江人鏡(1823—1900)，小名啓臺，譜名達瀛，字雲彦，號蓉舫，一作容方，又號祖石，安徽婺源(今江西婺源)人。道光二十九年(1849)以南元舉順天鄉試。考充覺羅官學教習，三年期滿敘勞，以知縣用。咸豐三年(1853)考授内閣中書。咸豐十年(1860)，考取軍機章京，歷升領班。同治六年(1867)奏派定東陵查勘事。同治七年(1868)，兼充總理各國事務衙門行走，以軍功升内閣侍讀、記名御史。同治九年(1870)，簡放山西太原府遺缺知府，補蒲州府知府、護理河東道；調大同府知府，署雁平道；旋調太原府知府，署冀寧道；歷充山西鄉試文武闈提調。光緒三年(1877)，調署山西按察使，升署山西布政使，爲曾國荃所倚重，在"丁戊奇荒"中辦理賑災事務，頗著勞績。光緒四年(1878)冬，暫護理山西巡撫。

---

[*] 國家社科基金一般項目"清代詞學編年研究"(17BZW112)階段成果。

光緒五年(1879)，因張之洞劾，回任河東道。光緒七年(1881)，受疆臣保薦，奉旨嘉奬。光緒八年(1882)，奉召入都，李鴻章聘修《畿輔志》，留居直隸保定三年。光緒十一年(1895)，簡放湖北鹽法道。光緒十三年(1897)，調湖北漢黃德道，兼監督江漢關及通商事務。光緒十六年(1890)，升授兩淮都轉鹽運使，兼淮陽江防營務處。光緒二十一年(1895)，張之洞總督兩江，奏其兼管儀征鹽棧，後奉旨賞加頭品頂戴。[1]著有《知白齋詩鈔》五卷附存一卷、《雙橋小築詞存》六卷、《集餘》二卷，今存光緒二十四年(1848)刻本、民國石印本等；並修《增修河東鹽法備覽》八卷，今存光緒八年(1882)刻本。

《江人鏡友朋書札》中，共收録信札一百零五通(詳後所附)，多是江人鏡同僚戚友寄遞給他的信札原稿，從内容上看，大致可以分成四個部分：

其一是賀信尺牘。又可分爲四種類型：第一種是賀年尺牘，如黄煦、劉青煦、戴華貴、吴引孫、鄭思贊、袁大升、陳湜等人的尺牘；第二種是四季佳節問安尺牘，如張仁黼、劉璘的尺牘；第三種則是賀其升遷尺牘，如鄧裕生、凌蔭廷、馮邦棟、豐紳、丁功峻、龍錫慶等人的尺牘，這一部分在信札中占比較大；第四種則是賀壽尺牘，如江麟瑞、曹南英的尺牘。這批尺牘中，稍早的是黄煦的尺牘，從其"建懸續於漢江"一句看來，應作於光緒十三年江人鏡調任湖北漢黃德道時或稍後，其餘則多作於光緒十六年江人鏡升授兩淮都轉鹽運使(又稱"兩淮鹺使")後。反映了官場日常的禮節往來，多是整飭的四六駢文，官樣文章色彩較重，其作者則多是江人鏡同僚或上司、下屬，有一些人物生平事跡未詳，只在公文函牘中出現；但亦有較多仕宦較顯的達官如吴引孫、劉瑞芬、沈秉成、譚鍾麟、王定安、沈瑜慶、朱之榛等。

其二則涉及官場人際交往、請托等情况，如某公爲易繼祖的請托函(第二十通)、瞿廷韶爲其親屬董啓曾的請托函(第四十八通)、范德鎔爲其弟范德培的求托函(第四十九通)、某公爲其婿之胞姪衡吉的請托函(第五十二通)、牛世英的求情函(第六十九通)、某公爲其親眷王繩祖的請托函(第七十三通)等等。江人鏡所任的"兩淮都轉鹽運使"一直被認爲是肥缺,因此,其宦位上要處理的請托關係也特別多,例如翁同龢即曾請托他安插李兆孫至江蘇海州供職。② 這類函件與上一類函件一起,反映了晚清東南官場的一部分人際關係網絡。

其三涉及江人鏡的日常瑣務,以及其親屬問安及喪葬弔問事宜等。如江人鏡姪孫江澍昀的兩通函件(第三十二、六十八通),內容較爲豐富,且較少官樣文章。江澍昀,字韻濤,江西弋陽人,光緒三年(1877)進士,官至濟南知府。是清季有名的書法家,但存世作品較少,這兩通函件以小楷、行草結構,也頗具書法價值。此外,還有其親家喪葬弔問的信函(第六十一、八十一通),也能藉以了解其家族生活的一些細節。

其四則涉及當時時局、政局、朝局等細節。如署名華的尺牘涉及甲午戰後日本歸還旅順事(第二十一通),程儀洛的信札涉及揚州蝗災③(第四十二通),奎斌信札涉及熱河省內軍務詳情(第五十三通),惲祖翼函札涉及甲午戰後民衆心態及軍務(第六十通),倒數第二封函札涉及兩淮鹽場官鹽滯銷及應對措施等等。這些資料,亦皆能夠成史之助,補史之闕。

江人鏡雖自舉人起家,但在咸豐、同治年間波詭雲譎的國內局勢下,因緣際會,以鄉籍年誼等關係,受到了李鴻章等人的賞識,自此成爲晚清湘—淮軍功集團的外圍人物,與集團中的首腦如曾國荃、左宗棠、劉坤一、李鴻章等都保持着非常密切的關係。從曾、左、劉、李諸人現存的章奏、條陳、公文、尺牘、信札中,往往能見到他的身影。④ 而他一生的仕履升沉、勛績官聲,也都與這些人有着密切的關聯。《江人鏡友朋書札》中,僅錄入劉坤一殘札一封,而未及曾、左、李等人,這是比較遺憾的。該書札另一個遺憾,則是未收錄江人鏡的詩文唱酬信札及與文人的交往材料,江人鏡擔任兩淮都轉時,曾與鄭文焯、張祥齡、郭慶藩等遊從,有《和文小坡員外(焯)、張子苾庶常(祥齡)遊平山堂,詠朝鮮兵事,用少陵〈登高〉韻詩,兼柬小坡、子苾及同遊之郭子瀞觀察(慶藩)、歐陽伯元太守(述)》《和小坡、子苾重遊平山堂,用樊川〈九日登高〉韻詩》《小坡和歐陽文忠〈平山堂詩〉,子瀞、伯元俱依韻答之,並索余作》諸詩,[5]但諸人交往的尺牘亦未能在《江人鏡友朋書札》中有所反映。

造成上述情況的原因何在?因文獻闕徵,已難下定論。但可作一種推測:《江人鏡友朋書札》並非由江人鏡親手編成,甚至亦非江人鏡家屬編成,而更可能是書商在獲得這批書札後,爲了盈利的目的編輯、裝裱而成。因爲《江人鏡友朋書札》中,還混雜了其子女的友朋信札多封。

其中最多的是江人鏡第四子江忠沆的友朋信札,"孝琛,名大焯,官名忠沆,字鎮其,一字季候,號陶圃。由三品廕生考試二等,吏部帶領引見,奉旨外用,以知縣歸部即選。加同知銜,賞戴花翎,晉三品銜,江蘇候補道,加二品頂戴,歷辦江蘇米厘稅捐等局。光緒戊寅正月二十巳時生"。[6]陶圃,又寫作陶甫、濤浦,於群從中排行第十,晚輩又尊稱其爲"陶翁"。《江人鏡友朋信札》中凡收錄江忠沆友朋信札超過十五通,內容也比江人鏡友朋信札更加瑣屑,多涉及親朋喪葬弔問、債務關係及官場人事請托安插等庶務。

此外還有江人鏡第二子江忠振(號棣圃,在群從中排行第五)、第三子江忠賡(號菊圃,又寫作橘圃,群從中排行第八)的信札。"忠振,名大凱,行名孝琨,字采其,一字仲麟,號棣圃。光緒甲午科舉人,戊戌科進士,殿試二甲前。中書科中書,江蘇特用知府。加三品銜,賞戴花翎,奏調隨使美、日、秘國,保補缺,後以道員用,誥授通議大夫。同治己巳二月廿四丑時生,光緒戊戌八月初九亥時歿。著有《紫緋館試帖》"。⑦"孝璟,名大用,官名忠賡,字煥其,一字叔革,號菊圃。員外郎銜工部都水司主事,奏調隨使英國,升用直隸州知州。加鹽運使銜,賞戴花翎,浙江候補知府、江西補用道。加二品銜,歷充江西憲政籌備處參事,武備學堂派辦處、賑捐局、官書官報局、官紙印刷局、統稅局總會辦。……著有《樂知軒》《耐園》《雪鴻》《蜀道》詩詞等集。同治甲戌十二月初十未時生"。⑧另有致金叔、介甫、九妹的信札,暫未詳其主,然亦當是江人鏡子姪媳女之流。

總而言之,《江人鏡友朋書札》輯存了江人鏡晚年擔任湖北漢黄德道、兩淮都轉鹽運使時期的友朋信札,並附存其子姪親屬的一部分信札,反映了仕至地方大吏的江人鏡及其家族成員所面對的時局政事及瑣屑日常,在江人鏡等傳世的詩詞集外,勾畫了其生活的另一些層面,雖未足夠豐富,但亦頗有價值,因亟爲整理刊布。信札句中偶有脱文闕字,則以"□"字代之,信札段落前後及中間若有較多闕文,則注明"(前缺)"、"(中缺)"或"(後缺)"。

一

維舟小住,曾擾盛筵。鷺埭云遥,致久稽夫箋謝;駒光如駛,覺倍切於馳思。際兹黍谷陽回,定卜槐軒嘏篤。敬維蓉舫年伯大人鴻猷履戩,豸繡光華。建懋績於漢江,冀堦春溥;荷□恩於殿陛,柏府崇遷。引睇升華,傾心豫頌。姪文衡忝掌,歲籥聿更。懂洽寄梅,正縮桃符而焕彩;神馳削竹,願賡椒頌以攄誠。專肅,恭賀春禧,衹請勛安,惟希融照,不宣。年愚姪黄煦頓首。⑨

二

遠隔鴻儀,時深螳慕。喜新猷之啓泰,企吉座之允升。恭維蓉舫世叔大人翥海勛高，濟川才裕，總策籌而資糈運，宏利用以厚餉源。澤濃萬竃之煙，望隆梅鼎；寵貴十行之詔，恩眷楓宸。升采遥詹，恒符私頌。姪寄跡彝峽，時惕冰淵。虛擲駒陰，仰芝儀之倍切；祗殷燕賀，藉梅驛以遥陳。專肅，恭賀任禧，敬請勛安，統維慈照，不備。世愚姪鄧裕生頓首。

三

秣陵小聚，蘭範親承，送別牙麈，時馳心穀。敬維蓉舫先生都轉大人蓋猷楸展，荓祉蕃臻。宏整飭於淮綱，功宣正笏；法度支於漢酤，課督煮盆。恰當梅實舒黄，香和鼎鼐；即卜薇花炫紫，恩拜巽綸。翹企鶯柯，彌殷鳧藻。廷謬典蒼頭，徒勞赬尾。愧陰符之未讀，難求黄石之書；負陽晷以虛抛，空滯白門之跡。肅泐奉佈，祗賀任喜，敬請台安，不備。凌蔭廷謹啓。

四

久睽風度，復見星回。際兹頌獻椒盤，忻譾禧凝槐閣。敬維蓉舫都轉仁兄大人鼎祻式燕，履彝延鴻。揚雅化以阜民，依然府海官山之盛；展宏猷以裕國，具徵鹽梅霖雨之材。經綸正契於□□，荓禄信凝於歲首。恩頒醽醁，民頌箪壺。弟虛篆謬權，威慚大樹；龍韜未裕，典愧戎樞。乏江管之生花，詩難成乎餕臘；廣臺萊之戩穀，帖效獻乎宜春。專修寸柬，敬叩年禧，祗請勛安，統希澄照，不儩。教弟期劉青煦頓首。

五

鳳律調元，麟圖輯瑞。際此新更萬象，定卜泰啓三陽。恭維蓉舫仁兄大人祜篤履端，鼇延復旦。調梅鹽於傅鼎，相業先儲；□椒酒於虞廷，帝恩極渥。鶯遷指顧，鳧祝心傾。弟忝守秣陵，頻更椒序,欣黄羊之送臘,甲帳風和;聽青鳥之鳴春,寅階日暖。肅泐,恭賀年喜,敬請勛安,諸惟融照,不宣。愚弟豐紳頓首。

六

前修賀柬,由驛遞呈,未卜已邀丙照否?昨者寵詞遠貺,迴環莊誦,慚感交縈。恭維蓉舫仁兄大人績懋調梅,勛崇列鼎。頭綱望重,春風遍念四橋邊;手詔寵頒,湛露沛九重天上。柏薇即晉,葵藿彌傾。弟瓜步司蓳,鹽車徒負;樗材抱愧,汲綆時虞。幸聯舊雨之歡,蘭舟叨共;彌切臨風之想,管策頻遺。現擬初旬晉省,拱迓行旌,藉可先聆大教也。肅復,敬請台安,諸維愛照,不宣。愚弟馮邦棟頓首。

七

梅驛北來,芝緘南至。荷廉泉之分潤,欣大地之皆春。恭惟蓉舫老前輩大人鼎祔駢藻,履繑翔華。筴綱正始,猷銘煮海之勳;梅鼎調元,兆奏和羹之績。藩縧即晉,頌籥允符。侍謬列芝坊,徒勞薪軸;鳩安守拙,涓埃莫補。清時燕譽,承恩醽醁;寵頒元日,久闕綺注。特此緘陳,即請勛祺,統惟霽照。侍李昭煒頓首。

八

前因赴引,未賀秋禧。茲當改歲之時,謹上迎年之頌。恭維蓉舫仁兄都轉大人履端篤祜,鼎祉增新。偉望時崇,駿譽與星雲共燦;殊恩春渥,鸞章偕醽醁齊頒。引企卿暉,曷勝抃舞。弟身羈瓜步,又瞻寅谷之春回;心切葵傾,徒仰辛盤之瑞獻。肅修俚启,恭賀年禧,敬請勛安,惟希愛照。教弟戴華貴頓首。

九

羊垣承乏,雁簡時通;燕園重來,鴻儀久隔。想蓋猷之卓著,撫葵悃以增懷。敬維蓉舫世叔大人荊禄雲臻，華勛日懋，筦秦淮之淡食，煮海宣勤；荷魏闕之濃恩，自天錫寵。引詹驪導，曷罄馳思。姪忝領京圻，如恒歷陸。愧軟紅之僕逐，祇益薪勞；仰建白之超群，冀頌蘭訊。耑泐，祇請勛安，惟希朗察，不備。世愚姪孫楫頓首。

一〇

鳳紀書元，麟圖啓瑞。遥詹霱範，至切慕思。敬維蓉舫年伯大公祖大人元會延釐，履端集祜。官山懋績，軍民頌遍淮壖；帝座頒春，綸綍吉膺虞陛。引欽榘矱，曷既歡欣。姪蕩節忝持，歲華虚遣。花吟富貴，未能分得聰明；語貢吉祥，所願遠承箴誨。肅修丹柬，敬賀年禧，祇請台安，諸惟愛察，不宣。治年愚姪吴引孫頓首。

一一

爆喧舊竹，喜萬象之全更；符換新桃，卜千羊之備致。敬維蓉舫仁兄大人祜篤履端，釐延復旦。調鼎鹽於傅鼎，相業先儲；賜椒酒於虞廷，帝恩極渥。鶯遷指顧，鳬祝心傾。弟忝副秣陵，頻更椒⑩祀黄羊而送臘，甲帳風和；聽青鳥之鳴春，寅堦日暖。肅泐，恭賀年喜，敬請台安，不一。愚弟致麟頓首。

一二

昨閲邸抄，欣悉榮授兩淮鹽運使司，正擬肅箋致賀，適蒙華翰先頒，捧誦之餘，莫名歡忭。敬維蓉舫仁兄大人鼎䘵增綏，履祮篤祜。梅羹著績，抒萬家淡食之憂；芝簡酬庸，迓九陛温綸之寵。薇垣即晉，藻頌良殷。弟久守鳳台，虚抛駒隙。六年鍾阜，又午琯之將賡；一水邗江，喜寅階之伊邇。肅復，恭賀大喜，敬請勛安。附完芳版，不莊。愚弟豐紳頓首。

一三

雲樹遙睽，企殊猷之炳煥；斗杓移次，俄轉籥於陽和。景系訏謨，敢馳頌簡。恭維蓉舫都轉大人壬林篤慶，申命褒庸。布陽春有腳之恩，福星一路；體造物無心之化，時雨群沾。經猷上契夫聖心，福禄聿徵乎歲首。春台引睎，夏屋騰歡。湘謬領兵符，虛拋歲序；忝防江隘，時惕冰淵。所幸風鶴全消，早息鯨翻之浪；更欣夔龍在望，願抒燕賀之忱。專肅，恭賀年禧，祇請勛安。陳基湘頓首。

一四

龍躔甫轉，鱗訊遙傳。荷雅貺之渥頒，撫螳衷而志感。敬維蓉舫老伯大人藎猷彪蔚，莆禄駢蕃。樹偉績於兩淮，姘嶸惠普；迓恩綸於九陛，醲酥春濃。開府即膺，夔軒曷罄。姪版曹供職，柏署趨班。逢鳳紀之又更，才慚建白；頌鴻鰲之迸集，忱切傾丹。肅泐鳴謝，祇賀春祺，敬請勛安，諸希融詧，不備。愚姪鄭思贊/賀頓首。

一五

情依蘭錡，晷影同長；福飲椒樽，春光並茂。敬維方伯大人履端集瑞，鼎祉延釐。元日書祥，淑氣煥緑堂之彩；春風得意，寵章隆丹陛之恩。翹企台暉，莫名藻頌。升塵蹤如舊，年矢每催。氣象萬千，快春韶之漸暖；錦鱗卅六，書吉語以相貽。肅此，恭賀年禧，敬請勛安，希維融照。袁大升謹肅。

一六

翹睽溫霽，渴懷雅度汪洋；近挹惠風，競喜韶華美滿。敬維蓉舫仁兄大人筴勛炳耀，莆祉翔麻。澤俾淮海之波，碑刊鱗竁；恩渥堯天之露，簡賁螭圿。肇升履於和羹，識鼎居之遷座。鴻鈞斂福，鳧藻臚歡。弟睹浩蕩之春光，盧龍塞遠；撫循環之綺序，遺鯉情殷。肅此，恭賀年喜，敬請台安，即維融照，不備。愚弟陳湜頓首。

一七

都門握別，六易寒暄。每跂梼輝，時殷葭溯。敬維蓉舫仁兄大人藎祉蕃鴻，勛祺荓鹿。猷宣煮海，樹偉績於江淮；指晉開藩，荷殊恩於魏闕。引詹喬采，私頌允孚。弟奉使東歸，因在途風濤顛頓，感受風熱，觸發肝陽舊疾，抵滬後，奏請賞假一月，俾得安心調理。奉旨允准。一俟調治就痊，即航海北上，約計出都抵粵，當在菊花時節矣。耑肅奉布，敬請台安，諸希亮詧，不宣。鄉愚弟劉瑞芬頓首。

一八

梅柳成春，豸繡樹江城偉望；柏薇兆瑞，龍驤啓物候新圖。敬維仁兄大人鼎祉吉羊，履端荓鹿。勤宣六察，口碑廣播夫仁風；恩錫三台，心簡渥邀夫湛露。蕩猷景仰，椒頌允孚。弟跡異鳩藏，薪勞祗益；心驚鳳篆，葭律頻催。佐卯酒以鶯歌，適逢東陸；楙寅恭之駿績，尚冀南鍼。肅丹，恭賀年禧，祗請勛安，不備。愚弟□□□頓首。

一九

久違雅範，時切馳思。前肅謝函，諒邀偉鑒。敬維蓉舫尊兄大人崇祺廣至，藎績鴻勇。權算持衡，歌聖世阜財之咏；酬庸霈澤，荷帝廷特簡之榮。引企升華，莫名豫頌。弟如常供職，無善可稱。慚薄植於樗庸，鳩安等拙；仰崇階而葵向，燕賀抒誠。專肅，祗請台安，晉頌時禧，諸惟霭鑒，不既。愚弟張仁黼頓首。

二〇

敬再肅者：新科易成吾儀部貞，與弟同鄉□好，其胞兄繼祖需次在鄂，甚爲困頓。閣下振拔扶持，雲天高誼，成吾最爲欽仰，茲特據陳壹是：儻蒙格外援手，俾能自効所長，則感荷成全，當不止成吾一人已也。手此再懇，敬乞詧鑒。再請升安，不一。弟又及。

二一

敬再啓者：侍昨因公上京，見都門氣象，較秋間稍好，傅相亦精神矍鑠，甘肅軍務大有起色，西陲可望肅清。老前輩籌餉勸捐，源源接濟，俾得士飽馬騰，厥功甚鉅。遼東地段，倭已退還旅順，善後事宜，爕帥電飭薌林督辦，大局漸有轉機，惟通商細約章，磋磨甚不易耳。侍年老志餒，無補時艱，奈買山乏資，欲歸不得，老前輩何以策之？肅此，再叩鈞安。侍華又頓首。

二二

水驛遙暌，風儀時企。聽鵲音之報吉，裁鯉簡以攄誠。敬維蓉舫前輩大公祖大人榮荷封芝，猷宣正笏。溥釀膏於鄂渚，榮戟輝騰；移福曜於淮濱，絲綸寵渥。萬竃譜趨迎之曲，九閶隆眷遇之恩。指晉柏薇，忱孚苓藻。侍藩條忝攉，樗質滋慚。膺重負於蚊肩，深虞隕越；跂高騫之鵬翮，靡既歡愉。肅箋，敬賀鴻釐，衹請台安，諸惟朗照，不備。治侍生廖壽豐頓首。

二三

椒馨欲獻，藻曜先翔。情溢芝函，愧滋葵悃。敬維蓉舫年伯大人蓋猷日懋，蕃祉雲臻。整綱則民阜其財，咸祝耆臣百壽；布惠則商藏於市，寵襃溫詔十行。元會啓祥，遠忱協忭。姪北城署篆，左掞談兵，夢冀叶夫維魚，賀欲先夫語燕。肅泐鳴謝，恭叩新禧，敬請頤安。年愚姪唐椿森謹啓。

二四

暌違鴻度，恒跂鵠思。聆鳳琯之鳴龢，忻麟轅之集瑞。敬維蓉舫都轉仁兄大人禧延丙座，績紀申彝。酌金甌而椒酒盈升，啓瓊筵而梅羹調鼎。勛高商相，和風溥被於兩淮；寵渥虞廷，湛露濃頒於九坒。引詹彡繡，曷罄凫揄。弟建樹毫無，歲華虛擲。所幸轄營清謐，飛觴消殘臘之寒；遥知芾禄崇隆，折柬上延年之頌。專肅，恭賀春禧，祗請台安，不備。愚弟張捷書頓首。

二五

蓉公叔祖大人侍右：

客臘接奉還雲，以歲事匆匆，未遑再啓。韶光容易，又到仲春。敬維兕斝延釐，鶴籌益算。立功立德，白香山獨冠耆英；壽國壽民，郭汾陽長宜富貴。荷九天之綸綍，聽萬竈之謳歌。仰企南弧，曷任抃祝。再姪權綰彡符，眴經八月，幸秉承之有自，免隕越之貽羞。所望後任早來，及時交卸爲幸耳。專肅，敬祝千春，並請勛安。姪孫麟瑞頓首謹上。兒孫輩侍叩。叔祖母暨五叔等均此致賀。

二六

濤浦仁兄大人閣下：

連日俗冗，未曾走候爲歉。日昨承惠賜多珍，謹領，謝謝。想貴恙自可喜占勿藥矣，念念。協□衣莊所看之衣，如合用，即留下。倘不合意，請擲交敝處，以便退還前途，因該莊正在收賬之時也。匆達，餘再面晤。此請痊安。愚弟江之墅頓首。

二七

陶甫姻長大人閣下：

頃奉手筆，領米二十斤。承詢閏君一節，刻下傅相薨逝，無從請咨。即使可以請咨到省，而未經引見人員，無□不給差委，亦無資格可計，徒勞跋涉，耗費川資，似可不必設是想也。手此奉復，敬請台安，餘維朗照，不盡。名正留。附朱榮璪名片。

二八

陶甫仁兄大人閣下：

初十日具奉工無函，內詳李子士壽兄持來尊條，商量付與一節，當付去揚至四佰貳拾玖兩，又閣下在揚所輸牌款洋壹佰玖拾五元，故代交，已付尊册等云，計邀洞鑒。今接琅函，敬悉台駕抵寧，未逸，又欲束裝入都。千里辛勞，尚乞格外珍攝是禱。弟前沾微恙，近日就痊，今承示下問，感激莫銘。所陵地晉源，擬與本號暨永恒泰往來一節，當此時往來，公事無多，徒然空勞紙筆，隨後多事之時，再行致函於該號可也。鎮江永恒泰不日有友來揚，他時再為面談。是否聽居自便。特此布復，並請升安。弟夏廣慶頓首。諸友附候。四月十四日。

二九

濤浦觀察大人左右：

日前快領教言，下懷殊愜，別後猶依依神往也。敬維鼎祺集吉，潭祉凝釐，為頌為慰。店中一切如常，堪慰厪系。皮貨店一款，業與該店說明，侯節邊照數付訖，該店亦經許可，不意昨日該店主偕李處管家前來索取，佃以該店□經應許於前，不當半途悔約，更不應同一李處管家前來索取。細詢情由，始知台駕已囑李處代付。閣下前出之條，業已收回，則是佃處萬無再付之理，以免重複。惟該店索取殊急，務請閣下函詢李處，令其速付，否則如須佃處照付，亦乞迅速示知可也。餘不多及。專此，敬請台安，惟鑒不備。姚佃生謹上。四月初九日。

三〇

濤翁觀察大人閣下：

　　初七日在鎮揖別，初八日諒早抵省，福星伴駕。再者，前月楊兄送鎮軍朝珠，閣下閱過，所看之價止千金。俊前經手，李孟宣兄還過二千百元，前途尚未能售。照閣下所看之價，俊不能向前途商酌，相格太遠，難以報命。再，俊以作羈論，所看十八粒、翠班指、翠煙呼，此三件要全賣方可出售。如買一二件，不賣。三件實止貳千兩，方可出售，少則不賣。蒙閣下在鎮面允，還俊之庫計共貳百零九元，當收五元，仍欠貳百零四元。面允交貴价代下發傢伙，俊實係湊用出門，閣下所云退還之貨一並交貴价代下，彼此似可清時，免得晚返。再者，尹贊節大棹貳□，還價卅元，他云自己留用不賣。建侯傢伙，俊言定。再者，批霞掛件，如取，請速爲佳。俊大約準於十八、九要動身，不能遲延，切切。退還之貨另有一紙，請查點代下，千祈勿誤。言不多稟，即請大安。制梁俊卿頓首。

三一

陶圃仁兄大公祖大人閣下：

　　久睽教益，時切遐思。頃維升祉吉羊，履祺安燕，以頌以忻。尊記來揚，在今日午前傳到尊諭，承爲舍親洪小雲內兄謀得輪船局事，每月薪水六元，自備飯食等情。弟自范公未能報命，後當另托夏贊翁將洪君薦與吳蒓浦太守，請其俟開認捐分局時，代爲安置，而舍親洪兄又由范公帳房友張兄轉乞范公加二薦函，後因夏贊翁回話未來，不便又投范信，反致兩歧，刻下正專守贊翁，由洲到揚，擬請其面會吳太尊探聽消息，而贊翁約朝暮可來，適尊記於今日到揚，傳述一切。弟爲舍親斟酌捐局之事，尚無眉目（且認捐之事尚不知能否成功），自宜就輪船局爲急則治標之計。至於薪水雖微，當或稍有外水。較之閑居，總判天壤。且承情關切，敢不仰副盛懷？況吾兄交遊廣大，素具熱腸，隨後或有優於此者，想定能不吝提攜栽培格外也。所幸舍親絶無嗜好，稍有才能，無論得何枝棲，總可感激圖報，不至隕越貽羞，尚祈釋念爲荷。兹舍親准於明日下午由揚搭輪赴寧，擬徑至公館請安，面聆鈞誨，或近在省垣，或遠在他處分局，靜候調遣可也。惟寧省人地生疏，仍祈留宿一宵，免投客邸，祇承照拂，心感靡涯，容爲圖報。吾兄京都之行，據尊記云，即在朝暮。弟擬乞在京代購紅羽纓一頂（須長而披肩，尤須馴熟），另請書家代寫片戳（即請刻好帶出）一個（字較尊片須稍小），種費清神，恃愛之至（羽纓之價，請代佃，容繳）。四月間寄上一函，並十二圩棧商節略一紙，不卜收到否？能有機緣，尚希隨後代爲設法。張藹公於本月初二作左復店，明年必須更變矣。台旆入都，約何時回南？並在何時到揚？尚祈撥冗，略示數行，以慰遠注。耑此，敬請升安。治小弟包鼎鈺頓首。又五月初拾日。⑪

三二

蓉舫叔祖大人尊前：

　　春間在教，肅謝一牋，並申賀大喜，由蠡臣前輩處寄呈，計此時早邀崇鑒。昨於李子木觀察處見其竹報，欣悉台旆已抵維揚，吉座允升，新猷丕煥，從此柏薇疊晉，爲族里光，欣賀欣賀。姪孫攜眷於三月十五日到省（德宣兒仍留京當差），始知坐補登州，查登州雖無黄水之患，而事極簡易，缺亦極清貧。姪孫正好藉兹藏拙，現尚需俟奉到部文，方可望飭知到任，惟有在省坐候而已。兹有袁仲高世叔，人極老成穩練，爲姪孫房師莘谷夫子（亦係古徇業師）之胞弟。當姪孫得京察時,已先有成約,茲不料坐補登州,聞前任魯芝友前輩在登州刑、錢兩席只請一人,書啓、教讀各項只請一人,其局面可知。姪孫現已訂定四人,較前任多加一倍,惟有伏懇叔祖大人於淮鹽局中,無論何項事件,爲之位置一席,俾姪孫不負師恩,即不啻親叨厚誼。如蒙許可,請就近示知投信之人,以便妥速。務祈推愛鼎諾,非等尋常推轂之函也。專此,敬叩任禧,並請崇安百益。姪孫澍畇謹上。棣園五叔及諸叔統此。

三三

翹企履端葵向,托心香之素;參觀鼎實梅調,迎首歲之祥。恭維蓉舫仁兄大人績楸導淮,功宣煮海。轉運溥蕭侯之利澤,斥鹵悉爲膏腴;富强埒管子之成書,戀賞宜邀盛典。和羹即晉,頌籥逾恒。弟列柏忝司,三權斯任;防茭廊守,五載云勞。聽催蜡鼓聲喧,未免攖心觓歲;看到麟符彩換,同欣拜手迎年。肅丹,恭賀年禧,祇請勛安,諸希藹照百益。愚弟王祖光頓首。

三四

暌隔樿暉,良殷葵向。迺值祥開剛卯,遙欣慶集昌辰。敬維蓉舫仁兄都轉大人簪紱延鴻,履絢綏燕。晶盤耀采,阜財宣轉筴之勤;鐵篆翔華,利運著敏蒲之績。賜葛即承夫殊眷,和羹聿兆乎嘉祥。指晉柏薇,歡臚菜藻。弟忝膺關篆,深愧輇材。佳日欣逢,倍切蕭思於遠道;歲星在望,謹憑蘭紙以抒誠。肅丹,恭賀節喜,祇請蓋安,諸惟藹鑒。愚弟曹南英頓首。

三五

蓉舫仁兄同年大人閣下:

別無多日,思切停雲。留勝蹟於竹西,正騁懷乎榴序。敬維錦幡榮蒞，寶鼎和調。挈貨鹽田，登蕪城而作賦；開尊官閣，望槐陛而酬□。即晉藩條，允符藻頌。弟輇材負重，佳節虛拋。願解阜之同歌，漸培民氣；期經猷之遠助，藉起予愚。專泐，恭賀午禧，祇請台安，諸惟惠照，不宣。年愚弟沈秉成頓首。四月十四日。

三六

久闊鴻儀，調飢倍切；遥聆鵲報，快慰交縈。欣譪蓉舫仁兄同年大人鼎座春榮，升階日上。植棠陰於廣漢，望重召公；綜筴政於清淮，才儲劉宴。即卜鳳綸寵賁，行看烏府榮躋。引企喬暉，式如抃頌。弟浙藩承乏，建樹毫無。叨聯齒録之輝，自慚無補；遥盼教言之錫，俾有遵循。專此，布賀蕃禧，敬請勛安，不次。年愚弟許應鏒頓首。

三七

遠違榘度，時切蕉悰。聽臘鼓之喧闐，仰鴻猷之更象。伏承蓉舫仁兄年大人履崇集祜，泰祉迎祥。欣看澤溥群黎，總禹荚梅鹽而奏績；行見恩濃九陛，超紅薇翠柏而升遷。引企榇輝，式孚藻頌。弟茭防承乏，樗拙滋慙。逈當玉律新調，陽回萬象；喜見金章有爛，敬展雙魚。專肅，恭賀節喜，敬請勛安，諸維融照，不備。年愚弟邰雲鵠頓首。

三八

鷺郵間阻，鴻度遥睽。聽臘鼓之催年，桃符換色；睹春旂之麗日，梅閣揚華。敬維蓉舫先生大人升祉駢蕃，履端駿茂。調鼎鼐而風清萬井，迎春騰旛勝之輝；迓絲綸而□□□重，晉秩邀柏薇之寄。超遷不次，忭頌難名。璿忝綜軍需，旋經年節。愧無建白，調星瑁以滋慙；願竊抒丹，企雲麾而馳慕。肅泐寸啓，祇賀歲禧，虔請台安，統希亮詧，不備。楊慕璿頓首謹上。

三九

音調鳳琯，倍企鴻儀；瑞輯麟圖，彌殷雀忭。恭維蓉舫前輩大人履端篤祜，首祚延釐。續著和羹，喜見輝增於元日；功隆煮海，即卜虞陛以酬庸。疊晉柏薇，情孚菜藻。侍久綰糈符，慙無樹建。欣逢令序，撫歲琯之更新；頌獻宜春，附郵筒而達臆。肅此，恭賀年喜，敬請勛安，諸惟霱照，不具。侍馬恩培頓首。

四〇

好音入耳，繡節榮持。雅意殷拳，惠函先貺。欣諗蓉舫仁兄大人才高作楫，任重調梅。樹偉望於兩淮，功崇燮理；荷殊恩於九陛，寵錫絲綸。指晉升階，心傾豫頌。弟謬膺閫寄，兼視江防。徒碌碌於潤州，深虞鳩拙；緬甘棠於邘水，喜聽鶯鳴。肅復，恭賀大喜，敬請勛安，不備。愚弟致麟頓首。

四一

正切心儀，忽披手翰。喜聽鶯遷之報，彌殷驪忭之誠。恭維蓉舫仁兄同年大人茀祉增祥，荚綱晉領。咏十里春風之句，詩政同新；荷九霄湛露之恩，詔書褒美。引詹吉采，靡罄頌私。弟梓里閑居，自甘鱸膾，花時又度，虛擲駒陰。趁三月之韶光，重開蔣徑；懷十年之舊雨，夢到揚州。耑復，祇賀任喜，順請台安。附完芳柬，不備。年愚弟譚鍾麟頓首。

四二

蓉舫都轉尊兄大人閣下：

邘江于役，飫領德暉，凱誼翹拳，良深馳仰。比維蓋猷丕煥，福履綏愉,吉采喁詹,私揄式洽。弟乍卸行縢,錄錄無狀。初秋天氣亢晴,甘霖少沛,飛蝗遺子,尤易滋生。揚屬及裏下河一帶,幸蒙執事及閻仙太守督飭蒐捕,實心紓策,各州縣場員精神爲之一振,或不至釀成巨災。閻兄現在已否回揚? 其近體若何? 殊深私系,坿致一函,敬希即日飭投。奉上呂氏《四禮翼》四冊,伏希台詧,飭交世兄省覽,略資蒙養之基。張午橋觀詧病狀曾否小愈? 並求詢示,無任企禱。敬請勛安。教弟程儀洛頓首。七月十三日。

四三

濤賦廣陵,曾荷錦毫摛藻;俗傳荊楚,又欣金勝戴花。香催吟雪和梅,羹調雉鼎;雅效咏風寄柳,字裏鱗牋。敬維蓉舫仁兄都轉大人正莢登豐,司規出震。官山府海,法璣衡而平準成書;阜物康民,躋袵席以太和養世。羅辛盤於首祚祥徵,鹽肖虎形;整甲政之頭綱弊絕,帳標鼠尾。酺醻寵錫,旌節榮開。泰啓三微,孚歡百祝。弟薪勞似舊,蔟律迎新。美利不言,大矣筮乾元資始;陽春有腳,蒸然看比户可封。專函,恭賀年禧,祗請台安,不宣。愚弟呂海寰頓首。

四四

斗轉星移,新更鳳篇;風光月霽,倍作鴻輝。敬維蓉舫仁兄大公祖大人鼎祉駢蕃,履端燕譽。勛隆鹽筴,楸駿績於兩淮;瑞啓羹梅,迓龍章於九垩。翹詹喬采,曷罄菜鋪。弟建樹無聞,歲華虚擲。樽斟柏酒,歡聽竹爆之聲;簡綴蕉詞,願上椒馨之頌。肅泐,恭賀年禧,並頌勛祺,諸惟朗詧百益。治教弟王定安頓首。

四五

遠違榘範,倏換桃符。撫韶景之方新,卜蕃釐之懋集。恭維蓉舫方伯大人履端於始,鼎祉維新。萬灶歡騰,足國濟鹽梅之用;九重寵渥,匡時抒舟楫之才。涖領藩條,莫名椒頌。棠供差滬瀆,倏屆迎年。樹建毫無,愧乏考工之績;瓜期及代,仍回鼇局之差。引企鴻儀,用伸燕賀。專肅寸牘,恭叩年禧,敬請勛安,惟祈惠督。阮祖棠頓首。⑫

四六

陶甫叔祖大人尊前:

鄂電已發。昨承允賜杭扇一柄,乞交來价帶下爲感。今日公得暇,請惠臨手談。此叩福安。姪孫稷謹上。初九日。

四七

(前缺)頃奉惠函,又承厚貺,開緘拜領,慙與感俱。弟承乏依然,濫竽一等;樗庸滋愧,樹立毫無。惟望遠錫箴言,俾得永資韋佩。專肅鳴謝,再請崇安,統希垂照,不宣。名正肅。

四八

蓉舫仁兄大人閣下:

昨奉惠書,猥以兼權薇篆,辱荷藻詞,獎飾逾恒,感慚交集。頃又奉賈孝廉帶來手翰,謹悉種切。敬維鹾綱整飭,政祉豐隆。占預兆於和羹,迓□恩於頒綍。矖開薇柏,福被梓桑。非敢貢諛,實深抃祝。承屬賈子咏孝廉一節,自當遍爲揄揚,俾壯行色。頃間俗務冗忙,未獲接見,一俟公餘之暇,即圖暢敍之歡。淮左情形,吾哥行政均得詳詢,以慰惓惓,亦快事也。舍親董啓曾渥荷推情,允爲安置,從此絣幪有托,感激同深。渠回里門,小有掤擋,即便赴揚,摳謁台階,未識刻已稟到否?弟久攝柏符,受累已重,玆又兼權薇篆,倍切悚惶。惟有率由舊章,冀免隕越而已。幸王灼翁即可回鄂,重負之釋,已在目前。懼菘翁年內當履新,能返舊巢度歲,亦復大佳。泐復奉謝,敬請勛安,並頌潭祺百益。如弟瞿廷韶頓首。

四九

前在都門,仰邀鈞霱,屢更籥管,時切嬰依。頃接家書,知移漢水之慈雲,普照邗江之卿月。鳧悰倍躍,蟻戀彌深。敬維蓉舫年伯大人望重維屏,功高作楫。廿四橋歡騰,騎竹共迓彤麾;億萬井慶叶,調梅重資禹筴。會看十行手詔,即晉頭銜;祇薰一瓣心香,彌虔頂祝。姪自去歲先嚴見背,返里安葬,今正事竣回寧,因眷屬羈京,起復伊邇,已於二月初旬赴輪北上。舍弟德培以運判候補兩淮,前蒙程尚齋年伯委辦文案,將近五年,均無貽誤,嗣因福餘菴世叔任內,微與同事意見不合,因婉言辭去,而就署永豐閑缺。兩淮論者,無不稱其潔己自愛。年來蒙宮太保留省刊刻《湘軍記》等書,業已就緒。昨承趙梓芳年嬋伯、李筱軒太夫子因舍弟兩淮情形較熟,辦事尚屬認真,特爲推薦尊處,仰蒙惠諾,感戴莫名。茲特命其趨叩崇轅,備聆訓誨。伏乞加以策勵,俾得勉效駑駘,恪遵矩蠖,不勝感荷之至。肅修寸簡,敬叩鴻禧,祇請福安,諸祈垂鑒。年愚姪制范德鎔頓首。

五〇

頃接瑤函,備承厚貺,五中感篆,寸楮難名。敬惟蓉舫尊兄大人鼎祉延釐,簪紱集祜。勳昭筴正,楸駿績於兩淮;秩晉柏臺,迓龍恩於九陛。升階翹首,豫頌傾忱。弟承乏金曹,又更玉琯。薪勞如昨,愧駒隙之虛馳;芝範遙睽,望箴言之頻錫。專肅祇謝,復請崇安,敬頌新禧,統祈垂照,不宣。愚弟陳維頓首。

五一

再啓者:近年兩淮商情極疲,仰承擘畫,屢集鉅款,俾紓司農仰屋，欽佩奚名。當茲時局，人浮於事之時，舍姪昌紳渥荷隆情，爲謀安硯，足徵推愛逾恒，感同身受。舍姪向住家滬上，頃已將厚意轉達矣。謹此申謝，再請崇安。名另肅。

五二

敬再懇者：小婿福敏之胞姪衡吉就職鹽大使，叨隸仁帡，惟年輕學淺，初登仕版，諸多未諳，仰祈垂青訓誨，量材委用，俾渠藉資歷練，而獲所裁成。感荷隆情，如弟身受矣。附此奉懇，載頌勛安，諸希惠照，不戩。弟斌又及。

五三

蓉舫仁兄大人閣下：

前布駢章，計邀青覽。昨奉謙翰，備荷藻存，展誦之餘，感愧交並。辰維政事咸宜，興居凼適爲頌。弟自抵灤陽，倏逾半載，竊慙衰老，無補時艱。幸賑務五月告竣後，天賜豐年，秋成大有，爲十餘年所罕睹。藩部災黎蒙業而安，嫌衅久而自泯，地方亦極見靖謐。賤軀精力雖衰，而二豎驅除殆盡，差可支持，足以告紓綺注。熱屬地曠人稀，山環水復，處處可以藏奸，雖有客軍三營，藉資巡緝，究難長恃。爲地方經久之計，非建鎮增練，不足以昭震疊而足敷布。第規模過大，巨費難籌。現擬一因陋就簡之法，就河屯八溝協參兩標抽練馬隊各百名、步隊各二百五十名，官則原營，兵則土著，較招募費省而功倍，常變均屬可恃，約計長年餉乾亦須三萬金有奇。方函商傅相，飭司核議，未知許我成功否？各屬當商困於官本過重，平時已覺不支，現值兵燹之後，平建朝三屬當商强半燬於劫火，本且無著，遑論息款？然熱河辦公衹有此數，若不亟爲設法，必致本息全失。昨經奏准於賑餘項下代償各商一年息銀，爲數已屬不貲，其原領本銀擬分年追出，酌提一二分，由直隸各商代爲生息四五年，藉息殘喘。亦經飭司議復，而爲難之情，已見詞意之間。倘不能分任其難，則殊覺棘手。他如繕城隍、築隄壩，皆目前要圖，爲熱屬萬不可緩之事，惜泉源枯竭，不能如願揮霍，事事仰息於人，雖有巧婦，安能爲無米之炊？莫補時艱，徒形戀棧，《歸去來辭》不當於望杏瞻蒲時賦之耶？縷陳近狀，以慰知己。風便，尚希時惠鍼車，以擴見聞，爲禱爲盼。專泐奉復，祗請勛安。附璧謙版，不莊。愚弟奎斌頓首。

五四

敬再啓者：舍親汪運判壽祺係汪幹臣觀察之哲嗣，自幹翁作古後，家室之累，倍於從前，壽祺以一人爲之支持，故負累深重。惟該員到淮日久，於兩淮鹺務諳練有年，爲人辦事謹勤，結實可靠。今幸隸仁帡，得以時蒙訓誨，務乞推情，於淮南總局設法位置一席，俾其及時自效，則感荷隆施，直同身受，不勝禱切之至。肅此奉懇，再請台安。弟芬再啓。

五五

（前缺）鳳尾錫土田之命。功成調鼎，猷著允升。姪從事金陵，憨無石畫。韶光乍對，愧駒隙之虛抛；雅範遥詹，藉鱗書而晉頌。專肅，恭賀年喜，祗請勛安，諸惟雅照，不具。年愚姪沈瑜慶頓首。

五六

久睽雅範，恒繫馳忱。仰冬日之常融，倏春風之又轉。恭維蓉舫姻世叔大人勛華彪丙，景荕駢申。嗣家風於花筆，足徵華國文章（後缺）

五七

□□仁兄大人閣下：

睽違雅教，馳系良殷。日昨由舍來揚，展誦雲章，敬悉陞祺戀介，履祉吉祥，曷勝忭慰。前委采擇賑友一人，本面懇舍族，請爲安插，已荷盛情俯允錄用。惟舍族刻已就定他事，彼時擬肅函奉告（再者，張靄翁於本月初二日辭世矣，此告），深恐台駕入都，不意閣下往溪口公幹，後復又到陵，想府事安排定奪，即需束裝，惟千里行程，尚乞客中珍攝是禱。致於賑友，目下意中，實無妥當，祇得容爲留意采擇也。衣店之賑，容當代爲結算，祈勿念。包瀛翁之親戚冰代，薦定輪船局事宜，日前，瀛翁已令該親戚動身矣。專此，祇頌台安。愚弟夏廣慶頓首。閏月十五日。

五八

敬啓者：雲開鵬路，喜晉秩於和羹；星紀鶉躔，正隨時而介芾。祇維蓉舫仁兄大人薰琴解慍，艾綬增榮。施甘雨以隨車，閨澍樹調梅之望；歷宣風而開府，釀恩邀賜葛之榮。瑞輯天中，歡騰邦上。弟乍曳蟬韻，仍返燕巢，譜玉笛於落梅，眴逢綺序；折瑤華而扢藻，睠念芳輝。專肅，恭賀任喜，兼頌午鼇，不儩。愚弟丁功峻頓首。

五九

爆竹聲中，頻催臘鼓；梅花香裏，倍景光儀。遥忻慶肇履端，允叶私衷豫祝。恭維蓉舫仁兄都轉大人三徵篤祜，五福陳疇。績著和羹，聞望偕早梅並馥；勳隆煮海，恩波與春澤同流。即卜薇苑階升，渥九陛寵榮；⑬十行詔賁，還聽椒盤頌獻。兩淮南北，萬竈歡騰。指顧鶯遷，心殷雀抃。弟從公罷勉，虛擲駒陰。騶駕如初，冀蘭箴而時錫；龍躔新改，作椒頌以介釐。耑函，恭敏年禧，敬請勛安，統希亮詧百益。愚教弟馬先松頓首。

六〇

敬再啓者：南洋防務喫緊，側聞需餉浩繁，悉勞蓋畫。雖居有爲之地，然亦大費苦心矣。和議已成，而大局益壞，賴外人之力，勉收威、旅、遼東各要區。臺灣紳民擁戴，維帥將踵錢武肅故事，憑險固守，衆志成城，强敵亦驟難逞志，惟勒索他地，又在意中。朝廷之憂，正未有艾。此等喫虧款約，固古今所僅見也。姪重回權任，數月於兹，雜稅自軍務告緊，日形減色，各項撥款，幾難應付。現新茶上市，或可漸臻旺盛。舍姪毓昌身隸仁缾，昨有禀來，具述摳謁數次，渥蒙恩睞，初到何敢望差，將來如淮南總局出有差額，伏懇推情委派，俾可學習公事，且近承訓誨，冀免愆尤，感泐實無既極。肅懇，敬叩鈞安，惟希垂察，不備。年愚姪惲祖翼謹又啓。

六一

姻伯大人鈞座敬肅者：

前具寸禀，恭敏秋鑒，諒邀霽鑒。就諗提躬篤祜，潭祉凝祥，至以爲祝。前由十舍弟處轉到電信，驚悉十一舍妹於七月初間因病逝世，殊深悼惜。第念舍妹于歸未及三載，晨昏定省，爲日無多，遽爾夭折，婦職有虧，應亦抱憾泉下。夙欽長者愛憐兒女，無微不至，當其抱痾纏綿，醫藥診治，不知幾費心力，乃竟長辭膝下。舍妹無福，夫復何言？尚祈寬懷格外，無以爲念，是所企禱。姪路途遠阻，驅耗陡聞，手足摧殘，悢傷何似！容遣价代致束芻。惟山川遼遠，往返維艱，抱歉寸衷，匪言可喻。家庶慈昨於節前抵署，尚未使聞，值患瘧新愈，恐傷念不置也。肅此奉慰，敬請
（後缺）

六二

鹭埭遥睽，鴻儀景仰。瞻喬暉之在望，憑簡牘以抒誠。敬惟蓉舫仁兄同年大人鼎祉凝庥，升華篤祜。訏謨宏遠，恩波遍及乎兩淮；眷畀優隆，湛露迭承乎九陛。引欽芝采，適協蕪忱。弟忝貳儀曹，徒更節序。愧駒光之虛擲，建樹無聞；跂蜺旆之呈祥，鋪棻曷罄。專肅，敬請勛安，統希朗照，不既。年愚弟錢應溥頓首。

六三

濤甫十叔大人惠鑒：

昨夜返舍，見案頭存諭，拜悉種切。承假之款，刻特先行送趙查沸五十尊。原議之數，因一時無能措齊，望乞檢收。再委籌之洋，姪已托人轉假，無如尚無復音。及少亦已一半無□可也。姪□望先時廿元未送擲刻□乞收悉爲荷。專此，即請升安。姻愚姪鄭家濟頓首。十四日。

六四

陶甫十弟大人足下：

李公之事，惜兄聞之太遲。現已與前途説明，如已錯過，便作罷論；若尚可補救，則照前途所議辦理。到店時，有前途照料，必可邀實。外間絕不擔錯，可與堂上言之一切，想李君可面談也。至酬資，昨在同豐堂誤聽，照五加一，誤爲一草，幸萼兄越日説明。前途並不索費，但底數五，外加皆與關照人，將來耽便耳。對扇書上屏件可封寄，容再補寄至揚。此請行安。何日渡海，便中示知。如小兄名心頓首。廿二。

六五

冀北臘殘，正擬裁箋而布賀；江南春早，乃承飾藻之先施。莊誦迴環，傾懷誌珮。恭維蓉舫尊兄都轉大人調梅望重，斟柏鼇凝。駿績著和羹，淮海被仁風之惠；螭廷隆錫酺，絲綸頒湛露之恩。吉靄遙詹，愉忱靡既。弟民曹供職，愧建樹之無聞；歲籥虛拋，欣銘椒之有慶。肅復，恭賀年禧，虔請勛安百益。愚弟陳維頓首。⑭

六六

疊聽鵲音，正擬蕪箋肅賀；遠違鷺埭，迺蒙藻翰先頒。盥露以薇，臨風篆竹。敬維蓉舫仁兄都轉大人葱珩耀德，藩節宣猷。豸繡增華，久著循聲於鄂渚；虎形奏績，即敷新政於淮揚。從茲恤竈禁梟，預調鼎鼐；定卜銜恩燾鳳，渥沛絲綸。引領旌旗，傾心鼛鼓。弟謬膺筴務，自愧菲材。跡托沙洲，幸荷南鍼之錫；面親芝宇，冀分東壁之輝。專此奉復，祇頌大喜，敬請台安，不具。教弟楊鍾琛頓首。

六七

敬肅者：遠違鴻範，幾經花信之風；迺聽鶯鳴，恰報喬遷之日。頃閱邸抄，欣悉蓉舫先生仁兄大人治徵三府，榮擢兩淮。筆飛五色之花，風味□□家薺菜；囊藏一尺之錦，經猷裕宰相梅羹。喜九重心簡相孚，功隆煮海；聽萬姓口碑競頌，惠永征關。載晉薇垣，益深瓣祝。弟假歸梓里，暫憩蓬廬。敢云鳩拙藏愚，莫表寅衷於燕賀；行見虎形兆瑞，先陳子墨於魚函。肅泐，恭賀大喜，敬請台安。教弟周綏頓首。⑮

六八

蓉舫叔祖大人尊前：

春間接讀鈞函，並渥荷隆情，兼示《魯論》全部，拜領之餘，莫名感謝。正在肅謝間，欣聞鵲報傳來，榮遷兩淮都轉。聖恩優渥，族黨增光，從茲陳梟開藩，即昀亦與有榮頒，何樂如之？昀於客臘除夕篆授濟南遺缺，十載詞垣，一麾出守，深虞諸事生疏，且未知能補何席，惟有對天戰兢、循分供職而已。德宣兒於去歲七月斷絃，今春二月爲之續娶，留其在京當差。昀（定於閏二月廿五日）自攜眷屬並小孫之官，伏求訓誨時頒，俾資德守，是所叩禱。且尊處如與伯寅師通信，可否賜寄德宣兒轉寄？因其時常問及，或藉此更見親切也。肅此鳴謝，袛賀大喜，並請鈞安，不宣。姪孫澍昀倚裝謹叩。⑯

六九

蓉翁尊兄都轉大人閣下：

前蒙枉顧，感激之至。弟患外癥一月有餘，醫藥未能見效，刻又感冒風寒，運蹇時乖，重生枝節。醫云：人虛癥重，恐防不測。所有署中公私一切，兒輩等未能經理，日昨接奉大憲，行知三月二十日出轅，按臨揚州閱看，並調各營合操附閱。惟敝營弁兵較多，操演一切，煩不勝煩。弟□枕憂思，雖有中軍暨操防各弁督操，總慮不周，曷勝焦灼？現冀神靈庇佑，及大君子之福，以求速效。屆期尚可伺應，倘或未能如願，仍仗都轉在於大憲前代爲栽培，感難言狀矣。再，弟家本清寒，素無積蓄，且宿債未清，更難設想，雖有三子，均未成立，而親族一無可靠。一經不測，闔家必致流離異鄉，情何以堪？種種苦況，抑都轉所不忍聞也。病中思慮至再，倘弟竟有不測，經須仰乞大君子俯念同寅之誼，逾格照拂一切，則全家得以歸里，皆在德惠之中焉。哀哀求托，敬請升安，惟祈憐照百益。教弟牛世英切叩。二月廿日。

七〇

橘圃八弟妹丈大人文几：

昨傳電報，復接訃函，驚悉舍妹於七月初間因病逝世，悼感悉如。第念舍妹于歸未及三載,不聞內助之賢,轉抱分飛之痛。且於堂前侍奉,爲日無多,遽爾辭世,婦職有虧,應亦抱憾九泉。而吾棣追懷靜好,故劍深情,自不待言。所幸膝下未留子女,尚不至觸目增悵也。即祈勉作達觀,並望於高堂趨侍,時時稟慰,是所至禱。兄誼關手足,跡阻山川,妥便稀逢,生芻一束,竟莫能致;寸衷抱歉,莫可言宣。所幸家庶慈已於節前抵署,一切尚稱順適,藉紓遠注,而舍妹云亡,尚未使知,恐癃疾新痊,傷念不置也。專泐奉慰,順請侍安。姻愚兄戴作楫頓首。

七一

介甫仁兄鄉大人閣下:

駒光如駛,別瞬旬餘,葭溯之私,與時僉積。辰維籌祉日隆,百嘉如意,允符遠祝。弟於十三晨展輪,望日晚安抵塘沽,遂午至都,刻寓□伏魔寺。弟於今赴部報到矣,定念八日驗看,下月□十左右當可引見。事畢出都,須在九秋時候也。弟臨歧所懇七萬金一節,弟動身後,不日想必已荷執事籌交醴泉兄手收,已代付前塗矣。弟到都數日,尚未得其來函,深以□念,故茲特楖峘陳。是否、如何辦洽,即□示悉,以慰懸懸,尤爲盼禱。(後缺)

七二

迢隔麈談,又開麋紀。荷琅函之惠賁,竊環誦而神馳。敬維蓉舫老前輩大人弅履甄穌,茵憑集慶。牢盆課最,梅花儲調鼎之羹;獸罨恩醞,柏葉進盈升之酒。翹詹首祚,默爇心香。侍歷碌從公,涓埃無補。陽回紫陌,攬綺序之芳菲;春滿紅橋,跂繡幢之婪麗。肅復布謝,敬賀年禧,祇請台安。恭繳大柬,萬不敢當。侍生徐用儀頓首。

七三

敬再啓者：星叔前輩自入樞廷，十載以來，從無疾病，乃以偶患微疴，請假纔一日，遽於夜半氣絶，不及救治。□無一言遺命，真乃意想不到，未識八字看得出否？侍以衰年，適承其乏，才力不逮，稱職爲難，殊深悚惕。賤命現行乙木財運，尚有二年，以後己丙煞運，恐不可行，祇好委心任運而已。手肅奉布，再頌春祺。侍儀又啓。二月朔日。

七四

再啓者：敝戚王運判繩祖，前隨其尊人在掘港場大使任所十有餘年，鹺務情形極爲熟悉，曾遵籌餉例捐納今職，指發兩淮。該運判以母老家貧，亟思効力於左右，藉供菽水，□資歷練，而未經引驗，終隔絣纊，欲賦《北征》，□爲脂秣。因念兩淮月有京餉，派員管解，□祈老同年垂青逾格。夏秋之交，如有户部京餉，賞委該運判管解赴都，俾鴻毛假順風而遠翔，猶小草沐春陽而漸茂。想大賢培植群材，必邀金諾也。弟又啓。

再，京餉或一時未能即委，可否先委淮南總局當差？聞該局□□未經引見人員先行當差者，務祈我兄推分提挈，是所至懇。弟再啓。

七五

棣圃仁兄世大人閣下：

前月台從惠臨，屢次晤談，欣佩之至。奉到手函，藉稔侍祺增勝，凡百咸誼，適符遠頌。小兒鳳祥姻事，承椿/萱大人允許，欣幸之至。兩造合婚，極爲和協，仰附名門，得成佳耦。擬請金子羲、朱海珊兩兄作媒，至行聘日期，即請尊處鈞定，以便遵行。弟意明年辦喜事，擬求伴送新人來京，已於金、朱兩君信内詳述，特先附陳。手泐，即頌侍福，諸維心詧百益。愚弟錢應溥頓首。閏月廿七日。

七六

十舅父大人尊前：

自違慈顏，時深孺慕。昨閱省抄，欣悉大人由都回省，禀到榮篆優差，指顧間耳，賀賀。敬維禔躬納祜，闔第延釐，定符下頌。甥自慈親棄世後，痛定思痛，五内俱傷，生既不能竭養事之誠，死又不克盡祭葬之禮，撫衷飲泣，負疚實深。秋間，吕叔梅姑丈匯還外祖母銀五百兩，適值先母喪務需款孔急，不得已，暫爲挪用。昨傅升持外祖母信來揚，特索此款。甥處已窘迫異常，況喪務後一切尤難措置，現已挪借叁百餘金，尚需壹百餘金，方能湊還此項。回憶春間吾舅在揚時，攜去貂袍套壹身，並蒙概允洋貳百番，甥並未敢計較。嗣於五月初接讀大人手諭，云欲動身入都，俟回寧時即匯來。現今大人已早回寧，並未蒙寄來。兹值傅升來揚催索，甥當此急迫之際，不得不冒昧陳之，故特著熊升前來，尚祈將此款交伊帶下，以救燃眉之急，是所切禱。吾舅明達世故，熟悉人情，定能俯察下忱，必不因此而見責也。專肅寸禀，敬請鈞安，伏惟垂鑒。外甥制燕毅謹禀。臘月初七日。舅母大人前祈叱名請安。

七七

蒹葭秋水，雁帛書傳；揚柳春風，蜆旌瑞靄。鼇延首祚，頌切心輪。敬維蓉舫仁兄方伯大人績楙和羹，權宏正笏。式宴而銘呈柏葉，揚卿曜於邗江；開軒而吟到梅花，迓（後缺）

七八

（前缺）昭偉績於梅鹽，咸仰匡時經濟。受天百禄，膺詔九宸。

指日薇垣，心傾藻頌。弟濫竽蘇鰲，殊慚匏繫。平山堂遠，思騎鶴而無從；淮水春深，爰繫鱗而遥遞。肅簡，恭賀春禧，敬請勛安百益。姻愚姪朱之榛頓首。

七九

敬肅者：遠隔芝型，倏更葭管。卜鴻鈞之啓運，貢鯉簡以傾誠。敬惟蓉舫都轉世大人玉節揚輝，銀旛簪勝。聽蕪城之簫鼓，地界繁華；拜朵殿之絲綸，天恩優渥。（後缺）

八〇

（前缺）台端長聆榘訓，□次護送炮船。易把總沿路辛勤，深資照料。伏乞推恩培植，無任禱私。附呈豬油年糕，祈哂存。專肅，敬請鈞安，虔敬年禧。姪姚雲／霽謹禀，應祟／泰隨叩。十二月廿五日。姑母大人前請安叩喜。

八一

容舫仁兄親家大人閣下：

月初肅寄一函，何日上達典籤？辰維調鼎功高，和羹績懋，引瞻喬曜，曷既軒騫。都門專丁賚回家兄安信，屬爲致意。前函未奉還雲，殊深盼念（深以諸運判差事爲念）。□嫒十載沉疴，多方調治，近得一口授單方，頓收神效。方用武彝茶一勣，濃煎冰糖三兩，收膏，連服三料，吐出瘦涎，清光大來，脫體全愈，刻已能出門酬應。春姪骸恙亦能平步，家庭伉儷隨同移居新屋，安好如常。家兄以多年懸望，一旦如願而償，合家快慰，非可言喻。想親家得此平安好音，當亦同大歡喜也。匆匆不及作函，囑先爲告慰遠懷。舍姪江陰交代，百孔千瘡，然費羅掘，纔得將正案交代，敷衍結報以副參限。惟常鎮道機器銀八千兩，爲數過鉅，必須寬予時日，方可次第清理。

曾面懇轉致幼翁體恤下情，以冀事寬則圓，當蒙俯允是感。刻於交代結報案，奉到黃觀察本月初嚴批，並有"排單如延不清繳，立即詳請揭參，正案交代，不與結報"等語，似此急（後缺）

八二

蓉舫老前輩尊兄大人執事：

不通音敬，忽已頻年，人事之變遷，幾於不可思議。老前輩盤根錯節，歷久彌堅。今茲和羹調鼎，已著先聲，從此階聯薇柏，位晉封圻，定當操券，抃頌悉如。侍七載覆盆，幸而復睹天日，惟自顧桑榆暮景，精力已衰，微特重作選人，長安居大不易，即使聽（後缺）

八三

六出飛英，喜雪花之如掌；三陽啟瑞，酌春酒以介眉。恭惟蓉舫年伯大人集慶履端，祥迎泰始。裕梅羹之事業，虎行臚天府之珍；承秬鬯之恩榮，（後缺）

八四

□叔仁兄鄉世大人閣下：

前者道出京江，獲聆雅教，並承飫以盛筵，被之飾藻，歸途循省，感佩悉如。辰維侍芾燕申，籌綦駿大，允孚臆頌。弟栗鹿如常，乏淑可述，今秋本擬北上，緣起服咨文尚未撰就，再遲入京，必須在都度歲，不如明春遄發之為愈也。現（後缺）

八五

夫子大人鈞座：

昨奉函諭，祗悉護照須送新關簽字蓋印，無□□不肖填給（如臨時換船，衹須自行飭人持照赴關，呈請簽明）。且稅司往往以此係閑事，有意挨至公暇時彙總簽字，誤人行期，殊爲可恨。刻生即進署，尚差赴關，□領飭令，徑送陶甫觀察處，大約三點鐘前總可達到，不至誤事。照到，酌給車力兩三角，別無費用。事冗，不及趨送陶翁先生，乞（後缺）

八六

十弟青睞：

傅升自滬回，遞到還書，均悉。昨午又奉電音，知已安抵津門。如函內所云，聚卿意見，恐不及治堂之老靠也。若道成最妙，可少許多周折，設或不成，兄徑將履歷函達，治堂出保，吾弟再作書諄托（勿忘），萬無不成之理，此亦有備無患意也。兄定十九開行，下月初當可抵里，秋間方能旋署。有信交霞弟轉寄，吾棣花樣早加爲是，所謂捷足先登，不可不爭，幸勿輕視耳。此問近佳。兄廣拜手。張幼丹兄款吾哥住何處？望示知，以便交票號匯上。弟淦德。

八七

（前缺）恩光於黼座。晉升大府，倍切傾馳。弟滯跡吳門，從公儲局，齊竽濫廁，年籥又更，徒深益歲之慚，流光駒迅；合獻宜春之頌，下悃凫愉。專肅，敬賀新祺，祗請勛安，統祈賜詧，不戩。愚弟沈玉麒頓首。

八八

（前缺）梅羹肇瑞，柏酒迎韶。驪首台星，驔心祝露。弟鶺濡滋愧，鹿歷增勞，燕語鶯啼，又睹新年之景；鴻軒鳳翚，定符元會之貞。尚肅，恭敏春禧，祗請勛安。世教弟穆克登布頓首。

八九

九妹妝次：

　　客騰李榮回揚，接奉來件，爾以音鴻乏便，未即致函，繫念之忱，未常獲釋也。一昨又奉蘭牋，感荷注存，益增葭溯矣。藉悉儷祉雙清，潭祺曼福，慰符遠頌。姊身體安好，甥等亦各清善，惟姊丈舊恙仍未見愈，百醫罔效，奈何，奈何？想都中不乏高手，倘獲良方，尚祈寄示爲禱。吾妹在遠，尚望隨時珍重，如遇鴻便，時錫週行，以紓遠念是盼。肅福，順頌雙安。姊拜緘。二月初四日。堂上代爲請安。妹夫前問好。

九〇

蓉舫老前輩大人青覽：

　　敬啓者，三月初二日收到三晉源匯來元券百金，嘗由該號寄函，並近作六章，想經籤記，就審勛祺日懋，潭署安舒爲慰。侍於初十入城接場，得閱棣圃世台首藝，如此平實題，居然理窟中有掉臂遊行之樂。侍又可添一後輩矣，爲快意者久之。侍眷屬舊冬移寓正定，前月還都，此間和局機事甚密。前早李仲彭來，昨孫夑翁來場，坐譚良久。知此業有端緒，然未深悉其底裏也。侍經此番播越，擬令兒子出外謀館，以資練習瓜棧。局務殷繁，總祈推惠，代留一席，即以拯侍之急也。專懇，即請福綏，統惟霽照百益。侍煒頓首。三月廿日。

九一

　　（前缺）暑屋烏有，幸得被高風。企豫悦之未央，辛盤味永；感鶯啼而結想，子墨忱輸。專泐，肅賀新禧，恭頌財祺，伏惟鼎照，不宣。

又啓者，舊臘曾具廿函，請駕務早來申。緣敬/介二兄訂期初十准到申棧，祈勿誤是盼。

九二

柏酒流香，元又紀夫鳳曆；桃符絢彩，瑞乍啓夫鴻圖。景惟濤浦仁兄大人禧凝首祚，籌協膚功。雅量元龍，邁群中之轍軌；豪情起鳳，宏歲始之謨猷。資擷秀於寅工，業昭林總；擅權衡於酉秘，財似川增。兕酌芳時，驪騰丹曲。□梁薪徒勞，虛靡（後缺）

九三

京華聚首，晨夕游□。判袂以來，倐將六閱月矣，甚念。前日聞已榮旋，專誠走訪，未獲晤譚。昨承枉顧，又復失迎，殊悵悵也。囑書家吾歸來時，即飭价送往，當已收到。五哥甫經得意，遽歸道山，聞之殊爲悼惜。前趨吊時聞定十七日開吊，嗣又聞有改期廿一之説，究竟擇定何時，尚祈示及。執事何日得暇，弟尚能走訪一敍也。專此，敬請陶甫十兄世大人台安。弟□□□□頓首。世伯大人前可叩安。

九四

（前缺）頃閱《申報》，川災異常，實殊可憫。諸善長樂善不倦，屢爲籌濟，欽佩悉似。茲托三晉源寶號匯寄上自助英洋四拾圓，希即詧入結遞是荷。草布專懇，敬請善安百弗。澹吾慮齋主拜上。諸善長大人錫鑒，乞賜收條，盼甚。

九五

陶甫十弟如晤：

五月底接讀手書，欣悉潭祺楙集，上侍駢康爲慰。客臘又得一女甥，轉盼即當毓麟，可喜可賀。惟遠道難致賀儀，殊深歉惡。十一弟嘉禮費神，備送幛聯，感甚。舍弟仲源過揚，辱承媧伯厚貺，吾弟又另惠隆儀，有加無已，慼感莫名。兄考差雖倖取列，而竟不得一外差，豈人力無可憑，抑命運有未達耶？惟阮不得外差，亦別無生路，且又無面見江東父老，只得留京株守，候滿資俸，截取知府，仍兼辦國史館工課，以冀將來京察。而今冬明春須考御史，亦宜靜以待時。惟長安旅費及家居用項，幾及千金，滬局一項，來年尚未可定，專指尊處館穀，尚不足敷衍。而兄阮不出京，館席能否稽留，尚乞稟求媧伯始終成全。如此席尚可通融，或劉君不甚合式，請媧伯另延一人代庖；如此席不能再代，亦難免強陳乞，祗得再求媧伯於儀棧及淮局中位置一席，月博斗升之奉，藉濟此三年艱苦。兄資俸現已三年半，再歷二年半，亦轉瞬間事。一俟俸滿，如京察無望，即行改外，此後寸進有階，皆出自媧伯生成及吾弟噓植，闔門感泐，豈有涯耶爾？節前承寄百金，上月半又收百金，祗以膚累既多，百金到手即化爲烏有。而滬局一項，托龔景張代領，乃至今尚無音信，可怪之至。務祈趕八月朔前再匯百金，能總匯二百更好，免至時時索米，致瀆清聽。吾弟考蔭，可望外用，但選期不能頻速，惟望元駕早臨，以能飢渴，是所盼禱。匆懇，即叩侍祺百益。小兒德阮頓首。立秋後百辰。媧伯父／母大人尊前先行叱叩。容再崧啓請安。諸兄／弟均好。芝生昆仲致候爲幸。

九六

十哥大人賜覽：

　　昨傅升返署，得來示，並洋胰、洋蜜、馬褂一件、料各件，俱收到。十嫂月望前後方可回揚。屆時當遣柢姪過江去接，諒堂上亦無不允也。除愛及桐姪、榛兒均於今日種牛痘。八哥准十七日回婺,移獎各官(能府即府,否則即照前議履歷敍請,望即定示下),望早核成,電知是盼。官照及托購各件,毛平兄回時,即可交其帶下。聽秋兄已委六閘提溜,毋庸再謀。八行花翎一節,吾哥可否寫一信來(價目寫清)?緣價目不便當面商量。京料翎管(或白或綠)如價廉,望多帶幾枝是荷。安信多寄,此請旅安,諸事珍重。勉菴弟頓首。(師雲、東畬,晤時望代致意。)

九七

潛哥賜覽：

頃讀來示,敬悉種種。父親大人日來精神甚爲康健,即祈放心。到都後,獎事望速辦,如能府即府,否則照前所議亦可。履歷能早寄下最妙,便中多寄安信,以免堂上縣念也。順請旅安。孝瑸弟頓首。(九姊大人同此。)

九八

濤浦仁兄觀察大人閣下：

自送榮旌,倏忽旬日。敍未幾而速別,又增離索之思。諒吉曜早抵金陵矣。敬維鼎祜集祜,與時俱佳,無任遙頌。前命做炕墊、炕枕各一對,業已做就,今由便輪帶至教聯號寶善源收呈,至請詧收示復爲荷。函布,敬請升安。教弟周謙頓首。閏月初七日。

九九

蓉舫老前輩大人閣下：

昨奉寸函,諒蒙垂覽。比惟義問宣暢,勛履曼安,定符頌禱。茲再懇者,章生念曾乃貴同年章吉芝大令之子、葉仲方前輩之壻,前曾在山東以微官需次,服闋以後,無力回省。侍前在湖北時,薦於宜昌鹽局,數年以來,賴以餬口。奈家累甚重,仍不免凍餒之虞。兹者間關來此，擬即趨叩崇階，屬爲一言。素仰老前輩古道照人，故敢代爲陳達，尚祈推愛屋烏，早賜援手，是所切禱。自福星涖此，索書者紛紛，皆一概回覆，惟此二人誼不容辭，故不免再三之瀆，臨穎曷勝悚惶。敬請勳安。侍觀元頓首。

一〇〇

陶浦仁兄大人閣下：

春莫一別，瞬已中秋，翹企芝光，無任葭溯。辰維履祉鵲華，潭祺駿發，至爲祝慰。弟等都門株守，桂序虛逢，栗碌徒形，生財乏徒，而日用浩繁，頗難措辦。日前與令親錢明甫兄談及窘況，並述尊處用貨一款，懇其代還，伊謂閣下輕財重義，若投一械，必能立蒙賜還。是以不揣冒昧，上書直陳，尚祈逾格成全，速爲寄下，以濟燃眉，則感鴻施無既。函箋，恭賀節禧，並請秋安。鵠候玉音，不勝翹盼。（附呈賬單一紙。）秀文齋謹啓。八月初十。

一〇一

梅雪衝寒，悵和神於隔水；蘋風送暖，慶景福以遐年。敬維蓉舫仁兄方伯大人萬象更新，百鹿是總。廣布三朝憲令，惠周滌凍之□；上邀九陛恩榮，福賜宜春之綵。禧凝敬歲，佩紉迎年。弟馬齒徒增，駒光虛擲，願借江城淑氣，鞭我聰明。仰瞻杖履韶光，祝君富貴；爰修鯉訊，祗賀鴻禧。敬請勛安，伏惟融照，不儩。愚弟俞厚安頓首。

一〇二

玉律陽回，銀籙日麗。緬麐儀而增企，值鳳紀之書元。恭維蓉舫仁兄同年大人泰宇延釐，履端篤祜。起賡歌於復旦，百度維新；承寵眷於九霄，□□□慶。引詹吉曜，式洽頌忱。弟覊滯白門，迭更青陸。望庚郵之遠隔，景仰鴻庥；覺申賀之維殷，益縈螕悃。肅丹，敬賀年禧，祗請勛安。虔頌蕃釐，惟希融詧，不具。年愚弟趙繼元頓首。

一〇三

蠟鼓喧催，曾肅蕪函將賀；鵲音飛報，欣聞簡命新膺。都轉淮鋼，欽遲海嶠。恭維蓉舫方伯尊兄大人才優正笏，望重調梅。特移鄂渚福星，普照邗江積雪。廿四橋歡騰竹騎，十萬井利溥花鹽。朝廷借重鴻才，主持國計；天子寵頒鶯誥，結契宸衷。引企下風，式孚祝露。弟忝領閩嵼，兼權烏府。雙符謬綰，祗貽戀棧之羞；一紙裁書，虔布魚歡之悃。恭叩任喜，敬請勛安，伏維亮照，不備。愚小弟龍錫慶頓首。

一〇四

再啓者：近年淮鹽場運滯銷，商情困苦，聞閣下蒞任以來，整綱立紀，嵼政一新，曷勝欣幸。通、泰各場出產較旺，竈丁恃爲生計者亦多。曩皆購用官鹺，比聞悉出私煎，官鹺既停，產仍逾額，是故場鹺兩商不得不爲用官禁私之請，鹺商俞抱和等商名歷係於氏承充，現值稟請開辦冬爐，奉批停鑄。該商恃鹺廠爲生計，待哺嗷嗷，情形迫切。年家子附生於益，其女許聘舍外孫，與弟雅有姻誼，再三浼介一言，用陳左右。現聞場商稟請開鑄官鹺，可否俯賜批准？敬希卓裁，無任感禱。肅泐，再請台安。弟又頓。

一〇五

夙托鈞暉，分棠陰之一葉；自違斗範，增葰序之七龡。祗緣株守蓬門，難侍庾樓以咏月；際此桂香朵殿，益懷謝艇以趁風。辰維蓉舫尊兄大公祖大人鼎席膺綏，升祻輯祜。和羹望重，儲鹽梅舟楫之長;《平準書》成,擅府海官山之利。雄藩肇錫,頌簡允孚。弟栗碌如昨,蔗境毫無。漢地入秋,托芘清謐。惟雨澤愆期,略見旱象;幸皖豫各疆,均稱霑足。藉資挹注,糧市尚平,如常安堵。省垣近事,電傳龍廉訪升任浙藩,惲憲陳枲楚中,大約節後擬即入覲也。此布,即敏節禧,虔頌秋祺。治愚弟劉璘頓首。⑰

(整理者單位:蘇州大學文學院)

① 江峰青:《曉川六十一世人鏡公傳贊》,江巨廛:《濟陽江氏統宗譜》卷四,民國七年刻本,第173a—178b頁;卷四十四,第43b—47a頁。

② 《翁同龢日記》光緒二十年四月十六日、十八日條,中華書局,2006年,第2736—2737頁。

③ 江人鏡《捕蝗行》:"去年夏月早,蝗蝻累成堆。"自注:"蝗患起於辛卯五月。"載《知白齋詩鈔》卷四,光緒二十四年刻本,第23b頁,可參看。

④ 如曾國荃有《留河東道江人鏡在省會辦賑濟片(光緒三年十一月十八日)》(載《曾國荃集》第一冊,嶽麓書社,2006年,第223頁),左宗棠有《復蒲州府江人鏡(同治十年十二月)》(載《左宗棠全集》,嶽麓書社,2014年,附冊,第283頁),李鴻章有《復江蓉舫(同治八年二月十三日)》(載《李鴻章全集》第三十冊,安徽教育出版社,2008年,第6頁)、《致山西藩臺江(光緒四年二月十四日)》、《復署山西藩臺江(光緒四年五月初六日)》(載《李鴻章全集》第三十二冊,第247、316頁)、《復新授兩淮運臺江漢關道江(光緒十六年二月十二日)》(載《李鴻章全集》第三十五冊,第23頁),劉坤一有《復江蓉舫(光緒十七年十一月十八日)》(載《劉坤一集》第四冊,嶽麓書社,2018年,第521頁)等等。信札公牘較多,此處擇其較早或較顯著者,不及其他。

⑤ 《知白齋詩鈔》卷四,第30a—31a頁。

⑥ 《濟陽江氏統宗譜》卷四十四,第48頁。

⑦ 同上書,第45b—46a頁。

⑧ 同上書,第46b—47b頁。

⑨ 為便於閱讀,本文信札尺牘皆略去格式,前依次序標列序號。

⑩ 此句疑闕一字。案此通函札與第五通相似,疑"椒"後所闕之字為"序"。

⑪ 以上為該書稿本第一冊。

⑫ 此通凡二紙,裝裱成冊時分裝兩處,且顛倒之,今據其箋紙、字樣,并味其語意乙

正並粘合爲一。

⑬ 此句疑闕一字。
⑭ 同上。又，此通凡二紙，裝册時原倒，今乙正。
⑮ 同上。又，此通凡二紙，中間夾一記賬頁，與本通函件無涉，亦非信札，故刪去。
⑯ 以上爲該書稿本第二册。
⑰ 以上爲該書稿本第三册。

潘祖蔭書札

□ 李軍整理

　　潘祖蔭(1830—1890),字伯寅,又字東墉,小字鳳笙,號鄭盦、蘇舫。蘇州吳縣(今江蘇蘇州)人,出生於京師。十九歲時,以祖父潘世恩八十壽辰,賜恩賞給舉人。咸豐二年(1852)壬子,以探花及第,朝考授編修。咸豐四年(1854)四月,潘世恩卒於京邸,潘祖蔭蒙恩以翰林院侍讀候補,此後仕途順利,屢膺恩賞,晚年歷任工、刑、禮、兵、戶五部尚書,加太子太保銜,卒謚文勤。著有《潘祖蔭日記》《鄭盦詩文存》《奏稿》《芬陀利室詞》等,編刻有《功順堂叢書》《滂喜齋叢書》等。

　　客歲曾將顧廷龍先生早年所抄輯《潘文勤公致吳愙齋手札》一種整理,公諸同好。茲檢點館中所藏潘氏手札墨迹,尚有不少,因選其致沈樹鏞、趙之謙、潘霨、胡子英、吳承潞、吳大澂、彭福孫、潘志萬數家各册,施以標點,以饗同道。

致沈樹鏞

一

均初仁兄同年大人閣下:

　　前奉兩函,想已鑒及。伏惟起居安善,定如所頌。弟請假養疴，稍得清閑，近見楊瑾殘碑，與金壽門、吳山夫所見悉合，當是宋翻刻，否則是梅溪僞造也。與李昭碑、四老神坐是一流物，字不多，故作僞較易耳。惜不得與閣下一證之也。如價廉尚得之，以待他日面質，否則不必矣。梁碑已得，此刻心中空空，一無所望，唯望得墨妙亭中物耳。閣下能爲我了願乎？拉雜書此，眞無聊之極思也。此頌侍安。弟蔭頓首。

二

均初仁兄年大人足下：

　　新春尚未通音問，甚念甚念，伏維嘉麻戩舂爲頌。弟目病百餘日，退直散衙，杜門謝客，除故紙叢中，無可消遣，益思公不置耳。南康簡王闕已從友人寄來，曲阿、宋墅二刻尚未見也。邵亭回吳否？抑竟拂衣去耶？此間無甚新奇之本，聞文卿云執事年內來京，如確，則大妙。排次碑刻一書成否？先睹爲快。匆匆，布頌春祺，不一。年小弟蔭頓首。二月三日。

三

均初仁兄同年大人閣下：

　　得手書，具承垂注，可勝銘感，即維文史清娛爲羨。羅鳳諸碑俱歸清秘，能鉤一本寄我乎？蕭宏闕，湘鄉師已寄來數種，今復荷百朋之惠，當爲閣下珍重藏之。費伯蕭碑看來竟不可得，金石之緣猶且如是，況其他乎？可見人生一飮一啄皆前定也。益甫已歸，過蘇晤否？弟碌碌不堪其苦，又無良朋如吾兄者，殊令人日日作惡而已。子偲常晤，望爲道念。丹徒之太宗文皇帝神道碑蕭梁，見《輿地碑目》。猶在城外，已僕於地。見吉夢熊文集中，何不囑其物色之乎？匆匆，不及多述。即頌箸安。弟蔭頓首。三月初四日燈下。

四

均初仁兄大人閣下：

　　初四奉復一緘，想已青及。維喜占勿藥，調攝咸宜爲頌。《仕學規範》、《曝書雜記》中所載錢夢廬批語、張叔未所藏本，今歸朱子清，宋刻宋印，真精極也。又，張金吾愛日精廬有明刻本，以兄之精鑒，爲我得者必宋無疑也。蕩口蔡氏書中，應有宋史載之醫方，若在名世以上，懇兄以全力爲注之，弟必傾産以償也。弟慕之久矣，未知有書若干，索價若干？翁玉甫、叔平此月歸里後，常熟書不可得矣。弟欲以王錯等經易以一易一，何如？兄之《歸愚集》妄言耳，勿怒也。殘本，肯否？不能勉强也，惟兄擇之耳。近得古刀幣數枚，即墨刀、安陽金一、大黃布千一、空首布一。亦是尋常之品，無異品也。書竟絶無而僅有，無從著力。磁器均窯顏色之妙，近見一對小花盆。竟有畫所不到，不可以言語形容，直八百金，向之看看而已。古金盡爲洋人購去，亦無鉅品，李山農之後，不意又有此輩，然如齊侯罍之類，真不數見也。再頌頤安。四月五日。蔭頓首。

五

均初仁兄大人閣下：

　　京華小聚，忽送驪駒，遥望南雲，可勝馳企。伏維長途載福，上侍康娱，式符遠頌。弟端陽以後仍復無閑，唯得見孫銓百、楊協卿所藏舊槧，既精且異，約百餘種，令人嘆羨不已。《孟子傳》已屬人否？《管子》未知若何？如均無成，前款暫留尊處，且看機緣若何。如有佳本可爲弟得者，款如不足，當由清卿會去，必不遲延也。看來都門竟難成。元板《南史》價八十金，宋刻《蘇詩王注》價亦二百，此事豈能得之乎？是以遷延數月，一無所得也。草草，布請近佳。弟蔭頓首。五月十一日。

六

均初仁兄大人閣下：

別已半年，時深馳想。忽奉手赤，如接清言。伏惟上侍康綏爲頌。弟西曹暫攝，瓜代猶遲，終日奔波，不堪奉告。今年酷暑爲從來所無，臥病經旬，了無可消遣者，惟金石之好時復怦怦。自閣下去而都門之談此者鮮矣，寥落寡歡，無可與語。《夏承碑》須與宋拓《隸韻》字字核對，方可信，否則仍是黎邱之鬼耳。《張表碑》當是退谷所藏，但尚有侯成、王純、高峻、魏元丕、戚伯著，皆由退谷而歸倦圃，今何在乎？小湖丈今在何許？尹公闕既是廓填，亦無可留戀，吾家群從久未得書，亦不能不念之也。利鎖名韁，時作豐草長林之想，何時一棹從君遊乎？念此惘然。書不盡意，即請道安。年小弟蔭頓首。七月五日。年伯母大人前稟安。

藝海樓本即孫仲廎本也，當可信。又拜。

七

均初仁兄大人閣下：

前日甫發一函，想可先此達到。唯興居萬福，上侍增綏爲頌。允惠黃氏書目，至今尚未寄到，渴想。黃氏藏書，宋本楊氏有其十餘種，抄本、校本楊氏竟有二百餘種，茲從錄出黃氏題跋七十餘條，合之《愛日精廬藏書志》及《琳琅秘室叢書》中可得百餘條，務懇吾兄將兄所得及他處所見，除此二書外，早爲錄出寄來，弟將與黃氏書目一並付刊，即名曰《黃復翁遺集》，何如？《唐書》何日寄來？瞿春甫書若何？《管子》若何？如有的係宋本，兄既看定，若在毛詩左右，兄一面設法墊付，弟一面飛速由清卿劃還，斷不遲誤。若《唐書》，其明效大驗也。否則恐捷足先得耳。考亭在蘇得書若何？便乞示及。此賀年禧。十二月十四日。弟蔭頓首。

八

均初仁兄同年大人閣下：

　　連奉數書，久不見復，盼切盼切，唯起居佳勝爲頌。弟近得滋蕙堂所刻之《般若波羅蜜經》原本，的是唐人真跡，直亦不甚昂。兄如欲得之，當可奉易耳。此地書竟居奇，價至十餘倍不止，種種黎邱之鬼，眩人耳目，殊可惡也。前函所托事，十不見復二三，無可再譚，且聽復音再説耳。天氣暖後，河冰或開得早，則書來較速也。敬問侍安。十二月廿七日。蔭頓首。

九

均初仁兄同年大人閣下：

　　昨交請清卿奉致一緘，並《輿地碑記目》、《竹汀日記》、碩甫先生《公羊逸禮考證》各二分，想已達記室。碩卿已於十三起身，聞尚須於天津少留，想月杪必到矣。弟所得以《春秋本例》爲最精，尚是毛裝，惜不得兄來一看耳。胡心耘所藏書，夢想已久（亟欲知其消息，望早示知），乃猶在人間耶？弟又得金板《儒門事親》二卷，非《四庫》所收之本。徐估除弟所得外，已無書，近來嘗偕甘伯、撝叔至廠肆，瓷器尚有佳者，書籍、金石實未物色得之耳。徐估《王狀元蘇詩》乃元槧之少佳者耳。北宋刻《歐集》已爲人所得，亦元刻也。《管子》能爲極力謀之否？又，甘伯云兄來書，云有影宋《淮南子》《鄧析子》，是誰家收藏耶？南中如遇元板《遼史》《金史》前有中書省行江浙省牒文者，是元刻之佳者，望爲留意也。又，元刻元人詩文集，明洪、永、宣、正刻元人詩文集皆弟所欲，望勿錯過。漢碑易書，兄若不願，弟亦可奉贈，原不必斤斤較量也。此月未派閲教習卷，大妙，尚有半日閑耳。此頌侍安。八月廿九日。蔭頓首。

一〇

碑唯鑒定爲荷。辰下伏承起居百福，上侍康綏爲頌。弟近無所得，得《紀事本末》大字本，菉竹堂、夢墨亭藏本；得《雲齋廣錄》滄葦藏本；《通志略》殘本，潘仲端藏本，餘則一無可道耳。瞿春圃書便中祈示及。此頌春祺，唯鑒不備。弟蔭頓首。初四日。

一一

均初仁兄同年大人閣下：

新正十二日由清卿交到十月十三、廿七日兩惠函，具悉種種。伏承起居萬福爲頌。南信之遲，真令人悶極。《唐書》不知何日可到？弟在京購書之興，爲香濤諸人奮勇直前，只好退避三舍，新年至今未遊廠廟。《臨安志》吳槎客所藏，已爲杭州丁丙所得，郁氏本能爲物色否？景祐《前》《後漢書》（黃氏百宋一廛物也），弟極生平之力願得之，然不能買他書矣。王鍔《蓮華經》十二行，韓氏驟加二百金，不能得矣。《敬太妃墓志》須兄到京時面定（可易，然不止於此），李燾《長編》不甚愜意也。更有宋拓《姜遐》《崔敦禮》，弟亦以希世之寶待之。想兄未有，亦俟見面時再定。前開示《禮經會元》、《讀書記》（二者價廉則留之）、《禮書》、《玉海》尚是習見之物。《玉海》無補版，尚可。《禮書》若廿六行、行約廿一二字而宋諱不闕則元刻，可不必要。若《管子》、景祐《前》《後漢》（《後漢》係三殘本，見《百宋一廛賦注》）、《臨安志》，千萬留意。《管子》紹興本在楊協卿處，此想是小讀書堆顧抱沖物耶。《五經》小字本，天祿琳琅有之。之非甚寶貴也，宋諱如何？巾箱《九經》近時廠肆有一本，紙墨似明時，有人欲得之甚力，弟亦淡然也。胡心耘《石林奏議》《茅亭客話》《吳郡圖經續記》等等十余種尚存否？宋元人集雖黑口本，均千乞留意。此頌著安。正月十二日。弟蔭頓首。

一二

《荆駝》第二、三函祈付下爲感。今日酷暑,又無書看,悶煞人也。均初同年。蔭頓首。

一三

《始興忠武王碑》奉閲,《明季稗史》二函、《陳忠裕》二函奉繳。明日同益甫、芝泉兄、碩卿弟偕早臨爲盼。均初同年。蔭頓首。

一四

昨失迓,今日奉訪不值,悵悵。有攜來金石書否?再,兄前所存箱内有沈子惇《落帆樓稿》及沈西雍《瑟榭叢談》否?如有之,假下一觀。鄭齋同年。弟蔭頓首。

一五

丁本"亦登厥官"作"云登",非宋拓秘閣本(在見惠本之下遠甚,如欲之,可奉還也),未敢信。琅邪是初拓,先繳。《隸均》留玩兩日繳。均初同年。蔭頓首。

一六

《塔影園詩》二册奉繳,有他種明末人文字可借觀否?均初同年。蔭頓首。

一七

昨得手示,具悉。《荆駝逸史》及明板《隸釋》可得否?該價若干,祈示及爲荷。此上均初同年。蔭頓首。

沈老爺。

一八

梁碑在亂書箱內，容遲日檢出奉去。刻因有客，未即覆爲罪。求益甫題件，便中望一催爲感。均初同年。蔭頓首。

致趙之謙

一

昨走訪，不值爲歉。滕同年命金二兩，伏祈轉交爲幸。其所推算與弟廿歲前請人推算者無不脗合，不可爲不准也。此上益甫仁兄大人閣下。弟蔭頓首。

二

日來悶極，伏祈假書數種一觀爲感。並祈便中爲訪廠肆，覓明末書及明末忠臣集，尤感也。盲人瞎説，可笑否？此上益甫仁兄大人。蔭頓首。

並祈向均初同年假忠貞遺跡一看，有他書亦祈轉借，不另函矣。又拜。

致潘霨

一

偉如大哥手足：

久未得書，甚念，唯政祉日新爲祝。弟碌碌如常，署中事因大婚籌款，支絀異常，真棘手也。有金君者，椒坡之聯襟，徐頌閣之姊丈也，向在長虎臣方伯幕中，聞其人極能且耐勞苦，現隸仁姘，望哥量材斟酌照拂。辛兄得按察銜，分發道矣。前奉懇之藩署聚珍板書，未知有現成印本否？萊山想常見。子和計此時應到矣，其人極精明也。恭賀中秋節禧。弟鄭葊謹上。

嫂夫人及侄輩均好。大侄已歸里，聞欲來當京官，確否？

二

偉如大哥手足：

得手書，具悉。勛猶日茂，寵眷滋隆，頌甚頌甚。弟奉命知貢舉，直須忙過揭曉。承示事自以早辦爲是。且皆吾哥前任之事，爲人耽遲，尤爲不値也。並當轉達同事諸公耳。前懇覓寄各書，不識何時可有？《蘇魏公集》(蘇齋石所刻)、俞大猷《正氣堂集》及戚少保年譜，此三者尤要。本省所刻，想不難致。近來酷好宋元板書，而此地渺不可得。大哥於無意中爲留意感感。知無常得晤，一切想必縷述。明日入闈，匆匆不及多述。敬問雙安。弟蔭頓首。二月十三日。侄輩均安吉。

三

偉如大哥手足：

久未得書，兩函同奉到，唯興居安善爲慰。弟事煩不了，竟日在睡夢中過，可懼也。馬君又欲思遁，薛君不發一言，李德立已病故矣。承示復知無一函，甚是甚是。京師至今不雨，時症極多，可慮之至。專此奉復，即頌箸安。弟蔭頓首。三月朔。

嫂夫人、姪輩均安好。四兄、九弟均此。

四

偉如大哥手足：

前迭寄各函，未知已收到否？唯起居安適爲念。月朔得透雨，大田可播種矣。馬文植已告假允准，市儈不足怪。唯此間有與之結交者，真可鄙，今則絶之矣。俗子例如斯，不足怪也。麟生兄赴歙已歸否？弟所寄《感逝集》已收到否？芍庭聞常有書也。此頌近安。弟蔭頓首。四月二日。

嫂夫人坤福，姪輩均好。四哥均此，不另。

五

偉如大哥大人閣下：

得手書，敬悉，伏惟藎勤茂著爲頌。弟終日杜門，不與外事，無見無聞，直是牛鳴甕中也。時事可憂。惟知無時有信來，極關念。兄若有見聞，不知長安人海竟無片紙。始猶有運齋通書，今則運齋將歸，計日可到。通書者唯頌田耳。南中聞秋收尚好，弟則身無半畝，亦無從知也。草草布復，敬頌雙安。弟制蔭頓首。十月六日。侄輩安好。

六

偉如大哥手足：

十五日收到來諭、聚珍板書二箱，尚有二箱未到。是日又接來諭，並《聖祖庭訓》一包八本，敬謝敬謝。伏維起居安吉，天眷日隆爲頌。弟其忙如故，以爲大婚可以稍閑，仍舊日不暇給。堂上近日常患下身生瘡，一瘡平一瘡又起，老人素喜出門，近來殊悶。內人久病，時發時止，本原之病不易即痊也。李村盼放太切，覺得不放，一刻不能安，其實徒多勞想，無益也。知無近來身子甚好，惟盼伯衡早調一缺，當可支持也。少峰夫人危在旦夕，未知能過冬至否？二箱聚珍板書尚未收到，未知何日可到？鏡如哥久無信，未知已回任否？弟爲此大費事也。敬頌雙安。十月十七日。弟蔭頓首。

侄輩考試喜音不遠，先此道賀。

致　陳　彝

一

施已電約之，且屬帶辦善舉之人，並多帶棉衣來。見還四百，大可不必，再侄並不請奏，何必斤斤較量乎，且存庫作另可耳。大錢必須慎之又慎。前年春間市面，太姻叔未在京，一查再侄及高摶九原奏便知。再問查、蔡，深知之。人人以爲可虞，徐徐用之。現亦無法矣。又，月內二十。順府似應將[各屬]急撫開單具奏，並連爲難情形一並入奏。至冬撫以積水未消，必須提前辦，或加一加撫，則俟酌量情形爲之。楊道筆墨極邑，現既爲總辦，似可煩之。蔡亦名士之孫，且亦名士而詩人也。敬請勛安。蔭頓首。寅正萬善殿書。

現有募得藥三萬包，是否運至府？今日尚未到，明日來。張肇鑣未必得閑，既今劉兆璋先令一查，如何？煤路卷再繳。又，聞楊令曾有書皂大閧之事，意欲離此地，此亦難題，且明年恐辦上陵大差，更難其人。

二

煤道關係民生，可早開，即可少振，上次即如此也。似應葛北棠、張肇鑣前往看估，如何？蔭頓首。

三

寅刻發一緘，交來使帶回。茲將房山卷呈上，請令劉令往查，較速耳。敬請勛安。蔭頓首。

黄慎之函便中乞賜下。廣東痧氣丸約八九日方可到。又朱信。十四。

四

刻交吏帶一函，想已呈鑒。袁遂事，楊函、袁信乞發還。再侄自作一函與合肥，省得兩人同碰丁子也。又，張倅一禀以爲何如？候酌定。敬請勛安。蔭頓首。未初刻。十四。

五

吾丈説甚是，如江説似有轇轕也。前各件已申正三遣人呈上。年李相見二次，亦好，即電與説定。與大部商量一件，蔭必力言之。公先與叔平一言之爲屬，蔣禀勝於張。男女不可合則是。盛信即登萊青，刻申正專人有李端遇信。送繳。李電閲過繳，只得照辦。上海電閲並繳。已收。胡信收。施少欽及盛似應即公電復之，並謝。王符藥至屬。蔣禀是可行也。匯翁亦先函謝。楊信甚妥，文安則所望太奢，石印之書暫時難送人，余摺珊、徐叔鴻只得應之。東安我處必應再發二三千，方説得去，空文恐致人餓死也，罪過罪過。楊函留明早間繳。再侄日日丑初起，現已酉正，目昏實不能辦矣。據實以陳，敬請勛安。蔭頓首。

又，再侄處有河南寄銀條憑此取銀。二紙，乞飭可信之人前來取去，再侄未敢遣人持往也。敬請勛安。蔭頓首。

六

昨酉正三刻一函，正在碎夢間，隨口亂道，不知所云，亦不甚記憶。今日在内，鳳石交來一件，李小研所説，蔭未知底裹，是以所復牛頭不對馬嘴。退直時，遍尋福相未找著。適遇叔平，力言之，彼云見篆亭必説及。楊道信繳，任逢辛所擬辦法，據鳳石云攜示子密。未敢妄贊一辭。至盛爕臣攜銀撫武，若如所云，造端宏大，蔭詳情不熟，不能置可否。聞武清八百餘村，據莊云未辦。即敝家人住楊家店者云，其處十餘村盡在水中，不唯未見撫，亦未見查户也。云是初八日來者。況武村多於東安，東既有十萬餘人，則武不知多幾倍。恐盛未必允分，若待其不允而再寄款去，則已遲矣。計夢華八君所攜之款，未知若何。昨藥已交夢華矣。馮禀奉繳。再，十七日再侄赴正藍官學，署者當即前所議定。十九日再侄火藥局查工，圍牆坍盡，須辦欽工。如有奏事，乞注明臣潘赴，合并聲明。敬請勛安。蔭頓首。十六日辰刻。

外，楊信一件，馮禀一件，鳳石交來任説帖一件。

七

張家灣積穀自應還之本地民，此等算盤，徒然令民看輕也，似無謂也，以爲然否？石印書令蔭留二部則可，强他人則難。文安自應先准動用，再籌加撫，霸、保倘松、朝、白可兼，若吃緊當何如？明日當力疾到，昨又發痧，今日尚不能食也。潘正聲來見，通州二萬斷不可少矣。刻一緘，想已見。敬請勛安。蔭頓首。午正。十七。

八

外件奉閲，其五千者聞尚未取，即取爲要。明日尚有面交之件。敬請勛安。蔭頓首。十七申初三刻。

户部准捐其中照火器營者，乃胡芸楣所托，而户部應之者，胡允分捐也。吾處應貼告示招捐，並先函告合肥，詢楊、查、蔡，如何？又拜。十七。

九

醉酒飽德，感謝無涯。原信繳。鄒改派吳世長如何？庖人真是名品,不多得也。蔭在文闈遇之三次,尚不多事。歸、米、范、王俱來。求交卸。爲武場,屬以面稟。適有西紅門難民首事數人,已屬張倅告。記是十六人,馬弁帶交。已電交屬津黃花農觀察建笁。矣。專此申謝,並頌勛安。蔭頓首。十八日酉正三刻。

又,王帶陳小亭言,恐陳壽椿吃不住,或添派一人,如何？啓極工極妥,昔人《鐵淚圖》也。

一〇

所諭敬悉,署缺即如命,東安應飭速赴爲妙。夢華跌傷,佺送傷藥二種,刻方送去。未知有效。佛卿亦作慰道謝。任說能成,真神佑,但望廖、張續肯爲力耳。文安、寶坻且應之。寶坻若合肥允袁來,十四所發蓺芳信,今早始行,不知何處遲遲也。南中有銀錢可望,否則難矣。敬請勛安。蔭頓首。

一一

可否將此稟批交武清迅速酌核,並於稟内加"已飭該縣迅速酌核"與之,候酌定。蔭頓首。

一二

禄米倉乃著名極壞之米,應請暫不領,俟户部復文來後再領,如何？候酌。蔭頓首。

一三

石稟奉繳。刻雨中自火藥局歸,公事亦糟極。火藥雨透者甚多。其廿一所遞之件,得暇望賜一摺底也。張吉人送來胡伯厚承基。《散米說》固好,但非三四十萬石不敷用耳。且非遍查户口不可,誠如面諭所云也。閱後仍祈發還。議論易而辦事難,奈何。昨楊藝芳有信云，廿日來信奉閱，閱後發還，尚未復也。敬請勛安。蔭頓首。

所云傅相信即爲袁遂也。郝貴瀾者，武清之大紳。聞崇地山云，與之聯絡辦好。十九。

一四

正在封函，適接手教，米包如此，奈何奈何。棉衣南中所定，恐未必多，不過一千也。又，各件奉還，胡志函暫留。敬請勛安。蔭頓首。午正一刻。

一五

棉衣再佇南中已寄電去，並有電來，約不過一二千耳，恐未必能多。昨所云，想已密飭人預備矣，愈遲則直愈貴也。黃信奉閱，即慎之之子也，文理極優，學問亦好，將來後起之秀也。刻交吏帶去各件，想已登記室。敬請勛安。蔭頓首。十九日午初二。

一六

南京電奉閱，其意實可感。又將雨矣。武清極宜令地方官設法，蓋其八百餘村必有萬不到之處。若昨來八莊之稟，乃尚易到之處。不過借此以樹厥風聲耳。摺無大改，乞賜一底，匆匆一閱，實不能記耳。米事總可得請，惟將來紙糊戳破，必有不能之時耳。敬請勛安。蔭頓首。十九申正三刻。

昨摺中豈請米乎？匆匆不記，云將來八、九、十月間，非此時也，幸勿請。如有之，望刪之。但奏情形，勿言請米。

一七

龔信甚好，得此鉅款，大爲有補，此吾太姻叔盛德所感也。楊未來，蔡已到，想廿一可晤矣。雄黃丸方，當按照配之。户部米當可請，但各州縣運價各縣似同。光緒五年，王塈於三萬米開四萬運腳，以後直督奏，遂不准開銷。此必須與查、蔡、楊密商也。另紙錄之。復李、復胡信，均極妥，書法真極佳，此即仲宣次君邪？賞倉米十萬石，切不可由順天府領，以屬各州縣自領爲妙。自領則有花銷，雖劣倉亦有頂高之米，順領則一味官話，倉亦不敢言花銷也。敬請勛安。蔭頓首。寅初三。

一八

寅正奉復一緘，想已鑒。散直時遇叔平，云倉米其四萬只能禄米倉，其六萬可由通倉，以未收之江北六萬石抵也。俟奏後行文，我處派員去領。又，張陳氏又來門口，已遣弁押至本署，只可交治中矣。敬請勛安。蔭頓首。

摺中莫漏卻馮煦否？

一九

刻二函想已鑒，摺匆匆客多未及細校，仍祈細校。又，袁令片，楊道所云兩語能另寫否？字不多，或可寫。又，阮引傳下"等各"二字挖去，寫"馮煦"二字尚通。匆匆不及述。敬請勛安。蔭頓首。

二〇

凡寫摺快者必好，遲者必壞，以後蔭願籌撫局專延一人寫摺。如張如枚充文案，則户部有一人寫摺，非常之妙，彼必知之。即查如江寫手摺之人，字亦不壞，若李世兄則更佳，或求之局，公請之，如何？敬請勛安。蔭頓首。未正三刻。

二一

刻常舍人面遞,現在楊、查、蔡俱在京,應請批籌撫局辦理。敬請勛安。蔭頓首。

籌撫局亦應即擬定章程。

二二

復三紙,只可我兩人矣。知丈決不我責也。切勿示人,至屬。

二三

務乞與秋樵、士周、崔君商之,若如各函中所云,再遲遲,細針密縷,恐死者不知其幾何矣,獨不聞古人之救災如救火乎?妄言。丙之。

二四

嚴字未敢以爲然,緩字亦未敢以爲然,即此二字,死者多矣。妄言,勿示人也。切切勿示人,丙之爲要。救荒無善策,昔人之寬云速,無曰嚴曰緩者。

二五

刻常光斗來,付以一信,想已賜鑒。黃信底極周密,將來付一底稿,蔭閱過即忘也。蔭意多費不足惜,只求人少餓死耳,是以從前極言緩之不可也。現在速辦,猶未爲緩,若再遲則真嘔心滴血無如何矣。

二六

各屬運米腳價務須核實詳報。米石定章銷五釐。自光緒自行籌款，不准報銷，十二年只通州運米。故折色居多。本屆米不及奉天之米，若不能折色，似腳價宜早定，按里數遠近以定多少，查照近年粥廠腳價及平糶腳價。水陸不同，應屬楊、查、蔡詳准通行，各屬一律辦理。倘各牧令於詳定運費果不敷，自係辦理不善。應令賠墊，不准籠統開銷。

二七

張兆豐才可用，必不誤，蔭可保也。又，外來二函，望即交籌撫局，其款在再侄處也。各電及件均繳。客方康了，當再設法，此等信不管數也，不復可也。敬請勛安。蔭頓首。申正二刻。

二八

尊說王事，可謂毫無遺憾矣，彼自當銜感。如江之說，將來不能不出於此，禁燒鍋則知其一而已，然已如此矣。敬請勛安。蔭頓首。

二九

英照請撥米撥銀。及馬積生信，即請閱後發籌撫局並函復交文案處。核之。敬請勛安。蔭頓首。

三〇

刻得賜復，手教敬悉。英照日日來，今日再來，有以復之矣。敬請勛安。蔭頓首。巳初二。

三一

蔭本無成見，敬聞命矣，昨所商作爲廢紙可也。敬請勛安。蔭頓首。廿四丑刻。

三二

　　丑刻一緘，想已呈鑒。昨夾片中有袁牧、施牧字樣，再侄亦未經看出。再侄實粗忽難辭。此等字樣，曾經奉旨申飭，此次幸而得免，乞告知辦摺者爲要，以防將來耳。敬請勛安。蔭頓首。廿四日辰刻。

三三

　　丑刻一函，業經申明憬悟。作爲廢紙，可不必矣。巳初一函度已鑒。信稿應否請來，似可不必。請來亦無不可，候酌。且有此君在坐，查、蔡必不去，棉衣務須催之，夜間大冷矣。京城圖賑自無疑義，張、馬、殷、李亦銅澆鐵鑄，不可少者，然太遲恐非宜。未知定在何時。大、宛先出告示，告以定期爲妙。公天下之善人，萬家之生佛，再侄何敢有言不盡哉，而虛衷尤深佩服耳。敬請勛安。蔭頓首。唐乃再侄朝取門人，當爲一提。

　　又，粵峰人潘貴和、何聲灝，其名記不眞，再開之。各捐藥六萬包，將來應均夾片交籌撫局。

三四

　　楊藝芳薦一文案，再侄忘其名號，將來是否屬其辦摺？至寫手工本房，該房係由何處挑選此等劣手，其實稍工稍速者，當不乏人也。遲劣之至，是否飭籌撫局另擇繕寫之人？聞從前舊章摺件向由治中送看，（同治年間）王大京兆榕吉時始改由工本房辦，可否飭治中一查舊章爲荷。而治中樂得省事省心矣，記得陶曼生署治中時所說。不然，外間督撫皆有看摺之員，即六部亦有辦摺送摺之人，而本省只委之陰陽官乎？今日又來，已批交籌撫局速核。又，繆小山太史薦一人曹善鐸。願辦賑，何處須添派人，候酌。夢華遣人來，云不能去，遣令郎去，則與其去同也。敬請勛安。蔭頓首。酉正二。

今日度不能出城，須明日矣。

三五

刻張畹農户部來，並帶來公呈，云石幼苓大令九年在武清辦賑最爲妥善。既有公呈，該員現在采育，應否改委前往，以順輿情，即祈酌定。即請勛安。蔭頓首。廿四。

三六

李信必應有，早發。極是極是。楊函奉繳。武、寶等決口我處力能及否？黄慎之。要米及銀，徐叔鴻要銀，張光宇似此須應。要米及銀，一萬銀票。已取來否？記似是山西者，是否楊道所薦，文案何人？（大興）王令亦未見告假，何邪？敬頌勛安。蔭頓首。

三七

莊令及張子佩所辦，蔣星吾想已言矣。又，昨周承先來言，楊令在房山忠厚而無用。且書差大哄，前函曾言之。五月以前，爲捐修衙門之故。恐順義書差習健，萬不能勝也。英照連來三次，再侄適已睡，未見其人，亦不識也。現在好在有籌撫局，昨已發一條與之，曰仰籌撫局速核耳。曹君欲往何處，當詢之繆小山也。再復。石令尚未來見，此等皆題目外之文也。尚有數千金容面繳。敬請勛安。蔭頓首。廿五日巳刻。

三八

蔣滋號星吾。適來，其人極明白，張子佩事亦悉，説得極是，惟將來冬撫思之極難矣。所諭均極要極是。又，今日查、蔡來説，上次周小棠開捐不及萬金，若如此則此次此地可不犯著開捐，仍祈飭籌撫局查案。不開捐尚可向天津分半也。敬請勛安。蔭頓首。廿五酉初三。

三九

昨查、蔡説帖，冬撫恐有不敷，安得天外飛來十數萬，盡供善人揮霍乎？奈何奈何。恐將來仍歸到如江之説，京辦粥廠，外屬辦冬撫也，散米更難盡善矣。前藝芳所薦文案，其人名似説而未記，吾丈記得否？乞示知。丁函奉繳，蔣函閲後交籌撫局。蔣所言甚明白，豪無虛矯之氣也。敬請勛安。蔭頓首。廿六。

前藝芳所薦文案，其人似説而未記，吾丈記得否？乞示知。

四〇

適得手教，又得楊道信，專函又前二函。送。寶令似不可即撤矣，候酌。敬請勛安。蔭頓首。廿七三。

四一

退直時知頭風又發，念念。阮申仲精密之至，暫留黃慎之、徐叔鴻，翁弢甫應之於前，且結實可靠，必應發。晉中款一萬，交委員帶津，還東、天糧價，是極。局用由楊墊，實非政體，見諭甚是。寶坻河事祈密示。敬請勛安。蔭頓首。廿七卯正一。

四二

徐頌閣今早云，其令愛前日遊臥佛寺，見臥佛寺難民千餘人，其處粥廠米既壞極，粥中又用礬攪和在內，取其漲多。人尋願挨餓不吃。若果如此，深堪痛恨。乞飭密查，若蔡丞未行，或順路一查，或另派一人，即可更換。

　　刻發一函，度鑒及。申仲，蔭但知爲學人、爲名士，其辦事井井有條，不紊如是，深堪敬服，將來詎止《儒林》《循吏傳》中人物乎！不勝傾倒之至，非我公任用得人，不能若是。敬請勛安。蔭頓首。巳刻。

　　再，朱適翁現在館舍定否，應否煩以一席俾之。再侄從未謀面，並未往來，但博采人言云爾。吾丈既係至戚，自必深知。本擬面談，適值清恙也。澤潤生民，想早已定見矣。又，臥佛寺一處係毛桂榮。如斯，他處恐不免。蔣丞壽齡，坊官出身，候酌。有稽察四處之責，精明有餘，仁厚不足。亦恐係傳言，必俟確查方定，似未便即令蔣丞查也。候酌。

四三

　　遣人請張肇鑣，云往鎮國寺未歸。昨手教一一敬悉，所諭極是。候查如江來，當與面商。惟思寶坻流民四出，前令既未辦妥，後手布置匪易，或設粥廠，有粥廠稍免流亡。或辦加撫，現在款既不多，若直待冬撫，恐流民愈忘返，爲時尚久，奈何。前見簿中錄目有。戶部來文，云有江北六萬石抵用。此米自應在通，即祈函商楊道，如何布置，伏祈定奪。又，侄處尚有捐款，當交如江呈上。交兵不放心。又，來電二，江南棉衣及愛育堂。乞飭局復之爲荷。敬請勛安。蔭頓首。廿八。

四四

　　自散直俟至今，張既不來，查亦不到，公事之難，甚於伺候上司也。敬請勛安。蔭頓首。巳正三刻。廿八。

四五

　　刻件已交如江，而張肇鑣其札在侄處。至今未來。寶坻九百一十村，香河、通州三百餘村。村多人自多耳。阮申仲真有用之材，武清亦及千村，是以侄意擬粥廠，刻告如江。再侄心折也已。局議甚是，敬繳。二電漏已交如江，並七千餘金交付之。黃慎之刻來，所云只好辦到那裏是那裏。侄告以無錢即止，蒼蒼者天，我等其若之何。粗洲所辦亦然，其函敬繳。東遍三廠未見，想斷不能好，官樣文章，如是焉已。敬請勛安。蔭頓首。未初。

四六

聞三河、向來、北務等村回匪盜風甚熾，賴令意欲結好於回，向禮拜寺上扁。豈知回不但不知感，自被災荒以後，強悍愈甚，各處搶劫，聲言何處敢言，何處殺盡，盜風益熾，殆不可言。向來前數年，冬令以前函懇合肥，令鎮軍早行前往，應即作公信致合肥，令練軍即前往鎮撫為要。至賴令一層，應請即飭楊道密查，毋得諱飾。三河離陵寢及畿輔較近，必須早辦。今日有恩景、有庶子。御史德本封奏我處有事否。敬請勛安。蔭頓首。未正二。廿八。

四七

刻一緘交馬兵呈上，想已先呈鑒矣。聞朱潽已捐官，未知其捐何官也。自當是府道。愛育堂之款，乞一查，新泰厚是否已送來，或有條已取過。又，電來而銀未到，乞盡將各電交籌撫局一查，各開一單。即未便催，似亦可先知也。敬請勛安。蔭頓首。廿九辰刻。

刻莊大令來，據稱昨見太姻叔，已許一千石米，但一千石米萬不敷用，能再求兩千石為妙。再侄深知莊令在武清有莊佛爺之稱，似此三千石米可養活數十萬生靈之命，諒太姻叔必以為然也。又，張令前往寶坻，武清八百餘村，寶亦九百九十一村，似亦應撥米數千石，令其前往設廠，方好下手。且出月擬再請米十餘萬石，當可邀恩也。又拜。廿九。

四八

户部云，海軍衙門肯讓三月捐，仍在户部捐。連外各省俱讓三月。據叔平云，分直、順，約至十一月，直、順二處約可分得十萬左右。若果如此亦好。廿九。

四九

五百一張、四百一張、百一張，即九江道李希蓮所捐之一千，連聰翁一函奉上。前年三河一帶馬賊回匪七月底、八月底。横行，曾偕搏九公函致合肥，請派練軍彈壓。似亦應公函以見鄭重。此等宜速辦，遲則一經嘯聚，便成大患，我等説過而彼不謂然，則我告無罪矣。祈酌定。愛育堂前款記不清楚，其第一次係三千。新泰厚，乞一查，即向該鋪一問，是否往取，必有銀條也。是否在黄酒館送呈二次。面交。抑係二次。現在再侄處無存款矣。敬請勛安。蔭頓首。

五〇

刻畫通永道札稿，見字樣三河令下。不好看者，妄塗之。雖再侄風聞似只宜密函，詢楊。寫在札上不好看也。大興病假。云云，甚是甚是。張令五千米急撫尚可，粥廠難言。恐未敷，武、寶難以香河二百餘。比者，武八百餘村，寶九百十一村，是以莊佛不能不求添也。莊刻來長談，去後當即發信交吏，似即加二千石，冬撫尚不在此内算也。十萬金，據農曹云十一月内可有，姑以此自慰，如何？至開捐局則前此小棠開捐，據如江云不及萬，不如索性俟直隸分來，想亦不能分來也。此請勛安。蔭頓首。廿九未刻。

五一

江北漕米六萬石，應早爲料理，否則倉場不管，我處無人，恐散失也。香、東、寶、武、順九縣皆一水可達，或飭先領備冬撫；如何？又，盛京之米亦令各順自赴津領，可省腳費。鎮國寺、樊村速派人爲要。昨已來寓遞呈，若無人，或屬如江請張如枚，且可備墊。如何？候酌。糧缺應請即委人，或委何人，即令管鎮國寺三粥廠，如何？敬請勛安。蔭頓首。

五二

《順天府志》末一本附錄，昨始翻得，九年各摺均在内，想早已檢查矣。如未閱，當即檢呈。又拜。

五三

再侄並不知李生，前向局中説過多次，是否仲宣之侄世兄，若代太姻世叔寫合肥信。此人極好。甚工□□□可知□□我等可□□□□，應各送□若干。云寫摺必須有人，工本房不堪。寫信必須有人。我等公請，而總未見其説一人，太姻叔送以若干，侄亦照送，務改□知。是以只好云飭局作復也。見查治中寫説貼之人字甚好，十餘日前曾説及此人，字可寫摺，彼謙讓久之，亦不知其何人也，亦不説出。悶悶而已。察院會奏未告假者橫列名後銜。注感冒，已告假者方注假，不遞膳牌，至屬至屬。

五四

頭風，甚念甚念。國子監左右有一鋪已相傳數十年。專賣太陽膏，南中曰夾紙膏，試之極效，再侄屢試而屢效，惟不能絶，但能止耳。又拜。

又有以鷹腦煎膏貼之者，太罪過。左痛左，右痛右。初一。

五五

昨楊味春來，知佛青、胡靳今日亦到，留丹亭在彼，甚放心也。朱世兄想亦留彼，數君子真千辛萬苦，我輩驚魂少定。後擬偕太姻叔同請諸善紳在敝寓一席，如何？取其城外人多，來較近也。約須兩三席，在冬撫以前。秋樵曾作東，請大興及朱倅及張吉人諸君，我等似不可少此禮文，應並秋樵、光宇而請之。又，光宇處聞曾許以三千，侄未之見，得自傳聞。昨所畫稿之當十錢一十五萬，即此款否？昨李蘭孫以外間求助發信，欲我處爲發官封，想昨必面懇，度已允之矣。如交來，即送上。敬請勛安。蔭頓首。

五六

手教敬悉。外高陽件八函呈上。刻佛青來長談，知丹廷、莘生尚未來也。糧廳爲李爲朱？候酌定。鎮國寺民人遞公呈，再侄批令候尹憲示也。刻交吏一函，連此第四函矣。敬請勛安。蔭頓首。朱聰芳不動，小委員尚少一員，必須添派。初一。

五七

手教敬悉。糧廳今日當已委人，揚州館甚好。愛育三千。事曾一問新泰厚否？今日起見，丑下初巳，聞有七爺府也，草草。明日再侄查正紅旗官學，不入直。楊道暫留。夾紙膏貼之，有益無損。敬復勛安。蔭頓首。寅初，萬善殿。

五八

楊函奉繳。莊前來見，長談而未說到，是以再侄爲之代請二千石也。今日未知來否？昨聞趙文粹言永清事可危。其人極開展，靈秀有用之才。惟云初一舉事，王言馬妥當有餘，應變不足。林紹清忽停粥廠，亦趙所苦。大屬非是，辦事人多，解事難耳。敬請勛安。蔭頓首。初二日。弟三函。

五九

刻莊君來，並發去藥。告以如是如是，必能心心相印也。唯三人知之。彼明日必面言即行。敬請勛安。蔭頓首。

已刻交吏帶一函，內有楊函，閱後發還。已將藥發去。

六〇

今日查學須午初方歸，吏來時蔭未必在家也。醇邸病重，今日未知稍輕否。蔭以爲趁此時請二十萬石漕米，援前年冬高摶九偕蔭之例，蓋請漕米始此。以前皆請粟米，粟米近來實不堪食也。上次只請十萬，此次只言漕米，勿言其數目，大致摺中言二十萬石米，便可延數十萬生靈之命，庶粥廠不至作輟，流亡或者漸少耳。若即日出事，則奏事約須在七日或二十七日後矣。南華、秋水，想已見之矣。鄙意與尊意當相合，滬局經蓮珊、提調也。施少欽，尚有六人前來，手本其名俱在。再作一函謝之，並與聯絡。再作一函，乞其於無可設法之中再爲設法，以輦轂重地，非直隸、山東可比，而情形又萬緊也。敬請勛安。蔭頓首。初三日卯初。

謝其棉衣一萬三千件。陳咏南部郎、王心如觀察、楊子萱大令皆與經、施二君同稱仁兄大人，施稱通家愚弟。

六一

歸來知留呈之函已交吏，當可先此呈鑒矣。刻來楊道函件及張道鴻祿叔和。函件閱後發還。奉閱，電二附去。當尚不絕望也。莊令、張令想已見之，糧廳想已委矣。敬頌勛安。蔭頓首。初三日巳初三刻。

致胡子英

一

德興隆敦，望爲一看。刻看銅器三件，乞付一細看也。此上子英先生。含英閣。蔭頓首。

二

南中銅器五件，已有拓本來否？來時乞付一看，尚未來則亦不必枉過也。子英先生。伯寅手肅。

三

所説杭州之器已到否？即乞示知。子英先生。潘具。

四

今日擬全清帳目，即乞枉過，並有面商要件，勿遲爲盼。子英先生。伯寅頓首。

五

近日想無可看，俟還價清後再□□□□□。鐘架圖如畫得，便中送來一看，如何？含英閣子英先生。伯寅頓首。

六

前説有兩爵，能取來一看否？明日如得閑，枉過爲妙。如有所得之件,今日枉過,尤盼。含英閣子英先生。伯寅手泐。

七

殘銅十件送還,昨説有一陽文爵,乞付一觀。子英先生。伯寅手書。

八

昨所云之殘銅及戈頭等等,今日能取來看否？祈示知。此致子英先生。伯寅手泐。

九

所刻之件,已刻好否？有無新得銅器？含英胡子英先生。潘具。

一〇

鼎板已刻好、印好否？劉敢有信否？即示復爲要。胡先生。廿一日。

一一

二卣、一破敦蓋,每件六十金,如何？今日即付下,否則拉倒。胡先生。潘。初五日午刻。

一二

卣近日又有力矣,如未送還,仍付下可也。如已送還,則不必矣。含英子英先生。潘具。有他件銅器送來一看。

一三

得暇望即到寓中,有面交之件。如有古器,並望帶來一看爲荷。含英子英先生。潘具。

一四

盃今日尚未有,不要緊。所説之尊蓋及爵,能今日送來一看爲妙。此致含英胡先生。潘具。

一五

尊蓋如已取來,付看後尚可酌加,明日望取來一看。含英子英先生。潘具。

一六

有人欲得董北苑畫,望即枉顧,以便議價。如已去,即不必矣。胡先生。潘具。十九日。能攜原件來更妙。

一七

有舊拓絶佳之《争坐位》爲找一部,重直不惜也。不好者不必看。箋速刻速印。胡先生。十二日。

一八

昨奉致一函,想已見,今日能有所見否?即祈復示。此致含英閣。潘具。

一九

殘銅及殘戈可得見乎?子英先生。伯寅頓首。

二〇

前所托事如何?云今日來,有何可看之件耶?子英先生。潘具。

二一

數日不見,未知近日有新得銅器否？如有,今日即送來一看。子英先生。潘具。

二二

近有新得古器,望送來一看,無則不必。有張二水字真者亦送看,假者不必。含英胡先生。潘具。

二三

云有兩觚,又一角,拓本能送來看否？此致子英先生。含英閣。潘具。

二四

得暇望即枉過,有面交之件。如有新得之貨帶來一看。含英子英先生。潘具。

二五

明後日均不得閑,盂拓本能付下否？前所説一小鼎且己父癸。亦交去手帶回。此致子英先生。含英閣。潘具。不必枉過,即欲睡矣。

二六

通州之件如何？明後日住城内,過廿五便要上陵也。胡先生。廿二日。

二七

前做綠印泥色太淡,思竹送來者顔色不鮮明,乞即爲做,要乾緑、深緑而鮮明者，至屬至屬。欲速。含英胡先生。潘具。

二八

通州各器已取來否？能即送來一看否？子英先生。十八。

二九

葉氏有三簋一盤能爲訪之乎？除付價外，當以百金爲謝。易州之器亦然。子英先生。潘具。

三〇

刻所説破碎之件，乞即交去手，遣人同來可也。點名數目。含英閣。潘具。

件不必送看。

三一

拓片今日可見否？大栅闌之敦去問過否？今日卻喜閑無事也。含英閣子英先生。潘具。

三二

所説之件，今日能看否？如不能看，亦寫收條爲要。含英胡先生。潘具。

三三

今日還京有可觀否？即乞示知。含英胡先生。潘具。

三四

有件面交，即刻來本寓爲要。含英閣。潘具。

三五

盉拓本可得見否？卣往問過否？望示復。子英先生。潘具。

三六

卣一、角一、鐸一已往問之否？不可鈎奇，有意遲遲，若以遲延爲妙訣，則鄙性不耐，後勿怪也。子英先生。含英閣。伯寅手具。

三七

今日拓本可得見乎？盼切盼切。含英閣。潘具。

三八

有事奉商，今日如不得閒，即乞廿七、八日申刻枉過，至屬。此致含英閣胡先生。潘具。

三九

尊蓋今日能取來否？田先生聞已不在寶齋，望備信，令其前來。又畫萬壽册頁十三、四准要。六分必齊，不能再遲矣。此致子英先生。伯寅手書。

四〇

刻所説一事，如何？今日有端倪否？含英胡先生。潘具。

四一

有琉璃廠能畫花卉、工筆者帶一人，屬爲蘭花作圖，兩心九瓣也。胡先生。初九日。

四二

《聖母帖》《藏真帖》有稍舊者，覓一本來。胡先生。十八日。二册奉還，劉敢來否？胡先生。廿日。

四三

戈一、鏡一均送還，簾如已來，即交來人帶下，遣人同來。含英閣子英先生。潘具。

四四

昨奉訪，不值。所商之事能成否？乞示。不必枉顧，今日不在家也。含英子英先生。潘具。

四五

所説之鐘已有否？如已送來，即乞付下一觀爲盼。含英子英先生。潘具。

四六

近日有取來看之件否？若無，即不必枉過，有即送來一看爲妙。多日不見一物矣。含英子英先生。潘具。

四七

早晨扇想已收到，今日角與卣能送來一看否？盼盼。含英胡先生。潘具。

四八

緑色印泥能早爲辦妥爲要，即欲用也。不知思竹已做好，乞一問之。含英胡先生。潘具。

四九

各件想有暇矣,能爲覓拓本一看否？再遲則敝處無暇矣,一二日内即候佳音。所裝之匣,愈速愈妙。他處能有古器可看,則更妙矣。此致子英仁兄,蔭頓首。七月十一日。含英閣。薄高麗紙箋允爲做先付樣一看,即做爲妙。

五〇

兩尊俱不愜意,仍以送還。此致含英子英先生。交去手。潘具。

五一

所説四字刀及小幣即付一看爲要。含英子英先生。潘具。

五二

所説某處之爵可付一觀乎？抑竟不能乎？含英子英先生。潘具。

有他件可看之古器乎？

五三

緑色印泥乞即付下。前日之觚究不佳,亦無庸置議。伊處尚是前(去年)所見之爵尚好耳。如有他件,亦乞付觀。此致含英子英先生。潘具。

五四

前日所説之尊及破詔板一塊,乞即送來。含英子英先生。潘具。

五五

緑色印泥,乞即付下。盤有否？含英子英先生。潘具。

五六

緑印色不緑,乞爲重作之,能令其緑爲妙,懶於重印也。含英子英先生。潘具。

五七

乞即刻枉過,至屬至屬,千萬勿遲。含英子英先生。潘具。

五八

所説之件,約在何時可見,今日有拓本否？祈示復。含英子英先生。潘具。

五九

今日能取一角一匜及他件來一看否？盼盼。含英子英先生。潘具。

六〇

所裝之匣有否？如有古器,送一看爲妙。含英閣。潘具。

六一

聞有火燒六字刀一、即墨刀二,望即付一觀爲感。含英胡先生。潘具。

六二

葉處破爵,前此看過退去者,尚在尊處否？如尚在尊處,再乞付下一觀。此致含英子英先生。潘具。

六三

三器皆佳,惜乎無字,字皆僞也。此還含英子英先生。潘具。

六四

所説之陽文鼎能送來一看爲妙。含英子英先生。潘具。

六五

去年所看大栅闌一字之爵及幾個破爵,望取來一看。含英子英先生。潘具。

六六

如有可看之件,即送來一觀。含英子英先生。潘具。

六七

卣拓出看,竟大不佳,不必議價矣。含英子英先生。潘具。

六八

今日務即枉臨,至屬至屬。含英子英。潘具。

六九

有奉懇代做之件,望枉臨爲荷。子英先生。伯寅拾紙。

七〇

今日偶得閑,前二鐘如能照所説或送來一看,多則毋庸議。含英子英先生。潘。

七一

南中之器，今日可到否？到時即付一觀。子英先生。潘伯寅頓首。

七二

三爵今日可見否？錢跂尺牘刻已由崔階平送來，可不必看矣。含英閣胡先生。潘具。

七三

托田先生問王戟門之件，即往問爲妙。賤性最急，不能待，且趁此清閑也。含英閣。伯寅手泐。

七四

一鐸仍欲得之，又一匜亦取一看，至要至要。含英子英。伯寅具。

七五

今日偶閑，能枉過否？不得暇則不必矣。含英胡先生。潘具。

七六

近日有可看之器否？即祈示知。此致含英子英先生。伯寅手泐。

七七

觶字不佳，仍送還。其破碎之件，急欲觀之矣。子英先生。伯寅手泐。

七八

杭州之人來否？如來，即付觀。不來，若並無他件，不請枉過也。有錢叔美（即錢松壺）畫否？含英子英先生。潘伯寅具。

七九

各件説今日有能有否？祈示知。緑印色則必要也。含英子英先生。潘具。

八〇

前所托事如何？新正有古器否？子英先生。潘具。

八一

杭州之件到否？到即乞付來一看。如尚未到，不請枉過，連日在家時少耳。子英先生。潘具。

八二

盉竟泡不出字，又損其一足，只好送還，歉甚歉甚。含英閣。潘具。

八三

昨奉候，未來。今日能攜古器來一看否？子英先生。伯寅手泐。

八四

卣一個，連日甚窘，無力得之，只好送還。含英子英先生。潘伯寅書。

八五

兩鐘略加數金亦可，或即交去人帶下。含英子英先生。潘具。

致吳承潞

一

廣安仁弟姻世大人閣下：

得手書並惠鹽檬，敬謝敬謝。喜溢門庭，不獲躬申道賀爲歉。惟百事順意，指顧封圻爲賀。日者之言大約必驗，可預頌也。兄忙及病皆不減，忙則兩月無片刻閑，病則廿餘日未著枕。昨又蒙御畫五軸之賜，得者但十六人耳，益深悚懼。日來又須遍歷五壇及東陵一行，又須遍歷九門，但孰先孰後，亦不能定，筆墨只此二日歇也。草草，復謝，並賀闍潭大喜。愚兄蔭頓首。十一日。

二

廣安仁弟大人閣下：

前奉一緘，想已鑒及。唯勛猷日茂爲頌。兄肝胃疾劇，已一月未得安眠，而公事又忙極，殊不得休息片時。前乞惠鹽仁檬，便中乞寄少許爲感。日內又須遍歷五壇，不但夜不得睡，晝不得歇也。草草，布頌台安。兄期蔭頓首。十月朔。

三

廣安仁弟姻世大人閣下：

得手書，具悉。惟即事多欣，溫綸指日爲頌。兄目疾、肝疾，肝爲尤甚，往往徹夜叫呼，甚苦。便中祈寄鹽仁檬一罐爲感。南屏到京二日而没,訥翁高年,何以堪此。彥丈久無書,晤時祈道念。公事節事忙極,不及多贅。即頌勛安,並賀節禧。兄期蔭頓首。十四日。

四

廣安仁弟大人閣下:

前奉一緘,度已鑒及。惟天眷優隆,履新指日爲頌。兄忙不可言,目疾、肝疾皆不愈。現因萬壽聖節,住東華門黄酒館中,陰雨連日,從來所無,因此少得數刻暇,否則直無握管時矣。衰病頽唐,而忙愈甚,如何如何。草此,聊以代面。此頌勛安。兄期蔭頓首。廿八日。

五

廣安仁弟大人閣下:

前得書,極承關念,謝謝。唯明時納福,天眷日隆爲頌。兄忙極病極,都無可言,望爲寄鹽檸檬爲感。弟今年必有遇合,可静以待之耳。彥侍丈久無復書,不知何也。兄忙極,不及作書,祈道念。此頌勛安。蔭頓首。十一日。

六

廣安仁弟大人閣下:

前奉一緘,度已青及。唯順時納福,天寵非遥爲頌。兄近來忙不可言,無論署中公事,即内中題畫已一百七十件之多,忙而且難著手,同人中大有不稱旨者,是以難也。且都係老手,更不可提及耳。賤疾日甚,前求爲覓鹹仁檬,得便爲寄少許爲感。目疾、齒疾都不愈,而胃痛爲尤甚,幾乎通夕未眠。丑刻即行,日中則疲憊更甚,絶不可支也已。草草,布請近安。兄期蔭頓首。九月十八日。

彥侍常晤否?近寄一緘,當已收到。存齋到蘇否?

七

廣安仁弟姻世大人閣下：

　　得書，具悉。唯天眷日隆，真除在即爲頌。兄忙日甚，病亦日甚，詳濟、竹函中。今年恐有西陵之行，亦無法也。鹽檸檬便中乞賜，吾弟今明兩年必得真除，靜以待之。著緊著急，亦無謂也。病甚，不多及。此頌勛安。蔭頓首。十八日。

八

廣安仁弟大人閣下：

　　前奉一緘，想已收到。惟興居日茂，天眷即承爲頌。兄舊病日甚，公事日忙，竟無片暇。此間陰雨連綿，夜直尤苦。前乞之鹽仁檬便中乞寄少許，幸甚幸甚。此頌勛安。兄期蔭頓首。廿八日。

九

廣安仁弟大人閣下：

　　瀕行，竟夕深談，並荷珍藏雅貺，感非言喻。近體已全愈否，甚念甚念。鄙意總以爲宜少服藥也。兄重直南齋，兼權武部，較前稍得閑，唯謝孝仍須數月耳。天氣酷暑，雨澤仍稀。草草布謝，不盡欲言。此頌禮安。兄蔭頓首。十一日。

一〇

　　寒熱愈甚，音啞更甚。夜必大汗，得汗不解，如是者六日矣。費君在蘇否？援台之師已行否？廣安仁弟大人。制蔭頓首。

一一

　　老伯所刻名人對如未谷之類。及橫幅，如有現成拓好者，兄未得也。惠及爲感。今日有問,並祈示及。廣安仁弟大人。制蔭頓首。

一二

昨《申報》所言,又被劾云云,確否？何人劾邪？兩知。

一三

《叢書》四集奉贈,他處親友概不送,勿提爲屬。吴大人。名心頓首。

一四

閉門枯坐,秋氣深矣,有聞祈示。《南潯志》汪謝城者。祈覓一部,目愈再領。兩知。

一五

昨無《申報》,不解其故。電報有否？如有所聞,祈示。兩知。

一六

函封七枚,送上。吴大人。名心頓首。

一七

左相視師,陸乎海乎？法又犯閩,確否？餘有聞,祈示。兩知。

一八

拙刻《叢書》曾呈老伯否？若其未也,當以奉送。日内所聞寂然,恐月餘或一二月後必有事也。左、楊已抵滬否？目疾依然如故。两知。

一九

连日《申报》殊无所云,此地有电,祈示知。两知。

二〇

封五枚,缴上。吴大人。制荫顿首。

二一

函封一奉送,亦望发还。洋水仙云台允之,约在何时,有闻祈示。两知。

二二

函封二奉缴,近日寂然既久,恐又哄然之时矣。吴大人。名心顿首。

二三

有所闻否?尺牍如印出,祈赐。两腕。

二四

今日有无所闻,京师有电否?云泥两腕。

二五

清恙愈否,念甚念甚。示悉。吴大人。制荫顿首。

二六

函封七今缴。吴大人。制荫顿首。

致吴大澂

一

愙齋姻叔大人閣下：

得手書，敬悉。惟擘畫賢勞，平成即真爲頌。前者香濤電報，前後萬五千金，現即藉此並偉如之萬金、岑彥卿之八千以終。宛平、房山兩縣一百五十里煤路、煤窰，至棉衣及冬撫當再籌耳。侄忙碌已極，内廷筆墨二千餘件，不知何日是了。拓本四紙，聊伴空函，祈鑒定爲荷。大鼎須十一月方到，到後再以拓本奉呈，恐字不得出耳。此頌勛安。姪期蔭頓首。九月六日。籌款百萬，俱已有電復，想必趕解矣。

二

愙齋姻丈大人閣下：

久未得書，甚念甚念。京師自三十日大雨，直至初四、五不止，各路文報不通，聞已有決口之處，真數十年未有之奇災。適侄因淋雨疾作乞假，現力疾辦公，而無米之炊，殊難料理。現已發電數處，吾丈胞與爲懷，且曾辦撫恤之地，所望仁施下逮，或代爲吹噓，不但三輔群黎受惠，侄亦拜賜多矣。侄勉措千金，真杯水也。幸六舟丈善人君子，協志同心，或者免於咎戾，未可卜也。附去認啓單一紙。敬問禮安。蔭頓首。初五。

柳門吉林之行，尚未擇日，因芷菴病也。

三

愙齋姻叔大人閣下：

前發各函，度已青盼。兹有懇者，工部全恃水利銀項，以爲全部用度，水利全在河工。今年大婚，工部用款繁多，向來鳳輿歸內務府，今亦歸工部，水利則自前年以來用至千餘萬，而絲豪未解部，若恃奏催與諮催，則事更隔膜。書此仰瀆，當此平成入告，懋賞榮膺，務祈將本部水利趕早迅速批解，於敝部幸有關係，不啻起之於枯魚之肆。且係應解之款，並非額外之求，若遲遲我行，則索之枯魚之肆矣。此全部所關係甚大，業已函復豹岑中丞，望即賜迅速批解，至屬至懇。此頌勛安。期蔭頓首。十六日。

致彭福孫

一

仲田仁弟大人閣下：

　　得書，並惠舍侄多珍，敬謝敬謝。遠道不遺，尤可感也。秋闈校士，文運昌明，可賀可賀。兄忙到不堪田地，官學、順屬、大婚，無片刻暇。房山、宛平又值二百年未有之災，兄首捐千金，而力已盡，幸賴偉如、香濤各捐萬餘，始得修理煤窯、煤路，死者掩埋，生者撫恤，否則無米之炊，何以濟之。近況殊不佳，兄向來不問也，聽之而已。近因爲王氏甥女作媒，與子嘉屢晤，子嘉沉靜練達，將來必發，不在目前之得失也。時事可憂，一言難盡。清卿鄭工小寒當可合龍，然亦不易矣。此頌合第平安，並賀年禧。兄期蔭頓首。十一月初八燈下。

二

頌田仁弟閣下：

　　十四日得廿五書，具悉。長途集慶爲企。計此時尚未到甘省也，年內想可履新，一帆風順，攸往咸宜。訥兄之變，殊出意外，聞之當亦驚訝。兄於前月底又患目疾,至今未痊,絕葷酒,居暗室,不服藥,不點藥,廿日滿後仍續假,因紅瘤未消,看字痛也,且畏亮。以後惠信白紙大字,永以爲例,並告知熟人爲要。此復,草草不多述,即頌歲禧。蔭頓首。十一月十四日。内人問弟夫人好。

三

令伯屬高廟御製集,五百餘卷,豈刑官有此暇翻閱。兄實無暇。子刻□身,至刑部事,閣下所知也。當送至吾弟處查之,何如?如吾弟亦曰無暇,則一司所不暇者,督南齋事也,則南齋非以終日翻列聖御集爲事者也。而謂管十七司者有暇乎?蔭頓首。

四

頌田世仁弟大人閣下:

得手書,並承雅貺,感謝之至。惟新春納福,即事多欣爲頌。兄公私交迫,忙不可言。且筆墨終日不去手,南齋固應如是,而又兼地方官之責。今歲房山、宛平奇災,若非兄振臂一呼,恐煤路、煤窰一絕,京城立見紛紜,乃已頃刻了當。而奏後未見一明發,並房、宛出力南紳僅只傳旨嘉獎,以後南紳恐不肯出貲出力,奈何奈何。時事可憂,方、大不止一端,仰屋浩歎而已。專此申謝,敬頌年禧。期蔭頓首。十一月卅日。

楊乃武葛畢氏。一案,兄一手經理,弟亦任刑部時。石君因此罷官,以後以此爲歉,從無片紙往來,只此設法另圖耳。又拜。

致潘志萬

一

另紙云云,恐屆時忘之,先以奉閱。蘇舫。

刻好時先停印，餘俟商定再辦，應用何紙印亦再面商。

二

凡刻書切不可用襯書紙，此乃富貴人之惡習，以其本太薄也，藉此加厚耳。曾見定王穆相集一套四本，去襯紙則一薄本耳。我輩爲人刻書，何須如此。且即此襯紙可多印一倍，人物力之厚□矣。至藏經紙，則非襯也。乃其裝時一紙，可揭兩三張□。

三

四書各跋一紙在内，真可寶重，若前廿年，書不還矣。慎之，勿示人也。雖明本，至寶至寶。碩侄。名不具。

四

來件收到，容明日繳。彝器無釋文，或有者皆零碎，草稿不知在何許也。將來晤廉生，彼乃有全本。碩庭侄。名不具。

五

箋照摹。汪七舅在此，餘容再復。碩侄。名心具。

六

篆書愈寫愈進，圖翁語繳。連日病甚劇。碩少爺。制蔭頓首。

七

題就送去。魚集尚在否？碩少爺。名心具。

八

許侄琅邪台拓本遍尋不得，皆因家人所誤，換作一箱閑書也，只好以自臨之本奉贈耳。凡所贈各件，幸善視之，所謂禮輕人意重也。而吾亦未失信也。碩少爺。知名空。

九

竭二日之力尋得一部，千萬勿示人，再有索者實無有，徒招人怪，吾唯怪吾侄耳。《百宋》樣本，勿用黑印，用紅色印，至屬。碩侄。名不具。

一〇

獅林之念經，非廿九即初一，因卅日聞更熱鬧也。此致碩侄。名不具。仍改十月朔午後，望枉顧，即面交也。

一一

叔凡作書，皆於燈下，此間五、六、七、八四個月直是廢人，日中除看書外，連飲酒皆不宜，熱到連信都不能寫。幸而叔手不釋卷，有消遣之法耳。吾不解逐逐營營，或看戲、或虎邱、或碰湖、或滋事者之何以不畏熱也，豈別有《避暑錄》乎？藥再送十付，如有要者，速速示知，再取。碩侄。伯寅手書。

一二

爐器不偽，而字不真，蓋其款甚精，往往陽文，或刻"天籟閣"，或刻"子京珍賞（玩）"。此則以其無字而刻之，可留也。若"張鳴岐製"四字，無不陽文。遇有如前字而格更寬、爐更小者，留意。藥又去配，如要來取。碩少爺。名不具。

一三

《全生集》一本送上。碩少爺。名心具。

一四

連日跌傷臂,兩日信是以不多復也。碩少爺。名不具。

一五

紙一幅乞爲書之,欲裝之張之客座也,以橫幅爲宜。將來攜入京師,令人傳觀也。碩侄。名不具。

勿作大草,字放黑大爲妙,恐將來客不甚識草書也,半行半楷可耳。

一六

任蔣橋大嫂正壽,叔因不與吉事,凡若此者,皆不到也。熙年來否? 有信否?

一七

斯相難於少溫,所臨大好,《道因》則不甚似也。碩庭侄。制名心具。

一八

《道因碑》叔臨之半生,無一筆能似,不亦難乎! 近有《禪國山》佳拓,吾侄如無,望來取之。碩侄。知名。

一九

望即前來,來取十三元,並可同我早飯耳。香禪已到否,熙年何日返棹,均示。碩侄。蘇舫。

二〇

《夏承碑》能有眉目否? 凡此等事宜純乎天理,不可稍用巧偷豪奪之心。吾侄當能知吾心也。不成則意中事耳。昂則可,有機心則不可,不成則可,必求成則不可。未能無好,是以不能不再問耳。若此而並無之,豈非聖賢也哉。難矣。制名不具。

二一

昨件收到,並屬泉孫速速開來。碩侄。蘇舫。

二二

蘿蔓峰牋想已爲摹之,並祈即用此種紙用藍色印五十張來也。胃瀉交作,殊不見愈。碩侄。名不具。

二三

再,叔自周以後印以前曰鉢。皆不收。當時吾侄所惠不欲全璧,姑留一月,已作爲受,仍留清玩。兹仍以繳。凡字畫及漢印、名印、珍玩,叔皆不受,若以周印及宋元書則必受。雖汪大紳書亦不受也。張爐、時壺自購則可,亦不受也。古器則無人贈,且亦不識真僞也。制蔭頓首。

二四

昨題黃册奉繳,未復,當蹋得出也。徐王子沇兒鐘,舊所得拓之至精者,奉去,再欲如此精,不可得矣,蓋其物日益剝落也。又,昨劉平國乃漢石之從未著錄,直至去年始出,且非張曜尚萬不能以此紙拓也。雖模糊,實可補《漢書》之闕。細審之,尚可認也。碩侄。名不具。

二五

昨四寶想已收到,未復也。叔欲刻一書,乃雪漁書也。吾侄尚祈辦之,先爲議直,原件勿失。如太昂,仍發還也。叔卅日在畫禪喺經也。叔生平不居何物不存稿,其釋金文者隨手寫隨手付各人,唯廉生一一存之,將來可向渠索之也。又拜。

二六

《雁門集》余有明刻本,寄廉生處。伯寅。

二七

《潛溪文粹》相傳是方正學手書,此本精極。伯寅。

二八

朱氏《存復齋集》乃廉生贈我者,今仍寄存其處也。伯寅書。

二九

各書一一跋之,仍送去也,題其上則似覺不稱耳。蘇舫手書。

三〇

望即枉顧,有話面説,不必另約他人同來也。碩侄。蘇舫。

三一

《百宋》及《紀要》刻來復,只印一紅樣本即停止。亦不必催之。此須精,忙則不精。印墨色者,且聽下回分解。熙年已歸否?碩庭侄。蘇舫。

三二

吳下詩人無出汪燕庭先生之右者,其詩有刻本否?善乎謝茂秦之言,曰有一盧少梗而不知,乃從千古悲湘而弔沅乎?吾與無一面,然見其詩,不覺頫首至地矣。若其自有選本,吾願爲刻之也。連日病發日劇,晝夜無時,殊可厭也。歲事甚迫,雖杜門謝客,亦復手不停揮,何爲也哉。碩侄。蘇舫。廿七日。

三三

能自定一選本爲妙,約之可耳。否則盡數刻之,吾力有不及,彼時爲好反成矣。若《山谷》《漁洋精華》之例可也。廿七。

三三

《爨寶子碑》今日不在手頭,過年再說矣。蘇舫。卅日。

三四

食物二色、《寶子碑》一分、舍利塔銘一分,極精之拓,今日爲人尋拓本,亦從來未有之事也。碩侄。蘇舫。除夕。

三四

存齋與叔至好,即爲書之,即爲付之可也,他人則不得以此爲例也。望即交陶升甫可也。刻字鋪何不便中示知。卅日。

三五

《冬心先生題畫記》收到,謝謝。又惠食物,謝謝。碩侄。蘇舫。

三六

胃疾日甚一日,吾其歸兜率約在三年內矣。叔自十三以後,無日無日記,擬仿阮氏琅嬛弟子記、黃氏仙屏山館年記之例,於明年爲之,吾侄能助之乎?其奏疏即附於某日奏事之下也,其無明發諭旨者，不録。叔之一生遭際極盛，未嘗無可傳者。然眷極隆而肘多掣，斯由天意，夫豈人爲？唯一生與權門齟齬，幸保無辜，自丙辰入內廷，即與權門忤，此則日記所無也。而同治、光緒間尤甚，凡人所以爲吾之至交，皆傾軋吾之尤甚者，但吾自知之耳。則真由列聖之護持矣。武梁畫象，以荷屋《帖鏡》原本不全者及《南村帖考》問眉生易得之，奉去，明吾之不食言也，乞收之。此不易得，勿任意失之。碩侄。蘇舫。

四紙付丙，勿示人。

三七

彼既如斯，吾何固執，定一日期來可也。碩侄。名不具。
午後有菜，曷來飲乎？以速爲妙。

三八

缺竹垞、義門跋，乞爲取來。碩侄。制蔭頓首。

三九

若能將朱、何二跋歸還，不妨再加銀若干也。望告知前途，且有徐問蘧一跋，亦欲得之。碩侄。制蔭頓首。

四〇

以土步魚與鱸同妙。湯食香稻米飯，雖神仙不啻也。再得燕筍火腿，得龍肝鳳髓不過此矣。能向石麟爲索少許燕筍否？過此無有矣。春則蕈也，吾願足矣。碩侄。蘇舫。

四一

有書面欲吾侄一寫，上寫"國朝文徵"，旁注某人某人，上號下名。横列,有暇否?有則明日送去,無則止,只須小行書耳。十五。蘇舫。

四二

昨西圃伯父賜鱸魚,真鮮美也。可與蓴匹矣。不知何處,安得之。明日無事,早過叔一到莊、鈕巷、百花即歸也。巳正必歸矣。蘇舫。

四三

刻蟹,謝謝。來件費心,餘明日談可也。碩少爺。伯寅泐。

四四

《蘭亭》不佳,不必留之。叔則《蘭》《坐》向不收也。碩少爺。名不具。

四五

《百宋》及《紀要》無須染色紙,蓋染者尤俗耳。俟印齊後,送紙來定可也。勿向一人言,省卻索者紛紛,如索《敬信錄》《感應篇》也,叔最不耐,拼他一怪,如我何。碩侄。蘇舫。

四六

任阜長畫册必有訪單,必有數目,閑中爲覓一紙來看。《藏書紀要》想俱交去,亦不必催。《百宋》何時脱手?不必催之。熙年已到否?辛芝約何時到?碩庭侄。蘇舫。

現在拓器之家人省親北歸,無人拓器矣。

四七

前日泉孫來,未知雨淋否?熙年何日歸?如此之熱,豈年年如此邪？癢至今未愈，且更甚。叔自七月至今，不發病者僅三日耳。此地訓狐甚多，無夕不唱，起得早，故知之。外，配藥及方，如要藥者，來取。碩侄。制蔭頓首。

四八

取利好藥丸送去。碩侄。伯寅手書。

四九

前件交去後，如何？以後勿然，必須復也。得黃蕘圃書者、前錄示題跋者是否安叔？所得可假一觀不，即日還也。臂痛由跌傷，近較甚，當是霜降節氣耳。有索書者，辭之，糊窗紙尤須辭之。若交來，亦必發還也。先言之，勿怪，至屬至屬。碩侄。蘇舫。九月廿五。

五〇

拓本爲李眉生取觀，是否欲留，聽其信也。碩侄。名不具。

五一

拓本六本繳。碩侄。名不具。廿三。

五二

《百宋》紅印本已齊，即付閱。碩侄。名不具。

五三

刻本元有雪漁款，任之可也。《積古款識》一套附去。蘇舫。廿六。

五四

《積古款識》即發還，此非僻書也。批語想已錄出。叔時時欲查，因自由暗記耳。碩侄。蘇舫。

五五

前所刻汪大紳等件，俱清還否？亦示及。

五六

《百宋》《藏書》二者刻費若干，望即算清，以便即清還也，遲則不可知矣。叔非有餘者，有如許即用如許，不能不先言也。算清刻資，印本係再講也。一二日内即復爲要。蘇舫。廿九日。

五七

窮三時之力，遍尋所刻鐘鼎款識不見，真累煞老夫也。不知在何處，當時只印百部，而壽卿取去六十，人人來索，只賸一部，送刻印者一部，今遍索無有也。來書照辦。刻《百宋一廛》，卅日再面定也。不可知其有無也。現無款，姑徐之。此復。蘇舫。廿七日書。

又，屬香禪刻吳人六七種詩，是以立畢耳。

五八

蕘圃藏書，其跋語近書經紀，然近今數十年焉得此人乎。伯寅。

五九

不須封面，不須簽條，亦不序。《濟寧金石志》奉閱，明日發還可也。汪大紳詩，想已鉤付矣。碩庭侄。蘇舫手書。

六〇

甚好甚好，一切悉照來示所云辦理可也。碩庭侄。蘇舫。

六一

所寫極精妙,在彼二刻之上矣。所要拓本即於數日後拓去可也。碩庭侄。蘇舫。

六二

菊花卅盆拜惠,謝謝。來書收到。碩侄。名心具。

六三

《百宋一廛賦》一送去備校,校後即繳還也。其内夾簽甚多,勿遺失也。叔生平最重惜抱姚君之尺牘,其文、其宋學皆不乞取,叔最不喜桐城派也。唯其小行書則佳甚,此地多否？京中不甚行,無人知也。初三。

六四

《大佛潘氏支譜》叔之一房即付一觀。碩少爺。名不具。

六五

望將先妣汪太夫人、陸太夫人開出,交松鱗莊一同供奉進祠爲妙。勿遲也,今日由香禪詢及。碩庭侄。名不具。

六六

叔得一高句麗碑,字大如盤,高三丈,四面刻之,拓者四字一拓、一字一拓,以至無從湊合。其上約略有某號第一號之類。某行,第一行。係不通人所爲,又難貫串。俟葬後十日,約吾侄、泉侄來此,望先告之。爲吾將原文録出再考。蓋其字總在六朝以前、漢以後,唯其中多"看煙(人)"二字,望便中先將自晉至隋高句麗、新羅、百濟傳中一查,得此一樞紐,便易查矣。現在雖來,亦不能看,一打開後,雜亂萬狀,若將其南北東西字號再一透亂,將更無從著手矣。其字如隸而拙,是以斷爲六朝前也。初五。蘇舫。

六七

石在鳳皇城之外五里,萬山迭合,非六月不能拓,拓必凍也,其寒至如。從古金石錄家未見,人間亦無拓本。《百宋》及《藏書紀要》二種樣本約何日可全得,亦不必催之。俟得後,侄枉過,當將刻資全付,並將木刻全帶來。朔。

六八

印紙再議,因有人另送一種紙也,擬在家中印之。樣本俱紅色,勿用墨色也。《百宋》《藏書》板不必做匣,叔已作好木箱十餘,否則又無用矣。刻好後,徑將原板發下可也。碩侄。蘇舫。

六九

藍樣不須印矣,有人送紙,俟其紙來再印可也。碩侄。蘇舫。

七〇

乞爲寫一條,欲刻而拓之,明日交下,能否?明日叔在廟中也。碩侄。名不具。

七一

吳子重冠英也,從前號此。何日歸,想必知之,祈示及。蘇舫。

七二

外對一付，朝鮮金正喜，道光時人，贈吾者。乞爲刻之，拓廿付，字以綠填爲妙。連日胃痛，病甚。碩侄。蘇舫。

七三

墓志十四分，乞案單分去爲屬。有漏者，祈示，再補。蘇舫。廿八日。

七四

竹鶴能用綠拓、藍拓爲妙。不用紅者、黑者，每拓或五分或十分，均可。綠只須赭石、滕黃，加以藍靛，則綠甚綠甚矣。加雞蛋青則亮，不加則輕，酌之。加白芨水則不脫。碩侄。蘇舫。初一。

枉過，定在寓也。

七五

成否先示，省卻吾向人費事也。非現成者，不得不然，此則實情。碩少爺。名不具。

七六

金秋史對即付還。碩少爺。初十。

七七

黃楊甚好，謝謝。魚惜已餕，此物想不能過宿也。昨得土步魚食之，與此同。味甚好。連日胃痛甚，前日眉生約，未能去也。金秋史對未填色，不必填，掛之故屋中也。已填即填，亦可。碩少爺。十一日。

七八

板已收到，費神，謝謝。帳即開來爲屬。叔有黃天竹，千年運子亦有。若能得小盆大盆無處擺。書帶草，草有藍子者則妙，吾侄能爲覓否？碩少爺。制蔭頓首。

七九

此文乞吾侄代爲之，乃壬子同年，同出許仁山師之門也。目曰《顧比部家傳》，開頭曰光緒□年十二月廿二日，無錫廩生顧○乞見，以其父行述乞爲作傳云云。原件須還之，勿失。其求曰作一傳也，文只須淡淡著筆，生平無一二面也。其子廩生顧荃來乞作傳，姑應之耳。原件仍發還，不可遺失也。文中只須敍同出許仁山師之門耳，其餘浮文須著實删減之爲要。作一文後，兄再自改，只須寫行書。

八〇

《怡亭銘》以自臨之本並手跋書後。奉贈，乃拓本之至精者矣。劉平國石刻自古無人箸錄，在阿克蘇，此乃張將軍曜所贈也。此二者皆不易得也。碩侄。名心頓首。

連日胃痛，劇而且久。

八一

《全生集》想已收到。高對即刻可也，刻之好尚有他種，吾所偏好也。名不具。

八二

箋板甚好，十三元廿九來面繳也。廿八濟之邀去喫飯，定以三簋，不許多一物也。今日獨酌終日，已醉。近日不敢吃一絲食物，但飲酒,是以夜間胃痛少漸,僅止每發一刻許即止。若食物則必發兩三時辰也。吾甚不能堪,將來或可辟穀,從子房遊邪。廉生每數日與以一函,未之批也。函亦未錄稿耳,將來到京向廉生索看可也。王羲之印非真,蔚若所問不可不以實告也。若已得則譽之而已,重器不訾之義。古人無冷金,玉印此乃所謂洗者。皆精妙非常也。漢魏晉皆有刻玉法,無所謂洗者。若數金,亦可得耳。碩庭侄。制蔭頓首。

八三

題簽送去。名不具。十二日。

八四

叔所好者無一成,而終日爲人揮豪不已,是亦不可以已。直若其好作書猶可言也,不好而爲人役之不可言也,以後只好一概屏除矣。

對亦乾,附去。刻題簽想已收。臂傷未愈,以後爲謝絶可也。濟之處已謝絶矣。碩侄。蘇舫。十二日。

八五

《百宋一廛賦》欲刻久矣,刻之可也。先付一半,三十日面交。刻成再付一半。先印紅色一分,以後再印藍色,聽信可耳。藍印本《墨子》,明陸穩舊樣也。碩庭侄。名不具。

八六

原本乃木刻如宋板書,現在仍木刻如宋板書,非刻陰文也。此地刻工不管印邪?陽文,非陰文也。碩侄。制名不具。

(整理者單位:蘇州博物館)

趙烈文致陳鍾英、趙細瓊函五十八通

□ 樊昕整理

南京圖書館藏有"趙惠甫家書"一册，係趙烈文致其姊夫陳鍾英、六姊趙細瓊函五十八通。按：趙烈文（1832—1894），字惠甫，亦字能静，江蘇陽湖（今常州）人。曾國藩督師江右，以幣聘之，因其對戰事與政局的敏鋭判斷，後遂成爲曾氏最爲倚重的機要幕僚之一，爲湘軍攻克金陵多有謀劃。後署磁州、易州，終老常熟。著有《天放樓集》《落花春雨巢日記》《能静居日記》等。陳鍾英（1824—1880），字槐亭（庭），湖南衡山人。道光二十九年（1849）舉人，歷任富陽、安吉、烏程、嘉善等知縣，著有《知非齋詩鈔》一卷、《續鈔》十卷。趙細瓊，字英媛，常熟人，趙烈文六姊，著有《聽雨樓詩詞》。該批函札，大致始於同治七年（1868），訖於光緒八年（1882），貫串趙烈文署理磁、易二州及歸老常熟的全過程，内容上則涵蓋趙氏爲陳鍾英仕途向曾國藩、曾國荃、左宗棠等説項；其長子趙寬入贅陳氏夫婦家，娶其女陳德容；買墓宜興；長婿方恮（子謹）病故；長女趙柔自縊殉夫；長兄趙熙文下世；陳鍾英下世等重要事件，可與趙氏日記對讀互證。兹整理如下，因原件字跡潦草或蟲蛀水漬致漫漶不清處，暫以□代之，空格處以△代之，方家諒宥。

一

槐亭三兄大人足下：

七月廿七奉手書，交舍親鄧處帶湘，諒蒙查收。八月杪乞假旋皖，今月初五到家。十一日接奉七月廿後手書三件，敬審種種。尊事久已聞復，結案諒無大礙，然太沖御下嚴，或蒐索微疵，便足爲累，此事誠非南堂不能解，而其中亦有數難。南堂與太沖向不浹洽，近復加甚。又南堂雖賞君才，雖素未相共，此君極多情念舊，然其始亦甚難合。足下有事求之，斷不可望之旦夕。而尊況窘迫，非能久候之人，其事亦非可久候之事。至於芸、沅二帥，則芸已遠去，沅與太沖冰炭，皆不能爲力者，但捨此別無他途。爲今之計，仍以速來此爲妙。弟假歸不過月杪即行，昨聞沅帥奏事獲嚴旨，弟在彼無所匡裨，甚覺無顏，已作書辭弗往，恐未必能久志此間。進見時或有可言之縅，或必須兄來再説，要看話頭上牽拉得攏與否，難以豫擬。總之無不盡力，無煩叮囑也。他事雖奉告者甚多，心緒甚劣，不能多作，幸惟相諒。專此，即請大安，不盡百一。六姊大人均安。弟烈頓首。九月十三。

二

槐亭三兄大人足下：

三月初七奉正月十六日賜翰二件，賤息愚下荷蒙不棄，得附名門，感佩之至。昨又奉正月廿二惠示，敬悉種種。吾兄與浙帥所有過節，弟自去年到處打聽，或云不甚督過，或云頗不釋然，或云亟圖前往，或云去恐逢怨，其言不一。弟子細思算，左帥爲人，不能容物，如甚怒足下，勢不能含忍至今，是慍意未必盡無，怒極亦非實語也。足下系浙省之官，往見係順從其意，斷無伊本可放手，而見面反歧大當之理，則前往係屬正理，不去實非善策也。至於詞令之間，全逢其適，則有足下之命運在我，只能任理而行，豈能過爲膕慮邪？評量以上各情，足下自以早去爲妙，但不知見示二月望後由衡回省束裝之説已定見否？寄居屢次挪動，勞費不易，未審已有定居否？伯母大人來省之説敬如種希示悉，家姊在湘，勢孤無靠，吾兄自不能無慮，然浙行下文久暫之局，自可即有眉目，不難再圖良策。湘省未必久安，目下尚不致此，僅足下宜毅然定見，弗可再爲顧慮，是所至要。弟在此托庇無恙，惟時有疥癬之疾耳。做官自知非才，且作緩圖。故本省誤援，亦遂聽其如何，不過問也。徐子恕兄來此，實無可位置之所，重以台命，不敢不竭力圖之，未知成否耳。敬復奉謝，專請道安，不一。弟烈文頓首。三月廿二。

何鏡海一復信、鄧履吉一信，乞代處。

三

六姊大人手足：

本月初七得正月十五日手書，允以德甥許字克昌，感謝之至。昨又接正月廿四一信，敬悉起居無恙，甚慰甚慰。弟自去冬十一月離家，已五月矣。起先吐血已愈，二月間有不寐之疾，今月痰飲復發，近皆愈矣。惟疥瘡甚劇，亦遂聽之。在此並無冒險之事，吾姊可以放心。吾姊在湘頗酖文會，極好之事，但虛名最傷實福。弟不幸名滿天下，四方來納交者接踵而至，弟畏之如虎，故討文等項，不以一紙示人，藉以稍免嫌忌，此實弟見到之處。弟猶如此，況在閨閣。吾姊試思仲遠一家才女，有一有福者否？此最須斟酌，弟非迂譚也。慎甥完姻，弟早已準備，無如魏處，總不上緊。女家豈能盡催望甥。弟雖許與一金姓，去秋回家，已四空説明，卻又忽然要成佛，此皆李門風水，亦弟德薄才淺，不能辦事，不能治家之故，夫復誰尤？所至恨者，一旦瞑目，無顏見亡三姊耳。炳甥在此已薦與九帥，謄清將伊薪水捐一監生矣。惟字雖窮好，而文理斷不能通。常在身邊,刻刻如小學生一樣,管教稍松,即去頑笑閑話,亦無可如何之事。孟甥蒸蒸日上,□幸筆下已會做詩,足徵殊果勝德之報不爽,此則近來幸事耳。徐子恕於萬無設法之中勉思籌策,亦尚未定成否也。此復并謝,敬請懿安,不盡。甥男女輩均此。弟烈文謹啓。廿二。

四

槐亭三兄大人閣下:

初三日奉八月廿四日手函,十四日又奉八月三十、今月初三兩次之信,其上相國稟件已封投訖,藉審體候尚未全復,差事如故,稍慰介懷。見委代謀之事,無不在意,彼此已成一家,何所用其推諉。惟髯老北行,同時局務裁并,不知凡幾,棲棲皇皇,滿目皆是求別委求薦書者,填門而至。此時開口,不啻以石投水,容緩圖機會,可說即說。實難刻期操券,幸垂諒苦懷,並祈寬懷排解,靜以俟之,是為至感。隴西公來尚無期,弟送相國北行後,乃不能留此,見居尚未可必。倘竟得見,竟可通誠,則弟有路必行,亦不煩兄之諄屬也。新任三日內可至,交卸約在本月杪,北行約十月杪,弟送至揚即取道東歸,度歲後聽信前去。身子托庇粗適,足舒雅注。冬間倘可枉顧,藉罄別悰,則妙甚矣。聞兄八月望後到秣,日日相見。申孫亦在此,同為淪落不偶,殊乏高興。才叔昨過此,已赴吳中丞竹莊招矣。衣谷行徑未復,問漁得一代理厚差,亦五日京兆乎?而酣嬉特甚,其懷葛之民歟?子憲在炮局敷衍而已,甚不得意。信已送去。逸亭來此欲有謀,弟為之介,大碰而去。此請道安,不一。弟烈頓首。二六。

五

六姊大人尊侍:

初三得八月三十函,十四又得初十之信,藉悉一切。吾姊歸後，時患病痛，當係焦勞之故，而甥輩亦復爾爾，何爲者哉！運氣之說眞不能不信矣。槐事詳在復伊之函，吾姊所云弟"如可爲力，亦不必托"，此數字眞可夾圈。弟一世爲人，說了幾歲多好話，捐了無數木梢，豈獨於至親恩義、非凡之人反而吝之？此決無之理，不但不必托，至如何措辭，如何說法，均不必懸擬。機會若來，定能做刻板文字。不來則枉費許多心力，未免可惜也。金逸亭來此，托弟一事，已爲說成，滿擬俟伊到手，則木行欠帳，可以從此不提。不意既成，復番轉使弟大碰而特碰，此亦彼此運氣皆劣，可見一班也。中堂約十月底北行，弟十一月可以東返矣。此復，敬請大安，不一。弟烈文頓首。十六。

　　阿哥信有便即寄。

　　木行欠款逸允至年△底再說云云。

六

六姊大人尊侍：

　　廿九別後，當日開至七墅堰，初一下午到蘇垣，擔閣至初二下午開船，初三抵家。家下一切托庇安善，足舒垂注。日內敬惟侍奉佳邕，諸凡順利，爲符心頌。屬雇之船，已將情形轉托薛安林幫孟輿代雇，未知能即放到常否？弟意雇客船、貨船各一隻，總以能過壩到城內者爲妙，否則北關起早，腳費甚不易也。二舟如不夠，常州尚可增雇小船，吾姊以爲何如？本欲自己替辦，而小事嬰心，歸期甚緊，姊亦必能深諒也。吾姊十二成行，務乞枉道見過一譚，或到蘇後再來作三日之留，弟明年北行，可稱遠別，甚思一聚，至要至要。克兒姻事，姊如允辦，種種尚須面商，必得介命，方可張羅設法，擬用首飾四件：二金二翠，衣六件或八件，外貼招費六十元，其餘力所不及，手足應無須客氣，尊見然否？前面商槐兄，衣服可分數件，弟欲大毛、猞猁最好。中毛、小毛袍褂各一付，可即示價，容明年陸續寄繳，以省求之市中，乞與槐兄商之。槐兄初七信已到，茲去一函，交男可也。專此，敬請大安，不一，並賀行喜。烈頓首。初八。

七

槐兄大人閣下：

初三到家，初五奉前月七日手函，知道體攸平，甚慰甚慰。尊事代謀無效，正切悚惶，轉勞稱感，益以爲歉。在秣微行，又交一條，有益與否，途間平平，竟無可詢。明年北上得晤，倘尚須爲力，自所不辭也。秣陵有刻經之舉，弟爲募疏章程，茲寄一分呈教。日捐每分千四百文，弟自捐一分，又爲兩姊及內子合捐一分，六姊名下派四五百文，一日已代付九、十兩月。兄此外如欲再捐尤妙。茲乘公眷去便，泐布數行。敬頌年喜，不一。弟烈頓首。初八。

八

槐兄、六姊大人尊侍：

去臘十九奉兄姊手示，敬審一切。星紀兆新，伏維上侍延年，興居雙吉，介福爰祉，日進無疆，甚頌甚頌。眷舟何日抵杭？行途定臻安謐，尤切馳系。曾侯冬月十七袁浦城行，臘月上旬諒可陛見。弟行期則俟北信至後方可準定。阿哥廿八抵虞，卜居不易，因姑同居度歲。適四姊今日徙吳郡，遂假其屋，亦兩便之事也。實兒姻事蒙鼎諾即辦，擬俟望後赴郡，先行籌措資斧，然後擇吉奉聞。惟衣袂若干尺，未可懸度，望即行示及，總使吉期從緩，亦不妨預知也。至納幣繁文縟節，寒士例不能盡知，必荷體量，尚冀格外垂愛，至感至感。昨得秣信，李甥已於去臘二十舉一子矣。專此，敬叩春禧，虔請大安，不一。弟烈頓首。初八。家衆並叩。

伯母大人前請安道喜。

甥輩新祉。

實兒函即發矣。

九

六姊大人尊侍：

廿八接廿日手書，敬悉一切。未知半月來體候安否，不致過勞否？甚念甚念。實兒昏期既蒙允可，茲定明日遣令登程，計算十三四間可抵杭郡，十四日忌，十五日大定最妙。惟原請孟甥回行，可早爲說定，突於初間到一債家，十分吵鬧，渠竟不能脫身，此間又無第二人可以同去，只得令實兒自行料理。好在吾姊是的親姑母，當算弟家一邊人。古有天子娶婦、皇后嫁女之事，不妨反其道而行之。媒人只可臨期另請，本家啟之八叔在杭候補，煩之最妥，否則同鄉中均可相央，亦祈吾姊爲政，命實兒遵辦。至吉期應有禮數並下人開發及招費等名目，實未能盡知。且如棉花一項，既不及送至尊處應用，而祭祖酒菜餅團等，實兒人地生疏，亦無從照辦。茲仍如去冬面議之說，總具洋帳六十番，請姊代爲作主，均勻開發。自知數甚菲薄，抱愧多多，奈處況如斯，並非有心從簡。聘禮衣飾爲數亦少，但其中毫無假借及將就草率之處，弟一則因塚婦承祧事大，二則久聞德甥賢淑，心儀其人，故此番舉動，事必躬親，區區誠敬之懷，吾姊必能垂鑒及斯，不復以俗情爲責。實兒歸期本不妨從緩，惟弟北行，擬由輪舟而去，五月以後，風信靡常，不便泛海，故必須四月首途計。時兒輩尚未滿月，又不便令實兒獨自先歸，再四籌躕，實無良策。詳查月日，止有四月初四、十二兩日上吉，倘吾姊可以毅然割愛，令德甥偕歸，即請旋初四下舟，盡十二趕到上岸，否則止可令實兒於月初旋虞，將來德甥何時到家，候示尊行。兩者均望早日函知，俾弟得以預備，至要至要。專此詳布，一切總希吾姊體亮包容，無任銘感之至。敬請大安。弟烈頓上。初五日。

查四月初四日丙午遇天德合，青龍、聖心諸吉曜照臨，戌命爲金匱、天壽、天喜、富日、三合，酉命爲天貴、天財、紅鸞，於是日申酉刻春神日馬，天乙貴人吉時登舟，大吉大利。查四月十二日甲寅遇月空、母倉、敬安、五福、顯星、六合、天禄黄道諸吉曜照臨，辰命爲福星、催官、生氣、續世、驛馬。卯命平，戌命爲三合，酉命爲紫微，亥命爲天福、天田、天錢、六合、金匱、天寶，寅命平，丑命爲太陽、天喜、天財、催官，全宅有吉，無凶於星日。未刻，天乙貴人玉堂吉時進門，大吉大利。

一〇

槐兄、六姊親家大人尊侍：

疊奉賜函，曾於正月廿二在吳門虔布一復，未審已蒙青察否？邇日敬想上侍曼娛，雙祺並茂，種如心頌。實兒姻事舉行，仰荷鼎諾。初恐尊處匆忙，故屬星家擇定三月廿九成禮，旋來函以與張府同日入贅爲便，且承計及寒況，爲籌節省，感泐尤不可言。謹即遵命，於十六日令實兒敬詣甥館，其應具薄幣及吉夕大禮所需，弟即日入郡，躬親製辦，一切俱照先世舊規，以誠敬爲主，不敢過徇時俗。月初諸物粗備即旋，初六上吉日奠告先祠，遣實兒起行，到杭後先吉期一二日行納徵請期禮，届時由舟中登岸，其應否奠雁，隨時酌行。惟弟之菲薄，自冬杪至今，賦閑已久，此次吉禮，百事不免簡陋，衣裙但如來示，首飾及花果各項均屬戔戔可笑，種祈闊愛海涵，招費以及諸事開發，一則不能備知，二則力有不及，想兄姊雅懷，不同俗流，必不留心俗套。至尊處奩贈豐頤，固非弟當預聞，但兄兩載差況，幾同冷宦，且雙管齊下，其一時周轉之不易，可想而知。彼此不啻肺府，兄顧屬道義之交，姊又的親手足，非與泛常親戚相同，尚有何事須存客氣？鄙意衣飾以及器具除吉日須用者不能不備外，其餘不妨從緩。兄得缺後力量稍紓，盡可從容製辦，似體慈愛之道，未爲有失。茲去一單，凡可省者，一一錄呈，即在至愛，諒不以出位爲責。肅此布悃，敬請雙安，不一。弟烈文謹啓。十三日。

伯母大人福安，閫潭同吉。

再者，送親大氏須浼孟甥，然渠能否得暇，尚未可必。弟明後日到蘇商妥，再當續布。阿哥正月廿一赴虞，廿九趨輪舟成行，到鄂尚未得信。阿嫂雖定居弟處，而時在母家，久暫亦不可知。曾侯奏調詔招，已於正月十七在都門拜發，奉旨俞允，同調計八人並閱。弟烈又及。

———

槐亭三兄、六姊親家大人閣下：

今早祗奉賜緘，欣悉實兒已就甥館，種荷海涵，並仗鼎力，俾得嘉禮告成，不致隕越。五中書渺，豈筆能宣。辰下敬惟侍奉多娛，興居雙吉，爲如心頌。吾兄連年清況，驟費鉅款，姊氣體未充，躬膺繁劇，兩均不易。尚冀暇中加意調攝，至要至要。實兒歸期亦蒙台允，德甥賢淑久聞，弟等想望之忱，從此已慰。若夏秋言歸，以償離思，弟亦何忍相靳，祗順尊命可也。容甥旋里亦定期否？前薄致誠意，轉勞掛齒，彌切汗顏。專此肅復，敬申謝悃，虔請大安，不一。弟烈頓首謹啓。三月廿六。

内子屬筆請安道謝。

一二

槐亭三兄親家大人閣下：

十一日獲奉芝緘，並蒙厚賜，開函莊誦，敬惟吾親家大人敦尚禮意，委曲相副，寸心感佩，非可言宣。祗於十二日午刻遣迎令愛至家，告見先祖，淑儀懿范，戚鄰交稱，此皆秉植殊恒，淵源有自，寒家獲造，欣慰尤深。乃來函謙詞重沓，仰見虛雅之懷，使弟顧視豚子，益慚不稱矣。珍儀一一拜登，不敢自外，茲乘盛紀旋杭之便，專鳴謝悃，薄具菲物，伏希鑒存，敬請台安，種冀愛照，不一。名正肅。

再者，兒子攜到袍褂二襲，均係珍品，受之殊愧，容緩圖報稱。弟現擬月杪成行，至蘇尚有數日留，方能到虞趁舟，抵津總在下月望間矣。兄塘工奏留一說，已有眉目否？念甚念甚。再布，重頌道祺，不一。弟烈又頓首。

大柬順璧。

一三

六姊大人尊侍：

十一早接初七手函，下午實兒同婦到虞山，十二日上岸後復接初一之信，敬審一切。德甥七年不見，長成如此端厚有富澤，連日間譚，見其爲人篤實，辭氣靜定，真家門之幸，乃得有此清婦，不虛弟等素日期望。吾姊見屬愛護，弟亦欲奉托將來歸寧後，垂情照拂，不勝至感。弟處兩女照料弟之吃食，因弟在家甚暫，家人過相珍重，故爾如此，並非須自家人終年上灶。且德甥素體虛弱，斷不以油鹽醬醋令之一擔全挑，吾姊千萬放心。至吾姊兩女同時遠離，弟亦代惆悵，將來如果接眷，能否留德甥在家？縱難預決，至欲歸寧聚首，斷不相靳。房內所用下人均須即去，此間現已托人尋覓，諒可即有。十二日新人到家時天色異常之好，渠夫婦必有後福，亦姊及弟輩日後快事也。奩資未免過豐，不無浮費。至弟處之簡陋，勞姊加意調護，尤非筆所能罄其感忱矣。專此布謝，敬請大安，不一。弟烈文、妹嘉祥合啓。十五日。

四姊屬筆請安道喜。

一四

槐兄、六姊大人閣下：

十五日姚紀成行，肅布一函。昨到吳門，接十九、廿日之信，知尚未得到。又，弟薄具食物等在紫兄，屬姚紀過取，竟未見到，豈途中有故邪？異甚異甚。愛女遠離，至半月餘無覆信，無怪兄姊之不能去懷也。渠小夫婦十一下午到虞，十二上岸，天氣十分晴朗，氣象大佳。到後未數日，新人即盡除客氣，諸事上前，性質之和平，事理之周密，真爲美不勝贊。內人一言及新婦，即笑不可止，弟亦樂極無量。是以弟有遠行，而家人絕少憂色，與前大異，新人之力也。惟身子未能結實，欲爲定丸散之方，而忽未敢率作，故遂不果，望函屬少吃大椒爲要。弟廿四在虞動身，廿五到蘇，摒當行計，大難大難。冒雨奔馳數日，甫有得半之道，而安家尚無著落，大氐尚須三日，初一可以由此至屋矣。抗塵去俗，既乖素願，復須精疲力盡乃能得之，誠何爲哉！弟帶下人二名，餘無人同去。曾公禀到即面呈，兄事尚無著落，深爲悶悶。然官場事大都不能爽蕩，幸寬懷待之，有可盡力，弟斷不吝也。湖筆要時函索，好在寄信至易，仍托九兄可也。專此，布請大安，並叩午喜，不一。弟烈文頓首。廿七。

伯母大人福安，並叩午喜。

今早姚紀自江北來，前寄之福珍酒一壇、蝦子腐乳一匣、花露十瓶、餺餺兩匣仍屬帶呈，乞哂存爲幸。廿八又及。

一五

槐兄、六姊大人尊侍：

數月來墮入俗障，諸務嬰迫，未獲布函，甚罪甚罪。昨暮奉十月十九示函，知吾姊妊體抱恙，不勝焦系。函中言辭酸楚，讀之不禁涕下。我輩生命不辰，此生不望豐亨豫大之況，第此天倫聚首之樂，亦尚靳之，不少假置，何厄之甚邪！弟之素願本無宦情，止祈一丘一壑，骨肉相付，乃驅之迫之，使即羈絆，如使奔走數年，稍償心願，亦尚無悔。但以情勢度之，必無此一日，可爲喟然。故得委後，人人爲之喜，弟獨日夜焦懣，今日之州縣束縛之不遺餘力，既不能做事，又不能營生，外之無益於人，內之無益於己，尚可爲邪！此缺景況，前致家函均悉，並命轉告，未審答否？言之乏味，庸不具陳。身子幸尚安好耐勞，可以放心。兄姊之景況，弟亦無可奉慰，但請忍耐而已。田事固不易爲，亦由我等強不知以爲知，又骨肉數家瓜剖豆分，彼此不能呵成一氣，以致上盡外人之當，可爲長喟。常郡之屋，前子迎云欲買，兄可函詢之。弟意不如出脱，將來仍住虞山爲是，尊見然否？姊信中所言，皆是讜理，何至於此。至德甥，則弟家之人又須托邪？千乞安心調理，弗嬰外務。健婦抱鋤，雖勞無益也。專此，敬請大安，不一。弟烈頓上。十二月十七。並叩年喜，不一。

一六

槐兄、六姊大人尊侍：

疊接手書，並賜蜜餞等，厚意纏綿，不遺在遠，無任感泐。遙維侍福曼娛，潭祺清吉，爲頌無量。承示一切，不禁代爲蹙額，塘二已否得保？兄全家遠托，非缺不可，況又增此巨負，真有刻不容此戔戔之舉，而不能稍償心願，負慚無極。來函詢及元侯生辰，十月十一。欲撰一文，或者此公愛才如命，足以動之。弟屆時必須晉省，自當相機而動，收效於萬分之一，亦未可定。惟嘉啓宜早到爲要，其節前則弟處毫無底子，亦止須就其晤著者，攏摀敍述可矣。吾姊產後，夙病盡瘳，大幸大幸。然氣血如此之虧，聞之令人心悸。以後應如何珍攝，弟無言可盡，惟望少嗔恚，節煩勞，差思其大而已。弟家人二月初離南，四月初六甫到，幸一切無恙，足舒注系。所生孫女頗可愛，已命名阿圓，取早得回家團聚之意也。寶兒夫婦北來之説自是正辦，惟吾姊代籌房子不宜與人一節，亦極確當。且弟之左右爲難，肘掣處非言能説。又姊所言恐爲顧二孀後身之説，讀之亦甚淒然，再四籌畫，姑如來命，令渠夫婦在家看守老塋。僥倖弟得早緩之勢，而官場盡在人情，並無一成不變之例，均係的確。如此，弟非不思於元侯前冒昧再言，第細察辭氣，已覺盡忠竭顔，且以如此闊人而三函不效，則其不肯再爲，亦係實情。弟去年探過數次，見插腳不進，只得半途而止，一經上場，則尤爲雲泥分隔。雙紅夾單之内更不便爲干請之言，夙夜籌維，竟無策可以報命，每展兄函，見托如此之切，雒誦一周，輒爲汗下，自恨菲薄，爲離苦海，便可無須起動。惟實兒人甚懶怠，年來毫無進境，恐從此無振作之期，請兄、姊時垂教勖。新婦誠篤，可愛可敬，弟家事擬一切托之。弟既已順姊意，弗令北行，亦望姊垂諒，無使抛離家室，倘可時至虞山於聚首之餘，房子之説千萬弗提。時垂匡助，感且不既。弟皮骨如柴，心灰已極，此間州縣，斷非人之所爲，僥倖爬撐數年，稍得飯米田，必急圖抽身，與姊等老年一見，則心願畢矣。常宅當函詢子迎，惟四竿之數恐做不到矣。公事忙極，無日不結案數起，弟生性頂真，故事事必經自手，此復信遲遲之故，諒不責也。專此，布賀大喜，敬請雙安。弟烈頓首。四月十六日二鼓。

　　伯母大人前叱名請安。諸甥均吉。小甥已命何名？諒甚茁壯。

一七

槐亭三兄大人閣下：

　　前在德州行次九月廿八。發一詳函，諒已查收，旋於今月十七迎見南豐公於新城縣，廿一送至富莊驛而後歸，今日抵正定，行一百里。尚未能到家，可謂勞矣。兄事已説明，譚次先抄呈大作八首，頗見賞歎，旋即力陳近況，且以弟之禄不逮養，推及兄親老家貧之苦。又弟手足數人，冀欲團聚終老，而各已中年，人人潦倒，爲巨公涕泣言之，極爲感動，言"足下至性淋漓，吾忝居大位，不能令足下之志略遂，愧不可言，到南後當即親切至函越公，必如足下之意"。

弟再拜謝之，旋呈節略一紙，茲寄上鑒閱。此次真已智盡能索，若再不靈，仙人亦無法矣。貴人最易忘事，兄得信後可內寄書迎候，尤望同寅中秘之慎之，官場不啻雜毒海也。一切從容再布。先此，手請大安，不一。弟烈頓首。十月廿六，正定道中。

伯母大人姊氏均此，不另。

一八

槐亭三兄、六姊大人同賜覽：

五月十一接正月十八吾兄賜書並示大什，正直旱乾祈禱之際，日日匍伏壇場，不但無暇布復，並未能領略佳妙。是月得雨，休息未久，津事即起，弟官當衝缺，兵差絡繹，遂久稽箋答，悚息不可言狀。本月廿一姊氏八月朔之函躬至，敬審虔甥大喜，雖時已過吉期兩日，又不獲早中忱賀，一官千里，骨肉渺然，第自興歎而已。新婦入門，如何得意，向平之願已了，其之真可謂之福人，並祝虔甥貴達，早抱文孫，使天末之人發書一快，曷任至禱。兄事近復何如？弟之微意，前函早達，刻因南豐首途，來此遠別，於廿四離署，本日抵德州，大氐下月初旬可晤，再當勉力一祈請，維恐交盡情素，無裨毫末耳。阿哥乞假來磁，相聚極樂，其況以非官不可，弟意欲勉成之，不過再增官負，而兄目擊情形，再四不肯，手足之關懷有如是者。四十歲老兄弟，向後光陰不過二三十年，會少離多，令人悒悒，不知何日手足一堂，毫無欠缺，神往而已。兄來詩甚佳，擬即錄出面呈。至官事殊不易易，聞捐之一說，復未能邀准，弟不敢冒昧提及，止可籠統其詞也。塘工勞績可提。伯母大人目恙愈否？餘人諒均安吉。實兒在姊處打攪，亟荷栽成眷教，感次於骨。放榜已久，弟無非分之望，但願其得與不得，皆不忘上進，則私心慰矣。虔甥喜事究在何處辦理？敝居恐不合用，客氣則殊可不必。賀禮已不及送，前與阿哥公出見面禮廿金，劄存轉付可也。專此，敬賀大喜，祇請雙安不疾。弟烈頓首。山東德州行次,九月廿八日二鼓。

伯母大人前道喜請安。外寄党參等,已詳内子信。

一九

槐亭三兄、六姊大人尊侍:

九月廿八在德州奉布詳緘,諒早蒙青察。十月二十六返抵正定,復泐一函,將途遇湘鄉,兄事業經商妥,布知左右,並寄去代遞銜條底稿,此函專由保定信局寄南,自無不到之理。閏十月初一返磁,初二拆讀兄姊八月廿一、九月十四二信,初三日又接姊十月初二之件,敬悉佳兒佳婦樂侑人間,昌勝慰羨。計姊日内久已由常返浙,容甥已一舉得雄否? 念甚念甚。兄家寒累重,自不可一日無官,摒擋入都,亦是正辦,第目下湘鄉之諾甚堅,到南後定有切函,道地能否有效,宜少爲靜俟。至承當一節,當年蒙兄姊厚意,寤寐難忘,決無不盡力之理。今年則虧累太多,力所未及,如春後從其北上時,定當悉索敝賦,以伸毫末之助。或北方局面窄狹,羅掘不能如數,則未可知耳。實兒夫婦多疾,弟行年四十,實不能無下流之思,每南望悵然不已。私心本欲令其在家看守數椽,以俟歸計之成。乃一載宦遊,深知拔足之難,遂不敢有旦暮望之之意。若迢迢遠隔,不獨父子之情有所不忍,且思渠年未三十,遽以米鹽瑣屑之事荒其學植,使之投考無成,捫心殊無以自慰。然驟使挈家而出,又不忍吾姊有別離之苦。寸心籌畫,左右爲難。想父母愛子之心,弟之望實兒有成,與吾姊之望德甥無以異。弟不忍以一身安逸之思,遂任其荒廢,吾姊諒亦不肯以目前相聚之故,而不爲之深圖,捨小顧大,彼此定有同情,用特專函奉寄,或令其春暮北來,或緩至夏秋之際,均乞吾姊示行,以便專人相迓可耳。弟婦賤辰,已荷重賜,至弟之初度自問行能無似,方愧疚之不遑,何敢云慶,盛意敬先奉璧。阿哥九月初抵磁,若留過冬,已蒙兄諾,半老手足,覺一日無異不舍也。專此,敬請大安,並叩鴻喜,預賀年祺,不一一。弟烈文謹頓首上。十一月十二日。

伯母大人前叱名請安叩喜。

弟婦及兒女輩侍叩。

二〇

槐亭三兄、六姊大人合賜覽:

　　正月廿一奉十二月初六吾兄手函,以俗冗逾常,且有即日交卸之說,擬定局後再布,弟自以遲滯逮今。四月初十、十二又連得吾姊十二月十一、二月廿兩示,並糟蛋四十枚,感慰交至。邇維侍奉曼娛,百凡清遂,爲頌無量。阿哥南旋,言欲至杭,計已得晤,兄事後於當道函中力言,諒阿哥曾相告,未審有豪秀之益否?人遠情疏,不敢自必,念之焦灼不已。來函均稱有代理之位,能即響動否?尤切馳系。夏體候各安和否?中年種望珍攝,何以有誤服藥酒中毒一事?未達勿嘗,聖人之訓,千祈自己爲安。弟一行作吏,百不如心,自心胸以至面目手足,物物皆非,已有在此二十月,興趣蕭然,精力大減。幸代人已至,已於本月二十日交卸。家眷於十八日移居順德府邢臺縣署西首,小屋十間,聊爲安頓,以省川費,且可日用,稍差於省中也。自己留此算交代畢,即匹馬至省聽候下文。自顧頂平額闊,非能鎖須覓縫之人,前路茫茫,不堪一想。官途積至四千金,擬捐款又二千金,自己下臺後尚留半年澆裹。南方債務,一處未了,頗招怨怒。二女嫁事,又適返而未至。引見候補之費,則尤無暇計及,年半好缺遂至於斯,可爲浩歎。吾兄姊於烈貧病之日,疊相拯接,至六年七月所寄兄惠,尤人子片刻不能忘者。烈兄弟均及中年,均已衰頹,恒恐補報無日,含羞地下。茲念官累既不能脫,然又聞尊況周轉極窘,用特勉措二百金,托憲兄帶上,稍盡久蓄之忱,祈先飭存。至當日所用,大氐不止於此,烈處竟無片紙可稽，姑貯寸心，以候異日而已。四姊處況，念之愴然，自去年及今，疊寄書與孟興而不見復，已逴十月，大約因書局撤去，心緒不定之故，然人生偶爾不合，其遂足自默邪！屢思邀之北來，自忖不能保圓其事，且又親老難離，穩之而僅致戔戔，默綴則尤於伊無益。阿哥去年暢聚極樂，中年手足，真有一刻千金之想，亦因處況所束，仍聽其自去，圖維兒媳已定迎出，今既卸事，川費何從而有，止得中止。長庚欲來虞矣，延師未得，亦遂不定準。伯房則尤難照顧，環視骨肉，殊難爲懷。弟做寒士時，身勞心逸，無日不在酣樂之中。不幸做官，全無以自愜其本心，真人生第一苦事。故近年來面目全非，飲食大減，欲進則乏奔捷之足，欲退則已成泥滓之身，終日焦愁，無以自處。兄姊聞之，能無蹙額。實兒在家，甚不放心，且亦十分念伊，欲與相見。二女出閣有德甥料理，亦可省弟婦一半心力，誠爲極妙。然卸事後房屋既淺，且南北懸隔，一動即數可舍所有毫末，能不留作吃飯之資，又家中房屋租出，亦不甚放心，故止可旦緩，候弟有下文再説，非我意見不定，實以自己不能主張，不得不任運自然故也。今年伯母大人正壽，烈無物侍敬，北方之物縱有，亦不堪入目，敬薄具代儀十金，乞爲轉呈是幸。甥婦諒有喜信，虔甥能教正之，極妙。容甥婦後已全愈否？均念念。弟小孫已名之爲萬民，諒於家函悉之。實兒夫婦未必知保抱之方，尚祈時時函中照應教示爲感。弟生日承厚賜，殊切感愧，杯子甚佳，已收到矣。專此布復，敬請雙安，並問諸甥近吉。弟烈頓首。五月廿四。

二一

槐兄、六姊大人同賜覽：

　　初九接兄六月廿七書，廿八又接本月初七上海所發一件，廿一又接姊六月廿三信，敬悉兄安氏申江，即日旋浙，姊處長幼均各安吉，爲慰無量。實兒欲接婦同行，殊屬不知輕重，且不聽好言，目無尊長，難怪吾姊生氣，已函去申飭之矣。弟欲此子北來，亦因其在家毫無長進，無人肯認真管教，若任其自暴自棄，將來未免對伊不佳，故欲令在身畔，朝夕提撕之耳。至此間之事，除家中祭祀等伊應幫忙，此外並無少伊不得之事。但看其意始終不願北來，欲與婦同行，亦不過推托之說，弟目下並不強之使行，如十分不願，我亦聽之。至憲兄則不可片刻留之，務弗因伊夫婦小事致誤弟正經為要。兄代購各物已到，墊項望彙總開示寄繳可也。敬請大安，並叩節悉，不一。弟烈頓上。七月廿九。

二二

槐亭三兄、六姊大人閣下：

十一月十二日奉兄姊九月初三之信，昨日又接吾姊十一月廿五日致弟婦之函，敬悉一切。吾兄筆墨之役既已告成，未審已有善地位置否？不勝念念。前得髯公手書，云及已有函致彼中。兄債臺高築，弟不能稍事分憂，戔戔之報稱，尚何云謝邪！實兒抱恙在南，令人焦悶之至，幸已漸愈。昨得十一月杪安信，稍慰遠懷，惟伊北行須俟強健。又川貲到否？未知下落，已專書命其來春再首□矣。伊身子本不結實，又少年，豈能每事撙節。弟夫婦已屆中年，前得伊有恙之信，真覺心膽俱碎，相去二千里，既不能先為將護，又不能遙定方餌，始覺從前未令同來之誤，來年饒倖有缺，無論何如，斷不使之遠離矣。吾姊等愛之尤勝於弟，望時時函誨，弗令無故奔走道途，致罹疾恙，至幸至感。伯商大甥聞已到常收租，並甚能幹，弟聞之雖喜，然少年血氣未定，正當伏案之時，以處況不佳，致令摒擋家計，可為之悶然矣。党參等既合用，容緩購寄。有五臺山者至佳而價甚貴，明春托人去覓，恐不能多耳。四姊病體聞甚衰颯，讀來信為不怡數日，吾輩手足均入中年，弟薄宦一方，不知何日見面。吾姊有中饋內主之責，不敢安想。而四姊又為孟甥牽住，無可轉動，真令人悶悶。欲函致四姊商量此事，弟如萬一有缺，實兒夫婦北行，即令孟甥奉之而來，未知能否。吾姊函去，務爲慫恿是感。阿哥在棶得差，諒已知悉。薪水尚不專，弟又不能津貼，奈何奈何。弟夏秋大病，自八月初到省後，身子漸好，目下則大勝從前，肉量、飯量頓返舊觀。甚矣，官之不可做也。缺事杳無音信，家用大氐明正即須借貸，好在弟尚能安命不憂，現委纂修直省通志，從事筆墨，頗愜素心，筆墨之役紛紛而來，虛名日集而實學日退，不足當兄一笑耳。家中自弟婦及孩子輩均好，阿阿吉期，方處已定三月十八來贅，即日又須忙碌矣。入都無此力量，未好再説，倘有補缺之望，決罪較易，刻即不敢孟浪爲之也。獄生未必能下文，亦未説明初官事，則大糟捐復要十五六百金，一時不易也。在磁時吾兄商以百金賜之，彼此時尚無要此數之説。兄見惠茶葉，物未到而中心已爲銘感，尚欲得杭菊大枕一個，能見惠邪？專此，敬請雙安，並叩春喜，不一。弟烈頓上。十二月廿六日。

弟婦屬筆請吾姊安。

二三

槐亭三兄、六姊大人尊侍：

初八日得十月十七手函，欣悉榮擁魏唐，業已履新視篆，伯母大人以次均自省赴任，捧閲之下，五中愉快，不可言宣。伏願從此一帆風順，名實兼收，稍償十年舊屈之艱辛，斯則尤弟所禱祝者耳。南中近日情形毫無聞見，未敢妄獻瞽論，以大要言之，如縣官爲民命所繫，即此至内應盡心處，已非大有力量人不能無路。至於題外作文，雖時髦英俊爲之不倦，吾輩自揭單薄，總不如抱定"未求有功，先求無過"八字，總足爲清夜捫心之地，未審兄以爲然否？髯公返在宇下，旦夕文往之樂，令人健羨不已。匏叟及家兄已至否？遥望清塵，勞蕘無量。姊氏摒擋家計，隱憂之久。別後清俸所餘，倘可稍謀旨蓄，心緒轉寬，尚冀及時葆攝。鼎甥致實兒書，文字均秀，將來有遠大之望，未審明年擬赴北闈否？弟處一切尚稱平順，實兒負笈陳松泉太史門下，於月初遣赴省垣志局，隨師講肆，庶藉詩書之氣滌其塵俗。四、六兩兒自□辭館後，廢學又將兩月，既延一師未至，日日凝盼，焦懣不已。孟甥遣赴都門未返，渠年年在此，事事收領，至其才氣，則真駿逸之品也。兄南過時膏秣不敷，至謀及它人，均弟之過，承示由弟劃還，自無不可。來書云尚存二十斤，又弟寄還朝珠價十金，請並存尊處可也。專此布復，祗叩大喜，並叩年釐，敬請雙安，不一一。弟烈文謹上。十一月二十六日。

伯母大人前代各請安叩喜，諸甥均吉。

再者，弟刻擬寄眉叟處曹紋二百四十兩，但目下無便可覓，欲乞兄暫時墊付，一至春間，專人赴南，即行奉繳，決不遲誤也。弟烈又懇。

二四

六姊大人尊侍：

差務忙迫，久不奉書。正月十三接十二月十五之函，至今尚置案頭，愧悚奚極。春夏以來，吾姊體候能安和否？姻伯母老疾想保攝復元，甥輩近履何如？繫念之至。槐兄署任蒼溪，聞亦瘠苦難謂，握篆之後公事順適否？家函中乞代致詢，容緩再行寄書，求諒之也。常州之宅，聞頗滋口舌，吾鄉風俗近殊變易，以槐兄之書生本色，而吾姊又伉直性成，殆未可與若輩爭勝，且此屋風水甚非吉利，後面荒園無可關鑰，亦極不緊就，既張處不肯即讓，不如直以與之，應否找價，自有公論。吾姊有錢購屋，何不以此別置產業？嘉興、常熟、無錫皆可僑居，何必毗陵一尺土方爲故里哉？又容甥業適張氏，夫家、母家兩下做人，均爲甚難，吾姊何不一閔念之，親者無失其爲親，斷不可因一時之念而傷百年之好。弟輩碌碌，不爲人所推重，又遠隔千里，無能相助毫末。然聞南來人傳述，紛擾之舉，未嘗不翹首太息，以爲至憂。忍辱吃虧，是處世抱身之良法，弟年來在外，受人欺侮之處，吾姊諒亦聞之，當前似甚難受，過後思量，於我輩究無大損，而伊等自居惡薄，亦未爲得計，以此解釋，亦漸能忘懷，尚祈吾姊千萬忍耐，熟思而後行之，曷勝至幸。德甥到易二年，性度之貞純，作事之明白，實爲下一輩諸中表兄姊弟中之第一人，弟何修而得此賢婦，惜其身體過弱，大氐亦由要好太甚之故。弟一則因其在此水土不服，北方又乏醫生，弟自與開方數次，服之均不能對，故欲其南歸就醫。二則弟宦興極衰，精神蕭索，全家在外，甚覺擔心。三則家事既有兒媳可交，年來東挪西扯，稍已結存微項，爲歸後饘粥之計，舍兒媳之外，亦無可交，故決計令其南旋，已定本月廿四成行，仍趁輪舟，以取穩快，五日間即可抵虞。家中布置粗畢，當可晤侍膝前，弟之近況一切亦能詳述也。署中自弟婦以下均尚安好，春杪時氣，無人不病，刻已痊愈矣。知注附閱。專此，布請大安，不一。弟烈文謹啓。四月初五日。

伯母大人前叱名請安。甥輩均吉。

伯甥聞已來寓一函，幸處之。

二五

六姊大人手足：

七月十七得六月初八手書，敬審勉襄大事一切安妥，甚慰甚慰。吾姊於兩次艱憂，均一身經理，無憾婦職，盡矣。槐兄雖暫居憂，然轉瞬二三年後，自可一帆風順。家況亦無足慮，尚祈得暇自珍，以葆攝爲先務，幸甚幸甚。弟近況底細，德甥諒可面陳，不復贅述。茲以弟婦等從宦在外，毫無益處，而世路險薄，一旦所遇見不順，攜家遠客，亦殊可憂，故遂決計遣歸。承詢弟十年中能否退步，弟日日求遂初服，而家口日衆，用度日繁，縱到家後極力節省，大氐亦須百金一月，惟俟有此力量後，即日定歸，不敢期以時日，如薄願可遂，則督撫亦不爲之，何論道府。至在此艱難憂患，非言可盡，倘與弟婦相晤，當可悉耳。槐兄聞仍赴浙，年內歸否？伯甥現從何師，用功何如？希一一示悉。德甥性度貞純，在同輩中實一時之冠，即以爲雛鳳清於老鳳，亦未爲唐突也，一笑。專此，敬請大安，不一。弟烈頓上。九月卅日。

二六

六姊大人尊侍：

本月初六郭升帶到九月十八、十一月初八兩次賜書，敬悉吾姊因焦勞過甚，時有疾恙，系念之至。中年以後，精力日減，必須善自葆攝，且槐兄暫爾宅憂，又現充幕委，吾姊奚須過愁貧窘邪！弟況一切，諒於德甥歸時已悉，自問微官，無益於人，目下兩兩結構，似可成就，若不急退，以後弄成糟局，更向何人告訴，故已決計引退，庶一把老骨頭，不致速填溝壑，大氐早則後年春間，遲則秋冬，定可握晤矣。身子尚平順，惟十夜九不成寐，飯食不過往時十之五六，此做官真實得益處。至處處招嫌，人人含怨，則又其次耳。承屬代覓佳麗，無日不留意，但恐果有其人，未必奉讓，一笑。至糾合會款一節，弟生平於此事深惡痛絕，昔年曾罰過重誓，決決不爲，但不可使尊事垂成而敗。茲謹勉力措寄二百金，奉懇吾姊速速覓人接代。蓋目下尚可挪湊，明年戲鑼一煞，弟所籌家計，均係和水做湯，斷無力付第二會也，先事陳明，勉蹈臨時失信之咎。至此款亦無庸見還，請矧存可也。伯甥來書，字甚雅秀可喜，何以少年得有血症，切宜靜心調養，實兒聞此恙頗重，極爲憂系，已函飭將各事停止，專心休養，但不諗其垂憐允准否耳。專賀年喜，即請大安，不一。弟烈頓上。十一月初七三鼓，保定省寓。

伯甥所用皮價戔戔，何必復書之邪？

二七

六姊大人尊侍：

在常晤聚，但惜匆匆，別後廿五抵家，往候四姊，尚能問詢數語，雖知其無可挽回，意以爲非一二日事，乃遽於廿七三鼓長逝，可傷可痛！廿八屬子永代布一函，告知吾姊。初五得初二復書，知此緘已達，初十又得初七續示。弟悲涕之餘，加以途路風寒積感，於初間微發寒熱，頭脹惡風，握管輒心振目痛，是以久覊作復，想能垂諒。家衆大小幸均平善，惟弟遠道歸來，睹此慘事，□況索餘人，亦無能強爲歡笑。七年之久，三千里之遙，萬苦千辛，盼此還家之一日，竟不能暢然開衿，斗酒自勞，命蹇所致，夫何可言。目下身後一切，尚稱如禮，此間既無與伊家熟識之人，孟興擬不開弔，雖在此代尋墳地，究竟何處安葬，觀孟意似未定準。用度弟已墊過六百元光景，前魏般仲在此，孟以夏間不肯見交之券據，再三換來，欲再償六百餘金，與前用之數湊成千金，弟以力量單薄，攜歸戔戔之數，分散一空，微塵性命所繫，不敢變動，止得瀝情回覆。大氏諸人均甚不以爲然，但弟衰病之軀，視宦途如熱釜，數年來謹小慎微，僅糊數口，一經破散，便不得不再策征騎，自知力有難能，故薄情寡義之責，竟無暇顧及矣。至於現在零星用度，將來安葬之資，弟力所能及，斷無自外之理。如爲豪擧，則非弟所能知矣。阿哥又得屯溪厘局差使，此後光景或能稍裕，此是一件愜心之事。而利權所在，用人不易，又未免爲之懸懸。憲兄處本欲作書，以心緒不定，姑且從緩，望以此書公其一閱。達泉侄處三十番乞暫付，略能周轉，即行寄繳，決不致誤，並懇代爲打聽，如陳麗生到家，即爲示知是感。專此布復，即請大安，不一。弟功烈謹上。十一月十六。

再者，寄示會規敬已收到，本當如命辦理，惟弟全家衣食僅恃每月數十千文之租息，無可抽提，本錢又不敢提動，雖指望官項報销尚有餘款,然鏡花水月,茫茫未定,即使如願,亦非一年兩年之事。目下攜歸一竿,已四分五落。弟結存娱老之款,屢次提用,已僅存一千,每月出息不過十番,自己房中下人工食,弟攜歸僕馬澆裹、小孩衣著並動用不可少之件,均在於斯。甫到家,不及逐月,已有捉衿見肘之勢。自問半生憔悴,血氣凋傷,欲再出山,無異視同湯鑊,而目下光景殆將不免,言之可爲浩歎。此款四腳齊付,每年須三百餘金,非但將來必致失信,即明春便高難應手,此時若不直言,有誤吾姊之事,弟更不安,再四思惟,謹勉應一腳,前付之二百金作爲付過四會,其搖到之款,情願讓人,務懇吾姊及憲兄憐閔下情而爲體恤,如以弟言非實,日久亦斷不能遮人耳目也。再布下情,不一一。弟烈又頓首。

二八

六姊大人尊侍:

前復一緘,別又寄碑帖十一種、楷樹子一包,交德甥附寄,已察入否?比想動定康娱,甥輩均吉爲頌。弟病已瘳,可惟家事叢蝟,終日牢愁,未歸時視故鄉如天上,既歸則又畏家室如囚狗,俯仰世間,真無樂境也。四姊墳地,此間代看三五處,孟甥均以爲不吉,已托別人在木瀆看定一地,聞價洋四十餘元。昨由此赴江北遷,殊乏之極矣。用度一切,弟復助六十番,俟來歲出殯再盡綿力,餘則不能問之矣。實兒赴江會科試,昨偕子永歸,生試不高,童試不進,徒吃辛苦,花冤枉錢,真可一笑也。伯甥聞已赴杭,槐公今歲旋常否?前致一函,諒可達到,家函常詢之。專此,敬叩年喜,並請大安。弟功烈頓上。十六。

弟婦屬筆請安道喜。

前函封竟,適得十九手示,知吾姊復有寒熱氣塞之症,此皆家事焦勞之故,槐兄正在官場憲幕,局面不爲不大,似乎用度一切,吾姊不必過於費心,未審以爲然否?會事承示云云,弟之光景已屢陳,不必再贅。生平凡遇事事,應做能做,不待人言,其力所不及,亦均告以實情,是以去歲接吾姊函時,即經從實回覆。此次過常,復蒙面諭諄諄,理不可却。比接到會規,再四思維,不得不勉充一腳,若欲四腳盡做,其勢萬萬不能。用再瀝陳實情,千乞早爲設法,免致臨時貽誤,方命之罪,容面晤負荆可耳。再請大安。弟烈又啓。十七。

過常時吾姊提及做會,弟聲明看過會規再説,並未敢冒昧遽允,幸細思之。

二九

六姊大人尊侍:

去臘廿二得十九日手示,並賜金橘五斤,謝謝。新年惟起居百福,潭第咸臻康勝,爲如心頌。弟薄奉各書,諒均查收,刻來蘇訪友,尚擬至嘉善一行,歸期當在廿外。身子無恙,家人亦均照常,足舒垂注。見示會事,一切已詳前信。今年官缺,萬分不能再往,止可將前款除付兩會之餘數,應酬過去,明年再竭力籌措,以完斯舉而副尊命,一切尚祈諒之。專此,敬請大安,並叩新喜。弟功烈謹上。正月十四,閶門舟中。

三〇

六姊大人尊侍:

前月相別,已周晦朔,在常行時頗憶姊誕日,在本月詢之,實兒以爲廿五,歸問德甥,則云即弟下舟之第二日。弟年來半百而諸事忙忙,獨怪吾姊不以一言相告,亦太客氣矣。廿四抵家,廿五日次女分娩,產厄特甚,至廿六寅刻始舉一兒,甫脱體而蓐母暈厥至五六,幾於不救,闔家震悚,幸而不死,迄今二十餘日。弟日往藥之,已少瘳,復得感冒寒熱,棘手之至,竟不知此人能完全應耳。昨四姊與殽公合窆,前往木瀆,履穴一慟,四十餘年手足,至此分盡,搥胸號咷,不能自已。人生蓳上露,及時行樂,恒若不及,既無道德足以齊死生,超物化,則惟適心意,自娛悅,以卒天年而已。而世事促迫,不由自主,可勝浩歎。吾姊聞爲幼甥聘婦,乏體爲賀,近日身體尚安適否?槐兄不久當歸,盍合舟過我一聚?弟新居卉木山水所欲與共者,惟老手足與老友耳。此外無可共譚,亦無欲與弟譚者。姊奚憚兩日舟車之勞而不一相顧邪?專此,布賀大喜,並請邇安,不一一。弟功烈文謹上。三月廿一,自蘇還虞舟中。

三一

六姊大人尊侍:

前月十四接初十手函,知體候不能甚佳,天癸難至,支節痛,又續見與德甥書云近復發痧,竊意吾姊氣分未必甚虛,但觀平常說話聲高,遲睡早起,作事性急,皆係陽多於陰之象,主於血分,則生育過多,時時崩下,已成空殼,理無可疑。故論養生之法,必須寧神斂氣,以養其陰。論服餌之法,則宜味重性厚,地黃等類。以滋其血。主於人參,非所宜也。人生世曷如白駒過隙,吾輩已及中年,票賑薄弱,將當及時珍攝,庶得共享返驗。世事、家事不能順心,則普天率土,無人不然,還望於可致力處加以訓勉,力所不及,聽其自然,是爲至幸。弟爲淺言,未必能行,終日在家,亦復憂多樂少,但意之所及,不可不與吾姊共之也。德甥前服弟藥,頗見功效,近以家事煩雜,止服病亦終不能斷根。當家辛苦,弟等亦時勸將息,但擔子已經上身,責無可卸,弟縱欲令人幫忙,恐反掣其肘,有損無益。茲勸之遇事將就,則德甥有識之人,來日方長,豈有自己搪塞自己。再四思維,殊無法想,止有隨時隨事可省其力之處,極力省之,以副吾姊諄諄之意。實則德甥一人,乃弟家興廢所關,弟深知愛垂,吾姊亦不必代爲憂系也。鼎甥單身遠行，其志可表，皇天不負苦心人，今秋竟博一第歸，承△，豈不妙哉！四姊處奠分兩函，均交去伊家，想自有信至北。近日槐兄有到家之信否？代詢宗處一條已閱，親友均云此親事甚好。且寬兒年已十四，亦宜早爲議及，竟乞槐兄先爲執柯可乎？緩日再專函奉懇槐兄，吾姊家函幸一言之爲感。憲兄久不通問，弟前書雖到，不日奉上楹帖二副，字甚劣，然紅紙一副之上聯爲姊家祝頌，下聯則就吾姊耽好吟咏言之。白紙一副，亦同雅意。來函欲切近事，未知尚當意否？姊處楷樹子曾發否？弟種若干，均未萌芽，葡萄一株活否？便均示及。專此布復，敬請大安，不一一。弟功烈文謹上。初三。

三二

槐兄、六姊大人尊侍：

　　初三奉吾姊初一手書，知前奉賀緘已達，並審吾兄即日旋常。又聞範甥於日內赴浙就親，長郎賢書策名，次郎好俅天合，駢臻百福，喜氣充閭。想翁媼笑口常開，難爲寫賀信人手腕雖折，而杯酒未沾，遊湖復賴，太不近情。但指日起官，榮補之江一棹，索詐之日正長，弟此時亦殊不亟亟之耳，一笑。弟處一切托庇無恙，足舒垂注。長庚時有信歸，云於前月偕開生南旋，是否來虞，未及提起，如到此，定須擔閣，當即來問也。兹寄範甥絲絛、銅扣、荷包、搭連四物，即矧存。敬請褆安，再賀大喜，不一。弟烈文謹上。合家隨叩。十月初六。

三三

六姊大人尊侍：

　　里門快晤，極承照料，手足之情，非他可比，豈不信哉！別後十九行至河橋，二十早到宜。是日買辦酒品，下午開赴東山，廿一上墳,丘壟無恙,惟總不能種樹,毫無遮蔽,殊於心中不安。本日在彼得墳地數畝,格局甚佳,與先墓遥遥相對,價直復廉。弟素願歸葬宜興,庶鬼神有知,得以永侍泉壤,乃覓地至艱,恐此心難遂,今無意中得之,不勝狂喜。立契後因資斧不足,僅付半價十元,幸係熟人,諸無話説,船上僅存三百文。廿二午間即解維,晝夜趲行,廿四抵蘇,一路吃盡餿菜,可發一笑。蘇州復擔閣一日,廿六旋寓。家中大小均尚無恙,足舒垂注。聞德甥云吾姊已定十一動身赴杭,何忽然定計如此之速? 常州之屋已有交代否,究竟是典是租? 一切情形便中尚望示及。弟處房宇無多而依山傍水,風致宜人,甚望吾姊便道晤存,作十日之聚,未諗能稍費川資,一圖良晤否? 盼甚盼甚。專此布謝,敬請大安,不一一。弟烈文謹啓。十一月初二。

弟婦屬請安道謝。

三四

槐亭三兄、六姊大人同賜覽:

去臘廿四、廿五連接兄姊貽書,敬審潦水飛鳬,秦樓引鳳。正欲肅箋修賀,又直玉階新更,蘭芽初拙。而今月復逢吾姊五十攬揆之祥,喜來如雲,郵筒不儉,山林閑寂,不妨日貢緘書而肆應正繁,第恐閱之生厭,故稽遲歸并,總布其慶忭之誠。想亮此勤心,不誅後至耳。榮赴當在何時? 三甥已挈眷來侍膝下,以遂含飴之願否? 吾姊近體何如? 聞以辛勞,氣血不攝然邪? 弟初與家兄約爲武林之會,昨信云不成行,而德甥家緘轉屬緩去,故亦中止,然殊抱歉。兹呈拙書壽聯及弟婦學畫美人四幅、洋磁百壽碗一對、碧玉小花插一事,草草不恭,吾姊恕之。外銀飾兩件、色綢兩段與新生全孫,均乞拾收。兄見購《胎産心法》已到,並謝。專此,彙叩諸喜,祇頌千秋,兼請大安,不一一。弟烈文頓首謹啓。二月初十。

甥男女均爲道喜。弟婦屬筆同叩。

三五

六姊大人尊侍：

前月廿四得廿日復書，知近體未能強健，但所云心散之症，究爲何病？何時有此？年來見姊用心太甚，傷氣太甚，或此恙之所由起邪？弟雖不知醫，然以情理度之，能少思慮、節言語上也。若求之藥餌，多服生脈散，庶將散之真元得以漸斂，且藥性和平，似可有益無損也。弟處大小粗托平順，惟前月廿日忽得子謹病故之信，柔女固痛不欲生，弟夫婦睹此非常之慘，旬日來亦直非人境。柔女現有身孕，再三以其子長緩單弱，今日之事，子息爲重，勉强相勸，始略作米飲。念其結褵七載，聚首不滿二年，子謹伉儷既篤，尚好學忘倦，年未三十，經、史、小學、算法、等韻，事事均有著述。又敦品立行，錢財絲粟不苟，無論伊夫婦之間，即路人猶爲流涕。嗚呼！天道無知，至此極矣。來示周處幫款，所說極是，顧冷暖厚薄，存乎己心，而得失成敗，則關命運。弟家無一文閑錢可作恩神，北方官款似有盈餘，而交代未清，弟又拙懟，上刃斷無肯發之理。正月之杪思得一路，諄函屬周鈞甫懇求李相飭發若干，專爲盈餘贍家之費。弟並不敢以己事影射，勿能自謂事可決成，乃信□。而鈞甫已於十二月辭差他往，不得已屬子謹挖撬別路，以冀踐諾。不意此信未到而子謹又死，此誠周氏之運氣使然，抑亦弟之薄命生成。凡欲了一心願，必使之轉展破敗而後已。一腔熱血盡換罵聲，可傷也已。然弟一時不死，必當另想道路，吾姊始無掛慮可也。專此，復叩節喜，不一一。弟烈文謹啓。五月初二日。

三六

六姊大人手足：

十八接十二手書，敬審體候近已清吉，甚慰甚慰。承諭欲爲泰孫聘定孫作婦，並示以三代姻親不可漸疏之意，足徵用心肫摯，可感可佩，弟何樂而不從。茲謹遵台命，先行奉復，將來應否循照古禮，問名卜吉，或俟兩兒稍長，再辦之處，均俟吾姊酌行可也。弟夫婦近尚無恙，足舒垂注。至本月初間之事，實兒等諒已具陳，此次未便瀆布。天運不息，人事如流，回憶送吾姊金山衛時，猶在目前，倏倏已見三代朱陳之好，在世法中亦可云圓滿道場矣。專屆奉復，敬請雙安，統惟愛照，不一。弟功烈文謹復。九月廿日。

三七

槐兄、六姊大人左右：

九月三十日得賜書，拳拳慰藉，且感且涕，並審起居安善，爲政多優，千里之心，若解懸系。弟夫婦近藉一匊佛名，勉強抵禦，體中尚稱無恙，足舒注懷。長女死事，兄以爲升天已定，姊以爲宗族生光，在垂愛之心，雖解其苦痛，自不得不如是言之。然死者本非邀福，又不期名，而生者慘酷親經，有此亦理難自解。此女情性行爲，本不類尋常閨閣，其褊衷剛腸，弟之劣處，既所甚似，而聰悟任事，亦頗相同。至於一往無前，心肝鐵鑄，則弟自揣遠遜，於彼不知何處得此異稟。溯其聞訃至今，百有餘日，任家人萬端苦勸，一死字始終不搖，長齋誦經，未嘗一日理髮梳髻。盛暑中家人出外乘涼，亦不肯出門一步，惟獨自臨池行走二次，意在測視水之深淺。閑來譚話，無非遺屬絲黍之事，悉皆料理清楚。臨去之夕，將梳箧均自收撿，分贈諸人。投環處在後進周處原住屋內之東間短梁上，其意不肯在余住屋之內，蓋無一事不斟酌行之也。踏櫈而上，櫈並未踢倒，垂足係於櫈外，度其時不過一二刻，解下後目瞑口合，全不類橫死，始知世間真有樂死之人。古之忠臣義士，臨終作詩寫字，不爲異也。其歿日，本處紳士均來言，欲公呈舉報，且云事在常熟，不應仍關故籍，其意甚摯，辭之不可。並索撰事實，已經稟中丞，聞即出奏。在此世中，不能過違世套，其實非死者之意也。子謹遺櫬本月下旬可歸，現擬同日出殯開弔，暫停常熟北門外，賃屋以俟卜葬，大氐亦在此間之局，一因渠家祖墳，元翁欲留自用，二因亡者有遺言也。茲呈寄事實二本，兄政暇或爲一言。事近可徵，且出賢者，與求榮外親不侔矣。其所生之女，以芝草無根古語，取名阿芝，長媛取名係成，祝其長大，二人均住弟臥房對過，老來自顧不暇，更增此累，命如奈何。德甥夫婦及二女等憂勞於前，悲駭於後，其精神面目不言可知。加以深秋，寒暖不時，長幼人人有恙，又惜延醫之錢，均弟自己在此應酬，胡敲瞎撞，又怕又愁，不知如何是可耳。自處焦頭爛額之形，想時聞之。昭甥大病未瘳，餘亦呻吟滿室，不知吾輩前生如何作惡，遇此苦人大會也。專此復謝，敬請雙安，不一。弟功烈文謹復。十月初七。

三八

六姊大人尊侍：

十月十七接初六信，本月十二接廿三信，敬悉體候安善，闔署順平爲慰。遠系承詢，實兒行期約在仲春之初，附輪北上，三甥同行，自無不可，但不能至三、四月耳。子順在家課其兄之孤子，前屬德甥便復，諒知之矣。二女月初得一子，蓐中危途，吾姊諒亦聞之，不必縷述。弟婦至今怔忡，尚未能出房也。德甥不日即屆娩期，而小孩多病，家事煩勞，無人能爲替力，幸精神尚好，且至行必爲天祐，可無憂耳。今年家中自收租，實兒甚忙，但自田無幾，大半靠人虛火，可笑之至。姊欲惠南腿、南棗、豆豉、米爛等均佳品，甚感，已張口待哺。然如旗下人吃肉，吃過抹嘴而已，不道謝不答酬也。專此，敬請大安。弟功烈文謹啓。十一月十九。

槐兄同候。

三九

槐兄、六姊大人尊侍：

前月十九詳復之件，已達覽否？比維政績順成，頤躬安晏，爲如頌禱。今歲江蘇頗稱有年，婪睦之間諒亦豐裕。地方有無漕運，錢糧開徵掃數否？客邊年事較可清閑，吾姊能藉此安養，以保康強爲望。弟處近況，想詳德甥家信。自前月廿二德甥產後，尚稱平安。弟等亦均無恙，足舒垂注。維二女新生之外甥彌月而化，其本人幸已出房，亦大幸矣。正寫信時有一狗來淘氣一頓，筆幹墨燥，寫不下去，止好開新年再賀春矣。專此，敬請大安，並叩年釐，不一。弟功烈文謹啓。十二。

諸甥、甥婦同吉。弟婦屬叩。

四〇

槐兄、六姊大人尊侍：

正杪奉到臘底及上元後兄姊手書，並賜南腿、米爛等妙品，感謝感謝。聞大旆雖至省垣，想兄旋常，得承示水潦之後，公私迫急，知清況亦不適適，乃道路之人爭言膏腴最首，益知吏道之難，人言不足信耳。姊氏體候近安和否？中年頤養爲要，無勤遠慮。手教念德甥蓐後過勞，屬爲勸阻，惟弟意亦云，然無如致勞之故，蓋有數竭。一則錢少，公堂既窘，私房尤窘，欲求省費，便難惜力。一則用人不得力，此方風氣，半好惰遊，傭媼服妓，無非名色。彼既袖手，此難坐視。一則小孩衆多，好則頑皮，歹則啾唧，自不著緊，更托何人。有此三層，則雖本性疲阮之人，亦不得不奮勇上前，況本恃强要好之人乎？弟輩深知其故，既無錢可爲津潤，又無事可以代勞，僅能於祭祀供價一切，事事屬其減省。倘有不時，思想飲食均整易，不敢使德甥知之。然此不過百中減省一二，仍爲無補。常人事父母不能竭力，以爲非理，迨要好過頭，則又轉增憂慮，謬之何哉！吾姊毛裹之恩，究難並論，尚望時加勸諭，訓以中庸之道，無使過當，則亦弟輩之幸也。至家事及近況，種詢實兒可悉，無庸多贅。專謝，即請雙安，不一一。弟功烈文謹復。二月廿六。

四一

槐兄、六姊大人尊侍：

實兒歸，奉吾姊三月廿六之函，並賜巨金、美食、精飾多品。昨日又獲兄十二手示暨大著《故女家傳》一篇，厚意深情，稠疊爾爾，感何可言。弟前徵文海內，作者不乏人，欲如兄制之典雅者，殊未多見，當付方族，永爲家乘。姊款前本非借，今何云還？然家居百事枯涸，窮此而爲，矯情之舉，殊非情實。古云"周之則受"，請事斯語矣。夏布、火腿均合用之至，維聞彼中布價亦甚不廉，弟雖不出錢，尚覺不直得也。兒孫多，不免事多，吾姊慈篤，何亦憚煩。家居食品，無論處況，如此應從儉約，且多食傷脾，亦非養生之道。吾姊云弟甚饞，今非昔比，已大爲減色。德甥但苦自己無錢耳，否則弟但見其多，不見其少也。專肅復謝，敬請雙安。弟功烈文謹復。廿五。

四二

槐亭三兄、六姊大人尊侍：

五月初三得兄信，正在病劇昏眩中，非但不能復，並不能看也。嗣聞從者亦從武林病歸。噫！六親同運，俗語何其驗也。姊函五月廿五方至，昨又讀致德甥書，記注勤勤，可感可感。弟四月廿四病起，至五月望稍瘳，以不得已之應酬扶病至蘇，三日即歸，又感暑氣，加以今年天時酷熱，非復尋常，大病後元氣消鑠，故至今不能復元。而弟婦五月廿七又病，合家大小十人九呻，其中以千孫恙爲最重,洞泄特熱,小便如注,飲食不進,徹夜喧燥,時醫速進消導表散之品,以致委頓不堪。弟見其土虧已極,主用補劑,始稍轉頭,然病尚未脱體也。次女處小外孫則亦因吐瀉起頭,大有成慢驚之象。弟亦主用温補,初進似得益,今又反覆,仍從時醫討生活,未知究竟何如。每日藥方成篇,爐火相望,其苦極矣。德甥亦時恙,服侍小孩尚來不及,更無管理之暇。六賊戲彌陀,真不易當。幸分一個於姊處,姑從未減,故圓孫在外兩年,竟亦不思之,其情可閔,亦可笑也。此間亦有旱意,幸水田多,不大在心,貴得田農,尚無妨否?做官而遇水旱,真大苦事,弟知其中甘苦,故甚代焦繫。兄恙聞久安和,幸仍珍攝,勿過勞勤。世事煩苦,無人不然,無地不然,可盡心力者盡之,不能盡心力者聽之,吾姊亦無過憂也。實兒五月十五日信來,甫欲由天津而至保定,可爲濡滯之極。目下大氏尚在保定,孑身遠客,念之不能釋然,然不出門又如何邪?伯甥聞致力於地理之學,甚妙。荷三甥爲購《寰宇記》,諧價不成,以之相托,茲已照所還之價購得之矣。做此一門工夫,須看此一門之書,但就正史尋繹,未免太苦。近閲《魏徵傳》,《舊書》云鉅鹿曲城人,《新書》云魏州曲城人,而兩書《地志》,鉅鹿即刑州,魏州即魏郡,均無曲城縣名,後人遂以爲徵乃曲陽人。按曲陽在唐屬定州博陵郡,與魏、邢兩州相隔甚遠,不知唐時本有曲城之邑而劉、歐兩史遺之邪,抑曲城實曲陽之誤,其時曾隸邢、魏邪?欲爲考訂而直病困未果。伯甥既嗜地理之學,煩爲博蒐記傳一證,明之以告我,幸甚。專此,復請雙安,並問闔署清吉。弟烈文謹啓。六月廿。

四三

六姊大人尊侍:

六月廿日寫一詳信,昨得來書,始知未達。槐兄近又有恙,吾姊體中亦爲不定,弟則夏秋病後迄未復元,弟婦刻發瘧疾甚重。今年天令本易致疾，然稠疊不已，亦見吾輩精力之衰也。人生百年，孰能無憂，惟有道之士善自排遣，此養生秘法，亦爲學之大端也。弟園居漸成景色，秋間又爲一亭一橋，居家得此，不可謂非樂境，惜心緒不能定貼，而骨肉惟對妻子，交遊絕無故人，足令人寡歡耳。槐兄赴鄞已否有期？吾姊言歸一行是否真有其事？自蘇至虞不過一日，静溪賞對，奉屈五日，不過稽六日程耳。吾姊其有意邪？實兒闈卷頗認真，但疵病大多，文不勤看，無可望也。專此布復，敬請雙安。甥輩並吉。弟烈謹啓。九月初八。

四四

槐兄、六姊大人尊侍：

正月望前後接賜書各一件，三月十四又接姊函，宕至今不復者，一由尊處喜事重疊，欲似彙總申賀；一由弟家復興工作，終日暴竄風日之中，以致目眚大作，核桃大字看兩行即發脹，不能握管。至前月得鼎甥發甲之信，此爲非常大喜，萬不能再遲賀緘，然私意又欲等其得詞林之後再賀，豈不又省一事。今日摩挲背角，眵淚較乾，趁此一隙之明，急修數行，以抒忱臆。吾兄爲仕縣候，此仕途最所慶倖，然失者雖多，得者亦復不少。至於家增姝雋，階長芝蘭，此所謂有天命者，任自爲之，均不足令鄙懷歆動，惟有後起之賢，克續先業，家門鼎盛，日進無疆，斯則兄姊之老福，實非尋常所能企及。弟自問不翅槁木寒灰，而聞捷之後，不免歆慕於心，足見兩公之緘書，狂笑千里之外，可知之矣。吾姊招弟婦與德甥偕來，甚感手足之誼。且此等喜酒，萬無不痛吃一頓之理。惟德甥終日碌碌，歸寧稍可休息，而老債主又跟蹤而至，迫於西老兒光景，得毋可笑。又實兒未歸，德甥與弟夫婦同主宗事，忽然盡室以行，後路糧臺處誰承管？有此二端，故吾姊盛意，止可從緩拜領矣。然早晚必一至，或今秋弟一人先來，或來春德甥歸後再挈老伴兩至，均未可定。前後賜火腿等均領到,謝謝。專肅布賀種種大喜,並預賀點狀元得翰林之喜,目痛不能寫行緘,幸恕之也。又賀午節之喜。五月初二。弟烈文謹復。

弟婦同賀。

四五

六姊大人尊侍:

五月十二奉初三書,以妻鄧降日,厚貺多品。廿一又接十六復件並眼藥十管,知姊見念之殷,感佩感佩。尋常五十不可言老,乃鄧以多疾之身居然健在,此家門幸事,何足以稱觴,勞長者賜乎。既一一拜登,還復與愧。今年靜溪荷花大盛,開至千餘朵並出,並蒂瑞花,弟與家人臨池看花十日而盡。吾姊屬奉詣,固見手足之情,然吃官廚之鵝鴨,聽公庭之鼓吹,何如姊命駕而來,同享林泉之樂,足以消愁破老乎。有新製詞一闋,錄之扇頭,暨屬鄧繪畫奉寄,祈幸賞之。鼎甥入詞林,前函已預賀,茲不辭費。姊憂其爲人惑,弟意不然,鼎甥爲人初不甚愜,弟意此其既貴,則彌覺其可喜。然吾姊勿笑,此非勢利也,譬如弟園中種樹,有一株欣榮出衆,有不格外相視否? 推類及人,老輩之於後輩亦然。弟但慮其不爲人惑而已,不憂其爲人惑也。自來大成之人,無有不敨。吾姊但屬其上小當,勿上大當;吃小虧,勿吃大虧,斯可矣,餘不必慮也。德甥歸家,差獲團聚之樂,其身體殊多疾,能趁休息之時適調理之法爲幸。弟家室彌衆,事務彌繁,雖瑣屑之務,有提交帳屬者,有弟自管者,然總不能安閑終日,而九子魔母尤不易爲,吾姊有策以善其後否邪? 附呈畫扇兩枋,石衣一匣,茶葉一匣,蝦鬆子、鯿各一匣,祈斝存之。專此復謝,敬請大安,不一一。弟烈謹復。七月初六。

妻鄧同叩。

長庚離定後仍不歸,令人悶損。此子似無大過,但好古董,致有逋負，亦何至於此，可爲糊塗極矣。然亦家途使然，如何如何。今日信多頭昏，槐老處姑勿以戲論慁之矣。

四六

六姊大人手足：

廿七得廿一手示，荷記注良殷爲感。槐兄之恙蓋不過外感侵胃，吾姊可無憂。弟近悟養身不如養心，但能理病之原，則藥石皆可棄置，故身體不旺而服藥，則已久不爲之矣。人生世間，苟不能隨緣度日，則雖樂境亦皆苦境，如姊方處仕宦，甥又早貴，他人莫不以爲至順至美，而來函亦有無窮懊惱。弟家衣食粗給，有山水花木畫卷之樂，子孫備具，人皆以爲神仙之境，而弟夫婦處之，未嘗愜然於心，如實兒在北四月無書，則不能不憂。近聞姊處得其七月十二之函，方始少解。家用資於田產則不足甚多，偶權子母則時致口舌，則不能不慮。至於課習子孫，鈐束奴婢，撫養孩幼，稽核銀錢，籌量柴米，無處怨無處非事，少年爲之而不覺，五十以後氣血久敗，遇一思慮之事，自覺其心力空竭而無餘，故終日樂境少、苦境多，而其大病則總在不能隨緣之故。如能隨緣，則子孫之貧富壽夭，家計之寬迫難易，皆可置之度外，吾輩禀賦如此，非耄耋之人可知。有限之年爲此無益之思慮，究之窮通苦樂，皆係天命，非人力可爲，是亦不可以已乎。故弟今日盡學無心二字，苦於學力短淺，嗜欲難除，止圖減得一分，快活一分，若欲除盡俗情，恐非今世所能矣。槐兄之病在身，弟故進以養身之法；吾姊之病在心，弟進以養心之法。至於兩甥，少年有才，正當發皇蹈厲之日，蒸蒸日進，而云牢騷鬱悶，多愁善病，則吾思之不得其故，大氐不能多讀書，身心無所維繫而已。理之之法，惟須立志問學，自可霍然而愈也。阿哥處境殊不能佳，穎侄固少年遊事，然老兄處之亦有未盡善處，幸已歸去，尚不至大窘，惟官場恐非利器，歸計又毫髮無成，足爲深憂也。德甥及諸孫男女均好否？歸去又直兄等不安，真可謂勞碌之命。家中弟前患痢已愈，弟婦現亦苦此，二女昨復寒熱，餘尚安好。王春庭事官司已結，房子歸我處買回，加伊二百元不到。之譜，衙門花費約及十元，屋價均公堂付給，訟費利本內付給也，乞傳告之。此復，敬請大安，不一。弟烈文復。廿九。

承招一聚，弟亦未嘗無此心，但恐家事難於分身，而老祥病塊，莫能自主耳。明春如可抽身，必赴約也。又及。

四七

槐亭三兄大人閣下：

五月奉手書，以見惰迄未專復爲歉。前聞台候偶爾違適，得姊氏書，知所苦乃虛下耳。秋氣已深，涼燥之令內感，肝脾多易致此。第一宜去憤怒，則肝木平。第二宜節飲食，則肝土健，擴而充之，則壯水以涵木，熄火以安土，皆此疾正所得視乞靈草木遠矣。弟夫婦近亦爲瑣事動氣，均致斯患，幸不劇耳。痊中悟斯理，體以本質。專此復布，敬頌道安，不盡一一。弟烈謹啓。廿九。

四八

六姊大人尊侍：

八月廿九去一詳信，諒達覽。昨閱《申報》，實兒尚無信，然北中人來均云其平安，可告德甥知之。德甥及諸孫等好否？云槐兄之恙頗不輕，三甥日在城隍廟祈禱云云，不勝懸系之至。誠知此報多謊，然見之不能不生憂慮，未審近能霍然否，幸速示我也。弟處惟弟尚平順，弟婦下利已十餘日，雖不見重，而頗淹滯。莊女則自月杪感時邪之疾，初一晚大劇，昏不知人，次日與裴姓醫議方疏解，勢已漸定，熱退得汗。乃初三夜復因汗過正虛，神昏目直，手足抽搐,耳鼻扇動,勢甚危險,不得已以參哺之,始覺稍定。連日與安中氣,兼解餘邪,似乎轉頭,然虐象如此,未知能望痊癒否耳。心緒甚惡,布此數行,即請雙安,望示,不一。弟烈謹啓。九月初八。

四九

六姊大人尊侍:

初八去一信,而初九即奉來書,敬審槐兄所苦漸除,甚慰甚慰。然少愈之際,尤宜慎持,是姊及甥輩之責耳。弟家病人老婦已可痊癒,嬴女則尚在床褥,惟正氣略定,或不憂奄化。實兒仍無音問,德甥信云其咯血症復發,是爲懸慮。北中官逋亦窘,不知了結與否。事畢之後,或留或返,弟殊無妙見,爲渠日後計,則盤桓京邑,或有進身之階;爲渠目前計,則安處家園,似得養生之道。然進身全在命運,而養生太非其時,二者均可語之得算,亦均可語之失算,無定評也。穎姪已於前月杪到屯,阿哥書來,似乎稍慰。以兩父兩子而論,阿哥似失之於寬,弟似失之於嚴,然弟生平於甥姪皆然,不第己子也,率率亦終無一人獲益。蓋今日夷風日熾,尊卑長幼之秩久已蕩然,即父子之間,亦當用委婉圓融相處,何況其餘。故忠告直道,旁人均駭然以爲異事,代致不平,而本身漬染既深,遂自忘其天性,教督甫及,怨誹已深,改過無聞,責善先至。嗚呼!世風至此,尚可言哉。諺云養兒防老,以弟觀之,斷無其事,故近來甚悔從前用心之過,素知直道不行於官場也,棄其官,今復知直道不行於室家,室家一時不可棄,惟當淡漠處之,聽其自然而已。姊生子克家,既能讀書,復善治生,正可從容自樂,何憂悶爲哉。

示及存款代爲照料一節,除乾裕錢莊立摺之外,弟不能得知,而乾裕近以管總人病,故店勢岌岌。十日之前,忽有謠言,雖打聽尚可無礙,而弟夫婦已徹夜不眠,肚内通盤打算,知此莊終難久遠。

然一二年前誤聽小人之言，紛紛放帳，不圖此地之人均以我爲魚肉，盡圖賴債，以致今年整整結訟一年，本利雖清，罵聲已起，是放債之決不可爲也。買田無論利息輕薄，且來我等外方人處斗臺者，無非累產，欲下鄉處處清查，則無此精力；欲托人代爲經理，則決不盡心。近來又有孫竹堂之人挾數十萬之資，田房各產無論美惡，一概皆收。弟秋間看田數處，看屋一處，均爲其添價奪去，全費一番精力，是置田產之決不可爲也。舍此三端，更有何法可設？故弟蠧句之泉尚無擺布，況能旁及乎。尚記咸豐年間爲姊經手北鄉乾租田一章，彼時亦以爲安善，乃經亂之後，姊處究竟曾否十得一二，無從知之。弟至今以爲心疚，更事愈多，愈知其難，實不致應酬。目前苟且答應，僥倖一二年中錢莊不倒，弟之養命微資安頓出去，再有餘力，或其時世面較寬，得爲吾姊盡力，亦未可知也。再，王春庭本已收清利錢十三元有餘，除衙門開銷外，淨存三元，餘劃入蕃記。摺天奇齋又有關閉之說，著人追討。囗兒下月不知能免成訟否，可告德甥知之。此覆，敬請雙安。諸甥及孫男女輩均念。弟烈文謹復。九月十六。

早間書已封竟，下午得十一日手復，知千孫患虐，時時相呼，不勝憐念之至。今年夏令不熱，汗出難暢，故中宮多有淳濕，此瘧疾之所以多也。此兒肝陰甚虧，枯木楂枒，未克土氣，故脾經尤弱，以弱土而當濕鬱，不病何待。治法宜以柴平飲爲主方，如嫌柴胡太泄，或改用青蒿，而蒼朮、半夏、川朴之類皆不可少。如邪勢少退，正處已見，則不妨先用鱉甲，後用首烏，不早用首烏，恐妨溫也。以益其肝陰爲要。彼處既有善手，自可速效，姑以鄙意參詢之可也。仰累多謝。弟烈又啓。

五〇

六姊大人尊侍：

十六去一書，下午接來函，又加一頁，想可到矣。日内千孫及伯甥之女已愈否？槐兄諒可復元，均念念。實兒昨有本月十四在天津發信，身子無恙，爲之大慰。渠云五月後發過七信，而一封不到，馬務信局直非人類矣。暑中想亦得渠之函，恐一時未到，先此奉慰，即請大安，不一。弟烈謹啓。

實兒家信一封，六月廿九發。本日續到者，可交德甥。

五一

六姊大人手足：

初五日突接阿哥函信，使我驚意千里，痛不能支。當命寬兒作章通知，諒已達矣。骨肉三人，那堪又弱一個，吾姊接信後哀痛，諒有同情。弟自歸家後，此事日日憂之不置，然見阿哥做事周匝完固，以爲或是壽徵，私心竊幸。不幸甫過五十，竟無緣無故死於遊棍毒藥之手，傷哉！傷哉！追念其生平，未有一日舒眉吐氣，抱鬱終身，尤可悲歎。穎侄糊圖人，餘均幼小，身後有家事，有官事，不知如何下臺。言念及此，心神戰惕。故於初七設祭，器奠成服之後，即於初八成行，奔往照料一切，稍盡弟之職分。至於以後之事，弟如坐漆鼓中，全然無主見。自顧皮骨僅存，而前路不翅邱山之重，天命如此，爲之奈何，一口氣在，姑且撐持前去，刻已行抵杭州，即日到江頭雇船西去。沿途有哭阿哥詩十一首抄去，因目痛不能重錄，已於家信中屬抄寄矣。與五姊同聲一哭耳。

槐兄貴恙已全愈否？德甥今年不必歸家，遠道過海，如此寒天，非同兒戲，渠及諸孩身體均不結實，且目下期服中已不過年，家中亦無大事，又聞槐兄身體未愈，須伊服侍，有此數端，竟過年後俟天氣稍和再議可也。淚眼模糊，拉雜書此，即請雙安，不一。弟期烈文謹啓。十二月十五日午刻，杭州萬安橋舟次。

五二

六姊大人手足：

弟廿四日行抵屯溪，得見兄靈，並詢知遺事，不堪言說，慘痛之餘，正擬明正趕回料理宅舍，拼湊盤費一切，杭州宅省家人名姓、住處，望開寄杭州城內城頭巷江蘇分縣朱宅存交弟收閱可也。乃今日下午突接吾姊廿二之函，一見藍紙，已心慌手戰，再讀信語，知槐兄又復下世。天乎！天乎！何風霜霹靂，俄吟交集，如此之甚邪！吾姊初次之函，至今未到，不審槐兄究患何疾，何日捐館？吾姊遭此異變，哀痛固不待言，然成家已久，甥輩早達，槐兄在天之靈，尚無餘憾。且喪葬大事，道路迨已辛苦，正未有艾，務祈勉抑哀情，格外珍攝，至要至要。德甥諒未返虞，亦望屬勿過哀。命作湘翁處書，遵即繕呈，第人微言輕，未必能益耳。弟明正初十邊決定東歸，過杭時再譚。吾姊之信，倘有暇奔赴，亦不惜力也。敬請吉安，諸甥並慰。弟期烈文淚啓。除夕。

五三

六姊大人手足：

去年除夕在屯溪。突接吾姊廿二之函，駭知槐兄不幸，涕不可抑，然吾姊初函未到，不知易簀之期也。當日有函並寫宗卷，書故托之新正，由信局寄定。初十日弟由屯先歸，十八到杭州，往尋定省孫姓問之，據云月底日杪過杭後晤同鄉云，吾姊已由海道旋里，不知靈櫬亦行乎，抑僅家屬先走也？過常興欲訪沈庚民兄打聽，而聞其奉差他出，四甥女已到蘇州，故遂不往，然心中記念，無一刻放心也。頃已到苻門，至周處當知就禮，途中有哭槐兄詩及過富陽詞，茲錄呈吾姊覽之。弟身子疲困不堪，一路辛苦，非言不說，事體之難，亦非言可說，俟少心定再詳告耳。楚生海運聞尚未成行，務屬其道出蘇州時侯繞虞山一行，有要話托之也，至屬至屬。此請大安，不一。弟期烈文謹啓。廿四日，葑門舟中。

五四

六姊大人尊侍：

廿四將到蘇州時詳布一函，並抄呈詩詞等，是日至周處，適有雇媼赴常，交令帶上，未知察入否？日來吾姊身子好否？繫念之至，一切望安心調攝，勿過哀惱爲屬。弟理當走候起居，因長途勞頓，身體困極，而弟婦亦以家事憂勞致疾，常在床褥，不能出房。又阿哥處日後住家過日等事，煩難重大，一手一足之力，支柱非易，每日早作夜思，身心刻無定晷，故竟不得分身到常矣，愧歉愧歉。德甥及諸孩輩好否？何時可歸？現在先生已來開館，二孫宜早來從讀。又弟婦病中，家中米鹽瑣碎竟難料理，且德甥勞苦甚久，歸後亦須稍歇息方可接手，故甚望之也。此間刀魚或云較吾里爲佳，兹初出之時制呈一器，以勸加餐，幸察入。張楚生來此三日，帶到吾姊見賜珍品甚多。弟年甫五十，且彼此慘戚中，既不敢勞，又不相宜，聞尚有交德甥之物，務請收回勿寄，是所至感。

槐兄靈柩，聞昭甥之言始知前月已可到杭，並云即在杭亭岸覓地，未知確否？將來常州必須開弔，未知約在何時。大、三兩甥抑留杭守護，或返里治喪，均乞示知爲感。專此，即請大安，不一。弟期烈文謹啓。初六。

再，乞傳語德甥，其房內交涉借款，周媽催討甚難，弟歸後以事多亦未及料理，且款諸均摸不清，據周媽云須伊早歸爲妙。又兩使女家中時來吵鬧要人，並稱外邊傳說人已無著等語，刁狡殊可恨也。顧太湖之款契，據去年楊姓咬釘嚼鐵説已交明實兒，弟去過若干次，全不改口，今年忽然送來，然尚係古道，未爲毀棄，已覺可敬矣。去臘顧姓來，大肆咆哮，目下憑據已有，急須往索，而契上數目不清不楚，政有實兒交下之款目指望，即日固封寄來爲妥。又及。

五五

六姊大人尊侍：

　　十七接手書並惠食物等，謝謝。家務如此之煩，官累如此之重，真爲代喚奈何。幸甥輩成立，吾姊姑免憂額，諺云"船到橋下自直"，無過焦慮也。承招有要事相商，弟一身自早徹暮無片刻之停，刻因連看房子廿餘處，不能有成，已擬在家中隙地現造，此後尤無一絲空暇，而身體之憔悴，家事之迫隘，尤不必言，故竟不能遵命來常。兹薄具幛、聯各一，望呈槐兄靈几。現在遺櫬未歸，想家中定已設位，抑須歸後再設，乞示知。又擬於天寧寺禮懺一日，敬助淨因，幸命萬孫往禮佛，以代弟身，其懺資、香燭等費不知若干，可由德甥付與，歸再還之也。專此復布，敬請大安，不一。弟期烈文謹復。廿六。

　　前信未發間，次子寬忽有常州之行，所有信件即交令帶去。匆匆不及另具他物，甚以爲歉。至此子應試，原不過夢衍而已，到常後欲令往吾姊處數日，但尊處非平常時日，吾姊心緒可知，似乎不近情理，欲令住子憲兄處，則舍至親而就遠族，亦復非禮之宜，故令請安。吾姊倘覺家事紛繁，分心未便，幸勿勉强相爲，致勞神思，是所至屬。專此布懇，再請時安，不一。弟期烈文啓。

五六

六姊大人尊侍：

　　前得二月三十書，冗極未復，至廿一又得十九之信，廿三下哺德甥與寬兒等回來，藉審兩甥已奉槐兄遺櫬於初十抵常。弟處初聞月底方歸，遽此到家，遂不獲往蘇迎奠，曷任悲歎。吾姊體候時有不適，憂傷勞瘁，勢有固然，然能節言養靜，勝於服藥百養也。範甥聞咯血甚多，殊非細事，不知近能止息否？繫念之至。承命代存款項一節，此事在少年時必以人能見信爲可，幸後來略知甘苦，然亦不甚畏惕，至今日而執玉捧盈之懼，時切於心，加以精力日衰，家事日冗，親丁絕無幫手，外人幾同鬼蜮，防不勝防，算不勝算。如果財產平分豐足，何妨安坐哺啜，聽其自然；如果子弟略能精明，何妨起舞婆娑，置之不問。兩者既均不能，人世直無遁逃之地，己事狼狽至此，餘力可想而知。乃蒙吾姊垂信見委，諄諄屬付，弟撫躬自問，實難當此重任，再四踟躕，或者步張楚生之後塵，與曾姓合本入典，較有把握，而近年典當亦復虧本時多，賺錢時少，並非穩定道路。至於買田置產，則好者不得到吾輩之手，存莊放債則時有全軍覆沒之慮，均屬難行。或吾姊與兩甥熟商，妥計行之，再爲函告遵辦，是爲至妥。屯溪前有書至，張羅一無眉目，歸資全無籌措，故又勉寄二百圓前往，大氐四月杪可望到家。房屋已於十六動工，擬造五開間兩進，其費約在千五左右。至開發一切及置備家具，亦非數百元不辦，後來遇日營葬等，更無厓岸。弟與阿哥手足之情，並不十分過人，但思父母如生存在世，見一子饑寒，一子飽暖，勢必心中不能舒坦，今雖棄背日久，而理則無二，故不敢稍存私見。又如長庚等，非不知其不可信，去年寄與重資，則因阿哥有得缺之信，而父子均不肯債務，恐鬧出事來，如果早知阿哥不久人世，亦不能如此出力矣。在屯數日，嫂侄悲慘之狀不忍聞見，弟渾身擔起而後稍能止定。又兩侄行爲，從杭至徽，沿路打聽，實無荒唐之事，不過性愛古董，不知艱難而已。阿哥起病後直至弟到屯之時，五六十日，兩侄均未解帶安臥一夜，在家各種事做到，不如弟處之童僕遠甚。吾姊如見之，當亦哀閔難堪也。寬兒在常，諸費姊心。又弟生辰已荷賜物，今又加以珍幣，尤切不安。容甥處送袍套等重禮，莫明其故，又未便相却，如何如何。專肅復謝，敬請大安，並詢甥輩均吉。弟期烈文謹復。廿七。

五七

六姊大人尊侍：

寬兒歸，奉手書並荷惠食物，謝謝。初間知槐兄安葬，弟困於家兄，精力頹繭，不獲赴常躬助執紼，甚歉甚歉。今冬天令不正，吾姊合宅均安好否，幸一切善自將息也。承命爲十一叔母月籌津貼，理合遵行，惟弟近來負累益重，節縮衣食尚不能夥，弟素性不喜告人，諒姊亦能鑒及。前勉寄兩元，欲轉致爲卒歲之需，至日後長局，力有難能，乞婉爲陳述財況勿罪是感。專此布叩年祺，並請大安。桃盤之饋，聞德甥已爲將意想荷矧存矣。弟烈文謹啓。十二月十七日。

甥男女均問好。弟婦屬筆同叩。

五八

六姊大人尊侍：

前月初六伯甥來虞，接讀手函，並賜寬兒書墨扇對四件。小子菲材，乃已屆成人授室，學行無稱，而事育將至，可爲代憂。長者錫以翰墨，豈非令其不忘先業，克繼書香，厚意殷勤，不翅耳提面命之矣，早欲申謝，以身兼業役，冗不成書，且感且歉。春來敬想動定安善，至以爲念。伯甥聞須至湘，已前往否？便均示悉。新婦人才中平，聞性婉淑，亦未得其詳也。弟正月廿八妾馮又舉一女，順以奉聞。專肅布謝，敬請大安，不一一。弟烈文謹復。三月七日。

諸甥再甥均吉。

弟婦屬筆道謝。寬兒、婦待叩。

（整理者單位：鳳凰出版社）

費熙書札

=☐ 任莉莉整理 =

　　費熙，生卒年不詳，字養和，號少房，清代歸安烏程諸生，曾師承青田端木國瑚，交遊者有姚文川、閔希濓等，門人有周一菴等，再傳弟子如周文桂等。撰述有《朱子晚年定論評述》《曾子節要》《讀書隨筆》《爲己編》等。

　　本輯所錄書札，均錄自上海圖書館館藏，按原件順序編次。

一、與姚蒙泉

　　前論《杜詩》句讀，非左袒而菴，誠以《直解》近腐，不如《説唐》之有情也。至太白《上皇南京歌》（任按：指《上皇西巡南京歌》）所引范氏説，與明景泰事，亦祇以申明二説當參看句，與某説詩本意無關。足下乃援社稷爲重之説，與范氏相難，則有不容不辨者。按：華陽謂太子叛父，非以即位爲叛父，以不待元宗（任按：唐玄宗李隆基，避清帝玄燁諱，稱玄爲元。下同）之命而遽即位爲叛父。致堂胡氏亦云，元宗既有傳位之命，太子非真叛父，其失在裴冕諸人急於榮貴，是以致此咎也。然則華陽所謂叛父者，其無背於社稷爲重之説明矣。故嘗言《綱目》發明分注，剖析精詳。讀者誠能參之諸説，以盡其義；本之《綱目》，以折其衷，原原本本，勿執己見，則論事自無毫釐千里之繆。若明英宗復辟，其所以異於唐元、肅事，亦不止在父子兄弟之間，惟爲臣下所誤則一也。正統間，英宗出狩，中外洶洶。于忠肅毅然倡議，擁立景廟，此即晉吕甥"喪君有君""惡我者懼"之謀也，亦即孟子社稷爲重之義也。厥後兩宫疑忌，釁起蕭牆，非英宗之初心，石亨、徐有貞等專爲自己富貴地耳。此皆已經論定之案，學者或引以鑒戒，或取以對治，方是切己功夫。若動輒翻案，自騁才華，無異玩物喪志矣。

二、與姚蒙泉

　　來論工夫頗著實，但隱微中却有自起葛藤處。如吾人爲學，最忌怕人非笑，此心一動，其弊不可勝言。前日在稠人中言論，不能無太過，然與其卑論儕俗，與世浮沈，不如講説正學，差免塵氛爲得也。足下入山静坐，既自以爲能警省矣，及自述愧悔之緣，則在彼不在此，又何恥非所恥也。至於"若人"之説，亦似是而實非。蓋吾人讀聖賢書，當以正學自勉，以爲此生立命之地、入手之訣，總要將胸中許多俗念，隨在洗刷，使此心常惺惺然，有不善唯恐不知，知之唯恐復行，内外交修，動静無間，久之方有自得之效。若不從自己身心上用力，但較量如何是若人，如何是不若人，竊恐心馳於外，而自治轉疏，不待夔罔兩之乘間而入，而已自失其本來面目矣。且《孟子》"不恥不若人"一節，"恥"字要看得細，"人"字要擡得高，"若"字尤爲要勘得進，斯與《論語·方人》章相表裏，否則知解愈紛，蒙蔽愈厚，即孟子復生，亦無如之何矣。來論曰"過人"，曰"勝人"，曰"顧人""非笑""急求進步"云云，細味語意，大約爲科名利禄起見。噫！科名不可輕視，而利禄不容妄求。惟是審輕重，辨内外，認清路徑，握定主見，合玩索處則玩索，合持守處則持守，合講論處則講論，合踐行處則踐行。其諸所學，一遵前賢之訓，正學舉業，何嘗不相爲用耶？承問讜言，敢獻一得。至謂某與子所到不無滲漏，至言也，今後請爲知己戒之。

三、與姚蒙泉

前論"徑捷法"三字，是對《小學》言。如目下年逾壯歲，仍要依《曲禮》《少儀》《弟子職》諸書次第行持，是必無之事。惟能操存此心，常常提醒，一二年後，庶有進步，所謂補《小學》一段未備工夫是也。徑捷云者，謂較《小學》爲徑捷，非謂有捷徑可由也。足下斥其字句粗率，不能無弊，已見防檢之密。乃來諭則自"有説"以下及所引楊子説，却有躐等之病，何也？夫卑論儕俗，與世浮沈，已斷然知其不可矣。足下反云"無損於我，且可爲吾砥礪之助"。按，砥礪之説，大意本諸姚江，但姚江"切磋砥礪"四字，是根上"毁譽榮辱"句來，謂凡人聞毁而反求，聞譽而加謹。因分内之榮而思患預防，因意外之辱而動心忍性，如是，方可"資之以爲切磋砥礪之地"，即下文所謂"無入而不自得，正以（任按：此處脱一"其"字）無入而非學也"。昔子夏大德、小德之論，先儒以爲不能無弊，則知世途雖可以砥礪，而細行亦不可不矜也。《功過格》一書，爲初學入德之門。然亦必先存得此心，方有把捉。倘謾托檢點功過即是求心，恐檢點之下，非自欺即自恕、非自恕即自棄矣。此弊從近日體驗見得，願與同志共勉之。

四、與姚蒙泉

來諭言，與鄙見時有異同，無害也。信者自信，疑者自疑，一味苟同，朋友安得有講習之益！然其所以不能合異爲同者，由各執成見也。六月初十來諭，既自以爲能警省矣，而持論齟齬，客氣轉勝，所以不敢不辨。不料足下自待甚高，二十六日來諭，又出一世途砥礪之論説來，非無依據。但從古以來，未聞自己持守不定，遂能隨在取益者。故嘗言，吾人爲學，不能躐等而進，徒然説得，終不濟事。如所稱夫子語，必自己平日先有檢點身心、研究道理工夫，真見得如何是賢、如何是不賢，如何是善、如何是不善，然後卒然相遇，可因以爲懲勸之助。不然，義理未融，意氣易動，不惑於人言，即滯於己見，安在其能廣益也？至所論持行《功過格》，亦是入室由户之法，如信不及，請試行之一二月後，便見此格非無本之學也。又來諭責某自信，竊謂學人全仗這點信心，苟不自信，有不隨流附俗者鮮矣。但不可因自信而遂自是耳。

五、與姚蒙泉

讀《陽明子全集》，見其講學諸書，的是孔孟真血脈，教法以時而異，而其心即孟子不得已之心也。故當日好大喜功如武宗，不但無猜忌之意，且以學道人稱之，非真有得於中，安能感孚若是。《龍谿集》頗多宗乘祕語，蕺山所謂"時時不滿其師説"，直躋陽明而禪者。但嘉靖以後，僞學之禁日嚴，龍谿講學如故，不爲時禁所搖奪。雖未知其於萬物一體之仁何如，而其真知能守，不易及也。然此猶是對塔説相輪，於己無益也。惟憶前月在書肆看《東林列傳》，足下言諸老氣節，可以不學而能，某時亦以爲然。及讀陽明子"忠義激而爲氣節，氣節流而爲客氣"之論，以之自驗，始恍然於平日所自信爲氣節者，尚有毫釐千里之辨也。觀法有書册，規勸賴友朋。今而後伏望時惠箴言，勿使遺旁無疆輔之患。幸甚幸甚。

六、上端木太鶴師

己丑夏，蒙師示以《易指》實義暨《論語》一貫，可以無大過，並《人極圖説》，反覆千餘言，皆發前賢所未發，昔人所謂羲文再生、周孔復肉者也。熙姿愚學淺，再四參之，茫無頭緒。比讀"人道只重實踐，其他空言，非惟不關切性道，即是不能行"之論，始知有所著力處。蓋實踐者,踐此人道也。人生於艮寅。艮,止其所。其所,至善也。欲求至善,不離乾二學聚,第"人心惟危,道心惟微"。乾二,臨也。臨大,以艮止之。艮其限,危薰心,故乾三"君子必終日乾乾,夕惕若厲,无咎也"。以是推之:乾二,《大學》"在止於至善";乾三,《中庸》"戒慎不睹""恐懼不聞"也。又曰"成始成終",於艮是踐行人道,宜從"艮止"一義入手。臆測如此,未知是否。至於以兑酉十,終復始;坎子一,一貫之學,非熙所敢望。且師言兑,羊言善也。兑爲澤,大人之學,朋友講習。熙自顧習染深,又少同志相切磋,日用間常有認氣爲理之病,還祈吾師告教之。熙近得《朱子晚年定論》,喜其與師"人道只重實踐"之說,前後一轍。惜評閱者徒襲王學流弊,於朱王所以立說編書之故,無一見及。尤可異者,混義畫於《金剛經》,不勝其情之畔援、意之穿鑿,故世有疑此書爲禪家僞輯者。熙按《王氏年譜》及《與安之書》,的係陽明子手訂,且較《傳習錄》"天泉證道"諸說,尤爲允當。因不揣譾陋,重加校正,略參管見,前後增入《立志說》《應試語》與《三教異同》書,皆取其與《定論》相表裏者,茲藉友人公車之便,繕寫呈上,伏祈鑒定。幸甚!

七、與沈雅民

薇卿所苦已愈,想試期近,故不來山。第思功名一事,原本學問,人言功名以熱得,某謂學問以淡成。《中庸》末章綜括全篇而發端於淡,此爲學要訣也。自此道不明,人皆疑舉業與正學爲兩道,不知學者平日能將一切世味淡得下,收入放心,不爲外物所引誘。久之,心上一點靈明,發竅於耳則耳聰,發竅於目則目明。馴其所至,何事不濟?區區舉業,直餘事耳。若不知學問之道,而惟功名是急,縱能弋獲,君子不貴也。薇卿天分優而習染亦不淺,目下當先收入此心,以立學問根柢。功名二字,置爲緩圖,可矣。某自恨少年失學，老大無成效。每見人家子弟可造，不惜逆耳之投，亦不顧反脣之稽。足下知我，諒不以所言爲迂遠也。

八、與周一庵

月初九峰回山，言足下近來識議甚高，大都文義勝也。至所論椒山楊忠愍公云云，尚未能窺見真際。按忠愍公當彈劾嚴嵩時，位列郎官，地非疏遠，目擊朝廷之上，權奸貪縱，國是日非。同朝之士，率皆心懷顧忌，無一人敢挺身排擊者。所以不得不言，且不得不極言而危言也。《傳》曰："苟利社稷，死生以之。"《孟子》曰："死，亦我所惡，所惡有甚於死者，故患有所不避也。"此公之本志也，後人不明精義之學，動據忠愍自托朝廷恩厚，何以身爲一語，以爲十罪五奸之劾。因一歲四遷，君恩高厚，故特以身報之已淺之乎，測忠愍矣。況徒以廷杖枷鎖之辱、幽囚困苦之狀，視爲遭際之窮，是千古舍生取義之大賢，無當於豪俠之行矣。率意妄言，切宜戒之。

八、與周一庵

前應同門諸友招，往淮南共學。晤別時，見足下諄諄致問，且不勝離索之患，足徵篤信好學，與尋常不同，忻甚慰甚。夫吾儒爲學，不外人倫日用之間。足下能以向之所聞所見者，息心溫習，反身踐行，自得日新之效。《孟子》所云"歸而求之，有餘師"者，是真實語，非薄曹交也。唯旁無疆輔，古人所憂，望足下即時勉學不盡。

九、與張友泉

聞足下有建立宗祠意，極善極善。蓋此一舉，是敬祖尊宗之切務，亦即是超凡證聖之本根。修元人如此用心，非談空輩所能企及也。他日落成，定當趨賀。

十、答小園姪

來諭以長房縮地之説爲附會,竊以爲不然。蓋道家多寓言,縮地者,即《大易》趨吉避凶之義,重九登高,其明證也。至謂神仙爲虛無,似矣。雖然,漢唐以前,老莊之學列於諸子,與方技不同,善用之,亦足以輔相天下,如曹參輩是也。自冠謙之將符籙合之,修史者不察其顛末,一例編入《方技》,道與術遂若混淆而無別,然其實固自在也。愚之出入於二氏,非別有所妄想,惟以禀性剛躁,不合時宜,故借此以爲保身之助。譬如讀《本草》,求對證之藥,不可謂參苓、芪术皆有功,大黃、芒硝皆有害也。昔象山陸子云,楊墨老莊,其道雖不是,皆可以商榷理會。至陽明子,又有三間屋之喻,此皆平允之論也。故嘗言,學者能明乎儒之所以爲儒之實,即間參二氏,亦無傷於本原之地。否則服儒服,冠儒冠,而涉獵徼幸以求濟其私,抑亦末矣。近來有以愚疏懶成性,短於進取,遂謂有慕於神仙出世之學。噫！人既生於斯世,又何從而可出耶？辱承德愛,聊申鄙悃,不宣。

十一、與范松橋

楚老來山,傳足下近況,頗中聖人,豈有慕乎脱灑之風與？向見足下頗究心於《象山全集》,其中法語巽言,諒必敬佩而身體之,何復染此習耶？某在山,亦只以此書爲鑒法,看到切實處,的是刀鋸鼎鑊學問,不勝悚然。所患旁無疆輔,時有覆蔽,打車打牛,未知孰是。將伯之助,深有望於吾友也。

十二、與范松橋

武林趙丈雯門去夏來山,見其氣象澹遠,擺脱恒蹊。功名中人得此下梢,其福慧勝也。從此持守培養,天際真人,非斯人而誰？

所惜匆匆別去，未獲覘其底蘊。後得其《題善養圖》五古一篇，南山文豹窺見一斑，且幸且感。某所輯《十要字訣》，曾爲雩門賞鑒，是已先得我心之同然。今擬付梓，還須其一言弁之。大約此事唯知之，明斯言之當，非徒爲冠冕裝飾而已也。

十三、與范松橋

友泉來言，趙丈雩門近來喚醒了某制軍。訊其喚醒之説，不過釋部之空談，竊以爲不然。凡人爲學，各有分量。如趙丈目下儘可借托西儒，以樂晚年。若某制軍，受知朝廷，久任封疆之重，今雖偶遭顛躓，仍當以内安外攘爲己任，方是入世真學問，亦即是出世真本領。儒曰固執，釋曰定力，二而一者也。昔李莊簡公罷政歸田里，心繫朝廷，感憤之情見於辭色，嘗謂人曰："聞趙相過嶺，悲憂出涕。僕不然，謫命下，青鞵布韈行矣。豈能作兒女態耶？"莊簡生平未嘗佞佛，觀此數語，却能不住生死，括盡宗乘祕要。可見學道人，全在正本清源，著實下工夫。到得感通時，自能包涵莫外，無須乞諸其隣也。趙丈與制軍既爲契友，自當以大機大用相勉厲，不當以自私自利之説惑之也。後世大道不明，自誤誤人者，在在皆是，亦將如之何哉？此事諒足下亦與聞之。故略參管見以質之，足下頗韙之否？

十四、與友人

前月快接謙光，獲領教益，何幸如之。某往來巢山十餘年，從未見有年少拔俗、孳孳好道如足下者，洵當今豪傑士也。但足下嘗言，怕人稱爲道學，此意不能無惑。道學之名，起於北宋，後來陋儒每詆毀之，殊不知孔子與子夏論儒，已有君子、小人之目。《宋史·道學列傳》正欲別於爲人之俗學，俾有志者知所向往也。且"道"之一字，詳於六經、四子之書，解之者謂人倫日用事物之間所當行者是也。以足下之才，處足下之境，矢志於斯道而學之，自應宗族稱孝、鄉黨稱弟。感孚之下，固有辭之不能辭，諱之不能諱者，何怕之有也？又況近世風尚，人倫日用間，都與古異。足下倘怕道學之名，則凡定省之儀、友恭之節，與夫自古道學家所常講習者，欲避其名，得不略其實乎？莊子曰："名者，實之賓也。"足下平日必有道學之實，故得道學之名。若因道學之名，益修道學之實，彼稱我者，正吾砥礪之助，又何怕之有也！《困學餘錄》稿，特身之髮膚耳，而足下好之，今手鈔數首附正，倘有繆誤，望勿吝教。

十五、與陳蓮卿

《雲巢雅集》得訂同方，某之幸，吾道之幸也，夫道一而已。昔人言，老莊之學，係出黃帝，固未可知，但於其出處觀之，亦巢許之流亞，孟子所謂"獨善其身"者也。按老子與孔子同時，知用世有人，遂終隱柱下。莊子知孟子足辦大道，故肆志漆園，自鳴得意。以許行、陳相輩論之，不待內《七篇》，崇上孔子，而後以為此老見道也，惟立言太高。後來又少善學者，於是《道德》《南華》之旨，一敗於清談，再晦於長生。抱杞人之憂者，不得援擒賊擒王之例，直斥為異端，以救其弊，此誠老莊之功臣也。夫攻老莊者為功臣，則宗老莊者益不容以不慎矣。某出入道門二十餘年，自知稟姿愚柔，不敢隨人腳跟轉，凡平日所聞於師友者，必皆折衷孔孟，以杜其流弊。足下有志學道，不必求深求別，惟於日用間去其有害於道者，久之自與道相合也。《為己編》《十要字訣》等書，某平日所參，管見存之，以自證其得失者。倘有所疑，辨析為幸。蓋斯道甚大，其理甚微，必得毫釐無弊，而後可以體之身心，見之日用，無背於人之所以為人之道也。至於先儒著述，各立宗旨，獨劉蕺山先生《人譜》，尤為賅括無遺。又六經中《戴記》，象山陸子指為老氏之學，某謂此尤老學之純粹者。從此著力，則莊敬恭慎之餘，自然此心日益明，此理日益熟。固肌膚而束筋骸，猶其淺焉者也。勉之望之。

十六、與陳蓮卿

接手書，披誦之餘，不禁狂喜。嘗讀《晉書·虞溥傳》，見其屬學有云："學者不患才不及，而患志不立。"足下能立志如此，洵非尋常所可及。惟論事功處，尚與學問看成兩橛，則又不能無言焉。聞足下今秋以邑尊命，助理鄉中煮賑事，致不及赴省應試，果如所聞，則當前實政，自是不容推諉。故前書以應舉孝廉之名爲虛，不意足下誤會，來論（任按：疑當是"諭"之訛字）反以煮賑爲非切己事，此俗學之見也。昔范文正公爲秀才時，常以天下爲己任，所謂"先天下之憂而憂，後天下之樂而樂"也。今歲吾郡水患，視癸未歲爲尤甚，其所施荒政，亦必較前此爲尤難。足下身任其政，能以實心行實事，則自己盡得一分心，即飢民多得一分惠，惡得視爲不切耶？至所稱舉業，不患妨功，惟患奪志。此程子因時立教之言，中道而立，能者從之。若如何爲妨功，如何爲不妨功；如何爲奪志，如何爲不奪志，却非言語所能盡。近以董江都兩言括之："正其誼不謀其利，明其道不計其功。"如是，則讀書應試，助理荒政，俱無妨功、奪志之患。若計較得失，展轉疑信，即使深居簡出，曉夜呻哦，要不得謂之不奪志、不妨功也。故嘗言事功與學問若不看成兩橛，學問與身心尤能歸并一途，則程子所云儒者之學、訓詁之學、詞章之學不必分而爲三，而孟子所云"富貴不能淫，貧賤不能移，威武不能屈"，後人不必又益以"詞章不能奪"矣（"詞章不能奪"句，明王少湖先生所續）。鄙見如此，足下以爲然否？《朱子定論》，是方今救時藥，朱王復起，不易我言。《爲己編》俗語，所謂自家有病自家醫，不足以限通才也。足下既有所契，還須於日用倫常間息心考驗，遇有所疑，問之可也。風便寄懷，不盡縷縷。

十七、與劉采蘋

來諭云咆躁之習，不能即改，有似月攘一雞者，此正是新機，亦即是進境。從此豫順以動，微特不患其迷復，且亦無妨於頻復也。蓋吾人變化氣質，與國家革除敝政不同，敝政宜速革，而氣質以漸化。凡人十歲以前，父母率多姑息，既就外傅，又少人師教誡，於是少成若性，習貫自然，一種虛驕之氣，牢不可破，非如聲色貨利之累，一朝悔悟，即可舍去也。足下能自知咆躁之非，時時存省，事事戒愼，自朝至暮，唯恐舊習復動，久之方能變化。如有意欲速，仍是意氣用事，異日縱不至文過而飾非，恐難免始勤而終怠也。先儒謝子二十年去一"矜"字，當思其二十年前如何著力、如何用力，方知改過之道，不可畏難，亦不可視以爲易也。今後當於日用間，不論有事無事，常與心盟曰："爾不得咆躁。"再於出入之地，將"不得咆躁"四字揭於旁，藉以觸目警心。即有得力處，亦即知此事之不可以他求矣。《十要字集解》，能逐節理會踐行，亦變化氣質之一助。珍重不宣。

十八、與姚蒙泉

來諭"課讀之外，可以箝口；五里以往，皆爲畏途"，想此別是一種謹言愼行法。否則，古之絕人逃世者，入山惟恐不深，入林惟恐不密，未聞有此心不可與世接、此身仍依依市井間也。且吾人既生斯世，不但不容逃世，實不能逃世。既不能逃世，而舍世人之徒而不與，與木石何異乎？某之自信，足下所知。近於誦讀之暇，有同志見招，不計道里近遠，時一往焉。《兑》之象辭曰："君子以朋友講習。"《恒》之象辭曰："君子以立不易方。"縱使空言無補，要不敢以簡重自高，變厥初志也。所問來歲事，生死未卜，不能自知，何況足下。惟見在所刊《十要字集解》附去一本，以補昔年西遊所未及，即以答老兄眷念之情也。草復不宣。

十九、心學權法示諸友

先儒薛子曰："作詩、作文、寫字，疲敝精神，荒耗志氣，而無得於己。惟從事心學，則氣完體胖，有休休自得之趣。"此意誠不可不知。雖然，今世學者資力不同，境地各異。寒素之家，年自十五、六以往，即有仰事俯畜之責，既不能效古人半耕半讀，自食其力，不得不假作詩、作文、寫字以爲治生之計。又況天姿學力不及古人，欲舍作詩、作文、寫字而別求心學，鮮有不流入於空虛。是故作詩、作文、寫字，無妨於心學，而善學之，亦自有裨於心學也。且夫文字之學，由來尚矣，學者從事於此，無患作詩、作文、寫字之妨功第，患作詩、作文、寫字之奪志。人苟不知義命，不辨內外輕重，但逐逐焉涉獵僥倖，以求濟其私，則不免精神疲敝而志氣荒耗。若於作詩、作文、寫字時，視己力量，隨分講求，專心學習，不使貪外虛內之念妄動於中。如寫字，則一畫不譌，一筆不苟，誠如明道程子所云："某寫字不在字好，只要心在這裏。"久之，則心自能靜，心靜則神氣清定，發竅於耳而耳聰，發竅於目而目明。耳目聰明，無事不濟，區區作詩、作文、寫字，何患不成哉！孟子有言："學問之道無他，求其放心而已矣。"夫舍心無以爲學，而離學亦無以求心。吾人苟有志於上達，則作詩、作文、寫字，正當今下學之權法也。其諸事畜之累，可以隨遇而安，無庸過慮矣。乃世之儒者，欲速見小勤，以正學爲忌諱，究其用心，與商賈之流無以異。彼非甘心自小也，非甘心自棄也，特疑聖賢之學有礙於作詩、作文、寫字之功耳。有礙於作詩、作文、寫字之功，則無以弋取科名，而因以博仰事俯畜之資耳。噫！過矣。古之人簞瓢陋巷，宴如也。"啜菽飲水盡其歡，斯之謂孝"，此非聖人之言哉！熙雖於斯道無所聞，而儒學門牆已略知所從入。且知舉業與正學相因而不相悖，所以國家垂爲申令，培養人才，以代古鄉舉里選之法。宋元以後，名公巨卿、理學諸賢多從此出，則科舉之設，不徒望人曳青紫佩印綬，爭一己之榮而濟其私也已矣。今諸友正當年富力强，果不以愚言爲迂闊，及時鑒戒，立志勉爲，勿空盜聖賢之言以欺人，必寔踐聖賢之言以自礪，知行合一，德業日增，其所得於己者，豈獨氣完體胖，有休休自得之趣而已耶！諸友其共勉旃。

（整理者單位：華東師範大學中國語言文學系）

《黑龍江通志編輯檔案卷》

胡豔傑整理

　　黑龍江位於我國東北邊陲，地理位置重要。清末、民國時期俄國在黑龍江邊界地區滋事，涉及疆域、領土等重要問題。清光緒時期就已開始組織繪製黑龍江輿圖，明確疆域、邊界等重要問題。《黑龍江通志》於清光緒二十三年（1897）由恩澤倡修，[①]至1933年萬福麟等纂修梓行，歷時三十餘年。光緒三十三年（1907）張國淦任黑龍江通志局總纂，利用業餘時間完成了一部簡略的《黑龍江志略》，但《黑龍江通志》的編纂工作並沒有開展。1914年，黑龍江巡按使朱慶瀾繼續開局修志，由連慕秦修《大事志》、史錫永修《沿革志》、黃維翰修《山川志》、張朝墉等任纂修，不及二年，因事輟業。1919年，黑龍江省長孫烈臣復延金梁在北京開局修志，于駟興商請金梁開局重修，後又因經費等原因停止，未能成書。1925年初，黑龍江省署派員將志稿從金梁處收回，由張延厚補金梁未竟之事，因循數年，亦未卒業。1929年，萬福麟任職黑龍江，屬張伯英纂修。是年11月，張伯英到齊齊哈爾黑龍江通志局任總纂，徵聘孫宣、董申甫、孫雄、譚篆青、謝國楨等為志局編纂人員，商定凡例，分任纂輯。1932年，匯成全稿，名曰《黑龍江省志匯稿》，附《黑龍江大事志》四卷。同年，由萬福麟出資在北京付印，定名《黑龍江通志》，1933年6月完工。金梁也於1935年出版了《黑龍江通志綱要》二卷。對於《黑龍江通志》編纂史的研究，主要集中在萬福麟《黑龍江通志》的研究上，對於金梁《黑龍江通志》的編纂過程，因缺少相關歷史檔案資料，研究還不夠深入，對其纂修《黑龍江通志》的成果及價值尚未被完全挖掘。②

筆者在整理天津圖書館藏文獻時發現《黑龍江通志編輯檔案卷》一册，③是册以書札爲主，兼及金梁纂修文稿，爲金梁舊藏。書札用紙多樣：一種是朱欄，八行，黑龍江政務廳箋；一種是素紙；一種是朱欄，九行二十五格，成興齋稿紙；還有其他公文紙及稿紙。此册檔案共收錄信札44通。書札撰寫者，一是《黑龍江通志》纂修人員，如孫烈臣、于駟興、袁金鎧、朱佩蘭、程廷恒等；二是署"黑龍江政務廳"，鈐"黑龍/江省公/署政務/廳長"朱文方印；三是朱慶瀾主持修志時的纂修人員，如鍾廣生、連文澄、吴俊升、榮凱等；四是金梁友朋，如吴廷燮、何煜、姜田青等；五是金梁向其他省調閲通志時，收到的回信。

《黑龍江通志編輯檔案卷》具有重要史料價值，較爲完整地收録了1919—1925年金梁纂修通志時與黑龍江志局的互動文檔，爲《黑龍江通志》纂修史研究提供了可靠、翔實的資料。所收書札内容，就方志纂修的體例、類目設置、時代斷限、取材範圍等問題進行了討論，爲研究民國時期方志纂修方法、纂修思想提供了一手資料。其中，開列的書目、報表、檔案情况，爲《黑龍江通志》纂修徵集文獻範圍，對現代《黑龍江通志》的纂修具有參考價值。這批書札的整理揭示，將補充金梁纂修《黑龍江通志》檔案的空白。

孫烈臣致金梁書札

一

息侯仁兄大人閣下：

前奉華函，猥承藻飾。並蒙惠賜《石渠寶笈》《淳化閣帖》各一部，開卷展閱，洵係佳品，良擴見聞，拜嘉袛領，感篆莫名。江省地處邊陲，藏書甚少，前者赴京用購數帙留備參考，乃荷獎借逾恒，益滋慙感無既矣。耑泐復謝，敬頌台綏。

愚弟孫（制）烈臣拜啓。六月二十一日。

二

息侯仁兄先生箸席：

都門快晤，藉聆清波，忻慰何似。前承慨允擔任纂修《黑龍江省通志》，俾數年未竟之書，觀成有日，何幸如之。惟查通志局預算，年共江大洋一萬二千元，茲特先匯江大洋三千元以折合現大洋一千二百零六元，連同聘書一份，寄請查收，並希賜復爲荷。匆泐不盡，敬頌撰祺。

愚弟孫烈臣敬啓。七月六日。

計匯票一紙，現大洋一千二百零六元。

于馴興致金梁書札

一

錫侯仁兄先生撰席：

袁潔珊兄自京旋江，藉諗興居佳邕，著述宏富，至爲欣慰。辱惠折箑一柄，並賜書法，披展之下，頓覺香流翰墨，直挾仁風以俱來，用以奉揚，不虞無自矣。正肅束申謝間，潔兄又以囑檢志局現存稿本及蒐集材料之單見示，當飭據志局管理員李麟分查照來單，如數檢齊，並鈔局章，交由敝廳包封郵寄，至祈查收，並希賜復。至志局經費，按照預算，年共江大洋一萬二千元，兩年計共江大洋二萬四千元。茲經議定，以二萬四千元全數充作執事纂修修金。現志局僅留管理員一員、僱員一名，年支新費不過一千四百八十八元，此款即由省公署另籌支付，與尊處二萬四千元無涉。合并附陳。手泐致謝，敬頌箸祺。

愚弟于馴興鞠躬。六月廿九日。

計鈔單一紙，局章一分。書籍八包，另寄。

二

息侯仁兄先生箸席：

日前泐寄寸楄並檢送志稿等件，想登典簽矣。昨袁潔珊兄出示手書，藉諗執事編纂江志積極進行，約計一年定可竣事，聞之忻慰奚若。囑查從前江省調查局報告書一節，現查當時該局調查各項，雖未成書，尚有原稿不少，旋因局所裁撤，在事者風流雲散，稿本旋亦散佚無存，殊屬可惜。省議會亦無此項調查材料，茲特檢寄《江省民國四年第二次政務統計報告》一帙，凡戶口、財政、教育等項分別列表，頗可參考，至乞察收。餘俟尊處表式寄到後，再行分飭調查。至囑提前匯寄經費一節，業由本署令行財廳提匯江大洋三千元，不日可到京矣。並坿聞。手此，敬頌纂祺。

愚弟于馴興敬啓。七月八日。

袁潔珊兄囑筆致意。

三

息侯仁兄先生惠鑒：

　　日前率復寸函，並坿寄《統計報告書》一冊，想邀察納矣。昨又奉讀手翰并單一紙，敬聆壹是。囑查各節，當經轉囑李管理員麟分檢查去復，茲據開單前來，錄請查閱。至《人物志》，前已函准黃申甫兄，復允倩人補繕寄來，或就近送交化石橋駐京奉軍總司令部秘書處宋彬如處長收轉，大約早可蔵事。能由閣下就近一詢，尤爲便捷。再，單内如《建置》《疆域》兩事，應俟函詢鍾遜庵兄，復到後，再行奉聞。餘不盡言。手覆，敬頌箸安。

　　　　　　　　　　　愚弟于駉興敬啓。七月　日。

　附抄單一紙。
　外書籍一包。

抄　單

一、《建置志》八本之外，慕秦有無賡續須問遜庵。

一、《疆域志》原系三本，上卷須問遜庵，村屯、道里須分飭各縣填注。

一、呼倫貝爾各資料前已全數送呈，他無記略。

一、史子年《地人譯音對照表》，無從清檢。

一、人物、山川須問申甫。前約分編之人，列下：馬肖先（分）、劉紹青（分）、譚直方（分）、張北祥（總）、陳仲棠（分）、趙仲仁（分）、程子貞（采）、陳繪麟（采）、濟崇山（采）、春吉甫（采）、姜言甫（采）、黃度汪（采）、趙富安（采）、王筆臣（采）、魏星曜（采）、王文浦（采）、陶怡卿（采）、翟文選（總）、劉作璧（分）、劉榴生（分）、管穎侯（分）、史次封（采）、管冰陽（分）、王台珩（分）、連慕秦（總）、張穆如（分）、張素（分）、李麟分（分），以上見第一號卷；

史錫永（總兼局長）、黃璠（采）、郭文田（采）、徐鳳書（長）、陳福齡（長）、王赤卿（提調）、鄭謙（長）、鍾遜厂（長）、江紹明（分）、淡國濱（分）、鄒濟（分）、趙香圃（采）、章鋂（分）、崔清倫（分）、張續齡（分）、王玉科（長），見第十八號、六十九號卷。

一、《宣統年調查報告書》無從查覓。前已檢寄《民國五年黑龍江省第二次統計報告書》，洋裝一冊，藉可參考。

一、檢呈《宣統二年黑龍江清理財政局印行說明書》三本、《意見書》一本，共四本。外檢呈《黑河通政務志略》一函九本。

《龍城舊聞》一本。《呼倫貝爾邊務調查報告》一本。《哲盟實劑》二本。

民國九年七月十六號。通志局。

四

息侯仁兄先生有道：

兩誦手書，如親聲欬。書單各件，均經收悉。藉諗安旋京邸，撰著日宏，甚慰甚慰。承詢各節，茲特逐條答復，臚列於左。乞賜察爲幸。

一、各類紀載斷自辛亥，同人等極端贊同，惟似應於辛亥後至現在止，另作附編，未審高明以爲然否？至宣統調查統計，現實無從覓得也。

一、黃申甫兄所編《山川》《蒙服》各志，既由宋彬如兄隨同書圖卅三種交到，已荷檢收，深慰遠念。所寄《盛京通志》暨《黑龍江述略》各一本，已交付李管理員收存，以免散佚。至《建置》《疆域》二稿，前已函詢遜庵，迄未得復，現已再函催詢，俟得復後，再行奉告。

一、職官姓里及任事年月，已由李管理員檢出，《文職》《武職》抄本各一冊，寄請查收。

一、在京擬刻"黑龍江通志局"小石章一方，以便抄案、借書之用，悉聽尊便，無不贊同。

一、提前支發經費一節，自應遵辦，惟本省財政窘迫，預支更覺爲難，現已向財廳商定提前撥付，不敷若干，再由本署另籌墊補，合成江大洋九千元，連前匯之三千元，共計壹萬二千元，正足全年經費，匯到後祈查收。見覆，爲荷。

一、宣統年地圖遍覓不得，茲特檢寄最新《清丈地圖》一册，以備察閱。

一、省署公報始於民國三年，從前並未將所出之報另儲保存，自七年一月起至現在尚可銜接，茲特檢寄，至乞查收。此外並無月報、季報之類，並以坿聞。

一、省內近年大事之紀載，僅有《呼倫貝爾之變》《庚子之變》《庚子變亂記略》《庚子善後交涉記略》等四帙，寄請檢收。又《黑龍江外紀》二本，於舊日記載頗可參考，一並寄閱。

一、宋彬如兄所送單內，黃君未交書二十種。此事前接申甫兄函，云當時並未收到此書。詢諸管理員，亦云實係均屬遜庵經手，現一並函詢。惟《實錄》抄本有謂在連慕秦處者，局中概無副本，無從檢奉。慕秦從前在京，不知現仍在京否？能訪其住處，面閱詢更妙。

一、《程中丞奏稿》二册、《賜福樓啓事》四本、《撫東政略》二本（內有關江省之事）、《周中丞奏稿》八本、《函稿》一本、《張學使諮議局報告書》一本、何蘭孫《墾務要覽》一册，均檢寄，查收。至魏馨若著有《龍城舊聞》一編，前已檢寄，聞並無《龍塞叢編》之作。又，《周中丞詩稿》此時無從覓得。繆學賢之《黑龍江》，局中並無是書也。

餘容續布，敬頌道祺。

愚弟于馴興敬啓。九月十一日。

坿書單一紙，書籍另寄。

寄上書籍清單：

《文職》一本

《武職》一本

《清丈地圖》一册

《呼倫貝爾之變》一本

《庚子之變》一本

《庚子變亂記略》一本

《庚子善後交涉記略》一本

《黑龍江外紀》二本

《程中丞奏稿》二本

《程中丞賜福樓啓事》四本

《程中丞撫東政略》二本

《周中丞奏稿》八本

《周中丞函稿》一本

張學使《諮議局報告書》一本

何蘭孫《懇務要覽》一册

《黑龍江公報》（自七年一月起至九年八月止）共卅二册

五

息侯仁兄先生纂席：

　　正懷汪度，忽拜郇箋，三復循環，五中慚歉，就諗著述宏富，興居綏穌，且慰且感。弟權代省務，建樹無聞，猥辱齒芬，愈增顔汗。承囑檢寄各種，遵將業已查報到署者，開録清單，先行郵，請察收，其餘陸續再寄。惟事關志乘，同人均以先睹爲快，擬請執事將業已編成之稿先寄數種，以慰本省人士盼望，且藉以彰撰著之勞。吾兄高明，當以爲然，而不吝提前宣示也。匆復不盡，順頌道祺百益。

坿清單並表册等件,另寄。

愚弟于馴興敬啓。九月十六日。

計開:

一、省内外各機關衙署圖(有清單)

一、各縣建置表(有清單)

一、各縣物産倒查表(有清單)

一、各縣村屯道里表(有清單)

一、現有各機關明目單

一、第一屆國會議員名册

一、趙春芳《邊務報告書》

一、黑龍江第一屆省會議員名單

六

息侯仁兄先生有道:

昨上一紙緘,並附匯券,計邀青及。兹將迭次惠書,囑爲調取各項資料,逐條答復於後。

一、承寄《敍例》五册,同人等均已傳觀,僉云體例精詳,欽佩無已。惟索觀者多,不敷分送,尚乞續寄兩三份,尤爲感荷。

一、"最近預決算及軍餉册"一節。查政界九年度預算雖已送部,八年度決算尚未齊全,祇有抄册,並無印本,存檔以外,實無餘存之册。若倩人抄録,頗覺繁冗。惟軍界最近之九年度預算另有刊本四種,兹特索寄,請查閱。

一、《村屯道里表》已由本廳擬具表式,分函各屬,限期填報,一俟報齊,即行彙寄。

一、《實録》抄本既在連慕秦兄處,且兄交還甚好,現下已經送到否?念念。

一、《邊務報告書》系趙君春芳編印，詢諸李管理員，云前次所寄之二、三、四等卷，以關係邊務，故特檢寄。局中所存本是殘缺，聞趙君原書共有十餘卷，云現在趙君調任臚濱縣知事，已專函索取全冊，俟到再寄。茲特另檢卡倫抄本，以供參攷。

一、承示連慕秦兄言：前在俄人處抄有《黑龍江志書》一節。查此事系光緒三十三年間宋友梅督辦在鐵路交涉局總辦任內，曾由海參崴經俄人手借得《呼倫山川道里》等項志書數冊，由局鈔成，即行送還。不知宋督辦處現尚存有此項抄件否，已去函詳詢，俟得覆後，即行奉聞。

一、各縣祠廟、陵墓、坊表及橋渡、商埠、教堂等項，暨物產種類，現已由廳分別列表，函致各縣局，限期填報。俟報齊後，再行彙寄。

一、省城及各道縣公署，暨各局、所、廳、館等修建年月及形式、間數，亦均分函調取，俟送齊，再寄。

一、《賜福樓啓事》一書，詢諸李管理員，謂此書系涂子厚兄原物，臨行送藏圖書館中，原止四本，並無其餘，有移交冊可查也。

一、史子年兄所編明以前《人物志稿》，張白翔兄所編《藝文》及《風俗》各稿，馬肖先兄所編《墾務》，均由局中檢來，寄請查閱。

一、"屠鏡山輿圖"一節，據李管理員云僅覓得二十六幅。查原圖有六十一幅，何以相差太鉅，旋復向史子年兄所用書記許培芝詳詢顛末，始知屠氏輿圖，子年當日擬印千分，遍散各縣，以資考證，後因繪畫太難，且與現勢不合，故遂中止。又詢底本安在，云係本地人富春祥充編輯時借來，現已由敝處托人查詢，並請就近一問子年，當能記憶也。

一、《存悔堂詩集》及《聚魁吟》均已檢來，寄請察收。

一、"圖書館舊存總領印爲遊某私自攜走"一節，詢諸李管理員，云館中衹有"朶顏衛左千戶所百戶印"一顆，茲特另印印模一份，寄請賞鑒。至總領印爲遊某攜去，實不知其詳也。餘容續布。

手此，敬頌著安。

附書籍單一紙，書籍另寄。

愚弟于馴興啓。十月九日。

寄上書籍單，十月九日。

《存悔齋集》一部，計八本。劉鳳誥著，道光庚寅開雕。

《聚奎集》一本

馬肖先《懇務稿》七本

張白翔《藝文志》二册。亦有白翔編者。

《風俗材料》二册

史子年編《漢唐元遼金元人物名宦》八本

石印《屠氏輿圖》二十六幅

"朶顏衛左千户所百户"印模一紙

《軍事各機關九年度餉章》一本

《國防九年度臨時費預算》一本

《陸軍第四混成旅九年度餉章》一本

《軍署步衛隊機關槍連九年度餉章》一本

七

息侯仁兄先生撰席：

徑啓者：前奉大函，囑再查填滿蒙各部落方言，並附表式一紙，當再托西布特哈金總管調查。去後，兹據函復，遵即照表填列，惟稱表內原列之"奇倫"並無此項部落，以音還之，當爲"棲林"之誤，此二字系前清奏牘內譯爲漢文，指住樹林內之鄂倫春而言，蓋滿蒙並無此項部族也，云云。除函覆外，相應檢同表式函送查照爲荷。此致，敬請道安。

愚弟于馴興拜啓。二月一日。

附表一紙。

八

息侯仁兄先生箸席：

　　昨展惠覆，並坿到《方言表》一本，領悉種切。原表分門列目，具徵詳備，惟恐其中有無從繙譯者，將來不免從闕，茲復轉托金心齋總管再覓熟諳各部落語言者，詳晰填注，俟其送到，再行寄都。至本署滿文舊檔，卷帙繁重，郵寄不易，曾於十年一月間將《同光兩朝繹抄奏稿》二十二本檢寄，查收在案，其餘舊檔原本大而且厚，盈架滿篋，實屬無法郵寄也。並以坿聞。專復，順賀撰祺。

愚弟于駰興拜啓。三月六日。

九

息侯仁兄先生纂席：

　　日月不居，春光已老。遥維箸祺日晉，履祉時穌爲頌。弟近狀如舊，無淑可陳。《通志》一書，本省士人亟欲先睹爲快。前承惠復，允將《沿革》《疆域》《山川》《人物》《建置》《物産》等數十種先行繕就寄江，現又事隔數月，不知已否就緒，還祈不吝珠玉，提前繕寄，不勝翹企。再，前囑將滿文舊檔年份最早者檢寄一本，以管理此檔者久病未愈，遲遲未寄，茲特檢寄《乾隆七年份滿文舊檔》一本，至祈察閱後，仍乞寄還爲荷。專泐奉達。敬頌道綏。

愚弟于駰興敬啓。四月十二日。

　　坿上公函一件。
　　又滿文檔一本，另寄。

十

息侯仁兄先生有道：

　　不通音問又月餘矣。比維履祉秋高，撰述日富，甚盛甚盛。前囑催送《方言表》，當經函詢西布特哈總管，托其提前填送。旋據覆稱，以繕寫滿文者久病未愈，以致遲遲未報。據該總管將《方言表》呈送到署，用特寄請察收。再，昨得黃申甫兄手書，以江省《人物志》先後共成二十四卷，名曰《黑水先民傳》，剞劂將竣，即可出書，事關本省文獻，均以先睹爲快，茲已復函訂購百部。惟念此項《人物志》爲大著《通志》內之一種，將來《通志》告成，仍當快窺全豹也。至前請先賜定稿數種一事，能否辦到，尤爲翹跂。專泐，敬頌道綏。

愚弟于馹興啓。十月二十五日。

十一

息侯仁兄先生撰席：

迭誦手示，均悉壹是。祇以所需各種書籍材料，分頭調取，致稽答復，歉仄奚如。現已經調集齊全，容另函逐條詳復，茲特先將提匯經費專函奉達。查此次所匯江大洋九千元，共計小洋一萬零八百元，以三九二合現大洋四千九百二十四元八角（匯水在內），已交由江省益發合商號匯京，附上匯卷一紙，至乞查收，並希惠復。所以遲至今日始匯者，以款未提到故也。箸安。

愚弟于馹興啓。十月七日。

附匯券一紙。

十二

息侯仁兄大人閣下：

大函拜悉。修志經費欠撥半數，日在催囑籌匯之中。惟各方事經數載，尚未成書，不知內容苦難者，頗生疑諑。財廳自十年七月即未發款，前請先行寄稿數份，誠欲質之同人，撥費一節，庶無阻礙也。尊處既已編成二十七類，務請擇要先寄數種，俾同人先睹爲快,可使催款一層較易盡力。倘膽寫不及,不妨將大草擲下,閱後即行繳還,區區苦衷,當承亮察。李管理員麟分已於前日病故,志局費紃,暫行並科辦理,調查未竣各項,已飭科查卷,嚴催各屬。災匪頻仍,地方離亂,查報結果容有闕漏,萬不得已,俟將來大部份告成,空格補填,以省郵筒往來,似亦一法。高明以爲然否？耑泐,奉復。藉請道綏,鵠候玉音。

弟于馹興拜啓。四月二十七日。

十三

希侯仁兄大人閣下：

前奉到《辛亥殉難記》,曾覆寸椷,計達典籖。比維興居嘉勝,撰述奢隆,以欣以頌。前本省通志局已故編纂李君麟分,當鄭鳴之任局長時聘爲編纂,曾經編有《建置志》二卷、《疆域志》五卷、《山川志》六卷、《輿地志》十一卷,嗣後移歸京辦,該員改爲管理,去歲在職病故,可謂終其事。茲其乃弟賫呈其兄《行述》《行狀》,請求於《通志》編成之時,錄列編纂職名,將李君列入,或附以小傳列入"流寓"之末,如承俯允,存没均感等語。茲撿同《行述》《行狀》兩稿,伏希采擇爲荷。專此,敬候箸安。

弟于馹興頓首。三月廿六日。

附李麟分《行述》《行狀》兩篇。

<h2 style="text-align:center">袁金鎧致金梁書札</h2>

<h3 style="text-align:center">一</h3>

息侯如弟鑒：

頃展手示,誦悉壹是,就諗纂述賢勞爲念。承囑覓寄第一期統計表一節，查江省民國三年以前刊有《政務報告書》八本，係民國二年十一月起至三年十二月止，茲已由李管理員檢送前來，郵請查收，用備參考。至宣統年統計，此時實無覓處。提匯經費，前已由于振甫兄函達，諒荷察收。再，于振甫兄現已調任森林局長政廳一席，即調森林局長朱靄亭兄繼任矣。并以坿聞。手泐，復頌著祺。

袁金鎧謹啓。十月十五日。

外寄《政務報告書》八本。

二

息棣大人鑒：

賜件均收到，所贈於振甫之忠肅墨蹟即當轉交。修志事，所繕志稿不必寄與贊帥，此係官書，與省長無甚關係。我不論其孰爲省長，承任修書，屆時即可交稿，即可要款。如書已修齊而不給款兌，提之訴訟，亦無如我何？但何至到此地位？與此一般人交，以大度包容之，則我大而物自小，彼譽我毀我，或前毀而後譽，或前譽而後毀，均與我無關係。到得凜不可犯時，便屹然自立。茲無甚關係事則糊塗應之，省怨氣，省費心，最妙法也。吾兄處此事必一笑置之，將所繕之稿即爲陸續寄之，用款即照章索之，不說長短，渾渾噩噩，亦復於我何損也？如果將志稿送交贊帥，議弟者必有許多説法，或笑爲不懂公事，或指爲有心立異，而於彼一方面，則無人談及，以其本無知識，本無足貴，故我輩處此輩，豈有是非之不言也？修志材料又催曜五趕緊辦矣。陳季侃現在何處，是否仍回原任，乞示，以便通訊。此肅，敬候新禧，并鳴謝悃。

袁金鎧頓首。十二月廿七日。

朱佩蘭致金梁書札

一

息公鑒：

睽違鈞範，依戀實深。猥以菲材謬長江省政務，正我公抒當年經濟之緒餘，成此邦文獻之信史，同條共貫，時荷箴言。而蘭更得藉茲職，一親圭臬，何幸如之。凡諸調取，立即奉呈，惟索鄂各族語言，實無辦法，前已詳達冰鑒。抄案一層，紛繁雜冗，即嚴飭照辦，未必能擇輯如式，違言詳注解釋哉。倘有簡易辦法，敬乞賜教。今寄上《九年度預算總册》三份，乞用畢擲還。又，各機關名目單、國/省議會第二屆議員名單各種，統希查收。他所當寄，取齊即奉鑒。敬請箸安，伏乞鈞鑒。

舊屬朱佩蘭肅緘。十一月二十七日。

附：

民國九年度省/國家地方歲出歲入預算總表各一份。

《第二屆省議會議員名單》一件。

《第二屆參衆兩院議員名册》一件。

各機關名稱單一件。

二

息公鑒：

前函奉覆，並寄各件，諒蒙鑒察。十一月廿九日奉廿五日調取書料函單，逐件檢呈，細目列後。

《蒙古兒史》一部十本

《布西志略》一本

《林甸志略》一本

《航政》廿二本

《郵政》二十五册

《路政》卅册

《五體》廿三册

《明經薦解》六册

《人種》廿八册

《藝文》四册　餘於前次寄上

《物產》八十二册

《商政》二十四册

《契約》《領事館》《交涉局》三共廿八册

《林務》二十三册

《漁牧》二十四册

《兵事》四十四册

《雜記》七十二册

《鑛》三十一册

以上各種俱遵來單點齊，細數與底册小有不符，系當日造册筆誤也。肅復，敬請箸安。

舊屬佩蘭謹緘。十二月二日。

三

息公鑒：

奉十月二十五日函，猥以謙稱爲辭，謹當遵命，用光謙德。志料求詳，服公精核，只要可以爲力，決不敢以繁瑣方命，條復於左：

一、《軍事》廿餘條，已由袁潔珊公轉托軍署照辦矣。

一、國、省兩會第一屆名單尚未查復到廳，俟復到，即遵寄。

一、各縣建置、物產尚未報齊,仍俟報齊彙送。

一、索鄂語言已函知該校照辦。

一、《實錄》《方略》各抄本,除前函請索取連慕秦處之外,悉數寄來。惟所謂公署檔折,本子大而且厚,盡系清文,如果必需,乞示再寄。

一、《名宦》《將略》《人物》除前屢次呈寄外,盡數交郵。另附清單。

敬請箸安。再,蘭字藹亭,非艾卿並肅。

朱佩蘭肅緘。十二月二十三日。

人物資料之屬,共八十四册:

　　《方技》二册　《流寓》四册

　　《流戍》二册　《世爵》十二册

　　《武職》十一册　《文職》十九册

　　《忠節》五册　《義行》三册

　　《忠義》一册　《獨行》一册

　　《列傳》十三册　《耆民》一册

　　《孝友》二册　《列女》八册

方畧抄本之屬,一百零七本:

　　《軍事》十九本　《參革》三本

　　《財政》十四本　《簡放》一本

　　《墾務》六本　《獎卹》八本

　　《交涉》八本　《調遣》七本

　　《補缺》一本　《遣戍》十六本

　　《補各案》二本　《墾務生計》一本

　　《蒙旗》二本　《旗丁生計》一本

　　《剿匪》一本　《土貢》一本

　　《刑事》二本　《工程》一本

《界務》一本　《驛站》一本

《條奏》一本　《圍獵》一本

《風俗》一本　《電線》一本

《船隻》一本　《礦務》一本

《盛京通志》二本　《通省四至》一本

《雜案》一本　《雜件》一本

以上各書均另郵寄。

四

息公鑒：

前函暨書籍，計可邀覽。頃奉十二月十二日函，謹如命寄呈。

《漢書地理考證》十六本　《財政》五十四册

《黑龍江圖說》五十本　《津梁》十八册

《呼蘭府志》五十部共六百本　《旗兵》五册

《司馬資料》二十三册　《警政》六十七册

《城池》三十五册　《古/勝蹟》共三十二册

《民治》百二十册　《蒙荒》五册

《驛站》二十册　《祠廟》十八册

《衙署》二十三册

書另寄。四百廿一册。

朱佩蘭肅覆。十二月廿四日。

五

息公鑒：

奉十二月二十八日函，調取各件滿文檔案，起順治迄光緒，不惟卷帙繁重，本子亦太大太厚，郵寄殊不易易。兹檢出前次譯抄同、光兩代者，共廿二本，不知合用否？如必需之，候示再寄。《預算書》三本，照收。兹寄《同光兩代譯抄奏稿》廿二本。另寄：抄本一函，共六本，即所謂《四庫全書》也。另寄：《昂黑電線各稿》一册。

朱佩蘭肅緘。十年一月□□日。

程廷恒致金梁書札

息公賜鑒：

累辱手教，先後謹覆。讀四月二十九日書，知邀澄察，甚慰。志款預訂在前，自應照數繳奉，廷恒不過代爲轉陳，何感重荷溢獎。該款匯出後，想已到京。承示志稿、書籍郵寄不便，誠如尊命，即請裝運奉天大南門内黑龍江官銀號經理單遵元先生代爲保管，俟江省有人赴奉天再行領回。單君處已由本署去函接洽矣。所有已成各志，省座意旨，俟到江後，即須付刊，并以復聞。專肅馳布，敬敏崇綏。

程廷恒謹肅。五月二十六日。

黑龍江政務廳、省公署致金梁書札

一

息公鑒：

袁秘書長交到奉九月二十日、十八日兩排單，分復於左。

一、遵即檢寄。

《卜魁賦》一本　《龍沙六種》一本（内載《卜魁風土記》《卜魁紀略》《龍沙紀略》《黑龍江外紀》）

《慶城縣志》二册　《望奎縣志》四本　《拜泉縣志》四本《龍沙雜詠百五首》一本

《各縣報到資料冊》一本（俟指定何門再寄）

《卷宗目》一冊　《書目》一冊

《各種地畝名目表》一冊

一、調取到齊再寄。

各機關名目單（或職官錄）　現行各種規章

國/省會歷年議員名單　測量局新圖

《屠鏡山輿圖》

一、江省無從索取。

《清丈報告書》（未成）　《呼倫貝爾現時統計報告書》（未成）

《民國以來至今政府公報》（散佚無存）　《日本新製圖》

《遼金元姓譜》　《蓬萊軒輿地叢書》

《英和龍沙物產詩》　《英中堂全集》

《索倫鄂倫春言語之大概》

借抄俄人《呼倫志》本（宋鐵梅公函稱久失）

一、繁冗不能備抄。

《九年預算冊》（已詳九月十日復函）

以上均照來函備復，敬請箸安。

　　　　　　　　　　　政務廳肅緘。十一月十八日。

二

息公鑒：

奉十八日函，調取之書如命寄上。朱廳長赴津辦公，故用公函并聞。

計郵：

《甘肅通志》捌拾本（另寄）

《貴州通志》廿二本（另寄）

　　　　　　　　　　　政務廳肅函。一月廿五日。

三

径启者：

顷袁秘书长飞函调取盛京、吉林兩省通志寄閱，等因。茲已如數交郵，至乞查收。此致，金息侯先生。

黑龍江省政務廳啓。三月二十一日。

《盛京志》八函計六十四本，《吉林志》六函計四十八本，均另寄。

四

径復者：

昨准函取江省《實業公報》，等因。茲將該報全份共計七册，檢齊郵寄，至祈查收，見復爲荷。此致，金息侯先生。

政務廳啓。一月四日。

五

息侯先生大鑒：

承示《盛京通志》缺（廿二、廿三、廿四）一册，疑即去年寄還單本。查此書之缺，連慕秦總纂時即有聞。前次寄還乃《山川》一册，系由鍾逯庵檢寄黃申甫者，原缺之册局内實難清查，其他俟齊即寄。肅復請鑒，不具。

政務廳啓。四月十三日。

六

径启者：

查"鄂倫春語言文字"一節，前托西布特哈金總管代爲調查在案。茲據該總管函稱：關於《鄂倫春志畧》，既無正史之記載，其他稍有存記者多在滿蒙文字之內，殊難追溯，僅就《滿清事畧》查得一二，另繕附呈，等語。所查雖出誤會，亦可稍供蒐討。除函復仍托另查外，相應抄錄誌畧，函請查照爲荷。此致（附抄件），金息侯先生。

政務廳啓。十二月二十五日。

七

徑啓者：

前准大函，調取"江防"一門，以備編輯《通志》，等因。當經敝廳函詢吉黑江防司令部去後，茲准函復，並將開辦組織情形暨編制、設防各節抄送前來，相應抄錄，函請查收爲荷。此致，金息侯先生。

黑龍江省公署政務廳啓。十一月九日。

計抄原函一件，並海軍部令等件。

八

徑啓者：

程政務廳長由京回省，面陳台端所編《黑龍江通志》業已脫稿，屬將應送脩金如數補匯，志稿、書件即可裝箱轉運，等因，自應遵囑辦理。茲將第二年脩金江大洋一萬二千元，折合江小洋一萬四千四百元，以本日市價按二元八角六分二厘兌現大洋五千零三十一元四角四分，交由中國、交通兩銀行匯京，匯費均由本屬支付，用特檢同中行匯票第四九九號、交行匯票第三八號，共計兩紙。現大洋五千零三十一元四角四分，又中、交兩行五月二十一日匯兌水單兩紙，一並寄上，統乞察收見覆。并請迅將志稿暨歷次調取書籍、圖册、卷宗開單速運，俾得先睹爲快。尤深企盼，專函馳懇，即希查照。此致（附匯票兩紙，水單二紙）。金息侯先生。

黑龍江省長公署啓。五月二十一日。

黑龍江中國銀行水單：

　　耒江票柒仟弍百元（今日匯水每百元應加十一元），按二元八角六分二厘合大洋弍仟伍佰拾伍元柒角弍分，此上省長公署。十四年五月廿一日。

　　案：粘貼有"貳分"中華民國印花稅票。

交通銀行：

　　代買出小兌卷五三三三三三，按市價二一二核大洋弍千五百拾五元七角弍，今日匯費每百元應付十一元（共一百三十八元三角六分）。省公署。交行長。五月廿一日。

　　案：鈐"江省/交通銀行/營業股/圖記"橢圓印。

鍾廣生致金梁書札

一

　　《龍江通志》內《建置》一種，名實稍覺不符，弟當時即擬改爲《大事記》，與尊稿正合。乾隆以下聞慕秦曾擬廣續，未知脫稿否？兄何妨就近一詢。再，連處尚存有抄本《實錄》十二冊，可作資料。渠寓西城手帕胡同卅十七號，可相訪也。再頌大安。弟廣生再拜。

二

　　再，龍江修志一事，弟脫離志局時除黃申甫處書籍未經收回外，其餘大致多經收回過半，惟有分纂章駿霆（名瑛）處有關於

《疆域》之志稿及地理之書籍數種。又，分纂淡渭岐名國濱處有關於《屯墾》之志稿及參攷材料，未知弟行後曾繳還否？章瑛係龍江榷運局唐局長所薦，弟日前已函唐局長，請向轉索，尚未得復。淡君則係振甫之戚，問于，自能得之也。又，連慕秦所編《建置志》實係一種歷代大事記體裁，僅編至乾隆中葉爲止，弟曾催其繼續編竣，允以另酬，而渠先索酬金，故弟置不答。現連處似別無他種書籍，惟有一種最重要之抄本《列朝實錄》共十二册，此書係志局所買，頗珍秘，連之《大事記》即多以此爲藍本，似須向其索還。此外，弟於書簏中檢得《黑龍江財政說明書》四本，爲當日財政監理官所編，足資攷證。又有一二種關於預算及工品陳列之表册，皆係弟在江時所得，但非龍志局之物，如兄處無此，弟亦可奉寄，請示知，當遵辦也。又，前有編成之《藝文志》稿，內有詩文數十首，此稿現尚存在否？乞並示及。此上，息兄大鑒。弟廣生再拜。

三

再，前談景武平君曾在綏遠城多年，詢其蒙疆地理極有心得，伊兄明久太史並著有《東北輿記劄記》數册，出以見視，考訂遼金元疆域、古今地理，備極詳贍。明久、武平現均在京，如修訂《察哈爾志》，則昆仲二人皆良材也。《劄記》現存弟處，後日午間台駕惠臨，當奉呈批閱。近時舊學編表述作無人，公如有意，似未可交臂失之，不審高明以爲如何？再頌晚佳。弟廣生再拜。

吳廷燮致金梁書札

承示敬悉。奉天沿革，楊氏同桂《盛京疆域考》頗推詳核（聚學軒叢書本），長忠靖公《吉林通志》亦稱贍洽，陳氏澧《漢志圖説》、楊氏守敬《酈注》及十四志圖均可參考。挹婁(《後漢書·傳》：東濱大海當在今俄沿海洲境，即至近亦在寧古塔，今寧安以東，與承德相去絕遠)，以承德爲挹婁者，出《遼史·地理志》(元《一統志》，瀋州挹□)，遼移渤海州府於遼東，往往存舊名，實非其地。蓋徙其人，遂用舊名，沿奉故者，迷離之原，率由於此。《新唐書·渤海傳》挹婁故地爲定理府，領定、潘二州，實則渤海定理至近亦在今吉林東境，不得至承德也。《漢書》一節轉寫脫"志,地志圖"數字。並以附聞，敬頌台綏。廷燮敬啓。

案：此通書札左下角殘缺，有缺字，以"□"代之。

秉章致金梁書札

錫翁道長閣下：

前日從者呈尊主之《黑龍江通志敍例》，奉交秘省中人閱看，看後具有簽説，諭仍請公酌定。兹將原件送上，祈詧之，此頌撰綏。

小弟秉章頓首

何煜致金梁書札

一

錫侯仁兄惠鑒：

頃奉手教，敬審一切，至慰頌仰。囑送《墾務備覽》一書，容查出奉上，不識尚有存者否。江省各機關，如省公署、清丈局似當有之，何妨函江直索，或較易得。舍間書笥久未開閱，如續查有可備采擇者，再當奉呈也。專復，敬頌纂祺。

弟何煜拜啓

二

錫侯先生大鑒：

　　昨奉由申甫兄轉示大著《黑龍江通志敘例並目》一册，敬已讀訖。軀理完密，綱舉目張，信今傳後，不朽之盛業矣。偶復尋究，疏於左方：

　　一、限斷宜先定也。尋繹尊例，似初意以辛亥爲斷，而壬癸以後則隨時變通，準是而推，不無窒礙。且如改道設治，民國爲詳，若僅列清季之縣區，而新設者皆從附注，則如班書漢志，"莽曰"某縣者。然義殊未妥，不如徑題"民國某年"，《通志》則一切困難皆迎刃而解。其《大事志》內，亦可添列民國一篇，惟《人物志》則訖於清代，不妨變例。

　　一、專傳宜創立也。黑省在昔雖云荒服，而史志所載，如肅慎、挹婁、滅貊、沃沮、奚、室韋、鐵驪、黑水靺鞨諸國部，準望可考，而成吉思汗分封建東方諸王及翁吉剌各分地，又合撒兒之後裔，若札齎特、杜爾伯特、郭爾羅斯三部遊牧並在境內，且或傳世數十，歷年數百，今猶列爲藩封。而伊克明安一旗，且晉封王爵，立札薩克，其通名諸夏。關於邊徼安危者，《大事志》中編年可見，而其部落之代興，種族之離合，雖曠絕中區，亦有關疆，索闕焉，不書誼乖數典。置之"沿革"，固齟齬而難安；入之"氏族"，亦罣漏而難備。似可依《新疆圖志》（宣統三年袁大化修本）之例，於《經制志》內立"藩服"一目，今代蒙旗，古代部落，各爲專傳，庶資考證。至蒙旗界內有已經墾闢設治者，義取兼賅，不妨互見。

　　一、舊地宜並存也。前清失地，黑省最鉅。同治間之胡氏地圖在愛琿訂約之後，仍沿康乾內府之舊，其意可師。今若僅以清季道縣爲綱，則失地無可附麗。竊謂虛存其籍，猶愈於遂没其名，況魏收《地形》近據延昌，唐修《晉史》遠本太康，史例可援，宜少變通，於《沿革志》，或"國界目"內別爲專篇，以暢斯恉。

一、分目宜更酌也。"鄉賢""名宦"區別頗難,若以守官與地產爲分,則客主勢殊誼難并合。"節烈""列女"亦非一簡可該,似宜增立"節烈"一目,以彰女德。"名宦"則改爲"職官""列傳";若以其無類可歸,則附之"職官表"後,亦非疣贅。至"田賦"一門,似當入之"財政",而以"田制"一目冠"農墾"之首,"土貢"則附之"物產",義庶相當。

右列四事,粗就管見謬論列之,當否,仍候裁正。煜此事非專家,雖曾遊涉,亦罕研討,獻疑就正,未敢執爲典要也。手此布達,敬頌撰綏。

何煜拜啓

連文澂致金梁書札

息侯鄉先生執事:

昨親麈教,獲益良多。狂瞽盲言,復蒙獎掖,愧感愧感。送呈黑龍江志局前存之《實錄》,抄案拾二册(内有《内政》二本,仍屬抄案),即乞詧存,擲付來價收紙。毋任拜禱,暇再趨談。先此敬復,順頌禮祉。

鄉小弟連文澄頓首。九月十八日。

吴俊陞致金梁書札

息侯仁弟先生左右:

正擬裁鴻,忽承賜鯉,推崇過當,感與慚並。藉諗草玄亭高,藏山業著。創考獻徵文之例,著述成書;括山經地志之全,邊疆生色,引詹撰席,欽企良深。兄豹略未諳,龍沙承乏,籌邊安遠,每虞綆短汲深,聞政治軍事,懼材輇任重。倘荷不遺在遠,時錫南鍼,俾無隕越貽羞,是則私心所企禱者也。專此布覆,祗頌著祺。

如小兄吴俊陞拜啓。四月十三日。

姜田清致金梁書札

息侯仁兄先生閣下：

　　日昨奉到尊電，敬佩敬佩。龍江志以辛亥紀年事，想先生煞費苦心矣。惟春秋之義，國之統系在於君，君在而大統歸之，新莽書更始之年，則天紀房陵之跡，皆有深意在也。前例可援，未審有當否？專肅，承請著安。

　　　　　　　　　　　　　愚小弟姜田清頓首。廿日。

其他書札

一

北京司法部銜駐京黑龍江通志局金總裁鑒：

　　貴局造端伊始，需《新疆通志》本應寄送參考，惟《新疆通志》系撿字印成，原日只印一百部，已無存者，容俟向存有此書之人尋求一部，如能尋獲，再爲寄送，先此電覆。

　　　　　　　　　　　　　新疆省長楊增新。九日印。
　　　　　　　　　　　　　中華民國十二年一月十二日

二

徑啟者：

　　查本署編纂東省志書卷內宣、三、四月曾札發台端《奉天備志》五套，又另附閣下親書一條，內開《沿革表》二本，現存按帥處，等語，簽有印章。詢明係吳君向之所編《職官表》二本，於民四、二月檢出，以上兩種迄未付還，遂致卷宗不全。現亟須參考此項志表，請將《備志》及《表》檢齊交還，如有遺失，並請分神查取全稿寄交。事關官有文件，未便久闕，務企詧照辦理見覆爲荷。此致，金希侯先生。

奉天政務廳啓。十月二十三日。

三

息翁大人鈞鑒：

尊示、儲章均敬悉。令媳去世，大爲惋惜。少人不壽，憂累長者，亦居家之常事。先生達人，定能自寬也。詳閱此項儲章，在京師辦理最爲適宜，但凡事以得人爲先，同一事業各有盛衰，此中道理只在得人與否。凱係極庸之材，每遇舉辦之事，必先求其得人，蓋以己無才，必須用人之才，以期有藉助。嘗觀有才之人，不知深求用才之道，致僨事者多矣。《王總長太夫人傳》昨赴縣署查詢縣志前編，輯三分之二，僅缺其一，各項事略現已具備，惟前係趙科長經手，此人已辭往他處。據劉監督芳彬云，前經手編輯之人尚屬合法，惜未完成，另延繼續者，頗難其人。而此項經費已耗去大半，前係每月津貼趙科長五十圓小奉票，如照此數另聘專人，亦殊不易。凱思我公素所善長，惟區區縣志何敢煩請，但將中止，殊爲可惜，倘蒙顧念舊屬，代爲玉成，所餘經費盡數潤筆。如蒙允許，凱再轉知劉監督，另備公函，即將全案包封郵呈尊處，敬候完成。肅覆，敬請鈞安，統維百綏。

受教弟榮凱謹啓。八月二十日。

（整理者單位：天津師範大學古籍保護研究院）

---

① 黑龍江通志局成立後，組織纂修《黑龍江通志》，所用志稿紙張版心上均鐫刻《黑龍江通志》，爲敍述方便，本文通稱爲《黑龍江通志》。

② 柳成棟:《〈黑龍江志稿〉編纂始末》,《黑龍江史志》2016 年第 3 期。對於金梁纂修志書過程,僅據《黑龍江通志綱要》所述有兩句說明,十分簡略。曾榮:《民國通志館與近代方志轉型》,社會科學院文獻出版社,2018 年。以 1929 年《修志事例概要》後所建立通志館爲研究對象,未涉及黑龍江通志館纂修《黑龍江通志》時相關内容。

③ 孫烈臣等:《黑龍江通志編輯檔案卷》,1919—1923 年稿本。

上海圖書館藏合衆圖書館檔案文獻彙錄(一)

□ 張柯整理

上海私立合衆圖書館(簡稱合衆圖書館)創辦於1939年5月，正值日本侵略者瘋狂入侵的危機時刻，中國文物圖書慘遭無情破壞和摧殘，文化根基也受到嚴重威脅。面對此種絕境，葉景葵、蔣抑卮、張元濟、陳陶遺和顧廷龍等人決定籌畫創建合衆圖書館，堅持"衆擎易舉，各出所藏，謀國故之保存，維民族之精神"的宗旨。該館自創辦到1953年捐獻上海市人民政府，共歷經14年，在保護文化典籍和提供學者研究等方面做出了卓越貢獻，成爲民國私家圖書館中的典範。上海圖書館藏合衆圖書館檔案文獻，由顧廷龍先生捐獻，係合衆圖書館與諸多社會賢達的往來信札，且屬於未刊之珍貴稿件。該批信札時間多集中於1941—1952年間，大致貫穿合衆圖書館發展始終，内容則涉及合衆圖書館董事張元濟向伯希和求助，以期其與法租界協商，免除合衆捐税，減輕經濟負擔；合衆圖書館董事會與蔣抑卮後人協商其捐書、捐資之遺囑的具體細節和最終實施方案；面對嚴重經濟危機，以張元濟和裴延九爲代表的董事會決議向旅港人士勸募資金，以解決合衆圖書館經費拮据的過程細節；作爲讀者和研究者的劉厚生希望動用自己的人脈資源，動員香港人士，爲合衆解決經費窘境的個人努力；合衆圖書館聘請顧頡剛、竹淼生、陳叔通和李拔可等各界賢達擔任其顧問與董事等重要事件,可詳細增補合衆圖書館在經費來源、組織運轉形式、與各社會團體聯繫互動和艱辛創辦與發展的歷史細節與經過,對還原與研究合衆圖書館歷史進程有重要的史料價值。原件内封面原有標題的一律按封面標注,没有標題的根據檔案具體内容自行擬定,擬定的標識爲"(擬)"。

一、張元濟致伯希和信札(擬)

(一)

伯希和先生:

久不通問爲念。

今年三月間曾上一函,寄 Sr. Serge Eliosieff America 轉奉。恐不易達,同時將副份,一托 M. Vislaire Hoppenot, Uruguay 轉,一托 Paul Qemierille, Suisse 轉。迄今半年,不識能有一緘送達否? 現將前信中法文副本,再設法寄呈。

弟等所創辦之合衆圖書館新屋業已落成,關於請求法總領事准予免去捐税一事,曾具函申請,嗣蒙批後,允予考慮,原函鈔呈。仍擬奉懇大力斡旋,俾易實現。

敬祝康健。

張元濟

(二)

伯希和先生:

我們許久未有通信了,想念得很。

中國經過了這回戰事,從文化一方面説,損失已不可計算了;即以書籍一事而論,江蘇、浙江兩省向稱藏書豐富的地方,如今公家、私家所藏，差不多散失盡了。所以吾的至好朋友葉揆初先生、陳陶遺先生和吾三個人，發願以私人的力量，創辦一個中國國學的圖書館，命名爲合衆圖書館，在上海法租界租屋籌備，將近兩年了。現在新館已動工建築，地址亦就在法租界蒲石路 Route Bourgeat、古拔路 Rue Amiral Courbet 轉角，大約六月中即可完工遷入的。

我們這件事業，想先生必很贊成的。但是我們力量極爲微薄，建築館屋已費錢不少，完工遷入之後，每年應納地捐和房捐爲數更不少，經濟上很覺困難。查法租界中有鴻英圖書館，亦敝國私人所創辦，現設在法租界霞飛路一四一三號，昔年創辦之時，曾蒙法租界當道，免去一切捐項。現在合衆圖書館事業相同，亟擬援例陳請。但吾等和貴國現任駐滬總領事 Roland Jacquin de Margerie 不相識，不敢冒昧的去相懇。因此想及先生是一位西方的漢學泰斗，爲貴國外交界的先進，又是吾的老友，對於我們的事業，當然格外的瞭解與贊助，所以吾相信你必能替我直接或間接的跟現任駐滬總領事 Margerie 極力關說，使我得到這個合理的要求，那是感激不盡的了。

盼望你早日給吾回信啊。

敬祝體康健，著述日新。

張

（三）

伯希和先生：

我們許久未有通信了，想念得很。

中國經過了這回戰事，從文化一方面說，損失已不可計算了；即以書籍一事而論，江蘇、浙江兩省向稱最豐富的地方，如今公家、私家所藏，差不多散失盡了。所以吾的至好朋友葉揆初先生、陳陶遺先生和吾三個人，發願以私人的力量，創辦一個中國國學的圖書館，來保存着一部份殘餘的東方文化。葉先生首先捐出他的全部藏書和基地，其他朋友和吾亦各有捐贈，所以，命名爲合衆圖書館，在上海法租界租一所房屋籌備，將近兩年了。現在新館已動工建築，地址亦就在法租界蒲石路與古拔路轉角，大約六月中即可完工遷入的。

我們這件事業，想先生必很贊成的。但是我們力量極爲微薄，建築館屋已費錢不少。現在有件事須請先生幫助的：就是我們圖書館的房屋完工遷入之後，要請求貴國駐滬總領事准許免去每年應納地捐和房捐 Impôt Locatif。因爲該項爲數不少，捐款是直接加重我們的負擔，間接影響我們的進展的。按照敝國的法律，文化機關有免除捐稅的規定，因爲他不是生產的事業，想貴國亦同此情形的。現在我們的圖書館，是私人所辦，財力有限，必須得着各方面的扶助。查法租界中有一個文化機關是曾獲到當局核准免捐的，已有好一個先例了。鴻英圖書館，亦敝國私人所創辦，現設在法租界霞飛路〇〇〇號，昔年創辦之時，曾蒙法租界當道，免去一切捐項。現在合衆圖書館事業相同，亟擬援例陳請。但吾等和貴國現任駐滬總領事 Roland Jacquin de Margerie 不相識，不敢冒昧的去相懇。因此想及先生是一位西方的漢學泰斗，爲貴國外交界之先進，又是吾的老友，對於我們的事業，當然格外的瞭解與贊助，所以吾相信你必能替我直接或間接的跟現任駐滬總領事 Margerie 極力關說，使我得到這個合理的要求，那是感激不盡的了。

盼望你早日給吾回信啊。

敬祝身體康健，著述日新。

弟張

卅，三，

整理者案：本札疑爲草稿。

（四）

伯希和先生閣下：

　　久疏音問，想念爲勞，敬維興居迪吉，著述日宏，慰爲所頌。敝國自經戰事以來，就文化而言，損失之鉅，莫可估量，即若書籍一端，江浙所藏向稱最富，今則公家、私家，或燬或失，罕獲倖免，深可惋歎。吾友葉君揆初、陳君陶遺與弟三人發願，以私人之力創辦一中國國學圖書館，命名爲合衆圖書館，即在上海法租界賃屋籌備，忽將兩年。現新館業已興建，地址即在法租界蒲石路與古拔路之轉角，約六月中可落成遷入。弟等此舉，想公聞之必邀贊同。惟敝館經費悉由私人捐納，財力有限，端賴並世賢達加以扶助，而此間於房屋捐稅綦重，歲耗甚鉅。惟是文化機關有免征捐稅之規定，即如此間鴻英圖書館亦私人所創辦，同在法租界內，曩歲曾蒙法租界當局准予免捐。敝館情形與彼相同，似可援例陳請免捐。惟弟等與貴國現任駐滬總領事 Mr. Roland Jacquin de Margerie 無一面之雅，末由相請。因念先生爲西方漢學家之泰斗，貴國外交界之先進，想於此事瞭解較深，興趣尤多，而蒙贊助之情必殷。素叨至契，不揣冒昧，敢仗鼎力多方設法馳函，與現任駐滬總領事懇切商洽准予，倘荷許可，不獨弟等之感激已也。（近因不詳尊址，同發三函，分托轉遞，冀有一達。）鵠候回玉，以慰遠懷，不盡欲言。專此，祇請

著安。

二、合衆圖書館董事會致蔣俊吾、蔣鐵八、蔣息九、蔣世顯、蔣世承函（責任人：葉景葵，1941 年 12 月 22 日）

　　前承尊公捐入敝館明庶農業公司股分，共收到本息九萬一千

二百元,又叻幣憑證三千〇四十元,業已照收,奉上收條乙紙。敝館查照尊公遺囑,此項捐款爲合衆圖書館經常費之基金,用息不用本。保管辦法:浙江興業銀行一人,蔣氏一人,合衆圖書館一人。敝館董事會本日開會,已推定葉君揆初爲敝館代表,竹君淼生爲銀行代表,並公推蔣俊吾君爲蔣氏代表,共同保管此項基金,以符用息不用本之原議。用特專函奉希,即希台照。此請公安。致蔣俊吾、鐵八、息九、世顯、世承。卅,十二,廿二。

三、合衆圖書館董事會致蔣俊吾函(責任人:顧廷龍,1941年12月22日)

敬啓者:前承尊公捐贈敝館經常費基金,約定須由蔣氏一人、浙江興業銀行一人、圖書館一人,共同保管。茲經敝會議決,恭請先生爲蔣氏代表,即希俯允爲荷。此致俊吾先生。合衆圖書館董事會、董事長謹啓。卅年十二月廿二日。

四、蔣抑卮之後人蔣俊吾代表蔣氏一族致合衆圖書館信札(1941年12月28日)

合衆圖書館大鑒:

謹啓者,世俊等竊維先君抑卮公平生沉湎文學,酷嗜典籍,諸凡古本、精刻,靡不博采廣集,什襲珍藏,藉以怡養而資陶冶者也。旋以文化有關社會之進化,不敢自秘,爰於生前與揆初世伯等共同發起組織合衆圖書館,意將私有公諸社會,藉廣傳播,並以南洋柔佛明庶農業公司股票票面伍萬元捐作基金,用息不用本,由貴館一人、銀行一人、蔣氏一人,合組基金保管委員會等情。世俊等恭承遺命,以家藏書籍贈送貴館。除先君在日曾送奉一部份外,嗣後又送奉式佰肆拾叁箱,已蒙點收。至關於基金部份,今奉上明庶農業公司股票票面伍萬元,計所得本息合值法幣玖萬壹仟弍佰元整，又叻幣叁仟零肆拾元整，並乞詧收，統希見覆爲荷。再懇貴館將先後收到書籍，詳開目錄，注明板本，繕册擲下，俾便查考，不勝企禱。專此奉達，敬請公安。（附明庶農業公司股票壹紙）蔣世俊、蔣世遜、蔣世適、蔣世顯、蔣世承仝敬啓。三十年十二月二十八日。

五、合衆圖書館董事會致蔣俊吾、蔣鐵八、蔣息九、蔣世顯、蔣世承函
 （1942年2月2日）

謹復者：敝館創辦之初，即承令先君抑卮先生熱誠贊助，慨然許以捐書、捐款，令人欽佩莫名。不幸先生老成凋謝，未觀厥成。乃荷賢昆玉孝思不匱，克完先志，先後檢交書籍計二百四十箱，八匣。又明庶農業公司股票票面五萬元，計得本息值法幣九萬一千二百元，叻幣三千四十元整，曾奉收據一紙。至書籍種册細數，業由敝館總幹事顧廷龍按來目點核簽收。尚有先德生前所送一部份，除已開呈艸單外，當一並編纂目錄，俟編定即行後即奉詧正，藉資流傳。此致俊吾、鐵八、息九、世顯、世承先生。卅一，二，二。

六、童侶青致張元濟信札（擬）
 （1952年3月14日）

菊生先生閣下：

一月十二日拜奉手示，敬悉維護合衆圖書館之苦心孤詣。晚生也晚，末由一接塵教爲恨，復以公私栗六，且有遠行，致迄未報命，歉何如之。茲已得港友協助，募得港幣壹萬柒千元，已交由興業銀行匯上，並承江先生直接在滬劃上人民幣乙千乙百餘萬元，屆時祈一並檢收賜復爲叩。專復，肅請道安。晚童侶青頓首。一九

五二,三,十四。

如蒙惠賜墨寶,請徑寄香港晚收轉交可也。附姓名如下:

吳昆生　張輔仁　許幹元　劉丕基　江上達　楊之游　童侶青

捐款人:

偉倫紗廠　叁仟元

上海紗廠　叁仟元

新華紗廠　叁仟元

怡生紗廠　貳仟元

南記　叁仟元

裕民公司　叁仟元

七、張元濟致童侶青信札(擬)
(1952年4月7日)

侶青先生左右:

前接奉還雲,敬悉一一。敝館艱窘,仰荷關垂,並承向港友勸募,感何可言。公等捐款港幣壹萬柒千元正,亦已由浙興匯到,祗領之下,永志厚貺。承徵拙書,敬備屏聯七件呈教,因付裝潢,覓便帶上,聊爲紀念。先此肅謝,祗請道安。弟張。一九五二,四,七日。

諸君子前代達謝忱,不另。

八、劉厚生致楊之游、劉歡曾信札(擬)
(1952年1月29日)

之游世講、歡曾姪孫同覽:

張稿承上達意,允爲印刷,但實際無法攜寄,有辜他的盛意,乞爲道謝。此傳在脫稿之後,首以一份送交張菊生先生閱覽,菊生大加揄揚，謂此是晚清亡國信史，必傳無疑。後又分贈上海、北京友人，統計不滿十册，反映甚佳，譽爲有價值之歷史。朋友之阿私所好，殆不能免，但捫心自問，傳中所敍事實，百分之九十以上皆有來歷，而蒐集此項材料，完全憑藉葉揆初、張菊生兩先生所創辦合衆圖書館之書籍也。該館主者顧君起潛，尤爲可佩，當我研究某一時代、某一問題時，顧君能短時期内親自抽取有關此問題之書籍，供我閲覽。拙著張傳上卷之得以脱稿，完全仗顧君之力，我不過任執筆之勞而已。

該館已有十二年之歷史，藏書二十四萬册，中國歷史書籍應有盡有。此外，有江浙兩省收藏家捐贈之善本亦不少。我敢斷言，除國立圖書館外，很少能與比肩，最難者，完全由私人力量艱苦經營而成。解放前，文史學者來此作研究工作甚多；解放後，各機關及專家咸來蒐集資料，皆能有相當豐富之供應。去年五月以來，先後添設新文化圖書及通俗圖書之閲覽，讀者日有三四百人。此類新書大都由政府補助。當今政府號召節約之際，對於添置新書之費，當能繼續補助，但館中經常開支以及蒐集舊籍史料之費，則須自籌。年來舊家有書籍者，隨時散出，如屬珍本，人知寶貴，尚不致湮滅，若其他另星書刊，亦有裝潢不精而攸關歷史價值甚鉅者，此時不加保存，以後竟將絶跡。該館創辦之初意即爲此，而已有基礎亦即在此。正欲繼續發展而維持不易，無從再事收購，不能不希望同好之幫助也。

前年，該館困頓，幸旅港銀行家漢章、光甫、馥蓀諸君之助，計可支持至今。秋以後，開支不能不預先籌劃。中南銀行裴君延九月前赴港，菊生曾托其設法。最近，延九回滬，謂已托童君侶青向港地紡織界募集。菊生又專函童君想懇，童君熱心奔走，極爲可佩。惟依我私見，倘能再由上達出面，登高一呼，而更煩兩位向各方面接洽，範圍更可廣泛，收效必宏。應如何辦理之處，請兩位代爲計劃，可否與童君分頭進行，各盡所長，或與之合作，均請酌奪。

鄙人因草寫張傳之故，飲水思源，深知該館對於研究學術之貢獻極其偉大，尤其如顧君之博聞強記，小叩小應，大叩大應，而且對於館務埋頭工作，願以此業終其身，環顧國內，罕見其儔。爲特專函，奉托兩位加意援助。菊生年事比我更大，其期望此圖書館之可以持久，尤爲殷切。諸惟垂詧。專此奉布，順頌年釐。劉厚生手布。一九五二年一月廿四日。

九、顧廷龍致信請求新館落成之前，勿予搬動以保護古籍（擬）（草稿）

1939年，上海淪爲孤島，愛國老人張元濟、葉景葵、陳陶遺、陳叔通等創辦合衆圖書館，爲保存國故，發揚民族精神，艱苦經營。自置基地畝餘，建有館屋，規模略具，親友響應，捐購古籍，共達廿二萬册，其中不少珍貴之本。一九五三年四月，申請捐獻人民政府，其後改名歷史文獻圖書館。一九五八年，與上海圖書館合并。現在已建新館，落成在望，至爲可喜。廷龍今年九十一歲，一生從事古籍的蒐集保存。深知古籍的紙張裝釘不宜多次大事搬動，因此我請求領導上曲予照顧，在新館落成遷入之前，勿予搬動，以資古籍之保護。至爲盼幸。

十、上海市人民政府辦公廳秘書室致張元濟函（擬）（1951年7月5日）

元濟先生：

七月一日給陳市長大函及書目三種均收並呈閱了。欣悉先生爲適應群衆學習，在合衆圖書館內添闢普通閱覽室，實行了中央文化部文物工作的方針，使舊有圖書館成爲進行人民群衆教育的工具，政府自當視具體情況作適當之協助。原函已轉去教育局。贈書目三種奉囑致謝意。復致敬禮！七，五。

一九五一年七月五日到。

整理者案：本函爲打印件。惟日期爲手寫。

十一、合衆圖書館致竹淼生函（擬）
（1941 年 12 月 22 日）

敬啓者：前承蔣抑卮先生捐贈敝館經常費基金，約定須由蔣氏一人、浙江興業銀行一人、圖書館一人，共同保管。兹經敝會議決，恭請先生爲浙江興業銀行代表，即希俯允爲荷。此致竹淼生先生。附録議決案一條。卅，十二，廿二。

十二、竹淼生致合衆圖書館董事會信札
（擬）（1941 年 12 月 29 日）

敬覆者：接奉十二月廿三日大函，内開前承蔣抑卮先生捐贈經常費基金，約定須由蔣氏一人、浙江興業銀行一人、圖書館一人，共同保管。兹經議决，浙江興業銀江一人以淼生擔任，囑爲照允等因，謹已奉悉，遵當會同辦理。此覆合衆圖書館董事會。竹淼生敬啓。三〇年十二月二十九日。

卅年十二月卅日午到。

整理者案：本函爲打印件。惟日期爲手寫。

十三、竹淼生致合衆圖書館信札（擬）
（1941 年 8 月 25 日）

敬覆者：展奉惠牋，承示貴會爲謀圖書館經費鞏固起見，擬聘財務專家相助爲理，囑需擔任等因。專家豈所克堪，惟事關文化事業，辱承雅誼，囑在財務上相助爲理，自應遵命。謹當查照録示會章，商承管理。此覆合衆圖書館董事會、董事長陳陶遺先生。竹德

霑謹啓。三十年八月二十五日。

十四、合衆圖書館致筠記函（擬）
（1942年1月27日）

頃收到尊處捐助敝館基金法幣壹萬元正，曷勝感謝。謹已收入基金戶内，動息不動本，永久保存，以仰答維持之盛意。此致筠記先生台照。合衆圖書館董事會、董事長。三十一年一月廿七日。

十五、顧廷龍致合衆圖書館董事會信札
（擬）（1944年12月1日）

兹以商務印書館訪求景印《天下郡國利病書》爲配齊《四部叢刊》三編之用。查本館除《叢刊》三編中已有外，卷盦藏書中尚有單本一部。承張菊生先生介紹，該館願以儲券七千元爲酬，是否可以出讓，換補未備之書，當祈核示爲幸。此致董事會。總幹事顧廷龍上。卅三年十二月一日。

照辦。景葵。

十六、顧廷龍致合衆圖書館董事會信札
（擬）（1946年5月5日）

兹擬將重本《二十五史補編》六册出讓，以資易書。現在書市最高價十八萬元，即按此價寄售何如？尚祈核示爲荷。此上董事會。總幹事顧廷龍謹啓。卅五年八月六日。

照辦。景葵。

十七、合衆圖書館致陳叔通、李拔可函
（擬）（1941年8月1日）

敬啓者：○○等擬徵集私家藏書，共同保存，專供研究高深國

學者之參考起見，發起創辦合衆圖書館，業已籌備兩年。現草定組織大綱，欲定董事五人，除發起人爲當然董事外，餘由發起人聘請。本日開發起人會議，公決聘請台端爲董事，務懇俯允檢任，共策進行，並定本月六日下午三時在辣斐德路六百十四號開第一次董事會議，特請惠臨指導，無任感盼。此致陳叔通、李拔可先生。○○○、○○○、○○○謹啓。卅，八，一。

十八、顧廷龍致張元濟信札（擬）
（1943年3月27日）

示悉承借書，計：（一）《金石苑》稿本，六十六册；附册頁數單四頁。（二）《三禮疑義》四十九册；（三）《揚子法言》，沈校。一册。即希查照爲荷。此上菊丈尊啓。龍頓首。卅二，三，廿七。

十九、顧頡剛致合衆圖書館董事會
信札（擬）（1947年7月8日）

敬啓者：接讀五月八日賜函，奉悉一切。貴館對古今文獻博采珍藏，總圖書之大成，爲學者所歸趨，東南文化貢獻良多，久深企佩。今承下聘剛爲顧問，自愧菲材，力有不勝，顧以雅意殷拳，得藉此方便博覽群書，亦唯有歡欣接受。相應函復，即祈查照爲荷。此致合衆圖書館董事會、菊生先生。顧頡剛敬啓。卅六年七月六日。

二十、張元濟致徐森玉信札（擬）
（1946年5月5日）

敬啓者：敝會董事陳陶遺先生病逝出缺，按組織大綱第五條之規定，董事會設董事五人，以發起人爲當然董事，餘由發起人聘請之，其後每遇缺出，由本會用無記名投票法選舉補充之，多數當選。因於本月三日開臨時會議，一致票選先生爲敝會董事。素仰台端爲圖書館界之先進，而愛護文物之熱誠，海內罕匹，尚祈俯允所請，共策進行。敝館幸甚，社教幸甚。此上徐森玉先生左右。上海市私立合衆圖書館會董事長張○○謹啓。

整理者案：信札左下側鈐有藍色時間條形章，署"中華民國卅五年五月五日"。

二十一、陳選珍致陳叔通信札（擬）
（1949年7月22日）

叔通仁丈賜鑒：疊聆教言，深資啓迪。頃奉手示，擬以合衆圖書館董事中揆公遺缺，令珍承乏，敬悉。珍未嘗學問，自審不堪此選，惟出於吾丈暨張菊生先生諄命，謹當遵從。專肅希復，特頌暑安。晚陳選珍謹啓。七月廿二日。

二十二、合衆圖書館致竹淼生函（擬）
（1944年2月28日）

敬啓者：茲承交到"合衆會記"及"蔣捐基金"滬存尾數，特活存摺兩扣均已照收。此兩户基金整數承執事轉匯生息，仍請各歸各户，分别記帳。又准常務董事葉君揆初報告，承執事另以經營所得中儲券肆拾伍萬元捐作本館永久基金，足徵熱心維持，曷勝感謝。此款擬立"合衆福記"户名，仍請費心轉交尚其亮君存放，所結本息與前兩户分别記帳，以便核算。至紉公誼，特此布聞，並鳴謝忱。此致竹淼生先生台照。三十卅，二，廿八。

二十三、合衆圖書館董事會致謝仁冰函
（擬）（1949年11月12日）

敬啓者：敝館創辦以來，忽焉十載，原由董事五人組織董事會

主持之,茲經決議,擴充董事名額二人,以利進行。當於本月十日會議一致票選先生與顧廷龍君爲新董事。素仰執事熱心文化事業,端賴匡助,務懇俯允擔任,共圖發展。敝館幸甚,社教幸甚。此上仁冰先生。附組織大綱一份。上海市私立合眾圖書館董事長。一九四九,十一,十二日。

　　裴延九董事
　　胡惠春董事

(整理者單位:復旦大學歷史學系)

光禄公賦稿

□ 王茂蔭撰　曹天生整理

王茂蔭（1798—1865）爲《資本論》中唯一受到馬克思關注的中國人，對於這個歷史人物，先後有郭沫若、吴晗、譚彼岸、巫寶三、彭信威、彭澤益、楊端六、葉世昌、趙靖、易夢虹等學術大家對其進行研究。2017年10月，在中國社會科學院、安徽省社會科學院、安徽財經大學等單位的支持下，於安徽省歙縣成立了"王茂蔭研究會"，將王茂蔭研究推向了一個新的階段。

筆者新近在蒐集整理王茂蔭著述的過程中，在安徽省圖書館的支持下，蒐集到了從未示人的王茂蔭著作稿本《光禄公賦稿》。《光禄公賦稿》原件紙的色面爲淺灰白色，高21.85厘米，寬15厘米，全稿共46頁。竹紙，極薄，手工製作，簾紋細密。封面頁書"光禄公賦稿"5字，內襯頁正面空白，1—42頁爲折頁裝，2—43頁爲目錄和正文，43—46頁折頁處分開成單頁。

《光禄公賦稿》封面

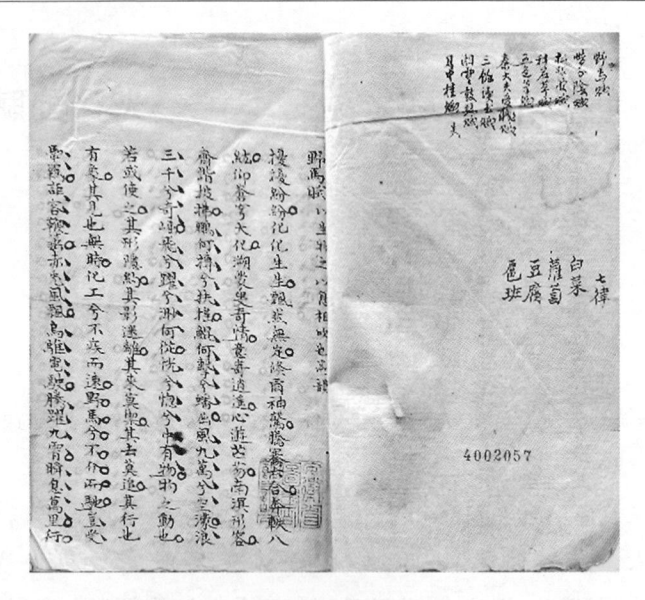

《光禄公賦稿》內文

《光禄公賦稿》內文

根據筆者初步研究,《光祿公賦稿》主要是王茂蔭青少年時代從學徽州大學問家吴榯(吴柳山)和主講徽州古紫陽書院的錢伯瑜時期所作。

將《光祿公賦稿》和《光祿公課稿》[1]批語之書寫筆迹,以及與傳世的吴榯書法作品三相對照,可知其均出自吴榯一人之手。

需要特別說明的是,與《光祿公課稿》一樣,《光祿公賦稿》是在王茂蔭逝世後由後人將其賦稿裝訂成册時所起的書稿名,並由他人題籤。

總之,《光祿公賦稿》是一份研究王茂蔭生平和思想的寶貴資料。現整理出來供學術界研究參考。

光祿公賦稿

野馬賦

惜分陰賦

松枝管賦

科名草賦

五色筆賦

秦大夫受職賦

三餘讀書賦

湘靈鼓瑟賦

月中桂賦　失[2]

七律

紅葉

紅葉

白菜

蘿蔔

豆腐

扈班

野馬賦

以"生、物、之、以、息、相、吹、也"爲韵。

擾擾紛紛，化化生生。飄然無定，倏爾神驚。騰騫六合，奔軼八紘。仰蒼穹大化，溯蒙叟奇情。心遊芒芴，南溟形容。

齊諧披拂，鵬何摶兮扶摇，鯤何擊兮蟠屈。風九萬兮空濛，浪三千兮奇崛。飛兮躍兮渺何從，恍兮惚兮中有物。

物之動也，若或使之。其形隱約，其影迷離。其來莫禦，其去莫追。其行也有象，其見也無時。化工兮不疾而速，野馬兮不介而馳。

豈受羈縻，詎容鞭箠。赤兔風飄，烏騅電駛。騰躍九霄，瞬息萬里。行乎其所不得不行，止乎其所不得不止。斯固通於自然，孰能測其所以。

匪産渥洼，匪生異域。匪似銜樽，匪如伏軾。幾見金羈，何來玉勒？浩乎無涯，動而無極。豈云逐夫東南，未必發於西北。似隨四時之行，更無六月之息。

曈曈曙景，藹藹斜陽。候分寒燠，道異赤黄。循環來往，吹律短長。莫不望雲蹀躞，逐影飛揚。蹄泛駕而行偏宛爾，時殊氣而養則交相。

乃瞻神駿，乃見權奇。坤貞以著，乾象以窺。白雲飛後，紅日懸時。明窗乍啓，濃霧初披。明明在下，息息相吹。

氣溢寰區，塵紛函夏。混沌絪緼，曈曈陶冶。斯所以蟲臂形同，鴳雛意寫，蜩甲證夫三生，尻輪運夫九野。以指喻指之非指，以馬喻馬之非馬。遊濠濮意在斯乎，微先生誰與歸也！③

惜分陰賦

以"至、於、衆、人、當、惜、分、陰"爲韵。

倏爾者時，卓然者志。尺璧雖珍，分陰奚啻。皇皇永日，方同葵藿之傾；兀兀窮年，每慮桑榆之次。欲立千秋之業，詎可少安；倘隳一息之功，便同自棄。韶華莫挽，聖人倍凜於庸人；日月其除，短至即乘乎長至。

粵若稽古大禹，詣臻神聖。心惜居諸，肅厥寸衷；久勞宵旰，愛茲寸晷。直比瓊琚，曆癸甲於塗山；家門幾過，命庚辰於淮水。良友相於，十六字道法常傳，念念方期於協帝；一二日事幾毋曠，孜孜深切夫思余。

而況鹿鹿之流，芸芸之衆，豈容玩愒，漫事悠悠；詎可蹉跎，終焉夢夢。不徒一寸，心驚過隙之駒；祇此一分，情比朝陽之鳳。與其唏噓異日，逝嘆平原。何如珍重微明，馭憐羲仲。

蓋以分也者，權衡之所始，度量之所因。天地之周行也，以分而運；律呂之積算也，以分而均。寸以析而爲分，視若連城之玉；分以積而成寸，惜如希世之珍。如曰：子好遊乎？且以永日。竊恐臣之壯也，猶不如人。

故當夫曈曈以曙影，藹藹晨光。浴向咸池，君子所其無逸；明生暘谷，何人莫敢或遑。倘其竿已逾三，不瑕有害；若使磚須過八，無已大康。百年第一瞬之間，杪忽豈息燕；一刻洵千金之值，斯須未許方羊。周公待旦而興，勤原宜法；祖逖聞雞而舞，勇惡可當。

既而古木陰斜，遠山日夕。扶桑既降，錙銖倍覺難忘；細柳方停，毫末那堪虛擲。光離一綫，直將月照流黃；景欲再中，安得繩能繫赤。雖復魯陽酣戰，偶添三舍之暉；然而夸父空追，莫獲半絲之益。時哉弗可失，敢恤勤勞；逝者如斯夫，正當護惜。

彼夫深宵漏永，竟夕膏焚。或囊螢而汲汲，或映雪而忻忻。或燃糠以資咕嗶，或隨月而玩邱墳。莫不期累功之有獲，耻没世之無聞。所以景駐蘭窗，常自運夫百甓。數從黍谷，未敢忽於一分也。

方今帝德廣運，睿慮時欽。每警未央之什，常披無逸之箴。化國日舒長，共戴優遊之樂；聖圖天廣大，猶懷兢業之心。其安得不世躋上理，象協懸陰也哉。④

松枝管賦

以"幽、人、筆、固、當、如、是"爲韵。

奇情萬樹，韵事千秋。珍羅席上，寶掇梢頭。煙霞增我清才，筆花泛采；巖穴添來佳話，墨瀋香流。薄言采之，夙本三冬之友。維其多矣，好修五鳳之樓。豈爲長者折枝，是尋是尺；一任騷壇握管，予取予求。染楮葉之篇篇，對此日雲煙紙上；綴梅花之點點，憶當年風雪山幽。

昔司空先生之隱於中條山也，簪纓早却，竹柏爲鄰。松扉掩霧，松徑鋪茵。對松花而繕性，含松實而葆真。生涯寄萬卷書中，咿唔未倦事業，著一枝筆上，朝夕相親。固知飾去琉璃，自是儒生本色；若欲贈來翡翠，誰憐我輩清貧。念供揮灑之資，毫原藉兔；陋彼華靡之習，管必求銀。其焉用此爲哉，笑指白雲之外；彼可取而代也，情縈綠澗之濱。載斲青松，雅製遂傳於逸客；用裁斑管，巧思還羨乎幽人。

原夫松之爲木也，鬱鬱芳林，蒼蒼素質，謖謖生風，森森陰日。四時不改，非因鳳琯回寅；六出初飛，猶映芸窗屈戌。然而可以邀榮，未嘗爲畢；可以賦詩，豈真能述。徂徠有咏，殊難藉以供書；泰岱雖封，匪錫名爲不律。孰意濡毫吮墨，倩將枝復一枝；不煩雕羽鏤犀，居然筆則曰筆。

則見陟煙崖，遵雲路，探幽姿，采嘉樹。是之取爾一枝，拂斷斜陽；誰爲爲之幾束，籠來宿霧。既已揮郢人之斧，如切如磋；更將納秦將之毫，半含半吐。自然入妙，未傳傅子之銘；卓爾不群，非載稽含之賦。脱令式遵筆髓，五六寸傳自世南；或其夢入雲梢，十八公悟來丁固。

爾乃揮毫宛轉，搦管悠揚。拂松鼠之須，津津自喜；研松煙之墨，細細生香。撫向來禽，仿佛禽栖翠幹；臨來快雪，依稀雪壓紅墻。儻資柿葉以肆書，几應鋪綠；若展蕉緘而作字，庭欲舒黃。老作龍鱗，友可逡巡而拜；清同鶴骨，銘宜什襲而藏。寫衛女簪花，覺餘英倍添斌媚；向麥光起草，笑不殖未免荒唐。比之任氏之荊，究難相匹；擬以陶家之荻，彼惡敢當。

至若胡盧之贈，金玉之儲，雖莫不文增犀象，貴等瓊琚，亦復列矛稍於行陣，供鋤耒於菑畬。要豈若悃幅無華，青抱歲寒之意；蔥蘢可悅，綠迷隱士之廬。伴以桑牋，四十二客之蘭亭可仿；濡來竹硯，二十四篇之詩品堪書。中書君夙已就封，今且贈大夫之職；管城子素嘗著美，更將擅君子之譽。固不同給夫荀悅，而賜於相如者矣。

士也，生際同文，夙敦素履，莫不芹攜璧水，爭欲騰蛟；桂折仙宮，競期化鯉。螭坳珥筆，仰窺羲畫之精；山國貢珍，上媲堯文之美。臣是黑松使者，龍賓見天寶年間；吾家毛穎先生，花萼吐黑甜鄉裏。將見才掄翰苑，莫之或先；如曰迹隱空山，則姑舍是。⑤

科名草賦

以"天、之、應、人、敏、於、影、響"爲韵。

草之異者，書帶表康成之美。草之盛者，蓬蒿彰仲蔚之賢。若乃形同鳳腦，類比龍仙。茁一枝之碧玉，中萬選之青錢。宛同鏡卜芙蓉，莫忘斯語；直擬花占芍藥，誕降於天。

維唐杜荀鶴者，伏孫康之雪案，下董子之書帷，志奮功名，欲折杏林之蕊；情殷科第，思攀桂苑之枝。仰貢樹之分香，喜可知也；願折蓮之比豔，何日忘之。豈期綠滿窗前，忽呈祥於瑤草；何意香飄舍外，竟耀彩夫靈芝。

夫其五德揚芳，九光表勝。或成六六之枝，或采三三之徑。真伯真卿之號,自著珍奇;司命司禄之官,允堪持贈。要祇金英玉葉,傳宇宙之休徵;未聞鳳翥鸞翔,是先生之瑞應。

豈知小草,竟而如神。靈鐘爾室,捷報芳春。黃紙高懸,首書名於蕊榜;朱衣暗點,竟拜賜於楓宸。着來杏子之衫,欣欣自得;繫以桃花之綬,簇簇生新。上苑爭遊,繡陌看探花之使;春風得意,馬蹄迷拾翠之人。

是則兆已先呈,功原不泯。幽馨馥馥,早知帖豔金花;仙質亭亭,遂爾班聯玉笋。似植槐柯於庭際,言有明徵;儼看榴實於枝頭,數恒相准。事真前定,乃獻瑞而騰輝;名有由成,惟遜志而時敏。

於是更美號,錫嘉譽。取傍案頭,繪施丹漆;置之硯側,寶并璠璵。節果相符笑青紫,真如拾芥;茅原待拔玩地天,竟筮連茹。未知松號大夫,也曾驗否;試問柏稱學士,至竟何如。才貢瑤階,草野遍小人之德;名傳金殿,芝雲奏太使之書。番宴熟櫻桃,紅盈几上;何異汁沾楊柳,綠灑林於。

蓋惟天之應人,儼若形之附影。掇天香之富貴,榜亦名花;展柳色之春旗,林原號杏。可比金錢錯落,易及第之稱名;不殊旌節輝煌,爲侍中之慶幸。疇昔鳥聲花影,爭傳黃絹之詩;維兹紫蓋朱柯,遂唊紅綾之餅。

仰惟聖世,慶溢寰區,瑞呈草莽薁莢,敷榮薰莆盛長。花迎益壽,欽愷澤之沾濡;草貢恒春,普皇風之浩蕩。蓋由大廷之化,恰於方隅;所以蔀屋從風,捷於影響也。⑥

五　色　筆　賦

以"精、能、之、至、入、神、出、天"爲韵。

靈通杳渺,象協文明。一枝璀璨,五色晶瑩。藜燃太乙,夢叶長庚。魂栩栩兮仙枕,花馥馥兮管城。心與神謀,詎云境幻;事原天授,端藉思精。

则有濟陽令範,江左休稱。拈毫趣永,搦管神凝。律應文昌,青霜紫電;胸羅武庫,綠字丹縢。陣掃千軍,五花影亂;書登三品,五采光騰。枝真嘆絶,客豈無能。

夫以制緣秦客,圖列羲之。或表鹿毛之妙,或明雞距之奇。或雕文而燦爛,或錯寶而陸離。亦祇妝成犀象,飾貴琉璃。豈同土貢徐州,珍傳異質。幾見豔流睢水,美擅臨池。

而乃翠被寒生,黑甜境異。魚遊樂國,聿鋪水面之文;蝶化莊生,漫舞花鬚之翅。恍遇中書妙品,正當福地洞天。何來毛穎先生,不盡紅情綠意。乍瞻色澤,疑應瑞兮芝生;驟睹光儀,似歸昌兮鳳至。

今夕何夕,有感皆通;恍兮惚兮,無微不入。詎比華胥到處,僅結仙緣;不同丹篆吞來,徒探秘笈。伊人可作,應增洄溯之思;彤管相貽,似咏城隅之什。輝生玉券之華,墨灑金壺之汁。春雨簾纖之彩,穎吐光芒;鄉雲糾縵之文,鋒藏什襲。

乍驚乍喜,疑鬼疑神。即空即色,何假何真。妙傳一夕,采絢三春。是即非耶,兔靜月華之夜;茂矣美矣,鳥飛日暈之辰。試臨薤露之書,丹霄彩煥;若奏霓裳之曲,黃絹詞新。

由是句琢庚庚,思抽乙乙。富以多文,功推不律。揚芳摘藻,朱墨交輝;儷白妃青,煙霞並集。倘逢脫穎,定教太史書雲;何必如椽,直比李程賦日。莫問他年才盡,減却詩名;⑦但看此夜神遊,真同傑出。

士也,珥丹毫而待闕,簪紫管而朝天。詔五色以飛來,臨風舒錦;箋五色而作奏,好句如仙。鳳閣春深,五花誥裏;木天雨霽,五朵雲邊。固不同繡錯綺交,徒寄平原之恨;綠波碧草,偏傷南浦之前。⑧

秦大夫受職賦

以"秦、封、松、爲、五、大、夫"爲韵。

鳳翮鷟翔，虬枝述職；鴛行鷺序，玉輅時巡。若楚有材，公言錫爵；維山有木，龍竟成鱗。秀拔煙霞，本具棟梁之質；靈鐘岩壑，居然草莽之臣。似尚書著紅杏之名，迹傳泰岱；豈學士署青蓮之字，事憶嬴秦。

粵稽祖龍之御世也，陟名山而東幸，騁法駕而上封。追遺迹於古帝，舉盛典於岱宗。漫欲祈其神相，妄擬協夫時雍。詎期欲返屬車，風威正烈；孰意方尋歸路，雨意偏濃。變出非常，倍心神之慄慄；棲真欲借，藉木葉之重重。納於大麓弗迷，豈其至此。幸托葛藟之庇，實爲爾庸。

始皇於是顧而言曰：德盛者隆其爵賞，功懋者銘以鼎鐘。雖有群工，危莫持於頃刻；豈無三事，祿徒享以千鐘。孰則才宜夾輔，位盡靖共，能竭其力，有如此松。於是披勁節，拂芳枝，欽秀色，賞幽姿。用木倍切於用人，是吾寶也；衛君尤勝夫衛國，實能容之。辱在泥塗，象筮拔茅之彙；升同椷樸，花開及第之奇，豈其鏡蔔芙蓉。遽登蕊榜，無事汁沾楊柳。已拜蘭墀，危地而存。億萬國省方之會，受天之祜。十八公入夢之時，賁鳳詔於蓬蒿，勿剪勿伐；比楓宸之弼輔，汝翼汝爲。

則見其職之受也，位并朝班，榮膺簪組。月橫松影，宛爾生輝；風動松釵，幾疑起舞。夙與疏梅爲契，應推調鼎實之才；試看晚歲敷榮，似合入冬官之部；倘繫以紅桃之綬，宜供奴婢千頭；若贈來青草之袍，何異公侯萬户；樹猶如此，良同鍼虎之三；禮亦宜之，報擬羊皮之五。

爾乃青拂花幢，翠張華蓋。巢來野鶴，果然可以乘軒；掛去長虹，却笑如今束帶。名節係千秋事，何堪林澗懷慚；官衙似一條冰，固是風雲有會。要豈若梧桐入咏，吉士徵歌；桃李可栽，春官考最。棠思召伯，化已遍於一方；柳記歐公，號永傳於兩大也哉。

方今聖天子澤沾草木，化恰方隅。石貢松風，教通荒裔；雲霏松棟,頌協康衢。盈廷盡楨幹之才,共虔虎拜;多士沐菁莪之化,爭效梟趨。所以萬鄰蒙庥,普天有慶;百昌獻瑞,蓋地呈圖。又何侈乎竹稱君子而松號大夫也!⑨

三餘讀書賦

以"董、遇、名、言、至、今、傳、說"爲韵。

道之美者備於書,古之聖者莫如孔。學惟遜志,知用志之不紛。習必以時,豈相時而後動。以彼靈明獨絶,未敢玩其居諸。胡爲悠忽相尋,徒自雜於林總。此窮年兀兀,業貴師韓;終日乾乾,帷宜下董也。⑩

乃有名言,傳於董遇。斯征斯邁,詔爾諸生;無怠無荒,導其先路。道非不説,問先生那得閑身;人病不求,語小子莫憂俗務。苟讀書有願,苦百遍之無時;則修業何難,趁三餘而自裕。

試思候交良月,令届元英。際萬寶之胥成,有心可醉;幸三農之既息,以目爲耕。時不再來,嘆光陰之電逝。日眞可愛,撫文史而神驚。倘其繼昏維艱雪方吐豔,若問此生修到梅許同清。信足用果在三冬,莫徒負黄綿之襖;苟不違至於三月,也應垂青簡之名。⑪

若乃日光墜海,月影窺垣。披來紫字,喜趁黄昏。鶴夢初沉,神聖之遺心可接;茶煙未起,詩書之夙好堪敦。期三百有六旬,豈竟少荒學殖;月四十有五日,更堪獨溯詞源。看螢火飛來,便是青藜之照;聽魚更數遍,奚求丹篆之吞。午夜神遊,干青雲而直上;空山籟寂,渺衆慮而爲言。⑫

又如屋角陰濃,檐牙雨墜。門無剥啄,儘登肅肅之堂;庭裊遊絲,靜捫便便之笥。一任海棠開落,目不窺園;翻來蝌蚪橫斜,情深問字。和君咏誦,生憐鳩婦啼紅;通我神明,多半鴨奴颶翠。正曝書之無事,因考道而論文。雖漂麥以何知,獨探微而索至。⑬

由是胸羅武庫，幟豎儒林。萬卷紛披，三味之辛酸備領；一經通否，三年之甘苦良深。沛三日之甘霖，定教刮目；映三更之皓魄，誰是知音。寒消九九圖中，人是羲皇以上；冷逼三三徑裏，復參天地之心。敢同墻面之譏，揚風扢雅；非復茅蹊之塞，茹古涵今。⑭

蓋惟善能得間，妙不求全。餘力則以學文，倍凝神而壹志。壯者豈無暇日，用則古而稱先。那知餘子之名，止橫李杜。合著餘夫之號，分得書田。要之敏則有功，勿參勿貳；純亦不已，希聖希天。此古者所以期立言之不朽，而恥没世之無傳。

士也，生際明時，心懷魏闕，校讐四庫之書，瀏覽百家之説，窮經致用。五車遙慕夫前修，學古入官。萬選興懷於往哲，即使分陰。是惜猶懼荒蕪，敢教片刻偷閑，漫成作輟。⑮

湘靈鼓瑟賦

以"曲、終、人、杳、江、上、峰、青"爲韵。

煙漠漠兮飛蒼，波渺渺兮漾綠。風蕭蕭兮淒其韵，冷冷兮斷續。羌鶴嘯兮猿吟，乍高瞻兮遠矚。四顧微茫，幾番躑躅。脉脉情深，盈盈水曲。

若有人兮遙空，托幽怨兮諸馮。情杳渺兮流水，思飄颻兮悲風。忽去來兮澧浦，訴嗚咽兮絲桐。抱遺恨以誰語，聽清徵而難終。

窅爾無垠，悠然若神。紅衰短蓼，白慘疏蘋。心盟冰雪，泪染松筠。龍門曲苦，水調歌新。一彈再鼓，如見其人。

方其寒玉乍揮，響泉微嫋。古岸煙沉，空山月曉。瑟瑟淒淒，冥冥杳杳。如西風徐來，送秋風於木杪。

既而弦調一一，影寂雙雙。凌空競響，幽恨難降。欹歔荃蕙，伊鬱蘭茳。又如哀鴻失侶，叫殘月於寒江。

及其雅韵欲希，餘音微颺。無限低徊，幾多惆悵。怨復怨兮杜若芳,悲莫悲兮秋濤壯。鳥何萃兮蘋中,曾何爲兮木上。

徒見夫淺淺石瀨,翩翩飛龍。潮寒木落,霧合雲重。奔飇颯起,鬱浪橫衝。淒涼薜荔,寂寞芙蓉。犺鳴叢嶂,霜澹危峰。

則有夷猶楚客,憔悴洞庭。蒼梧寄怨,白芷流馨。問嬋媛兮慨息,搴蘅茝兮飄零。望美人兮不見,悵暮靄兮青青。⑯

七　律

紅　葉

閑庭驚落一聲鐘,不覺溪山淡轉濃。佳客乍來尋躑躅,奇峰都合號芙蓉。

自知才調堪榮世,未許秋光敢負儂。昨夜玉皇丹詔降,林原遍錫紫泥封。

西風老去更崢嶸,點綴山城幻赤城。如此光明愁磊落,憐渠慘淡費經營。

茆庵雲罨前溪隱,蘆艇風寒古渡橫。笑指夕陽無限好,年年相與訂詩盟。⑰

紅　葉

寒鐘驚落一聲秋,蕭瑟山郵復水郵。九月霜濃人出塞,萬峰日落客登樓。

望中山市招吟屐,別後吳江憶釣舟。留得樊川詞筆在,白雲石徑當春遊。⑱

一曲非花漫惘然,霜清露冷倍娟娟。醉懷欲擊珊瑚碎,老眼偏憐錦繡妍。

幾度信風辜瘦蝶,三更淡月夢啼鵑。⑲從教次第排幽興,小別穟華又隔年。[20]

疏林幾夕動高聲,爛熳秋客入望明。北地胭脂催雁信,西風詩卷憶鱸羹。

霜侵野渡篷初掃,日落山樓笛乍橫。記否惜花微醉後,相看不負舊吟情。

暮色柴門鳥未還,又隨寒豔度林灣。相逢獨樹明霞活,頗憶深宮盡日閑。

小飲半依秋水岸,微吟時對夕陽山。關心莫道繁華盡,好向梅花索笑顏。[21]

白　菜

筍奴菌妾任荒唐,老圃秋菘味自長。半畝鋤來庚正白,一籃挑去甲初黃。

山村好殿春花麗,野饌常偕粟米香。倘貯冰壺殘雪裏,先生端合潤詩腸。

蘿　蔔

山肴葵子綠平疇,記得芳名爾雅收。種處最宜沙似玉,拔時應訝雪成毬。

心從虛後情偏淡,爪到香來味更優。試向坡公翻語妙,生兒可似乃公不?

豆　腐

稼穡由來本作甘,來其妙制仰淮南。野田收處珠千斛,村店攜歸雪一籃。

片片瓊花開翠釜,霏霏玉屑供書龕。儒生舉箸還應笑,名號偏從此處參。

扈 班

七 律 二 首

何來巧製絕塵寰,獨錫芳名著扈班。此日案頭供駐筆,當年花裏隱屏顏。

神工已入昭陵寢,片石常留天地間。猶憶山陰人似玉,也應借助自他山。

玲瓏窈窕影重重,棐几飛來卓筆峰。下拜料應驚米芾,遺珍常自伴裴鐘。

曾緘裹鮓書初就,欲撫簪花墨未濃。此際心情何所寄,憑君竟擅管城封。㉒

致謝:在王茂蔭之《光祿公賦稿》的蒐集整理過程中,得到了安徽省圖書館許俊松副館長、古籍部石梅主任的大力支持,在此表示衷心感謝!

(整理者單位:安徽財經大學馬克思主義學院)

---

① 曹天生點校整理:《王茂蔭集》,中國檔案出版社,2005年,第181—216頁。
② "月中桂賦"在目錄中記"失",正文中無。
③ 文後批語:"思風發而言泉涌,振筆疾書,想見左右逢原之采。"
④ 文後批語:"工穩流利,有味乎其言之。"
⑤ 文後批語:"清發芊綿,當行出色。"
⑥ 文後批語:"工穩流利,出色當行。"
⑦ 此處原稿眉批:"妙義。"
⑧ 文後批語:"十采五光,純是心花結撰,乃覺分外鮮新。"

⑨ 文後批語:"心花結撰,秀色可餐。"
⑩ 此處原稿眉批:"題前一段,敍次清晰。"
⑪ 此處原稿眉批:"截金爲句。"
⑫ 此處原稿眉批:"寫出餘字,流利端莊。"
⑬ 此處原稿眉批:"心花怒開。"
⑭ 此處原稿眉批:"經用雲山,新鮮之至。"
⑮ 文後批語:"章法井然,詞旨雅切,當得清新二字。"
⑯ 文後披語:"規橅古意,大雅不群。"
⑰ 詩尾處批語:"宋人佳句。"
⑱ 此處原稿眉批:"超渾。"
⑲ 此處原稿眉批:"幽絶。"
⑳ 此處原稿眉批:"刻畫。"
㉑ 此處原稿眉批:"雅趣。"文後批語:"不脱不粘,喜無俗豔。"
㉒ 文後批語:"雅切。"

陳寶箴佚文五篇

□ 楊樹清　劉經富整理

最近，筆者在陳寶箴故里——江西修水縣發現五篇没有收入《陳寶箴集》①和《陳寶箴詩文箋注·年譜簡編》②及學界新近蒐輯③的佚文，對瞭解陳寶箴早年在故里的人事關係有文獻材料價值。先將這五篇佚文移録如下：

戴耀奎（施圃）像贊

戴公施圃，前道光庚戌年，學憲張小甫夫子稱其爲"敦善引年"之士。其仲君春丞與余交好，辛酉夏④，出翁之真容，命題其巔。余作字雖不成行，綴詞不可過泛，爰率筆而書數語，爲翁寫照，爲余寫心："翁之貌藹然可親，翁之德屹屹有聲。其生平儉且勤，其天性篤而純。宜爾子孫圖其像於丹青，懸之於庭，允足爲後學儀型。睹翁形，想翁心，考翁行，方可以知翁之爲人。"

欽加二品銜浙江按察使司按察使世愚侄陳寶箴拜撰

戴公芸生先生傳

自古不平之事，而氣與數之適然，究於其人無損，此其間有不可解者焉，有不必諱者焉。先生智（員）[圓]而行方，膽大而心小，經權常變悉周詳。乃有鄉里巧詐者，風雪有時相逼矣，而黑白雌雄，轇轕上下。噫！先生恒以孫思邈爲法，而亦有上黨歸趙之馮亭耶？此誠不可解之局矣。若是則宜爲尊者諱，爲親者諱，而正無庸也。人情多事抱不平，而退邐見者聞者，皆信之議之，以爲應然，所謂自作自受也。此理也，宜其諱也。若夫省事抱不平，而退邐見者聞者皆怪之憫之，以爲甚不應然，謂天地之大，人猶有所憾也。此遇也，不必諱也。及至詐者天祲之，先生已讓之釋之，人皆以爲甚不應然，究於先生之誼，初何損乎。

夫能和則謙，《易》曰謙者德之柄；能忍則容，《書》曰有容德乃大。且和氣者必致祥，麟德之襃旌以忍，先生桂蘭競爽，發福詎有涯與？余爰於不可解者明創一解，於人所共諱者直言之而不諱。他如排人之紛，解人之困，調劑乃兄之微，整飭乃族之弱，夫人而知之，亦夫人而感之，無更爲先生贅也。先生其知人也哉！

光緒十年歲次甲申孟秋月穀旦
欽加二品銜前任浙江按察使愚弟陳寶箴頓首拜

戴堯封先生略紀

癸未暮秋之念五，讀尊兄家報⑤，知潭府續修貴乘。振振公族，椒衍瓜綿，源流開天演之潢，簪笏起人文之蔚，矧乎有足以節孝傳者、方正傳者、公明傳者，並有節孝、方正、公明隱隱之足傳者。

戴健圃公原配氏李、繼配氏葉，三君堯封先生，葉孺人所出也。性沖和，業儒弗遂，改讀郭璞《青囊經》，健圃公實衣鉢傳之。處則操持家政，出則怡情山水間。由是並父力，廣膏腴，創華屋，紹箕紹裘，肯堂肯構。繼父志，總督本里田祖季甚虔，述父事，偕諸弟生甫，卜宅兆而安厝先人之墓，築祠宇而享祀祖考之靈，積義會而賙恤宗族之急。春(城)[丞]間嘗與語之：堯封之行也，其它可能也，惟兄弟既翕，與神人以和，是難能也。非砥節制孝及優方正公明者，其孰能與於此哉。

論曰：昔余嘗論地理必通天文，而孟子言天時不如地利。自楊、曾、廖、賴爲師承，而世之講求山川形勝者勤矣，獨於吳有鼻嘴之吉，粵有川鼻灣之祥，浙有長碕之毓，又寤夫圖經者之難枚舉盡善也。然則何所據而後可哉？曰：求之人若堯封者，是爲合志同方也，何文武科籍之足云。

光緒十年歲次甲申孟秋月穀旦
欽加二品銜浙江按察使前任河南兵備道陳寶箴頓首拜撰

戴公卜臣先生夫婦合傳

嘗謂風雲雷雨爲天之動，河海江淮爲地之動，而動實根於靜。乾坤即以悠久也，人受中以生，必實有以屛夫煩囂而於鎭定，乃足保元理而樂永年。孔子曰仁者靜，終著其效曰壽。蓋壽基於靜，理有固然，吾於戴公卜臣先生而決其不爽焉。

先生幼事丹鉛，學醇謹，不事雕琢，甚爲師長輩所器。科名屢蹇，輒列成均。事二老以孝聞，孟筍薑魚，未嘗少疏。昆季怡怡式好，蓋其天性然也。所居長茅，市僅數里，不輕往。昔杭州林逋居西湖三十年，足不履城市，先生似之。其氣度溫和，不立崖岸，望之如霽月光風，無脂韋習。程子端坐如泥塑，及接人渾是一團和氣，先生又似之。

予與一郎君齊年，壬子得雋，時恭謁蘭階，見其杖履優遊，東山嘯傲，更心醉焉。迨走京師，遂與戚里故舊疏。然桑梓知交，間一念及，雖隔數[千]里外，固無時不作落月屋樑想也。三四郎君俱有聲，竟負才早逝，予嘗爲先生惜之。尊閫邱孺人素嫺姆訓，內外從無纖芥色。家故饒，不樂作時樣妝。而暑月機絲，寒宵刀尺，無少倦焉。性慈惠，款客咄（磋）[嗟]立辦，不委臧獲。尤愛其舉家無訆誶聲，無叱咤聲。蓋先生酷好靜，孺人以貞靜承之若此，里閒中不數覯矣。

春丞屬予言以傳，予曰："乾坤之不老且靜，先生知白守黑，有合老氏之微言。孺人中饋貞吉，與老子合德。予一言以蔽之曰'靜'。靜，斯固未知孔子之言仁靜，若何？雖然，近之矣。溯於山陰分甘娛目，汾陽點額問安，先生何多讓哉！"謹以是爲傳。

欽加二品銜前任浙江按察使陳寶箴拜撰

戴母曾孺人節孝傳

婦人之德，潛德也，生長幽閨，無甚表見，而稱頌恒少。劉向之傳烈女也，盡千餘年間爲書八篇，節錄僅十數人，故必有一二實跡，爲巾幗楷模，乃可作元命，膺鴻麻而輝彤管。

同鄉戴母曾孺人，戴公毓賢先生德配也。作嬪即敬聞毓賢公業精岐黃，以和丸活乎世，孺人即以和丸訓其子。早歲服夫喪，清操自勵，勤慎撫孤。迨郎君成立，猶昕夕不倦，人比諸敬薑夜績云。自古婦德以節孝爲第一，孺人遠以節孝志於朝，邇以節孝志於州。讀《周南‧葛覃》，絺綌成即告師氏以言歸，明孝也；讀《衛風‧柏舟》，兩髦髧即矢我儀以靡他，明節也。孺人師其意，則戴氏一門安得不昌大乎！只今子服斑爛，孫枝尤茂，竹馬玉環，繡襮文襫，亦頤養天和之一助也。

春（臣）[丞]問余節孝傳，余曰："孝，順德也，能孝則節無虧。節立斯孝意著，流芳於史冊，流芳於厥躬，而種種懿徽，均邀天眷，精神完固，永保貞元。豈必如菖蒲駐顏、靈飛授秘，而後可以百世也哉！其《既醉》之詩曰'永錫爾類'，敬爲孺人頌；《閟宮》之詩曰'既受多祉'，並爲孺人祝。"

欽加二品銜前任浙江按察使陳寶箴拜撰
光緒十年歲次甲申孟夏月

上述五篇陳寶箴的佚文都出自修水縣懷遠（客家）戴姓光緒十年三修宗譜，寫作的緣由與陳寶箴青年時代的好友戴春丞有關。戴春丞的曾祖戴梁芳（廷獻）於康熙三十年（1691）從福建汀州府古田縣田坑鄉遷徙到江西義寧州安鄉十二都安居源（今修水縣湯橋鄉瑤村）。戴梁芳生戴祖光（田有），戴祖光（田有）生子五，其次子宗鳳（歧園）生子三：長耀奎（施圃），次耀文（健圃），三耀武（二軒）。光緒十年義寧州懷遠戴姓續修譜牒，戴春丞與其堂兄弟主持譜局事務。恰好陳寶箴從長沙回里，戴春丞遂請陳寶箴爲他的家人撰紀寫傳。

這五篇佚文中的第一篇《戴耀奎像贊》，戴耀奎是戴春丞的父親，生於清乾隆辛卯年（1771）。本業岐黃，又業商賈，對社會公益事業頗爲熱心，其事跡載同治十二年版《義寧州志》卷二六《人物志·善士》下。

第二篇《戴公芸生先生傳》，戴芸生（即元）是戴春丞的胞弟。生於道光十年庚寅（1830），比陳寶箴大一歲。《宗譜》上他的身份是"由議敍登仕郎欽加六品銜即用縣"。

第三篇《戴堯封先生略紀》，戴堯封是戴春丞的堂弟，其父戴耀文是戴耀奎二弟。生於道光二十年庚子（1840），監生。

第四篇《戴公卜臣先生夫婦合傳》，戴卜臣是戴春丞的堂兄，其父戴耀武是戴春丞父親戴耀奎三弟。戴卜臣生於清嘉慶癸酉年（1813），比陳寶箴大十八歲，故陳寶箴以前輩視之。

第五篇《戴母曾孺人節孝傳》，贊揚戴毓賢（齊吉）夫人曾氏的節孝事跡。戴毓賢是戴春丞的另一位堂兄，戴耀武的三子，生於道光元年（1821）。《義寧州志》卷二八《人物志·節孝》對曾氏事跡有載録。

　　戴春丞(道東)是戴耀奎的次子，生於道光二年壬午(1822)，比陳寶箴大九歲，歿於光緒十五年己丑(1889)。《戴氏宗譜》上介紹他的身份是監生，欽加六品銜，太醫院院使，⑥即用縣，⑦己卯備薦。⑧光緒九年，陳寶箴任浙江按察使時，曾請戴春丞做塾師，可見陳、戴之間的關係和戴春臣的文史水準。

　　由於材料缺乏，我們還不清楚陳寶箴、戴春丞友朋關係的更多細節，只在清代中期修水文人詩作雜抄本上，發現了兩人合寫的一首排律，全文如下：

恭賀盛林成章志喜

　　　　盛世名才正可欽，斐然文采羨靈心。天章擅挾千軍掃，列宿包羅萬象森。昔自養成修鳳手，從兹度盡繡鴛針。揚眉吐氣春花發，泣鬼驚神夜月臨。字挾風霜詞壯麗，源探星斗理精深。丹黃休負傳薪訣，青紫偏宜拾芥吟。指日芹宮欣得意，此時蘭譜訂知音。三人曾結契。聖朝本是羅珊網，翹首聯鑣入翰林。

　　　　　　　　　　　　　同學弟戴春丞、陳寶箴

　　從"此時蘭譜訂知音"句後自注"三人曾結契"可知陳寶箴、戴春丞、□盛林曾義結金蘭。

　　陳、戴兩家都是從福建汀州府遷徙到江西義寧州的懷遠人(客家)，兩家的居住地相隔大約四十華里。兩家關係除陳寶箴與戴春丞投契交好之外，還有另一層關係，陳寶箴的堂兄陳觀禮於咸豐年間從祖居地泰鄉竹墩村遷居戴氏的祖居地安鄉瑶村，日後陳觀禮的長子陳三略有兩個女兒嫁給戴家，陳戴兩家又多了一層姻親關係。

　　作爲義寧州的著名人物，陳寶箴常爲鄉里戚誼撰寫像贊碑傳，在義寧州各姓宗譜上常有載錄，但在一姓宗譜上留下五篇文章，還是首次發現。結合從其他材料上發現的詩作，陳寶箴青年時代的一段友朋關係得以呈現，同時也可以說明陳寶箴對戴春丞家族的熟悉程度。這是此批材料最大的價值。此外，這批材料還有其他幾個看點：

一、光緒八年（1882）八月陳寶箴升任浙江按察使，光緒九年四月初到任。因之前在河南省河務兵備道任上一件案子的牽連，被罷免按察使職。此後在僑寓地長沙與修水故里來來去去三年多。《戴氏宗譜》上陳寶箴這幾篇佚文的落款光緒十年孟夏和孟秋，可證他此時正在故里。

二、陳寶箴精《周易》，懂風水，此次發現的《戴堯封先生略紀》一文最後一段申論涉及山川風水、祖師圖經，爲陳寶箴風水學知識增加了一條佐證。

三、戴春丞、陳寶箴聯名祝賀一位朋友撰寫八股文已達到"成章"的程度，從中可以窺見科舉時代民間的禮制風俗。由於古今教育制度的差異，我們還不能透徹地理解"成章"的真正含義，但借鑒陳寶箴祖父輩在分家文書中規定"讀書凡發蒙至作半篇者，每年衆幫俸錢五百文，成篇者每年衆幫俸錢乙千文"，可以推測"成章"即"成篇"之意，是衡量舉業水準程度的一個標志。這類昔日民間關於科舉的地方性知識，在正式出版的科舉研究著作中難得看到。

（整理者單位：江西修水縣散原中學
南昌大學江右哲學研究中心）

---

① 汪叔子、張求會編：《陳寶箴集》，中華書局，2003年。

② 劉經富編著：《陳寶箴詩文箋注·年譜簡編》，商務印書館，2019年。
③ 劉猛：《陳寶箴集外詩文拾遺》，《近代中國》第36輯，上海社會科學出版社，2020年，第359—375頁。楊錫貴：《陳寶箴集外文輯考》，《湘學研究》第16輯，社會科學文獻出版社，2021年，第132—149頁轉第169—170頁。
④ "辛酉"爲咸豐十一年(1861)，陳寶箴正在故里，戴春丞請陳寶箴爲其父親題寫像贊。但也可能"辛酉"是光緒十一年"乙酉"之誤。光緒十、十一年之際，戴春丞借家族修譜機緣，請陳寶箴爲自己家族成員撰寫多篇文字。刻工將"乙酉"誤排成"辛酉"。
⑤ 此處所指"癸未暮秋"，可能是光緒九年九月陳寶箴在長沙讀到戴春丞的家信，也可能是陳寶箴此時已回修水故里，讀到戴春丞的家信。
⑥ "太醫院院使"係金、元、明、清醫官名。金代始設太醫院，最高長官爲提點，下設院使，從五品。明、清太醫院院使取代了太醫院令的最高醫官地位，官階爲正五品。戴春丞是否曾在太醫院任職，此職位是否可以捐納，暫不詳。但其父親擅長醫藥，戴春丞可能繼承了父親的醫術。
⑦ "即用縣"係"即用知縣"的省稱。清代銓選官員有"即用"之制，謂遇缺即可補用。戴春丞與其弟戴芸生都有"即用知縣"是身份，可能是捐納的一個名分，不一定真候補實缺。
⑧ "己卯"系光緒五年(1879)，爲鄉試之年。"備薦"大約是答卷已被房師選中，呈報主考官審閱的意思。光緒五年戴春丞已經57歲，猶入秋闈，可證他此前曾多次參加鄉試。

金兆蕃集外文輯存

□ 尹偉傑整理

金兆蕃(1868—1950),早年名彭年,字籛孫,號藥夢、安樂鄉人,浙江嘉興人,金蓉鏡從弟,光緒十五年(1889)舉人。入民國後,曾任財政部會計司科長、總務廳廳長等職。1914年入職清史館,參編《清史稿》中太祖至世宗本紀、開國至乾隆朝列傳等內容。1923年起,先後爲徐世昌編纂《晚晴簃詩匯》和《清儒學案》,成稿甚夥。這三部總集均爲民國學術史上舉足輕重的學術盛事,可進一步勾連當時的舊京文人群體。

金兆蕃有《安樂鄉人文集》《安樂鄉人詩集》《藥夢詞》等別集存世。丁小明、柳和城整理有《金兆蕃致曹秉章尺牘》一六九通。[①] 筆者在研究金氏的過程中,復輯得集外未經整理的序、跋、尺牘等累篇,可見其編纂文稿之細節,研學唱和之風雅,生平行履之關捩。故裒爲一編,以爲民國學術史研究之助。

與曹秉章書

一

玉硯先生:

昨箋達覽。王可莊太守之世兄送詩稿至社中,已入選。弟未見其本，兹鈔兩首呈覽，如選本未及，乞爲補入。專此，敬請道安。兆蕃。十五。

二

理公大鑒：

奉手示敬悉。《它山圖經》咏兄欲先觀書，復箋呈覽。《檇李先哲遺著》願聞其目（代價不妨先示），此間頗有購者，當爲道地。前寄一緘，想已達到。范陽復書附浼清聽，書中云云，與面談又不同。頗聞其廠中亦未嘗無新添之人（錢博菴兄其一也，弟不知何人介紹），鏽引擎拉不動重機器，弟常以自喻，惟恐誤人不少耳。手此，敬請台安。小弟兆蕃頓首。一月十七日。

三

玉硯先生侍者：

二日寄書，度荷鑒及。三日奉六月廿九日惠書敬悉。是日葵初送《松鄰集》至，披讀一過，七言古詩殊有可誦者，文則序跋較多，皆考訂板本之作。松鄰平生，弟未甚明晰，承命作傳，殊未能著筆。慕老碑文本，即寄公及小汀共改正。脱稿後，景楊持去呈沈淇老，淇老以爲逐節鋪敍，不見精采，不若提綱絜領，以大氣色舉較爲合格。所論誠是。弟病後不耐苦思，言諸淇老，別屬王瑗仲世兄具稿，而淇老爲審正。瑗仲學古文，頗有桐城規模，今稿尚未出。拙稿持去作事迹之參考，緣是遂未能奉寄，罪甚罪甚。梅雨將霽，天氣漸有暑意，弟三五日中當即返里，此後函示，乞徑寄里中。令壻包兄事，當令兒輩爲速圖之。手肅，敬請台安。小弟兆蕃頓首。七月六日。

《衍石齋晚年詩稿》已出樣本，閏老允作序，待上板矣。星五晤時，可否談及之？但深知文字不可促迫，如何如何。

四

北窗戢日影，刹竿破癰甕。孰從楓林來，喚醒飯顆夢。翩然銜書至，雲中五色鳳。汪汪挹淵波，磊磊谺塵霿。如偕城北遊，車馬曲江閧。搦襟左腕書，折簡長須送。匹若芳醪醇，不取酣飲痛。頗老悍駒羈，廣奇勁弦控。吾衰久廢詩，林鳥不成哢。

都亭起烽火，險過人鮓甕。十丈桑田塵，一昔槐柯夢。禍門嗟誰開，欽鴞目爲鳳。愁霖祝將霽，頹雲歎猶霿。何來報韓人，孤奮驚衆閧。閉門謇獨吟，惜日惄虛送。觴尋曲水歡，楫緩中流痛。如承金垿開，且共玉鞍控。春風睨睕聲，萬里懟一哢。

玉硯先生寄示《上巳十刹海修禊並酬郭君嘯麓》之作，率和兩篇，寄請教正。壬申立夏，兆蕃初稿。

（以上錄自網絡圖片）

五

玉硯先生侍史：

奉手教敬悉。《龍泉先生小傳》遵已寄還吹萬，次典先生檢《平湖縣志》，卻未有傳也。聞老《衍石齋詩序》一時未能屬筆，明春或先印行若干部，再以補序，亦無不可。《檇李叢書》擬再編刻一集，以此書入之，但款罄校煩，殊恐難以集事。寒家舊有遷禾支譜，匆匆又三十餘年，休寧族人有續輯合族宗譜之議，弟擬續修支譜，以備蒐采，明歲當爲料理。禾中族人不多，或尚易從事也。日內擬赴滬度歲。近天氣甚燠，當且釀雪以伏日酷熱，父老謂當嚴寒，北方久已圍爐。每憶尊齋與同人促坐縱談，至爲神往。手此，敬請台安，不盡。小弟兆蕃頓首。十二月二十六日。

（本通係丁小明師所示）

與勞乃宣書

一

玉初老伯大人尊鑒：

久未奉書，祗候起居，至深馳念。伏維道履康固，德望崇隆，東望海天，龍門在望，不勝悽悽企仰之私。姪秋間回里省母，往返月餘。家母明年七旬晉九，擬乞言爲壽，冀得老人一日之歡。我公爲今星鳳，深願頻賜袚飾，俾歸奉家母。以德言爲重，祗呈徵文啓，伏祈賜誉。姪年杪當南還，私意覬得南中一小亭，藉便侍奉。惟惟已久，天涯遊子，年復一年，兹復以此陳請，知荷層注，敢以附聞。專此，敬請道安，深乞垂鑒。世小姪金兆蕃謹狀。

按：信封有"青島小包島，禮賢書院十一月二十一日到"。

二

玉初老伯大人尊鑒：

月餘不審起居，至爲馳念。雞鳴風雨，公復何憾？所可憾者，一經借用，全落負面。故願公千萬緘默，千萬不可復有論箸，度公亦早深慮及此矣。公近聖而居，能否安穩？青島已可出入，尉君轍跡何在，公當不復往。近擬移家南歸，抑且於此小住，統祈見示，以慰懸懸。則君兄出都，頃晤洞士兄問得寄住地址。專此，祗請尊安，壹是爲道自衛。小姪名心叩。

按：信封有"敬乞十一月初七日到"。

三

玉初老伯大人尊鑒：

前日郵寄一緘，度荷賜誉。夏至漸入炎序，海濱氣候如何？伏冀善護興居，益崇明德，定如企頌。姪草擬《修史署例》一通，取見膚論，謭劣殊甚，繕呈次珊先生，姑備采擇。友人代付油印，敬呈清鑒，伏乞賜誨，並求轉乞晦若先生加以繩削，至禱至禱。印時未親校，頗有刪節字句、更定行款之處未及改正也。專肅，敬叩崇安。世小姪金兆蕃上言。夏至日。

按：信封有"青島小包島吳淞街，閏五月初三日到"。

四

玉初老伯大人尊鑒：

兩奉手諭，敬悉壹是。公前諭寄大同公寓，而姪移住東華門北池子八十四號張菊人表弟宅，郵局改遞，尚不致遺失。姪奉到後，即代陳次公館長。次公再具函聘，仍交姪轉寄，頗爲真切，兹以奉覽。讀公兩諭，知公堅不願就。大賢出處，名義所繫，姪何敢勸駕。次公意甚懇懇，公亦早深鑒，仍盼示復並徑答次公一書，是所至禱。館中八月朔開會，所議者大約先定體例，次及篇目，然後可分任諸人，再議如何著手。章式之兄以《藝文志》及《儒林》《文苑》兩傳自任，姪擬即爲之相助。學術升降即國事興衰，極爲重要。至源流派別，則萬户千門，謭劣如姪，未嘗窺其大概，願公賜誨，感叩感叩。專此，祗請尊安。世愚姪金兆蕃上言。七月廿六日。

五

玉初老伯大人閣下：

兩奉手示，敬悉壹是。伏維杖履攸宜，與春俱勝。賜讀新咏，閔時念亂，而仍不減沖和愉適、無入不自得之意，具仰德量，極爲深佩。屬檢各條，分別詢求，尚不過十得二三。而謚册當檢《實錄》，館中隻有一副本，僅抄得《高廟初謚》一篇，容俟所得較多，即行寄奉。姪治葬事畢，復又北來，役役塵埃中，無足仰告長者。澗泉亦回里治葬，須年外北來也。專肅，祇叩道安。愚姪降制金兆蕃上言。十二月十六日。

按：信封有"青島上海町，十二月十九日到"。

六

玉初老伯大人尊鑒：

奉諭敬悉。命檢各條，遵就所已得者別紙錄上，所未得者，均檢而未獲，容更諮訪，俟有所得，即當函達。式之亦已籤答，計達侍者。此間春雪連朝，望雨已久，得此亦足遒旱。寒食已過，姪擬乞假省墓，南還一行。專肅，祇叩尊安。小姪降制兆蕃上言。二月十七日。

按：信封有"青島上海町，二月二十日到"。

七

玉初老伯大人尊前：

前奉手諭，敬審起居康勝，著述清娛，至慰企往。見示《經籍考》各條，已轉達式之同年。昨有復函，以新年俗事，稍遲即便檢核，逕行函達長者。竊意乾隆後續定官書如《粵捻兩役方畧》《光緒會典》，及私家著述之進呈者如郝蘭皋、汪雙池諸先生之作（《張目》收數種，未備），又如詩文集之表表者，《張目》所收甚畧，似未可悉從刪削，長者以爲何如？茲事浩繁，式之用力於此已數年，或屬其具錄簡要，以備審定，當更函言之。列聖加諡，實有諡册，但《實錄》祇有《初諡》一篇，姪前所言未確，不知當在何處檢鈔，容再諮訪。前所未檢得者，亦尚無續獲也。專肅，祇叩尊安，諸祈垂詧。世小姪降制金兆蕃稽首。正月廿一日。

按：信封有"青島上海町，正月二十四日到"。

八

玉初老伯大人賜鑒：

　　昨郵上一緘，度荷垂詧。命檢各事，玆以已檢得各條先行錄奉。謚册三通，上謚年月、楊余劉宋四公封壽原案、仁廟皇子女、吉林新設州縣等，共計十九紙，敬乞詧入。抄寫草率，並祈鑒原，餘容檢得續寄。劉氏原書，姪數年前粗讀一過，似應補正者甚多。"帝系門"内有數紙，皆排列宗室人名。後見《玉牒》底本，始知係從《玉牒》内抄出而截去前後《玉牒》全本，勢不能盡錄。忽錄此數紙，亦無義例，此次必經删去。"經籍門"去取最爲難得，公審正自必盡善。《清史·經籍志》爲章式之兄分纂，經、史、子三門已具初稿，集類尤有煙海之歎也。專肅，祇請道安。讀公詩注，知新得重孫，敬賀大喜。世愚姪兆蕃稽首上。十二月十八日。

九

玉初老伯大人尊鑒：

　　久闕起居，至深馳念。敬維履祺多吉，頣衛曼宣，曷勝頌仰。屢從仰恭兄處得公近履，知方將自青島改還曲阜，藜牀皂帽，康健勝常，良慰遠念。數日前報載公當入侍講幄，深冀得奉顏色，尤爲欣望，後知並無此事，甚悵悵。姪兼滯於此，晨出晚入，惘惘於心，日内擬乞假，獲還家鄉。蝨患不除，歲歲歉收，民生益形彫敝。甸丞家兄方欲共二三同志籲求減賦，明知非時而言，言必無濟，但康節所謂"寬一分，民受一分之賜"，亦不能無此望也。專肅，祇請道安，伏乞垂詧。世小姪金兆蕃頓首上。

　　再，昨由國務院抄發公函，姪與嗣伯共閱之，以爲必非出自我公語氣。若公在都，蓋即見前日報載云云。而誤函中誤字，悉爲北方語音，其爲僞托，顯然可見。玆錄一紙附寄，統乞賜示及之。再請台安。姪又頓首。二月初七日。

　　按：信封有"青島小包島禮賢書院，三月初九日到"。
（附件）
大總統鈞鑒：

　　自交通銀行呈請單獨兌現以來，市面金融漸形活動，中票亦因之漲價。近日，龔財長將中央艱窘真相合盤托出，遍登報紙，商民信仰政府之心，全然瓦解。票價因之跌落，刻已打破七折，後患何堪設想。請俯念民生關係重要，即日飭令妥員，急速用現款收買中、交鈔票，必令其與現洋同價而後已，并嚴禁兩行再發鈔票。收回票紙，嚴重封鎖，若能焚燬尤妙。政府財政真象，萬不可輕率宣布，致市面大受影響。星火燎原，慎之宜早。龔財長確爲好人，惜不達時務耳。乃宣前朝罪人，不聞時事久矣，姑念民生塗炭，時局岌岌，謹效獻曝之誠，爲民請命。臨楮哀鳴，無任主臣，伏希垂詧。勞乃宣謹肅。

十

玉初老伯大人尊鑒：

　　日前奉賜諭，敬諗履祺曼祐，項衛攸宜，至如頌仰。前寄函稿，姪固明知其僞托，第以府院既作爲交件，公不可無辨。今既由吳向翁轉達尊指，自足表明矣。姪今寓總布胡同朱小汀舍親處，久溷京塵，殊深歸思，不足仰慰垂注。公黎牀皁帽，翛然物表，傾慕曷既。尉君維縶如禮，真不愧其名，亦復可敬。舍姪問淇本在上海同濟醫工學校肄業，已入醫正科。今茲波瀾橫起，不克竟學，而改入佗校，苦無相當之處，以其專習德文，佗校習英、法文者格不相入。尉君所設書院，近不知如何情形，是否收錄生徒，有無醫科，敢乞見示，是否企禱。家鄉螟蟲爲害，歲比不登。近旬家兄復發籲求減賦之議，欲約鄉父老數人來京陳請。時事方棘，此願良未易疇，但使當路者知民力之屈,而稍有怵於中,亦不爲無益耳。專肅,祇叩道安。姪兆蕃謹上言。三月廿五日。

按:信封有"青島小包島禮賢書院,三月二十八日到"。

十一

玉初老伯大人尊前:

奉到賜諭,敬諗種切。垂示大箸,忠肝義膽,救世大文,無任敬仰。轉送次公,次公言辭嚴義正,不可無此一段議論,惟以時方多事,故尚未轉達云云。屬分送同人各二十册,亦留在次公所,同鄉戚友中尚有可分送者,請再寄各十册爲禱。東風甚急,聞竟已直撼濟埠,時事至此,夫復何言,濟埠自必驚極。公是否暫赴曲阜,極爲馳念,尤乞見示,盼切切。姪與絅齋、式之兩同年承擬《儒林》《文苑》二傳,日日到館先取《國史傳稿》讀一過。已入傳者擬均仍入傳,文字删并補附,及何人當添列,何人當移至佗傳,未敢草草。議及拙兄,久無消息,未知果能北來否。專此,敬請尊安。姪兆蕃叩上。八月廿一日。

按:信封有"濟南商埠四馬路西頭公園後身路南新屋孔宅,八月廿三日到"。

十二

玉初老伯大人尊鑒:

頃奉手示,敬悉壹是。本日政府公報載肅政史夏君呈有人作爲論說,欲復更政體,歸政清室,請交內務部查禁云云。各報遂直指我公,尊箸請勿更分送,是爲至要。宋芸子亦持此論,昨見其子出名向各報登辨,謂乃翁並無此作云。專此,敬請尊安,千萬爲道自衛。姪兆上言。

按:信封有"曲阜西門內倉巷,十月初六日到"。

十三

玉初老伯大人尊鑒：

　　昨奉賜書，並荷續頒大著，敬悉壹是。長者移家近聖，洙泗之間，當尚安堵如常。祇念起居，曷勝馳往。尊議爲先朝言，即不啻爲當局計，而大人先生已似未能。代遞前次長者寄東海、汝南二公，未知復書何云，恐亦所見略同耳。今日傳聞青島已被攻破，不知確否？外交大勢如彼，而内部財政蒐索殆盡，時局岌岌，盡人皆知，實難乎其爲當局也。姪來此稍久，深欲南歸一行。史館開辦兩月，從事《儒林》《文苑》兩傳。繆小山先生到都，將此兩傳及《孝友》《隱逸》二門並三，恐以下《臣工列傳》悉歸承辦，並言允在上海纂稿寄都。姪擬約館中門人改認他門，譾劣固不能爲役，負長者見厚，奈何。拙存兄遲遲其行，未知年内能否命駕耳。專肅，祇叩道安，伏祈珍重。世小姪金兆蕃上言。九月二十一日。

　　按：信封有"寄曲阜東門内公利錢局後院，九月二十四日到"。
〔以上錄自中國社科院近代史所編《近代史所藏清代名人稿本抄本》（第三輯）第 7 册，大象出版社，2017 年，第 543—586 頁〕

與夏敬觀書

一

映庵先生侍者：

　　九日拙詞當蒙鑒及。下走本有夙疾，心蕩脈歇，近日乃復發，醫力戒用心，不得不暫屏筆硯。此後社集恐未能追隨，敬求諒督，並轉告同人,是所至禱。蒲柳衰松,如何如何。專此,敬請台安。兆蕃頓首。十月廿六日。

二

映庵先生侍者:

連朝風雨,動履何如?詞社請柬本擬攜呈,閱後分發,恐尊部復阻積潦,當徑以付郵矣。吴眉翁已加入。子有兄處借庖,公必早與接洽。專此奉白,敬請道安。兆蕃頓首。七月二十日。

此次社題,公已豫定否?或斅白石咏梅,改咏荷花,調仍用《卜算子》而不拘定八首。公如以爲然,可備一格,以待臨時選擇,何如?

三

倦翮聞弦久尚驚,憑君犀薏得分明。粗疏分合求疑謗,憂患心猶仗友生。日落更無雲可撥,泥融終見雪常清。明年破地蒼鷹出,幻海飛塵覆手成。

己卯夏日謁映庵先生,爲言庚戌吴門舊事,憮然有咏。敬□教正。兆蕃呈稿。

四

映庵先生有道:

日者拜賜《文藝雜誌》,讀大著,同仰我公經術湛深,辭旨雋上,敬佩無已。歸當檢篋藏,或有蠹餘,上備采擇。近刻鄉先哲遺著三種,祇呈鑒定。專此,敬請道安。兆蕃頓首。五月九日。

(以上録自黄顯功、嚴峰主編《夏敬觀友朋手札》卷五,復旦大學出版社,2021年,第258—261頁)

與陸樹藩書

侍春闈赴考，銷假時既已萌芽，五月中旬僕被南還，備經險阻。旋聞敵軍深入長安，彼時即妄議當略仿紅十字會辦法，設會糾資，拯救北方被難士民，並爲南省官於京朝者，圖歸故里。馳書滬上義賑諸君子，未有成議。近聞執事力任提倡，實深欣躍。惟顛連既久，拯濟尤貴速行，馬首企瞻，敬先爲千百同氣請命矣。

（錄自佚名編《救濟文牘》卷五，光緒三十三年鉛印本）

與金蓉鏡書

哥於通志局檔案門檢查關於前開各條，分別錄出，寄張厚香丈處（平湖南門内觀音浜底）。鈔三日需費，請我哥代墊，由弟繳還，至叩至叩。升妹亦回濟南。前日弟到我哥寓時，三媳正發風痧，原定次日即上船，以是又輟。明知非要症，而船上拒傳染症，無如何也。專此，敬叩尊安。弟降制兆蕃稽首。四月廿八日。

（錄自王貴忱、王大文編《可居室藏清代民國名人信札》，國家圖書館出版社，2012年，第287頁）

與王甲榮書

步雲老兄同年姻世大人閣下：

前日寄書，度登籤史。昨偶思及孔門弟子種樹孔子冢上事，可作《補樹圖》詩料，似尚擬於其倫，惟苦無對，勉成一律，特奉雅鑒。如能覓得故事，與麀（一作"檿"）檀五味作硬對，方爲合格，願公有以教之。微雪欲霽，企念至深。敬頌宜春，不盡覼縷。小弟兆蕃頓首。廿二日。

（錄自上海博古齋2017年秋季拍賣會）

與蘭嚴仁兄書

蘭嚴仁兄同年大人惠覽：

　　送上清化玉桂一塊，雖非無上之品，亦自可用，惜不能多耳，望檢收示知。餘俟廿五日赴約面罄一切。此請簡安，不具。年小弟兆蕃頓首。二十日。

（録自網絡圖片）

先本生妣錢太夫人事略

　　先本生妣錢太夫人諱卿文，字卓軒，浙江秀水縣人。初祖諱貴四，本廬江何氏，居海鹽。洪武中，當戍都匀，托其子於錢氏，長遂從其姓。六世諱薇，嘉靖壬辰進士，官至給事中，贈太常寺卿。九世諱嘉徵，崇禎初，以貢生首劾魏忠賢，事具《明史》。十三世諱載，始定居秀水，乾隆壬申二甲一名進士，官至禮部侍郎，工詩畫，世稱籜石先生。先本生妣四世祖也。曾祖諱世錫，乾隆戊辰進士，官編修。祖諱寶甫，嘉慶己未進士，官至雲南布政使。考諱聚彭，嘉興府學附生，妣陳氏。自侍郎公以下，仍世入詞林，敭歷中外，門望甚高。外祖顧，沖淡不樂仕進，讀書奉親，旁通醫學，兼精技擊。先世門生故吏有欲援以進者，輒辭不就，遂以諸生終。是生丈夫子三，女子子四，先本生妣次第五。

　　先本生妣以道光二十二年正月十一日生於嘉興城東慎宜堂方伯公舊第，是時英吉利兵自乍浦入逼嘉興，外祖挈孥避兵。先本生妣生百日，就侍郎公墓側丙舍剪鬌。既長，外祖母教之，通詩禮，工女紅。咸豐末，洪秀全兵至，外祖移家，自澉浦渡海至上虞，轉徙寧波，復渡海至上海。嘉興既破，暫還省視，居馬庫匯，復至上海，又徙浦東高橋，主陸氏。居三年，官兵收嘉興，還居馬庫匯。先本生妣兵間出入，備諸艱苦。嘗舟行，舟人故就僻處泊，意叵測，先本生妣語第六從母：「今夕脱有變，吾二人當相將赴水。」會有過者叱舟人移泊前津，羣舟環艤，始免於禍。

先本生考學士公初娶先本生妣張太夫人，早世。繼娶先本生妣李太夫人，咸豐辛酉殉杭州之難。是時，吾家方居杭州，城破，先祖學録公與家人相失，先考朝議公被刃不殊，先本生考爲賊掠，僅乃得脱。未幾，先祖母殁於上海寓舍，先疇蕩盡。先本生考出從戎，喪紀既終，軍書倥偬，未有室家。先祖母與外祖母爲從姊妹，外祖夙知先本生考才，因以先本生妣歸焉。先本生考就昏馬庫匯村舍鄉居，簡略昏夕，室乃無扉，時爲同治乙丑二月。先本生考方以知縣待闕江蘇，佐常州王敬亭太守幕。昏數日，即偕先本生妣以行，寄居蘇州太守，旋卒官。李文忠公爲先本生考介於張靖達公，靖達方備兵徐州，招先本生考入幕府。丙寅，先本生妣與靖達眷屬同赴徐州。始至之日，寇攻城，聞授矛守陴聲達旦，雖在危城中，先本生妣厎家事如平常。靖達遷直隸按察使，先本生考復移家至保定。靖達旋以禮去官，先本生考得先考家書，具言先祖舊時義從自臨安至，始聞先祖死事狀，先本生考乃挈先本生妣南還，暫居上海，補行喪服。外祖、外祖母先後棄養，先本生妣迭遘大故，哀傷憔悴。

戊辰九月，先考捐館，不孝生未彌月，出爲大宗。後是歲冬，先本生考被檄，權知婁縣，先本生妣從之官，佐内政。先本生考教民蠶，先本生妣招里嫗知蠶者十數人，使勸迪鄉婦。先本生妣在官廨，未嘗逾閾，逮先本生考受代，始一詣縣紳顧香遠先生夫人。夫人母家寶山高橋陸氏，曩時避寇所主者也。先本生考還里，卜地嘉興東境楊墩，奉先祖衣冠以葬，先祖妣、先考、先本生妣張太夫人皆祔，先本生妣李太夫人亦以衣冠祔。先本生妣躬親營度，乘小舟，督畚鍤，日必往，遂買宅平湖。中樓三楹，先妣汪太恭人居樓上，先本生考妣居樓下，廣西舍，植花木，族人以先都御史手帖殘石來歸，築精廬庋焉。粗置田舍，供祭祀，持門戶，始有定居。癸酉，先本生考復知南匯，先本生妣亦從之官。甲戌，先本生考移知吳江，先本生妣將諸子還里。吳江有鉅紳方當國，其族人逋賦，先本生考召與語，不遜，乃坐堂皇訓誡之。明年爲光緒乙亥，言路論江蘇大吏，語及先本生考，先本生考乃援例以知府待銓。罷縣歸，讀書飲酒，種桑郭外，有終焉之志。先本生妣知先本生考伉直不宜於時，深以偕隱相勸。戊寅，河南大旱，東南士大夫集金治義賑，屬先本生考出任其事。先本生考偕賓朋躬歷被災諸州縣，稽戶口，散錢粟，不憚勞苦，活災民無算。己卯，山西亦大旱，災狀如河南，先本生考復往治賑，而直隸又苦水災。賑山西既畢，移賑直隸，李文忠公方爲總督，喜先本生考之至，奏以道員留省，疏再上，得允。是時，畿輔五大河皆失治，頻歲汎濫，先本生考力爲董理，工賑並舉，數年不得歸。先本生妣里居，主家政，諸事咸井井，先本生考無內顧憂。甲申冬，先本生考暫歸，復出。乙酉，先本生考使迎先本生妣率子女赴天津。先本生妣與先妣居十餘年，妯娌無一違言，先本生妣以不逮事姑嫜爲憾，舊聞遺事恒諮於先妣，相得甚歡。先本生妣臨發前一夕，先妣諭不孝以先本生考嘗出爲五叔祖後，居先祖妣喪仍持三年服，先妣即以是年歿於里第，蓋治命也。時已封河，先本生妣以次歲丙戌春挈不孝南歸，治葬事竟，復至天津。丁亥，先本生考攝永定河道，旋受代。戊子，先本生考再攝永定河道，先本生妣乃從之官。是秋，永定河溢，先本生考庀役塞決口。事畢，復受代，先本生妣還居天津。己丑，先本生考應張勤果公之召，赴山東治賑，時已患手足不仁。賑竣南歸，甫至家，以便秘誤服攻劑，遂暴下。先本生妣聞耗，即率婦稚航海還，至則先本生考病漸起。是歲，江浙大水，瓜爾佳鎮青侍郎方巡撫吾浙，招先本生考治賑。先本生考以桑梓被災，力疾應命，自是屢往還杭州。明年庚寅，在杭州病大作，還里。至辛卯春稍愈，而手足不仁益甚。是秋，復至杭州，而病日深，至冬乃還。壬辰春夏間，先本生考病漸革，以閏六月二日棄養。

先本生妣侍疾數年，謹視醫藥，扶持抑搔，夙夜在視，心力交瘁，至是悲哀幾不能勝，乃自力督不孝等治喪葬，一衷於禮。

　　李文忠公會鎮青侍郎及山東巡撫烏齊格里少農侍郎，以先本生考功能治行，合疏請恤，拜贈內閣學士，遣官致祭。鎮青侍郎推舊誼，招不孝佐幕，不孝恒出遊爲諸侯客始此。不孝旋入資爲中書。戊戌，亡弟應蕃承先祖廕得官，並以佐籌賑勞，進階知縣，亦將投牒分省待闕。庚子，京津亂作，不孝倉促南還，亡弟病不數日，遽不起，先本生妣哭之甚慟。癸卯，亡弟婦葛復没，遺子女方幼，先本生妣躬自鞠育，偶嬰小疾，苦憂不能稍釋，至於長大，劬勞萬狀。當先本生考在時，群從戚黨有才足以自拔者，輒爲營生計，或翼之仕。先本生妣體先本生考意，爲之謀昏娶，助成室家。及先本生考既没，族戚有緩急，謀於先本生妣，先本生妣必竭誠相左右，力所能逮，無或稍恡。薄田僅足供朝夕，先本生妣戒催租毋過急，毋近苛，而當納國賦，絲粒毋或逋延。晚處世亂，每聞四方有兵，輒蹙額不歡。遇水旱，視囷有餘粟，命速將以入市，毋待高價。疫癘作，命具藥物，以濟病者。平時起居有節，衣食力求菲薄，期自適而止。中年嘗病肝胃氣痛，歲輒一再作，甚劇。夏秋間，感風暑，輒病霍亂，晚歲乃不頻作。耳微失聰，數月而復，目光不減平時。居恒謹門戶，慎庖廚，日必出視一二次。當冬佃納租，躬自省察，杵臼箕帚，皆有常節。戚黨附徵租者，纖悉無稍誤，料量庶事，精力恒若有餘。初，不孝改官江蘇，先本生妣戒之曰："外官繁劇，大吏喜怒不常，同僚又易相傾軋，汝素性慈懦，殊非所宜，當事事檢點。"不孝卒以是負謗，貽先本生妣憂。去而從事商業，又以非所素習，所如輒阻，不能不復出，傭力京師。南北往還，不克長侍膝下。

　　庚申正月，先本生妣七十有九生辰，不孝率孫輩上壽，先本生妣顧之甚樂。後數日，不孝復往京師。是時許嫁李氏女孫，行有日，方謂歸且不遠。孰意行未及月，自此遂永訣耶！嗚嗚痛哉！先本生妣自不孝行後，強健無恙，日檢視嫁具，謂屆時當至上海觀禮。二月二十三日，先本生妣病作，初不過感冒寒熱咳嗽，神志清澈，自謂無所苦。二十七日，咳止，痰驟上壅，脈象陡變。日晡，視聽官皆失，痰聲不絕。至二十八日寅刻，遂棄不孝等而長逝矣。嗚呼痛哉！不孝等歸視含歛，呼搶靡及。是年十月二十日，奉先本生妣合葬楊墩。先本生考之兆即先本生妣躬定壽藏，方亡弟夫婦先後没，堪輿家謂墓地不吉，穴有水深且三尺。先本生妣發壽藏驗之，無水，羣言乃息。先本生妣治事明決多類是。先本生妣以先本生考治賑拜一品封典，封一品夫人。生子三：義元殤；不孝出後朝議公，婦華亭耿氏；應蕃，婦平湖葛氏。女二：長殤，次適常熟龐樹鏵。孫四：問源，婦海鹽朱氏；問洙，婦金山黄氏；問泗，婦灤縣吳氏，皆不孝出。問淇，婦常熟龐氏，應蕃出承。重孫女四：長不孝出，病，未字；次應蕃出，適吳興李維善；次不孝出，適南通徐肇鈞；次亦不孝出，未字。曾孫二：咸萊，問洙出；咸穌，問源出。曾孫女四：長問洙出，次問源出，次問淇出，次問源出。先本生妣綜家政於寇亂蕩析之餘，家室復完，始有田廬，勤勤數十年，承先本生考之志，奉祭祀，輯宗族，長子孫，皆合於禮經，古所謂女而有士行，先本生妣殆無愧也。不孝恂瞽，嘉言懿行不能備詳，謹舉其大凡。當世之立言之君子，有能垂采及之，以附於管彤，不孝子孫感且不朽。不孝男兆蕃恭述，姻愚姪朱彭壽填諱。

（民國九年鉛印本）

耿淑人悼啓

悼啓者，先室耿淑人，名兆璣，字蕙君，江蘇華亭人，外舅德安公第八女，母鄔太宜人。淑人生有令容，長而端敏，德安公及外姑張太夫人素鍾愛焉。本生先考學士公知婁縣，與德安公定交。婁縣廨兵後未建，賃宅爲縣治，與德安公第鄰。淑人方三四歲，乳母劍以入廨,本生先妣錢太夫人見而愛之。學士公既罷縣,歸乃訂姻盟,時爲光緒三年,兆蕃方十歲,淑人年十一。兆蕃出後先考朝議公,十一年,奉先妣汪太恭人諱。喪既終,從太夫人侍學士公於天津。十四年,始畢姻。淑人次兄仲宣光禄、長嫂張恭人送至天津,長兄伯齊户部自京師來會。成禮甫旬日,學士公出領永定河道,治固安。淑人從太夫人詣廨,連舟野次,朝夕省視無闕禮。是歲中秋,德安公捐館舍,淑人聞報慟絕,私室奉德安公小象,日三展拜涕泣,仍制淚以出侍學士公及太夫人起居。十五年,兆蕃歸里應試,補博士弟子。還至天津,長男問源適以是日生。時學士公已得末疾,猶自力巡行工次,聞得孫,甚喜。旋自山左請急還里,過嘉興,以藥誤暴下。至家,病甚,太夫人率吾弟聃孫及淑人等南返。至上海,聞學士公病愈。次日,正德安公小祥,請於太夫人往奠。兆蕃方應京兆試,試畢,亦匆匆還里。十七年,次男問洙生。十八年,三男問泗生。學士公歸里之歲,秋霖彌四十餘日,江浙諸縣被水,復出治賑。賑畢,又督潯餘杭、南湖,往來勞瘁,病乃日甚,至是益不支,遂以是歲閏六月棄養。淑人哀敬盡禮,時時護視太夫人甚謹。

大吏推學士公舊勞,置兆蕃幕職,客杭州者五年。自是家居日少,晨夕定省,皆淑人代之。其間以海疆兵警,從太夫人避地上海,先後舉長女慶飴、次女慶疇。兒女既衆,料理衣履,節制飲食,心手無暫刻暇。偶有疾病,省察護持,晝不遑食,夜不遑寢。淑人幼讀諸經及詩古文辭,皆能背誦。兒輩稍長,教以方名,口授四子書五經,羣聚嬉戲,事事加以指導,俾一軌於禮,以是諸兒女皆長成馴謹,次第就傅。惟丙申歲舉一女,十日而殤,則以乳母自他家染時症而來,淑人深惜之,久而弗能忘。外姑張太夫人棄養,仲宣及適金山胡氏、張氏諸女,兄適太倉符氏女弟,先後謝世,淑人甚感傷焉。二十三年,兆蕃詣京師,以中書待闕。明歲,復還里。其冬,吾妹嫁常熟龐氏，妹壻祝潮爲絅堂通政子，出爲劭庵中丞後。通政配張太夫人，淑人從母也。淑人與吾兄弟送吾妹以往。二十六年，兆蕃復詣京師。義和團亂作，淑人初未知其詳，寄書置郵，卻不受，謂京師道梗，乃大憂慮，病驟作。兆蕃自天津走德州，始得通電訊，太夫人持以示淑人，淑人病頓起。及兆蕃歸未幾，吾弟聃孫病，七日遽逝，淑人力慰太夫人及弟婦葛宜人，懃懃靡間。

二十八年，兆蕃改官江蘇。次年，淑人挈子女至蘇州。居三年，事事尚樸素，如在家時。春秋遊觀，戚黨酬應，皆力謝不出。三十一年，兆蕃典榷閔行，淑人亦挈子女往，居數月，復還里侍太夫人。三十二年，生三女慶雔。三十三年，爲長男娶婦海鹽朱氏。鄔太宜人遘疾，淑人歸侍。太宜人棄養，淑人持喪哀慟。是年，兆蕃移榷上海，淑人復偕往。宣統二年，兆蕃改充江蘇度支公所科長，俄被誣劾罷。淑人還平湖，爲次男娶婦金山黃氏。兆蕃出佐江寧軍幕。三年，革命軍起，兆蕃時適在家，抱病甚劇，淑人語兆蕃："君壹意坦率，不善事長官、交僚友，如尚在仕籍，將何以處變？今得爾，猶幸也。"

然兆蕃以絀於生計，不能安家食。民國元、二兩年，遊海上，思自託於商業，業非所習，乃屢喪其資。三年，復出遊，備力以自食，自是客京師者十餘年。淑人留侍太夫人，又如前客杭州時。兆蕃每冬輒歸，歸乃俟開歲太夫人生日，偕子姪輩上壽則又出遊，歲以爲常。淑人任家事，支持門户，以勤儉爲職志。諸子學既畢，皆出而求事，諸女亦出就學，淑人獨與太夫人居。惟長女慶飴以久病不字，在家侍淑人。淑人恆恐其病作，慶飴亦時時慮淑人以勞瘁致病，母女互相憂，戚戚寡歡。九年，太夫人年七十有九，兆蕃歸稱觴，太夫人素健，春秋雖高，視聽步履如平時。從女慶藻方議昏吳興李氏，兆蕃北行，期從女嫁時復歸，不意太夫人遽以微疾棄養。從子問淇遊學上海，歸，太夫人已緜惙。淑人驚慟欲絶。及兆蕃挈問源歸視太夫人歛，呼搶昏迷間，附身諸事具備，一一中禮，皆淑人及吾女弟相與劻勷。淑人體素羸,比年辛苦,受病已深,至是益以悲感不能自克,目光自此漸眊。

既終喪,乃來京師。時慶疇已歸南通徐氏,慶飴、慶離後先北來。十三年春,次男婦黃歿於上海。夏,為三男娶婦犍為朱氏。十五年,淑人年六十,兒輩為稱壽。夏間病下痢,甚劇。次男繼娶松江張氏,率以來京師,淑人即病榻見之。又久之,始平復,而目愈瞶,體愈弱,偶一勞動,即委頓不能堪。京師多勝地,初到時,借居農事試驗場,早晚偶出延眺,場地至廣,未嘗遍觀。社壇、北海皆改為公園,數年間僅一再至。戚黨同客京師者,歲時亦偶一詣之。淑人雖憚酬對,而不欲闕禮數。雅好閒靜,而亦喜有女賓間至,以談笑為娛。動止語默,恒自檢點,巾帨履屐,井井咸有法度,其素性然也。兆蕃少淑人一歲,亦及始衰,時時思還里,淑人力贊之。乃以十七年秋南歸,淑人居上海,兆蕃則往還平湖、上海間。

無何,次男婦張病瘵,十八年秋遽歿。淑人悼之甚,乃挈稚孫還平湖。淑人語兆蕃:"居室敝且隘,我屢欲新之,顧君乃無貲。今且安居,不更議改作矣。"淑人兄弟姊妹十五人,自歸南匯王氏女兄歿後,惟伯齊及淑人在。伯齊長淑人十二歲,老矣,亦有目疾,屢來書招淑人歸,淑人以羸弱未克往。九月間,伯齊親作書,言方有疾,盼淑人歸。淑人乃以二十四日往。淑人之歸也,親戚情話,朝夕不暇給,遍歷屋宇,睹先人遺跡,感逝傷離,悲唶不能自已。近歲,飲食已銳減,姻家或以酒饌至,輒勉為加餐。酬對稍久,舌本為木強,猶自力不少息。留十日,以十月三日還,舟中疾作,寒熱,遍身痠疼。至家,以籃椅舁入室。入晚,熱漸退。四日即下痢,紅白兼下,憊甚。請茅君阿鼎診治,馳函往上海,就從子問淇謀藥物治療,仍屬茅君施針。子婦及孫輩先後歸省。如問淇語進藥,施針灌腸,淑人語兆蕃:"我病殆不可治。"兆蕃慰藉之,謂視在京師下痢時疾署減,何遽至是。淑人言:"我在松江,我兄招醫韓某治疾,因屬為我視脈。韓言我脈象衰竭,遜我兄遠甚,實使人聞而膽寒。今病作,其不能支拄,審矣。我病姑毋告我兄,我死,我兄當極悲耳。"九日,問淇來視。十一夜,肝胃氣痛,舊疾大作,招曹奚年表弟診之,投疏肝平氣之劑。十四日,痛漸定。此數日每灌腸,輒見痢。及體益憊,灌腸不能勝,至是日仍下痢,蓋痢猶未盡也。十五日,氣痛復大作。十六日,乃徐徐止。十七日,自言痛今雖止,恐復有變端。旋覺氣上,甚疲劇,問淇復來視。十八日,病狀益加,其夕脈象急促。十九日,曹君謂左尺見代脈,已入危境。問淇偕傅君壯民來,用鹽水針,又用強心針,每二小時一次。淑人召見兒輩,授遺言。二十日,又用鹽水針,病狀仍甚急。從女慶藻來省,猶親語以病狀。是晚,下黑糞甚多。二十一日,忽力拒施針,亦不肯服藥,自言淇姪及諸醫用藥皆中病,但衰老疲弱,重以劇疾,終不可為矣。是日神志漸昏瞀。二十二日,昏瞀益甚,險象迭見,至夕,問淇連施強心針,得稍定。二十三日,險象復迭見,昏瞀譫語,俄並不能聲,痙厥若將絕。既乃小睡,神志漸清。二十四日,益靜定,稍見轉機,旋睡旋醒,醒則索飲,即又睡,如是者四晝夜。自病起至此,僅能進流質粥湯,稍有米粒,即不能下咽。時時作噯,自言噯皆作辛酸氣,口臭舌乾,咸懼其久而不支。招曹君來診,言數日來左脈漸沈細,右脈尚浮,大本原虧極,而肝胃火未熄。二十八、九兩日,夜睡不安,自謂終將不起。三十日,似稍靜定,是夕仍不眠。三十一日清晨,淑人語兆蕃:"我今日將去,數十年夫婦,自此別離。人生如夢,終不免有此一日。君勿過傷。"左右轉側,不能一息安。午後四鐘二刻,命侍者扶腋起坐,氣上微喘。少刻,首微側,氣促息微,兒輩呼號尚勉應,進飲亦微啜。俄額上汗涔涔,遂溘然棄我逝矣,傷哉傷哉!

淑人持家數十年,謹小慎微,兢兢業業,不敢少自暇逸。兆蕃出遊至垂老,始終守拙,無一椽片隴之益,粗糲裋褐,淑人共焉。兒輩今亦皆以傭力自食，方將與淑人棲遲荒江老屋間，以卒此餘年，不圖淑人捨我而遽去也。淑人生子女各三，女孫咸珩、咸玢，孫咸萊、咸穌，年稍長，送淑人之死，皆哀泣甚痛。孫咸彪、咸彰、咸樅、咸穰，女孫咸璟、咸琯，則皆尚幼。外孫女徐鍾輝，淑人所嬌也，留而育焉。睹茲稚弱麻衣成列，益使我傷悲。祖考墓側，尚有餘地，將謀以來歲清明爲淑人營葬。兆蕃垂垂老矣，同穴之期，亦當不遠。粗述淑人志行，冀有道君子賜以銘誄，感且不朽。

杖期夫金兆蕃抆淚述。

（民國十九年鉛印本）

《平湖縣續志》序

畫地周百里，爲之疆理，爲之城郭，曰邑，曰縣，曰道，曰州，曰廳，古今異辭，遍國中以千計。有崇山大川則名，爲國都則名，當江海要衝則名，嘗有聖賢豪傑出焉則名。晚近仕宦至宰相，談者不舉其姓名，舉其縣，他官雖貴顯，猶不能爾也；學術成派別，其創始者不舉其姓名，舉其縣，儒林、文苑皆然。若是者，其地亦因以名。顧仕宦至宰相，其人不必皆賢，其生則榮，歿則已也。至如學術，作者之謂聖，述者之謂明，其人往矣，能使承學之士聞風而興起，近若數百年，遠乃至於無極，非古所謂賢豪間能若是歟？

當湖者，吾縣郭東湖也，得陸清獻而後顯。世稱清獻必曰當湖，吾縣遂以江鄉蕞爾之地，班諸通都大邑而無所於讓。近歲，吾縣殷君介生客直隸阜平，阜平隣靈壽，其縣有清獻墓，守墓者陸氏，自稱清獻子孫。介生親錄其碑文示兆蕃。清獻晚歲罷官歸，卒於家，葬於泖口，子孫今猶在吾縣。阜平之置家，不知始何時，吾縣志未之及。他書言清獻事者，亦闕有間。至今二百年所猶奉祀勿替，儒術之施於政，學道愛人，其澤入民深遠而不渝，乃若是厚耶。

兆蕃爲童子時，師張欣木先生，實爲顧訪溪先生弟子，爲言顧先生及方子春、賈芝房諸君子，皆篤學敦行，遠睎清獻。兆蕃謹識之，不敢忘。晚涉世變，睹當世士大夫治經、史、諸子百家、詩、古文辭之學，旁及金石、篆刻、書畫、琴奕、殷虛之朽甲、北邙之殘石、大秦之教指、西夏之文字、釋道之經典，皆心摹手撫，務博通融貫爲專家。獨講道學者頗鮮，即有之，又多涉陸王，如清獻之專宗程朱，辨學術，力歸於至正，蓋無有乎爾。私竊妄念禍亂方棘，世治諸家學既不可以相援，因病而求艾，視今時所未有者，庶幾在是。

　　吾縣風氣，久而彌純，以敦慤信果相尚，猶隱然秉清獻之教。李銘又令君宰吾縣，議續修縣志，羣推柯岐甫先生主其事。初稿未定，先生遽即世。張厚香丈、高山亭、朱岐侯、崔梅逈諸君相與審正，並寄兆蕃京師。兆蕃旅居匆匆，得屈君伯剛相助，始克覆校一過，寫副本，析爲十二卷。繕錄粗畢，觀其紀述，簡而不敢有所遺，詳而不敢有所飾，蓋先民謹厚之訓，緜緜未泯。因推吾縣所以爲名縣者，歸本於清獻，略抒款款蘊結之意，識於簡末，歸質於諸君。惜未能請益於岐甫先生，冀有以發其蒙也。歲在柔兆攝提格，仲春之月，甌山金兆蕃謹序。

　　（録自季新益、曹有成修《平湖縣續志》，上海圖書館藏鈔本）

《雙柏詞》跋

　　右《雙柏詞》一卷，先祖蓮生公所撰也。公內行修謹，篤守家範，於學無不研討，猶工詩詞。書法率更，高秀矜重。以耿介迕俗，終身不仕。同治甲戌，先學士宰南匯，迎公至署。是時兆蕃生七年，初識字，公有所造述，或呼使誦習，猶記誦《野茉莉詞》，偶解一語，公色喜，以語先學士公。所居室庸北向，庭中有竹，日影落窗紙上，鬖鬖然。公於窗格中置名字私印，作詩或寄人書，就窗拭塵抑印，兆蕃輒爲還置，公顧而哂。童時瑣細事，永永不能忘也。公生丈夫子二，先從叔良甫公居公喪毀卒，勤甫公以去年春即世。公遺稿一巨冊，勤甫公置行篋，出入必以自隨。兆蕃從寫副本，詩三百餘篇，第入《甌山金氏詩錄》。公於詞尤自賞，茲四十二闋，神理風度，深到古人所謂絕去筆墨畦徑者。先以付印，《野茉莉詞》亦在卷中，往復披誦，不自知涕之何從也。宣統元年夏五月，從孫兆蕃校畢謹記。

（錄自金鴻佺撰《雙柏詞》，宣統元年鉛印本）

《茉聲館詞》跋

《茉聲館詞》十四首，當時未入集。今元稿尚存，卷首題"老去填詞，道光己丑冬仲月"，猶是先生手筆。《念如嬌‧詠蘆花》起云："雁飛來處，莽蕭蕭、一片冷卷商聲。"崢泓蕭瑟，是何意態？殆竹垞所謂"玉田差近"者歟？後一百有三年夏仲月，年家後學金兆蕃從先生三世孫景邁借鈔畢，因記。

（錄自朱爲弼撰《茉聲館詞》，民國二十五年《檇李叢書》刻本）

《朱竹垞文藳》跋

吹萬樓藏竹垞老人文稿中，有三五篇如典試江南所作諸文出自鈔胥，餘皆老人手寫。詞蔚跋以所藏書目詩稿相證，定爲真跡。稿中署名二字，余屢見之，非提刀人所能代也。朱筆平點，未知出自何人。匋丞從兄藏《綿津詩集》初刻校本三帙，有老人及王漁洋、邵青門兩先生平語，青門手蹟頗與此卷中平點相似，《綿津》校本從兄生前已鬻去，附諸遺老賀冊后典禮。今無由取證，姑附識於此。名大家手定詩文詩集，能以稿本對勘，有刪者測其所以刪，有改者求其何以改，蒙以爲治詩文者，宜於此注重。若但以爲集外之作而重之，猶未喻當時定集之指也。質之吹萬先生，以爲然否？己卯三月金兆蕃敬識。

詞蔚跋,思齊所書,時在戊辰九月。余方自北中還里,吹萬先生及思齊來會,從兄亦至。盤桓數日,余爲賦"相逢行甚樂,匆匆十二年"。從兄及詞蔚先後下世。丁丑兵事,葛氏藏書皆散,思齊與先生避兵海上,余每與相見,憮然念舊遊之不可再也。

（録自清朱彝尊撰《朱竹垞文藁》,上海圖書館藏稿本）

《甲乙雜著》跋

《檇李詩繫》二十七:"梅谿逸叟孫肩,字培菴,參議光啓子。少通仕籍。鼎革後,薙髮爲僧,名詮勝,號大山,嗣遊江北鶴林寺,受牧雲禪師屬付,歸築梅谿精舍以老。工草書,尤好吟咏,有《甲乙詩紀》四卷。"卷中録詩五首,有《牧齋過訪次韻二絕》,不知其元詩入《有學集》否？此書收入趙悲庵所刻叢書,并附戴松門跋語,蓋與此鈔本同出一源也。戊子二月兆蕃記。

"公僾黎""塵遺",不知何人,是悲庵別篆否？敬諮起潛仁兄,幸有以教我。

（録自明孫肩撰《甲乙雜著》,上海圖書館藏稿本）

《養真齋長物記》跋

錢曉庭先生名聚朝,字盈之,籜石先生曾孫,道光乙未舉人。畫花卉有家法,記所藏金石文字、書畫硯石,雖不多,皆精品。子幼聲先生,名卿鈢,咸豐戊午舉人,官至蘇州知府,亦工畫花卉,兼擅山水,摹麃□神似。癸未十月既望,金兆蕃謹識。

（録自清錢聚朝撰《養真齋長物記》,復旦大學圖書館藏鈔本）

題《寶日堂補集》

浙江圖書館有此書,令大兒問源抄寄。既見鄧正闇羣碧樓藏《遼籌》二册,前有是篇,蓋亦張諭德所撰,在集外別行。因借校得,補其闕文。丁巳七月,藥夢記。

篇中記太祖世系,亦僅及景、顯,明季人記載多如是。又記。

《遼籌》大旨,皆主結虜擊夷者。虜者蒙古,夷者建州,維時蒙古已析而東貴,此策那可行,徒以明兵不足用,無計聊復云云。道咸間人亦復如是。中有與熊芝岡往還書、揭貼,皆助芝岡與廷議相持也。又記。

明人於太祖名從平聲,讀若"奴",因即以奴稱之。及其部,及其地,及其子孫,實甚可笑也。八月又記。

(錄自張鼐撰《寶日堂集》,金兆蕃鈔校本,
上海博古齋2017年秋季拍賣會)

《金正希先生年譜》札記

譜既刻成,漢陽李星樵編修哲明出光緒丁酉兩湖書院活字本見示,即程氏所撰譜,而不著撰人姓名。前刪總敍,後刪和詩及附錄、敕命、家書、請恤、奏疏。兹以兩本對勘,凡字句異同、活字本勝今刻本及所異者較多者,條舉爲札記,補刻譜後。

(中爲校勘記,略)

卷後有漢川劉洪烈跋,略曰:"湖北經心書院,今制府南皮師督學吾楚時所創建也。每歲科試,調取高才生肄業其中,鄉先賢六公後裔與焉。六公者,德安趙江漢、江陵張文忠、應山楊忠烈、江夏熊襄愍、賀文忠、孝感熊文端也。惟嘉魚金忠節公後裔未與。光緒辛卯五月,南皮師過書院,烈適監理院事,師垂詢及之,烈謂公雖徽產,實籍嘉魚,其地有公先人墓並公祠,祠有奉祀生。師命調取公裔廩生金承鈺,與六公裔同肄業院內。承鈺嗣出公年譜,……排印以廣流傳。"兆蕃讀舊譜,公先世皆葬休寧,公葬歙縣,公次子務兹公(諱敦兹)娶熊魚山先生女,依婦家居嘉魚,没即葬焉,傳四世而止。大宗居故鄉,今漸式微,而嘉魚猶有奉祠墓、遊庠序者。道光修譜後,公子孫復有移居者歟？公仲兄翰卿公(諱簡)亦徙嘉魚,承鈺爲其後人歟？休寧族人正議修譜,宜據此跋諮訪其詳也。壬申大雪,九世族孫兆蕃謹識。

(録自明程錫類撰《金正希先生年譜》,民國十七年刻本)

(整理者單位：華東師範大學中文系古籍研究所)

---

① 收入金兆蕃、葉景葵、蔣抑卮等著,丁小明、柳和城整理《新見近現代名賢尺牘五種》,鳳凰出版社,2019年,第38—109頁。

胡懷琛手稿四種

邱睿　李吉辰整理

胡懷琛手稿四種原存於上海某收藏家處，現據其影印件整理成文。手稿四種包括《詩學雜著》《江湖異人傳》《石菖蒲譜》《金魚譜》，胡懷琛著，蔣瑞藻校字。卷末爲諸名家題詞，計葉恭綽、柳亞子、于右任等三十五人，其中南社社友十六人。

胡懷琛(1886—1938)，字寄塵，安徽涇縣人。宣統、辛亥年間主《太平洋報》《警報》《神州日報》筆政，與柳亞子等一同以文字鼓吹革命，爲南社中重要革命文人。平生著述頗豐，有《國學概論》《中國文學史略》《修辭學發微》《虞初近志》等百餘種著述。曾任商務印書館編輯，又執教於中國公學、滬江大學、持志大學等，在清末民國之文學界、新聞界、教育界均著聲名。

"手稿四種"内容博雜。《詩學雜著》有文章七篇：序四、跋一、書信二；雜記十六則，爲詩話形制，主論唐詩。《江湖異人傳》共二十一篇，是《虞初》一脈的文言短篇小説做法，記載人物多屬下層民衆，頗能代表南社小説意旨。《石菖蒲譜》仿古之"草木譜"考證石菖蒲，《金魚譜》仿明人《硃砂魚志》考證金魚，均爲胡懷琛"寄興"之作。

"手稿四種"非作於一時，是胡懷琛對於自己清末以來手稿的整理，約整理於1919年前後。"手稿四種"從表面看内容互無關涉,然經由作者選汰合璧,呈現出一種"文稿群"的意義,對於研究民國文化、文學、文人都頗有價值,潘飛聲贊之"四美畢具",葉恭綽稱之"顯微"。

"手稿四種"當年多未曾刊布,流傳不廣。以《石菖蒲譜》爲例,鄭逸梅1935年出版的《花果小品》中有《菖蒲》一文,[1]鄭應參見胡所作《石菖蒲譜》。然論者多知鄭作,而不知胡作,故多以爲胡懷琛《石菖蒲譜》已佚。"手稿四種"可補當年論者未見之憾。此外,"手稿四種"已刊者與南社文獻關係緊密,因胡懷琛爲南社社員,"手稿四種"有十三篇曾刊於南社社刊《南社叢刻》,考有《詩學雜著》文七篇,《江湖異人傳》文六篇。然諸文散見於第五至十六集中,零落難尋,現寫入"手稿四種"中,與未刊稿同爲一紙,可見全璧。且合璧之後,文獻便凸顯其體系性。如"手稿四種"中《江湖異人傳》共二十一篇,其中《記汪正篤》等六文雖曾刊布於《南社叢刻》,然須置於二十一篇文章的整體之中,方能見胡懷琛寫作的完整意趣,與零星刊布之文,價值不可同論。管見所及,"手稿四種"刊於《南社叢刻》的十三篇文中,有十篇刊入胡樸安選《南社叢選》,三篇刊入胡懷琛撰《秋山文存》;部分文字的披露則有《石菖蒲譜·序》《金魚譜·敘目》《金魚譜·一之種》等。以上詳見本文注釋。

將已刊於《南社叢刻》之文與"手稿四種"對勘,探究其異同,於南社文獻研究頗有意義。其一,手稿有,《南社叢刻》無,手稿可提供更多文獻細節。如手稿常標有寫作日期,《〈雲鶴先生遺詩〉序》文末有"民國三年夏",而《南社叢刻》無,可知作者寫作時間。再如手稿有夾注,《南社叢刻》無。《〈續杜工部詩話〉序》中夾注"或謂此詩爲好事者所假托,茲非考訂,姑引之",頗可見作者寫作心理,而《南社叢刻》無此文字。

其二,《南社叢刻》有誤,觀"手稿四種"可勘其誤。如《鄧道士傳》,"手稿四種"爲"續處以麻纏、漆塗之",《南社叢刻》作"續處以麻纏、沫塗之"，按"沫"字實非，應作"漆"。②

其三，手稿有誤，《南社叢刻》改之，可知《南社叢刻》刊刻過程中的校勘之力。這一問題，過去言《南社叢刻》者甚少關注，然將手稿與《南社叢刻》對刊，則能見之。如手稿《與柳亞子書》中引宋人筆記"喜躍，起撞寺鐘"，《南社叢刻》作"喜躍，半夜起撞寺鐘"。按此事見宋江休復《江鄰幾雜誌》，據明萬曆商濬稗海刻本爲"喜躍，半夜起撞寺鐘"。可知《南社叢刻》較手稿改易更精。

其四，手稿與《南社叢刻》均誤，或可見社員之間文獻流傳的某種情況。《〈蘭亭集〉跋》中胡懷琛引用社友陳去病《五石脂》的內容，手稿與《南社叢刻》均爲"其詩文多，不可載，各載其佳句而題之"。按陳去病原刊於《國粹學報》1909年第5卷11期的《五石脂》應爲"其詩文多，不可全載，各載其佳句而題之"。如此所引有誤，也是社友交遊的一種現象。南社社友學術、文學交流頻繁，然其過程尚待文獻細緻還原。

綜上，相對於南社已刊文獻，"手稿四種"爲另一體系的重要文獻。若能據此研究，或可提出有關南社的新觀點。

"手稿四種"異體字、古今字、通假字頗多，如著、箸、馬、卷、曰、以、鶴、崔、逼、歸、跡、蹟、歡、懽、辟、避、説、悦、弟、悌等，今均整理爲通行字。也有同一字，在文中不同處所寫不同，也將其統一。

詩學雜著

安吳胡懷琛寄塵

一、《雲鶴先生遺詩》序③

《雲鶴先生遺詩》一卷，明嘉靖時西蜀劉公元凱著。公嘗知吾皖太平縣事，有政聲，至今父老稱頌不衰。此爲公手寫本，流離轉徙幾百年，爲其邑人方子廷楷瘦坡所得。方子少年工詩文，有《習靜齋詩話》行世。而於先賢遺跡，尤蒐羅保護，不遺餘力。與余訂交，寄此册示余。受而讀之，天機流宕，襟懷豁達，有禪理焉。顧三百年來，不見於世，以至今日，究竟精靈不泯，紙墨完好。公之詩自有其不泯滅者在邪？抑方子珍惜之功歟？方子之前，已不知其經幾番滄桑而卒不滅，寧爲方子之功？若謂其詩自有所以不泯滅者在，而前賢往哲，著書滿家，散失飄零，與身俱逝者，又何其多也。嗚呼！此理難言矣。吾今慮夫人壽不常，吾與方子之不能永守此孤本也，亟謀付諸剞劂，爲之流傳。吾人之責，聊盡於此，它非所問耳。民國三年夏。

二、《在山泉詩話》序[4]

余性冷淡，對客終日無一言，同人許爲老成，實則不然。蓋余極偏僻，一言一行，不肯從它人之所爲，即有不得已而蹈常轍者，終非我之志也。壬子之秋，識陳蛻庵老人。蛻老於清季創《蘇報》，昌言革命，及民國成立，深自韜匿，唯恐人知。白髮婆娑老者，獨喜與少年遊，介紹余識潘蘭史。蘭史讀萬卷書，行萬里路，久負才名，交遊至廣，十年前曾撰《在山泉詩話》，今付剞劂，獨命余爲之序，此何故也？非言行不肯蹈常轍乎？夫詩人別有懷抱，非逐逐塵事者所可與言。蛻庵、蘭史，吾心所佩，今蛻老已作古人，舍蘭史，吾誰與歸？中華民國三年。

三、與柳亞子書[5]

一病纏綿，殘秋又盡。破榻得尺素，勝杜工部驅瘧詩也。《分湖舊隱圖》詩後綴以跋語，定當如命。前答鈍根詩云："秋殘吳淞雨，木落洞庭波。"連用四平音，不病其破律。足下既許吾言，孤鐙寒夜，無以爲歡，三復推敲，覺吳淞、歇浦亦復有別，歇浦限於一隅，吴淞包乎衆象。（吴淞兼歇浦，與海而言。）意廣氣渾，吴淞爲勝。夜半敲鐘，弟有此樂。（南唐一詩僧賦中秋月詩，云："此夜一輪滿。"至來秋方得下句，云："清光何處無。"喜躍，起撞寺鐘，城人盡驚。李後主擒而訊之，具道其事，得釋。見宋人筆記。）然而非我亞子，誰能語此？若避世計亦得。五字仄音，此王右丞五律中亦有之，如"草色向日好"是也。嗚呼！一藝之微，精奥至此。知音若足下，又復不可多得。嘔盡心血，不死何待？前轉寄廣州周君一函，諒已收到。欲言不盡，諸唯愛鑒。

四、《蘭亭集》跋[6]

永和癸丑蘭亭之會，人各賦詩，然今人只知右軍一序，詩多不傳（今所傳者，只柳公權節本。公權自云："其詩文多，不可載，各載其佳句而題之，亦古人斷章之誼也。"），豈非恨事？兹據《説郛》本《蘭亭集》重刊，以貽好事者。按友人陳巢南《五石脂》云："右軍之會，自謝安而下，四十二人。""謝安等十一人，詩二篇都成。又有郗曇等十五人，亦俱成一詩。而謝瑰、丘旄、王獻之、楊謨、孔盛、劉密、虞谷、勞恰、后綿、華耆、謝藤（一作滕）、白凝、吕系、本、曹諲等十五人，詩皆不成，罰酒三觥。"又云："或謂據何延之《蘭亭記》，四十一人有許詢、支道林。《晉書》列傳又有李充。今皆不可考。"余取其書參校，詩以成者，皆在此本。其未成詩者，亦附記之，以資考證。又右軍《蘭亭敘》不入《文選》，宋人《遯齋閒覽》謂："'天朗氣清'，自是秋景，而'絲竹管絃'亦重複，以是不入《選》。"《野客叢書》辨之曰："'絲竹管絃'，本出《前漢·張禹傳》。而'三春之季，天氣肅清'，見蔡邕《終南山賦》。'熙春寒往，微雨新晴，六合清朗'，見潘安仁《閒居賦》。'仲春月令，時和氣清'，見張平子《歸田賦》。安可謂春間無天朗氣清之時？右軍此筆，蓋直述一時率真之興趣耳。……然則斯文之不入《選》，良由蒐羅之不及，非故遺之也。"按此言自是文苑佳話,讀《蘭亭集》者,不可不知,並附記之云。

五、與楊白民書[7]

惠函誦悉。拙輯兒童詩歌,既入清鑑,復賜教言,感甚感甚!唯先生之言,專就德育而發,弟輯此書之本意,尚不在此,弟蓋欲藉以養成兒童高尚優美之性質也。竊謂世界之美,在天然界爲山水風月(花木魚蟲皆括在內),在藝術爲圖畫,在文字爲詩歌。圖畫詩歌,雖非盡屬山水風月,然舍山水風月,即無清淑幽靜之氣,而不能令人生起澄潔悠遠之思。昔者四子言志,仲尼獨取曾點,誠以風浴既罷,吟咏而歸,其天機流暢,胸懷豁達,固非枯坐斗室、講道德仁義者所可比也。惟利弊相倚,失得環生。即就詩歌言,或者失之艱澀,或者失之悲傷,養成僻性,引起悲觀,其爲害亦復不盡。(艱澀者如宋人之詩,務爲沉潛簡奧,學之不善,不特執筆爲文不適於通俗之用,且養成乖僻之性,事事與社會不相入。悲傷者如《離騷》,如杜詩,在作者,處於如此之境,固宜有此吐囑,然兒童讀之,輒能引起悲觀,亦非陶情養性之道也。)若夫淫靡,更無論矣。凡若此者,弟皆極力矯之。所選山水風月之作,一以優美高尚爲歸。至於枯譚道德,自有修身教科書在,無俟弟之此輯也。鄙見如此,不識有當否?先生教育大家,當能別其是非。倘蒙不棄,再進而教之,則幸甚矣。

六、《續杜工部詩話》序[8]

古今詩派,推李杜爲正宗。李持天資,杜持工力,兩家截然不同。然天資不可學而能,工力可強而至,學詩者無謫仙之才,其寧讀杜乎!諸暨蔣子瑞藻孟潔,能詩文,富藏書,於詩學杜,嘗輯《續杜工部詩話》,補萍鄉劉氏所未備也。余謂更有過之,劉輯多考訂,蔣輯多議論，尤能闡杜詩格律之微。蔣子書成，馳書於余，囑爲之序。時余方病咯血，不能秉筆。既思"飯顆山頭"之杜甫，曾爲作詩而瘦。（或謂此詩爲好事者所假託，茲非考訂，姑引之。）今日一卷杜詩，是當年老杜心血。復有蔣子不辭勞瘁，爲輯此編。余辱承雅命，曷惜嘔血以報之哉！三年十月。

七、《習靜齋詩話》序[9]

余浪跡湖海，不居故鄉且十數稔矣。壬子之秋，仙原方子瘦坡馳書訂交於余。余謂方子山居久，所輸於余者，多山水清淑之氣；余所以報方子者，俗塵外無它物也。明年春，方子輯詩話續集成，復命余爲之序。余久之未報，誠慮所以與方子者，俗塵外無它物耳。方子屢書促之，辭不獲，乃告之曰："吾宛陵山水之佳，聞於東南。謝朓、李白所流連歌咏，其遺跡猶可尋也。梅聖俞、施愚山之風流，猶未遠也。君生於斯，歌咏於斯，涵濡既久，發而爲言，與羈身市廛喧嚻之地者，其言如何不侔，視吾二人之文而可見矣。持吾二人文而比之，試探其清濁之因，學詩之道，其待他求乎？"獨慨余塵事纏糾，棄故鄉而不居耳。俟夜深群動稍息，秉燭書此爲之序。然而吾所以與方子者，仍俗塵也。

八、雜　　記

仙宮只有世間無

《比紅兒詩》："火色櫻桃摘得初，仙宮只有世間無。""仙宮只有"四字能抵"此曲只應天上有"七字，所以能簡者，在顛倒安置得妙。

王建《宮詞》

宮詞在詩中別是一體，清脆圓轉，已開宋詞元曲之漸。王建

《宫词》中如"金砌雨來行步滑,兩人抬起隱花裙",如"纏得紅羅手帕子,中心細畫一雙蟬",如"一度出時抛一遍,金條零落滿函中",如"誇道自家能走馬,圍中橫過覓人看",如"衆中遺卻金釵子,拾得從他要贖麽",如"敕賜一窠紅躑躅,謝恩未了奏花開"。"抬起""手帕子""中心""誇道""自家""遺卻""要贖麽""一窠"等字,皆詞曲家所用字也。

王建《宫詞》又云:"東風潑潑雨新休。"又云:"歸到院中重洗面,金花盆里潑紅泥。"花蕊夫人《宫詞》云:"海棠花發盛春天。"又云:"旁池居住有漁家,收網搖船到淺沙。豫進洪魚供食料,滿筐跳躍白銀花。""潑潑""潑紅泥""盛春天""白銀花"諸字,皆極新穎。

黄山谷《清明》詩

讀黄山谷《清明》詩:"人乞祭餘驕妾婦,士甘焚死不公侯。"如此用典法,絕似清試帖詩。

中有尺素書

古詩:"客從遠方來,遺我雙鯉魚。呼童烹鯉魚,中有尺素書。"明顧元慶《夷白齋詩話》曰:"魚腹中安得有書?古人以喻隱密也。魚爲沉潛之物,故云。"余謂既以魚喻書,又何以再言尺素書也?(或古人函作魚形,以喻隱密。烹魚得書,拆函見書也,然未可知。)或以此説問余,則答之曰:"客從遠方來,生魚安可以致遠?必爲乾魚無疑。尺素書安不可置之乾魚之腹?"此言頗可解頤。究爲確論與否,吾不敢妄猜古人心事。

詩關學問

昔人有言:"詩有别才,非關學問。"此言不移,已成鐵案。雖然,詩與學問,求之字句,是不相涉,若論氣骨,豈曰無關?有學問詩厚，無學問詩薄。聲響形影，毫釐不差也。

《香奩集》發微

唐韓偓《香奩》一集，古今視爲豔詩。近人震鈞著《〈香奩集〉發微》，謂致堯托香草美人之什，寫忠君愛國之忱，引當日事，一一徵之。千古奇冤，一旦白矣。予讀畢，題一絕於後，曰："自吟自淚無人會（集中句），千載知音爲發微。香草美人多寄托，離騷鄭衛豈同歸。"

經歲又經年

唐人詩："不喜秦淮水，生憎江上船。載兒夫婿去，經歲又經年。"此詩妙處，正俗人所謂病處。"經歲""經年"，是病架屋。然此確爲女兒聲口，故佳。（余幼讀此詩，今忘爲何人作。因檢《唐詩別裁集》，知爲唐女子劉采春《囉嗊曲》三首之一。歸愚亦注云："不喜、生憎，經歲、經年，重複可笑，的是女子口角。"）

陳後山詩

王右丞詩曰："解纜君已遥，望君猶佇立。"陳後山以五字寫之，曰"風帆目力短"。後山詩出於涪翁，枯澀無味，然此等簡老處，吾稱其佳。

孟襄陽曰："疾風吹征帆，倏爾向空没。"李太白曰："孤帆遠影碧空盡，惟見長江天際流。"皆不及后山"風帆"五字。

後山又曰"一身當三千"，則自"後宮佳麗三千人，三千寵愛在一身"淘汰而來。然吾不取，不特生硬，且沉晦矣。

夜聞猛雨判花盡

溫飛卿詩："夜聞猛雨判花盡。"諸本作"判花"，《唐詩別裁集》改爲"拌花"。歸愚注云："判，分也，無平音，應是拌字。"余按此處用仄音，它人亦有之。陶峴云："鴉翻楓葉夕陽動。"錢起云："溪雲初起日沉閣。"柳宗元云："一身去國六千里。""夕"字、"日"字、"六"字皆仄聲也。若陶、錢二人詩，猶可曰上句應平換仄，下句應仄亦換平。飛卿下句則不然。而子厚下句爲"萬死投荒十二年"，"十"字亦仄也。要之，拗體不爲病耳。

舉頭望山月

太白詩："床前明月光，疑是地上霜。舉頭望山月，低頭思故鄉。"第三句本是"山月"，俗本作"明月"。或問："山月、明月何分？"答之曰："月無地不同，山隨地而異。舉頭望山月，乃起故鄉之思，此其異於明月也。"是言恐非確論，不過強詞奪理已耳。

倒裝互文

"孤帆暮雨低"是倒裝，"秦時明月漢時關"是互文。（按築關防胡，始於秦。今以明月屬秦，關屬漢，是詩中互文。此說出沈歸愚《說詩晬語》。）學者玩此，於造字下句，可得無數法門。

太白創格

太白詩："越王勾踐破吳歸，戰士還家盡錦衣。宮女如花滿春殿，只今惟有鷓鴣飛。"三句說盛，一句說衰，論者謂爲創格。然偶一爲之則可，它人濫學之，便無味。

柳子厚詩

柳州清中有剛氣，此所以異於蘇州、輞川、襄陽也。

陳子昂詩

初唐人未脫六朝纖麗之習，陳子昂獨開盛唐雄厚之風。

洞庭春盡水如天

劉長卿詩云："洞庭秋水遠連天。"柳宗元詩云："洞庭春盡水如天。"二詩頗有優劣。"秋"字等於"春"字，"連"字等於"如"字，"盡"字等於"遠"字，餘字皆同，然"盡"字實勝於"遠"字。水連天未有不遠者，遠字實衍文耳。秋水不過秋水，春盡二字一頓，則暮春無限景象皆包括在内，不獨水而已也。子厚損一"遠"字，益一"盡"字，便增無限情景。

詩人之思

詩人之靈思，無微不至，往往發明物理。此説前人既屢言之，亦有其言與物理相反，而心思之微妙有可喜者，如俞明震詩"沙平不受月，因水得明晦"是也。水有回光，正物理所謂不受月。沙無回光，正受月也。俞則反之。然靜觀默會，思想自是精湛。

花朝生校字

江湖異人傳

安吳胡懷琛寄塵

一、記汪正篤[⑩]

汪正篤，予表兄汪尊一之次子也。尊一有二子，長曰某某，次曰正篤。清光緒甲辰冬，尊一病故。時長子纔冠，次僅十一二。旋長子之江西義寧州經商，數載無音信。家貧歲歉，炊煙屢絶，破屋蕭蕭，不蔽風雨。母念子積憂成病，篤睹此景況，淒然淚下，欲之贛尋兄，母曰："汝兄數載無音信，未知流落何所，安往尋者？"篤領之。一日逃去，先來上海見家大人，告以尋兄志，大人曰："世路艱難，若年幼，安能往？若母病，其速歸。"與銀幣二，使歸。不多與，恐其之贛也。篤得銀，竟之贛。銀盡，乞食以繼。一日，卒遇其兄於路，流落几與乞兒爲伍矣。篤大哭，兄亦大哭，乃偕弟歸。時戊申歲也。

胡子曰："正篤一村童耳，讀書未識百字，安知所謂孝悌大誼者？顧千里尋兄，不避艱險，何也？其孝悌蓋出自天性也。嗟夫！天性人人有，唯在不汨没耳。"

又曰："吾鄉多山，少見舟楫。篤一日泛舟揚子江中，大江浩浩，扁舟如葉，同舟者皆失色，篤獨嘆曰：'惜未遇風濤耳。若大風急雨，浪立如山，斯時也，駕扁舟出没於驚濤駭浪間，豈不快哉！'人皆笑其愚。胡子曰：'壯哉此言！男兒不當如是邪！'"

二、記燕市乞兒[11]

燕市有乞兒，行乞於市。善口技，以手支頤作鳥聲、風聲、水聲、大雨蕭蕭聲、落葉瑟瑟聲、犬狺狺聲、蟲唧唧聲，無不畢肖。又作笑聲、哭聲、兩人詬駡聲、相毆聲、勸慰聲，亦無不畢肖。所至群兒爭尾之，乞兒如不覺。乞得一泉，搖頭徑去，未嘗售技也。

胡寄塵曰："吾聞人述乞兒事如此，吾記之，因有感焉。燕市有王玉峰者，善彈三弦，能以弦度曲，名滿都下。吾嘗聆其曲，紀以文，嘆其耗數十年之心血，僅能博公卿大夫之一笑，深爲悲惜。若乞兒者，其技亦玉峰亞也，而能韜光匿采，不肯示人，視玉峰之博笑公卿，自謂榮幸者，其自待不又高邪！嗚呼！落落孤芳，自賞可耳，吐豔悦人，可以已矣。"

三、記皖北石匠[12]

石匠皖北人，佚其姓名，嘗爲石匠，遂名焉。吾皖南農人蓄傭工，多皖北人。石匠者，吾里胡苇家傭也。苇家貧，值不給，石匠力作無少異。苇死，無妻，石匠撫其幼子，力耕以給。苇宗人無賴者忌之，深欲逐之。石匠謁長者，告之曰："我不負故人耳，豈謀產者哉！況無產可謀乎。子長，我自去，何逐爲也？"長者嘉其行，斥無賴，乃安焉。吾庚戌還里，聞人言石匠事，撫帶子已數年，且教之讀矣。

胡寄塵曰："石匠所爲，是古之道，而石匠能行於今日，爲難能也。士大夫聞之，抑有愧邪？吾記石匠，彰石匠也，然而非徒彰石匠也。"

四、聽王玉峰彈三弦記[13]

辛亥夏，薄遊燕京，聞人言顧曲之樂，余不解此，有負是遊。復聞有瞽者王玉峰者，善彈三弦，能以弦度曲，聞者稱絶。余好奇，乃往聆焉。王登場危坐，侍者抱三弦立。拂拭畢，王斂氣凝神而撥之，鼓樂並作。少焉，而歌聲、樂聲並作。閉目靜聽，如身在梨園。至佳處，聞者呼好，三弦亦呼好。其聲自大而小，自聚而散，宛如數十人歡呼者，誠神技矣。又擬西人操兵，銅鼓聲、洋號聲、號令聲、步伐聲同時並發，而井井不亂。少焉，轟然一聲，衆皆聾然，則撇鎗也。聽者鼓掌稱善，余獨聞而嘆曰："嗟夫！王之彈三弦也，蓋不知幾許年矣。初未必能工也。又數年，工矣，未必能度曲也。又數年，能度曲矣，未必能入神也。及至於今，蓋不知費幾許心血矣。然聞王挾絶技遊燕市，衣食且慮不給。其極也，不過博王公大臣之一笑而已。嗟夫！彼王公大臣之一笑，豈能償其數十年之辛苦邪？士之抱絶技奇藝若王玉峰者，亦可悲矣。"

五、鄧道士傳[14]

趙宋之時，中國人有創自來水者，道士鄧守安是也，是惡可以不傳？鄧守安，字道立，羅浮山道士也。廣州城瀕海，水苦鹹。城北有蒲澗泉，水清冽，然去城遠，人家何由得？守安嘗與東坡言，廣州一城人飲鹹苦水，春夏疾疫時，所損多矣。蒲澗山有滴水巖，水所從來高，可引入城，蓋二十里以下尔。若於巖下作大石槽，比五管大竹，續處以麻纏、漆塗之，隨地高下，直入城中。又爲大石槽以受，又以五管分引，散流城中，爲小石槽，以便汲者。不過用大竹萬餘竿，及二十里間，用葵茆蓋，大約不過費數百千可成。時東坡貶寧遠軍節度副使，惠州安置，王敏仲鎮撫廣州。東坡以守安言告敏仲，爲之竹管，引蒲澗水，城中人咸賴之。

胡子曰："守安之法，與今日自來水，精粗不同，然理一也。此事余見之《嶺海縢》，清康熙時南海人林輝字青門著。林謂見《東坡全集》。余因節其言，爲《鄧守安傳》，以行於世云。"

六、蕭烈士小傳[15]

烈士姓蕭，名篤仁，字小亭，徐州鐘吾人。天性純孝，爲鄉里所重。端居寡言笑，惟喜讀書。清宣統庚戌，負笈江寧某學堂。是年冬，獨留校中。明年辛亥春，英人侵片馬，俄復擾我東北，警報頻來，清政府袖手待亡。烈士悲憤鬱結而無與言也，於正月十日晨手刃喉死。嗚呼！可悲也已。烈士無兄弟。妻某氏，歸烈士方三年。子一。

胡子曰："吾辛亥春聞人言烈士事而悲之。壬子夏，烈士友人樂山復述其事示余。又謂烈士之死，實等楊篤生。篤生世爭稱之，烈士獨無聞焉，若爲之不平者。然余謂烈士固非爭名者也，抱此志，生此時，懷恨無與語，死則已耳。猶以傳不傳以言幸不幸，豈烈士之心哉！然樂山念念故人，久而不忘，殆亦有古人風歟！"

七、二乞兒傳

甚矣，特立獨行，感人之深也！山東自武訓行乞興學後，不數年間，繼起者有李鳳林、吳二。嗚呼！感應何其速邪。李鳳林，濟南人,少孤,依伯母楊氏以居,挽小車爲業。自悔失學,捐工資延師教貧家子。不給,行乞繼之。楊氏復紡織助其事。吳二所爲亦如之,成效皆有可觀,遠近稱義舉焉。胡子曰:"李鳳林、胡二,非義丐邪?然而武訓尤可稱也。吾因之有感焉。世風升降,家國興衰,其端甚微,其來甚漸,一言一動,雖小民,有關世道,況士君子乎?嗚呼!可不慎哉。"

八、記桃塢先生

桃塢先生,姓胡氏,涇縣人。逸其名,以所居桃花塢稱之。先生清咸同間,授徒於鄉。世亂,鄉村貧瘠,生徒寥寥,數日不舉火,先生唯高臥。先大父復初公頗欲貸以穀,知先生介,不敢言。時先君方幼,退命爲文就正,中置數金券。先生改文畢,未見券。公故令見之。驚問何爲,曰束脩。先生取付之火。其清介如此。此余聞之先君言,年幼不能記其名。今先君棄養,前輩亦寥寥,無人能知先生名矣。雖然,世風日變,方以清介爲迂遠,又誰樂聞先生事哉!(按拙著小説《黛痕劍影録》中,記黃兖山人,即先生事。)

九、記朱欣

朱欣者,江寧某家僕也。辛亥武昌事起,亟辭去,往投民軍。妻泣阻之,不可。某厚資之,贈一劍、一詩:"胸無一字氣吞胡,讓爾堂堂作丈夫。萬里關河三尺劍,漢家將帥本屠沽。"胡子曰:"辛亥武昌倡義,販夫走卒,聞風而興起者多矣。而吾記朱欣,僅聞朱欣也。吾記朱欣,不獨爲朱欣也。率然而聞朱欣,率然不能已於言而記之,吾何心哉!"

十、邵謁傳

邵謁,唐詩人也,余見《嶺海朦》記其事。今《嶺海朦》已不可见,況邵謁哉？吾有慨焉,遂節其言爲之傳,以備觀覽。邵謁,唐大中時詩人也,性孤潔,自言人棄我,我棄人,身世兩棄,世間無一物可食,無一人可與語。築室水涯,與漚(漚,鷗本字)相狎。漚飛來爲巢,遂名曰"漚盟居"。掃除一室,無纖塵,杯盤必手自濯滌。室中置諸物,雖一竹一木,皆有成處,終歲罔或變。或勸就有司試,笑曰："試亦邵謁,不試亦邵謁,試不試庸易邵謁與？"溫庭筠聞之,曰："人常言邵謁謇傲,吾不信,今乃果然。"謁博極群書,善談名理,尤工吟咏,多散落遠近。庭筠輯其所作三十余篇以傳於世。邵謁,清遠人,或曰翁原人。

十一、記某剃工事

某剃工,失其名,居杭州之某街。清同光時,胡雪巖以富聞一國,買基造宅。其西北一隅,剃工之産也,地不及半畝,許鋪金於地以購之而不可得。胡宅既成,富麗甲東南。未幾,貿絲失利,房産没官,今已易數主矣。而當年墻陰剃髮處,依然無恙。胡子曰："人有言曰,今天下非光武所有,而子陵釣臺猶屬嚴先生。某剃工雖未可以擬之,然相去不遠矣。是豈庸人之所爲哉！"吾友黃巖王葆楨有詩記其事,余復爲文記之如此。它日之武林,當一訪其地也。

十二、李德林傳

李德林,贛人,往來大江南北,販景德鎮磁貨爲業,而頻至婁東。吾友顧震生,婁東人也,知德林事甚稔,爲予言德林樸實溫雅,不類負販之流,市不二價,或故倍其值,亦掉頭不顧。一日,士子既買一瓶,慮價物不相稱,反覆凝視。德林曰："瓶可碎,信不可不立。"還其貲,奪瓶擲諸地。震生異焉,追而詢之,問："得毋過激乎？"曰："吾或受它商紿,瓶非上品,苟不碎之,何以全吾信？所失者小，所保者大。"遂縱言吾國商業窳敗，皆無信誤之。歙歙荷擔而去，後不復至。或曰："德林已積貲置田宅，不復業此矣。"

十三、書熊老僕

去吾郡宛陵百三十里而遥，一鄉鎮曰黃池，老僕嘗一夕奔而至。嗚呼！亦忠勇矣。僕熊姓，人稱曰老熊，南昌人。予族兄有儒，先世宦南昌，熊爲之僕。清光緒乙巳，有儒歸展墓，挈老熊來寓予家。時新學方盛，科舉餘焰未息，予意氣激昂，不可一世。然迫於嚴命，應童子試。有儒亦得家書，責同行。既之宛陵，聞期尚遥，托故至黃池，意欲避之。已而知爲訛傳。老熊喘息奔來，告期迫，請速返。予等笑置之，終不欲行。老熊痛恨自責負主人云。此予少年事，今忽忽十載，世事已萬變，當年豪氣，銷磨殆盡，而老僕誠懇之狀，猶在目前。吾書之，吾感慨爲何如哉！

十四、張廣才滕半仙傳

張廣才，山東人，清康熙時寄跡滿洲。鑿山闢路，成一大道，人以其名名之曰"張廣才嶺"。或謂此爲宋時奔喪舊路，然後仍塞之，自張後始通輪輹。滕半仙所爲亦如之。初自吉林之琿春，必迂道經寧古塔，滕別闢一徑，較舊近四百餘里。滕無家室妻子，後入山不返，人疑其仙去，呼爲半仙云。

胡子曰："二人除榛莽而通人跡，比之西人所謂闢地，寧復多讓？而史乘、地志不載，僅存佚事遺聞，付與野老村童閑話，此則誰之過也？此則誰之過也？"

十五、太倉庖人傳

庖人姓某氏，江蘇太倉人，以善烹名，然意所不屑，多金不顧也。明社既屋,清兵南下,江陰、嘉定屠戮最慘,而太倉以城降,無一人與抗者,某獨慷慨誓殺敵。時據太倉者李成棟,聞某名,召治膳,則欣欣然往。一日宴客,酒半酣,忽一客躍起呼毒,旋倒地斃。某於是知謀洩,殺李志不果行,亟戟指大罵,求一死以愧士大夫。成棟揮出斬之,曰:"我偏不欲汝立名!"戒左右無言於外,以故人無知者。後李敗,人始稍稍聞其事云。

胡子曰:"此顧震生言,命吾爲文傳之。"震生又曰:"吾言庖人,吾不能言其姓名,何足貴哉!然庖人豈求名,亦所謂愧士大夫耳!"嗚呼!震生知庖人心者矣。

十六、記蕭敬孚軼事

桐城蕭敬孚,清同光間隱君子,學問淵博,世多知者,今記其軼事。曾國藩嘗薦敬孚來江南製造局,垂三十年,而清貧如故。賃居城西,則自提籃入市買菜。居停主人坐馬車遇之,曰:"此蕭先生也。"亟與爲禮,命僕代攜之行。夫敬孚此事,誠有名士風,而居停所爲,與夫製造局主者,不濫廁曾公之客,此風今亦不存。嗚呼!世運升降,可以觀矣。

十七、記河間大漢

清光緒季年,上海《民吁報》記者某君嘗深夜遇大漢與虬髯客相持。客理、力皆屈,鼠竄去。某君異焉,與大漢語,知大漢爲人力車夫,客僱其車,不給值,遂窘之。又知大漢非車夫,實爲復仇來。某君有文記之,甚繁冗,余藏其稿數年,慮久之散失,節其略於此。大漢,河間富人子,父商於天津。庚子之亂,家毀父死。碧眼兒擄弱弟去拉人力車,鞭策隨之,力盡肺裂,噴血死,慘不可言。臨死執兄手言致死者之狀,則默識之。潛南來尋仇家,先潛心習三國言語,復習拉車,以數數與彼輩過,莫若此役。然伺之數月,仇未遇也。吾初聞大漢窘客,大呼快事,而不知大漢苦心毅力,不特此也。此某君親見之,親記之,孰謂當世無異人?某君自署埋照,不知何許人,或曰汪允宗。余後遇允宗,惜未嘗問。大漢非業拉車,吾稱曰大漢,不稱車夫。

十八、記林先生

林先生名若俊,字振夫,無爲州人,明太學生。鼎革後,隱居東郊,四十年不入城市。每三月十九,必賦詩一首,其一曰:"杜鵑啼血警春眠,起拜燕山望遠天。黯淡愁雲纏殺氣,昏黃殘月墮村煙。鼎鐘徒豢三千士,社稷空悲十七年。流恨難窮惟此日,吞聲野老哭江邊。"明遺民如先生者多矣,而先生爲吾鄉故老,吾尤有感於中而記之。若曰闡幽,則吾豈敢!

十九、胡孝子傳

孝子姓胡氏,吾族人也。先大父復初公遺詩有《胡孝子行》,余讀而有感焉,謹采其序爲之傳,曰:孝子名春齡,吾胡氏箬坑人也。生父母早卒,繼父又卒,事繼母孝。再娶婦皆不得母歡,皆棄之。母病思魚,鑿冰取之;思肉,刲股以進,而病卒不起。春齡守母墓萬山中,猛虎過其側,望望然而去之。會山崩石墮,有聲如雷,春齡慮損母柩,抱之號泣。巨石遂飛空而過,止於墓門,至今存焉。鄉鄰聞者,皆稱其孝出於至性云。

胡懷琛曰:"猛虎走避,巨石越空,爲孝思所感歟?抑偶然也?吾不敢知。而觀其行事,則卓卓可傳者也。神怪事,置之不論可耳。"

二十、大力哥傳

張四者,直隸延慶州屬之青龍村人,貌寢而有力,人呼曰大力哥云。一弟一妹皆夭亡，四捕獸養母，以孝聞。嚴冬霜雪封山谷，無所得食，則仰天嘆曰："使弟妹而在，吾可出謀升斗，今天之困吾也！"村之長者聞而憐之，則稍稍濟其困乏。四曰："人稱吾大力，吾不敢辭。稱吾哥，何若稱吾丐乎？"四嘗捕一狼，相持終日，馳逐六七十里乃得斃之。又嘗徒手搏一豹，曰土豹者，猛獸也。其多力如此。後母死，葬之山中，觸石殉焉。此清宣統時事。陳世字歸是者，嘗親見其人，爲余言之如此。

二十一、朱先生傳

朱先生，不知何許人。清康熙中，流寓浙西。初隱湖濱，後居南潯鎮之石海，授徒自給。而其父兄有功名者，則拒弗納。歌哭無常，徜徉於市涂，遇戴纓帽者，必走避之。後有識之者曰："朱須明宗室也。"鼎革後，舉義旗。兵敗，箭傷其唇，自殺被救療，而後生唇遂缺焉，因自號曰"缺唇"。流寓於浙，漸與吳聲庵先生交。至吳家，遇飲則飲，遇食則食，無少謙讓。或治筵招之，又力辭不往。一日，謂吳先生曰："訂交數年，耗金若干矣，殘書數卷，聊以爲贈。"吳詫曰："將遠行邪？"曰："非也，死耳。"未几，果死。先是，自擇葬地，樹一碑曰"明宦朱隱士缺唇之墓"。至是，吳治其喪，舉棺輕若無物，或曰尸解也。發所贈書，署名之處皆已塗改爲缺唇，曰《驚天泣鬼錄》，曰《誅胡檄》，皆起義時作。此時文字獄方興，吳不敢留，悉焚之，惟《吗天記》在其弟子黃某處。後黃攜書入山，不知所終。今先生墓猶可尋，碑上僅存"朱隱士墓"四字。

胡子曰："此南潯吳一撲書其事示余，余節其言爲之傳。一撲又言：'先生精異術，嘗駕箸於几，捕鼠置其中，鼠不得出，貓不得入，名曰諸葛八陣圖。又嘗剪紙爲魚，置之盆中，即游泳矣。其它如此類甚多。'余謂此不盡可信，然安知先生非有托而爲此也？則其用心亦甚苦矣。一撲居南潯，或即聲庵先生之後，宜乎知朱事甚詳。吾知其徘徊於荒煙蔓草間，摩挲殘碑斷碣，曰：'此朱隱士之墓。'當有無限之沉痛也。"

諸暨蔣瑞藻孟潔校字

石菖蒲譜

安吳胡懷琛寄塵

序

草木之有譜，始於晉戴凱之之竹，《竹譜》。厥後綠萼、范成大《梅譜》。黄華、范成大《菊譜》。金帶、王觀《揚州芍藥譜》。玉珮，歐陽修《洛陽牡丹記》。皆有譜錄，著名藝林。芳蓀入騷客之咏，昌歜乃仙人所服，古無專書，寧非闕事？余癖同普寂，植如虞杲，瓦盆三五，几席皆青。秋水澄寒，琴書自潤，山齋之樂，至足念也。今浪跡天涯，亦已數載，昔時芳草，不知憔悴何若。旅窗無俚，追成此編，非敢補前賢之闕，聊以寄一時之興耳。⑯

一 之 種

菖蒲，香草也，詳見下。有水蒲、泥蒲、石菖蒲之名。見《小知錄》。大抵以泥、石異居而別。近泥者，葉肥而巨。古詩："青蒲緑帶，生我池中。"甄夫人《塘上行》："蒲生我池中，其葉何離離。"此咏水蒲、泥蒲也。近石者，葉瘦而細。《群芳譜》："菖蒲有數種。生於溪澗，葉瘦，根高二三尺者，名溪蓀。"蘇軾《菖蒲敘》："至於忍寒苦，安淡薄，與清泉白石爲侣。"此咏石菖蒲也。瘦而細者，稱石菖蒲。《群芳譜》："葉有劍脊，瘦根密節，高尺餘者，石菖蒲也。"按今之植盆盂者，不過數寸。植之盆盂，以供清玩，宋人已有焉。蘇子由盆中菖蒲，忽生九花。

二 之 名

菖蒲一名堯薤,《吕氏春秋》。一名昌歜,《説文》。一名菖陽,一名水劍草,皆見《群芳譜》。一名昌羊。《淮南子》。石菖蒲曰溪蓀,見前。又宋裘萬頃《菖蒲詩》:"貽予以芳蓀。"《楚辭》所咏蓀是也。《小知錄》:"《楚辭》所咏香草曰蓀者,石菖蒲也。"

三 之 品

龍鬚、虎鬚、香苗、劍脊,皆品之佳者。見《小知錄》。寸根九節,仙家所珍,《草木狀》:"番禺東澗,菖蒲皆一寸九節,安期生服之仙去。"陸遊《菖蒲詩》:"寸根蹙密九節瘦。"別號隱客,《三柳軒雜識》:"菖蒲花爲隱客。"又曰緑劍真人。《清異錄》:"侯寧號菖蒲爲緑劍真人。"

四 之 德

石菖蒲,服之益智、寧神、長壽。江淹《菖蒲頌》:"除疴衛福,蠲邪養正。"

夜讀置石菖蒲於鐙下,能收煙,不損目。

晨起取葉尖垂露揩目,久之明察秋毫。裘萬頃《菖蒲詩》:"塵容如一洗,兩目不復昏。"

五 之 藝

植以瓦盆,浸以清水,勿雜泥土,勿見陽光。夏日剪之,愈剪愈細。霜降後深藏密室,覆以大盆。來春之末,然後出之。年久不分,自然細密。患其黃瘁,可灌薄糞,蝙蝠糞尤佳。

菖蒲子和米汁嚼碎,噴木炭上,置陰濕處,生細菖蒲。

六 之 宜

養菖蒲四時訣曰:"春遲出,夏不惜,宜剪也。秋水深,冬藏密。"又訣曰:"添水不換水,見天不見日,宜剪不宜分,浸根不浸葉。"

七 之 忌

石菖蒲有四忌:一忌日光,二忌霜雪,三忌油膩,四忌塵垢。

八 之 器

盆　宜興窰盆,式既古雅,質亦相宜。瓦盆次之,瓷盆次之。盆以底無孔能盛水者爲宜。大抵花盆底皆有孔,爲洩水也。亦有底既有孔,下復有托以承水者。近來供石菖蒲者,亦用之。

剪子　須以竹爲之。鐵剪剪之,葉尖焦黃。

羼提居士蔣瑞藻校字

金　魚　譜

安吳胡懷琛寄塵

敍　目

余有靜癖,寡塵好。虛窗短几,惟魚鳥之可親。玩物喪志,知迂腐之難免。然而金鯽入咏,宋蘇子美詩:"沿橋待金鯽。"硃砂有志,明人有《硃砂魚志》。昔人所好,蓋亦相同。山齋多暇,輒成是書。凡此所陳,多吾親歷。世之覽者,或有取乎!寄塵自序。[17]

一之種
二之飼
三之病
四之具

一 之 種

　　金魚，宋以前未見於詩人咏吟，大抵宋後始盛。戴埴《鼠璞》云："東坡讀蘇子美《六和塔詩》'沿橋待金鯽，竟日獨遲留'，初不解此語，及倅杭州，乃知寺後池中有此魚，如金色。""是此魚始於泉塘，惟六和塔有之。"南渡後王公貴人園池相望，豢養之法出焉。岳珂《桯史》云："都中有豢魚者，能變魚以金。鯽爲上，鯉次之。貴遊多鑿石爲池養之。""飼以小紅蟲。初白如銀，頂漸黃，久而金矣。""又別有雪質而黑章，的皪若漆，曰玳瑁者，尤可觀。"據此，則金魚始於北宋，產於六和塔。豢之池沼，以供清玩，自南宋始盛焉。[18]

二 之 飼

　　蓄以瓦盆，南宋人多蓄之池沼，今人大抵用瓦盆。盆以口大底尖者爲最宜。飼以紅蟲，積水中所生之蟲。或麵屑，麵和豬、鴨血蒸熟曬乾，研細飼之。或蛋黃，蛋黃蒸熟，研末。亦可代之。

　　夏秋暑熱，水須隔日一換，則魚不蒸死。井水及自來水均不可用，以河水爲宜。

　　春末雄魚追咬其雌，是爲產子之候。取盆中藻映日視之，有大如粟、明如晶者，魚子也。並其藻置之淺盆，貯水寸余，置樹陰下，不見日不生，見烈日亦不生。二三日即成雛。雛魚不可與大魚同居一盆，防爲所食也。

　　雛魚飼以蛋黃爲宜，旬日後始飼以紅蟲。須先以清水洗淨。數十日或百日，漸變花，次純白，次而黃，久純紅矣。

　　春季產子時，置大雄蝦於盆中，則所生魚皆三尾、五尾。蝦鉗須去其半，恐傷魚也。

三 之 病

　　魚翻白宜急換清水。

將芭蕉葉搗爛投水中,可治魚泛。

魚浮游水面不下,或身上有痾,宜令見日光。

魚瘦而生白斑,是爲魚虱。治虱之法,宜投楓樹皮於盆,或楊樹皮亦可。

魚脫鱗及受傷,以食鹽輕塗其體即愈。

四 之 具

盆　宜瓦不宜瓷,宜舊不宜新,宜淺不宜深。至於盆式,尤以古雅爲貴。

先以芋塗盆四周,俟既幹,然後置水,則生緑毛而水活。

水　井水過寒不可用。自來水漉過亦不宜用。水宜常換。投田螺於盆,可使水清。

藻　取溪澗中藻植之盆中,青翠可愛。

諸暨蔣瑞藻校字

（整理者單位：西南大學國際學院　南京農業大學外國語學院）

---

① 上海中孚書局,1935年,第125—127頁。
② 孔凡禮點校:《蘇軾文集》卷五十六《尺牘·與王敏仲十八首》之十一首,中華書局,1986年,第1693頁。曾棗莊、劉琳主編:《全宋文》卷一九一〇《蘇軾·六二·與王敏仲(一一)》,上海辭書出版社、安徽教育出版社,2006年,第225頁。
③ 該文曾刊於《南社叢刻》第十二集、《南社叢選·文選》卷十、《秋山文存》。所見版本:《南社叢刻》,江蘇廣陵古籍刻印社,1994年;胡樸安編:《南社叢選》,上海國學社,1924年;胡懷琛:《秋山文存》,民國稿本,上海圖書館藏。下文均同。
④ 該文曾刊於《南社叢刻》第十一集、《南社叢選·文選》卷十。
⑤ 該文曾刊於《南社叢刻》第十三集、《南社叢選·文選》卷十、《秋山文存》。
⑥ 該文曾刊於《南社叢刻》第十六集、《南社叢選·文選》卷十、《秋山文存》。
⑦ 該文曾刊於《南社叢刻》第十六集。
⑧ 該文曾刊於《南社叢刻》第十三集。

⑨ 該文曾刊於《南社叢刻》第十二集、《南社叢選·文選》卷十。
⑩ 該文曾刊於《南社叢刻》第六集。
⑪ 該文曾刊於《南社叢刻》第八集、《南社叢選·文選》卷十。
⑫ 同上。
⑬ 該文曾刊於《南社叢刻》第五集。
⑭ 該文曾刊於《南社叢刻》第十集、《南社叢選·文選》卷十,均名《鄧守安傳》。
⑮ 該文曾刊於《南社叢刻》第八集、《南社叢選·文選》卷十。
⑯ 該序曾刊於胡懷琛《寄塵雜著叢存》,上海新民書局,1935年,第68頁。
⑰ 該敘目曾刊於胡懷琛《寄塵雜著叢存》,第68頁。
⑱ 該段文字曾見徐吉軍、方建新、方健、呂鳳棠著《中國風俗通史》(宋代卷)(上海文藝出版社,2002年,第767—768頁)節引,但未注版本及年代。

日涉園録

□ ［清］陸慶循編　陳才整理

《日涉園録》四卷，清陸慶循編，清朱絲欄鈔本。白口，四周雙邊，無魚尾。半葉8行，行20—22字不等，小字雙行同。卷端鈐"馬興安印"白文方印。此爲孤本，其文獻價值自不待言。至於其中諸篇較他書收録文字更爲完整，其文本價值亦不容忽視，如：《日涉園圖》後附及〔嘉慶〕《上海縣志》卷七所收陳所藴《日涉園記略》，均是節文，而此書卷一所收《日涉園記》爲全文；〔嘉慶〕《上海縣志》卷七所收陳所藴《五老堂記略》爲節文，而本書卷一所收《增建友石軒五老堂記》爲全文；《日涉園圖》僅存十景，本書卷一則存十二景詩。書中破損、蟲蛀頗爲嚴重，舊有修復，其中已有不少文字殘缺不存，也有不少文字漫漶，難以辨識。

陶潛有名句"園日涉以成趣"，因而名園以"日涉"者頗多。上海的日涉園，始建於明萬曆年間，與豫園、露香園並稱名園。日涉園爲具茨山人陳所藴所修葺，由張南陽、曹諒、顧山師三位工匠次第構築而成。陳所藴倩工繪製三十六景圖，是爲《日涉園圖》，並與李紹文倡和其間。陳氏卒後，日涉園輾轉歸范氏及喬氏。陸氏得園於范氏，而"自東隅外，范質於喬，未幾而喬又他徙，儼若公乃得全園而居之"。儼若公即陸起鳳，明允子。起鳳得日涉園全園而奉親以居，故多有誤以得園者爲乃父襟宇公明允者。起鳳得園後，又歷鳴球、瀛齡、秉筠、錫熊等數代，不斷營造改擴建，並題跋吟咏其間，日涉園逐漸繁盛，慶循遂編《日涉園錄》。楊嘉祐《〈日涉園圖〉與明代上海日涉園》一文有較爲詳細的介紹，①可參看。至清末，王韜《瀛壖雜志》卷二有關於該園的記錄曰："日涉園在縣治南，爲明太僕卿陳所蘊別業，後歸陸氏起鳳。向有竹素堂、友石軒、五老堂、嘯臺諸勝。竹素堂爲吴門周天球題，三面臨流，最爲宏敞。其孫秉筠增築傳經書屋。耳山先生既貴，多所葺建，以總纂四庫書成，蒙賜楊基《淞南小隱圖》，因以園中傳經書屋改爲松南小隱，以敬奉之紀恩也。此園垂二百餘年，爲陸氏世守，今惟五老堂僅存。"②是彼時已經敗落。馴至今日，園早已不存。

編者陸慶循，字抱身，號秀農，錫熊子，監生。沉迷學術，以博洽著稱，撰《嘉慶上海縣志修例》。《清史稿》有傳，附錫熊後。

《日涉園圖》今存上海市歷史博物館，《日涉園錄》則存於上海博物館敏求圖書館。《日涉園錄》可與《日涉園圖》互補，對於了解日涉園原貌多有裨益，對於中國建築史的研究亦有一定作用，故整理刊布，公諸同好。整理時，殘缺不存、漫漶難辨的文字，用"□"標出。據殘存字畫與其他版本，可以補出的文字則盡量予以補出，並在"□"後用"[　]"標出。至於所補文字之不敢自是者，則在其後標以"＊"，以爲提醒。

日涉園錄卷一

(上海) 陸慶循 秀農　編

得家報家園小山已成③

　　　　　　　　　□□□　陳所蘊

小築堪招隱，新成曲水潯。此時頻夢寐，□□□□[何日遂登臨］。但看風塵色，空懸江海心。故人相問詢，應□□□［笑未抽簪］。

案：今日涉園前後並無通渠，或陳氏經始之際，其在北，運糧小河尚未盡淤，自塌水橋來，曲折得達火神廟後，故曰曲水潯。誌以俟考。

日涉園記④

陳所蘊

日涉園者，具茨山人陳子所葺園也。陳子雅好泉石，蓋自天性，後先所裒太湖、英德、武康諸奇石以萬計。而所善悟石山人張南陽，以善壘石特聞，居第在城東南隅，有廢圃一區，度可二十畝而羨，相與商略葺治□［爲］園。陳子時方領璽書，充三楚江防治兵使者，部符敦促甚急，不得已，爲諏日戒途。然終不以珪組替邱壑念。亟命山人經始，仍手一籍，授山人曰，某所可山，某所可池沼，某所可堂宇亭榭，某所可竹樹蔬果，山作某某法，池沼作某某法，堂宇亭榭作某某法，竹樹蔬果作某某法，一一指諸掌上。山人按籍次第經營之，拮据不遺餘力。比及一年，陳子以入賀歸，園之大都略具矣。自後，每一休沐，則一加葺治。逮解大梁參知綍，歸來乎十有二年，則無歲不興土木工。於時，張山人已物故，復有里人曹生諒者，其技兩直欲與山人抗衡，而玲瓏透徹，或謂過之。園蓋始於張而成於曹，非一手一足之力也。入門，榆柳夾道，遠山峰突出牆頭，縹緲飛動。雙扉南啓，爾雅堂在焉。堂後盡種橙柑之屬，春花馥馥，秋實離離，悦口悦目，可謂兼之。由堂之東折而北，度飛雲橋，爲竹素堂。堂凡五楹，中三楹爲待客所，東西兩楹，一貯群籍，一設臥具。客至，相與揚扢風雅，品題泉石，命酒飛觴，卜夜未已。客或不時至，則手一編，哦呷其中。有所撰造，亦於其中。削草堂之周遭，清流環繞，南面一巨浸，縱可三十尋，橫亦如之。壘太湖石爲山，山在水中央，仿佛金、焦之勝。一峰高可二十尋，崔巍崒嵂，上干霄漢⑤，名曰過雲，即入門時望見迥出墻頭者也。山上層樓隱約掩映，懸絙樹間，顔曰來鶴。昔有雙鶴，自天而下，盤旋飛舞，引吭長鳴，久之後去，故云。下爲浴鳧池館，市囂所不到，榜曰"山靜似太古，日長如小年"，唐子西語也。前有土岡，横亘可百武，飛虹跨其上，名曰偃虹。度偃虹而登岡，岡上俱植梅。梅有數種，種皆佳品，曰香雪嶺。岡下臨水，植桃數百株，花不甚艶，而實最佳，曰烝霞徑。西有明月亭、啼鶯堂、春草軒，皆便房曲室，窅窱宛轉，非熟識者不能入，入亦不能出也。遵岡而東，復折而北，由白雲洞穿浴鳧池館，拾級登過雲峰，復緣級而下，出桃花洞，度漾月橋，逗東皋亭北，沿步屧廊⑥，修禊亭枕其右。修禊亭者，竹素堂之東偏亭，在水上，可以祓禊。陳子家故藏褚摹《蘭亭》真迹，因摹勒上石，置其中。每當上巳，與友人修永和故事，相與一觴一咏，何渠古今人不相及也。由修禊亭之東入一白板扉，是爲知希堂。堂前古榆大可二十圍，其蔭蔽日，仰視不見木末。又有古檜一株，雙柯直上，輪囷離奇，皆數百年物也。園蓋得之唐氏，唐氏圃廢，鞠爲茂草，惟此二木及池上一梨尚爲唐氏故物，每一對之，輒爲憮然。堂之後折而北，濯煙閣在焉。四面長楊，垂條拂地，不減王恭春月、張緒少年時態，故取長史詩中語以名。閣下爲問字館，騷人墨客，時時載酒過之，户屨恒滿。前復壘石爲山，石亦太湖産。中一峰亭亭直上，高出衆木之杪，群小峰附之，若拱若揖。磴道逶迤，拾之即可登閣。閣極空曠，南望則城上睥睨在几席，浦中帆檣在户牖，北望則朱門之甲第鱗次，民間之井邑突分，官署黌舍，梵宇龍宫，一一呈眉睫間，蓋園中一大觀也。若遇大雪，則一望瓊瑤，此身又在塵寰外矣。由閣道西出，是爲翠雲屏。屏高可二尋，長亘五六十武，南對竹素堂，北向殿春軒，兩面峰巒各自獻狀而不相襲。南之麓爲夜舒池，紅妝翠蓋，夏月香氣侵人衣袂；北之麓高下起伏，悉植牡丹凡數百株,皆洛陽奇種,三吴名園所未有。繞殿春而出,其後長廊臨水,可睇可憑。隔岸桃柳雜植,修竹數千竿。廊窮而一小室見,縱可尋有半,橫復殺之,僅容一几、一蒲團。下施氍毹地衣,時時趺坐其中,以習靜攝,所謂小有洞天也。庭前方丈地,則壘英德石爲山,尤奇絶。英德去吴中不下六七千里,又經洪濤峻嶺,未可卒致,人得一巒半峰,長僅尺有咫,輒詫爲奇玩,崇奉作案上供。而園中所聚多至數十百,大者丈餘,小亦不下五六尺,奇奇怪怪,駴目動心,見者驚謂不從人間來,嘖嘖嘆賞。山既成,餘石尚纍纍,不忍棄去,則徙置西廡之隙地,隨意點綴,疏疏莽莽,不減雲林道人一幅小景,亦奇觀也。迤邐而東,萬笏山房在焉。所疊石皆武康産,間以錦川斧劈,不雜一他石。山麓芍藥數百本,花時直欲與牡丹争勝,不肯相下,故分畦種之,恐其並處而妬也。武康有錦羅,有鬼面,有疊雪諸品,皆挺峙特立,無跛倚,無附麗,有肅雍將濟氣象。錦川斧劈,長可至丈八九尺而餘,昂昂軒舉,望之翼如,真如萬國千官,朝天擁笏,故云。而柱聯榜云:"正好支頤,遥對西山,挹朝來之爽氣;何須薦手,仰瞻北闕,承日下之恩光。"此陳子凤昔態也。陳子既爲此園,久之未有記,友人時時從臾爲之。陳子曰:此未定之天也。待既定,爲之未晚。歲萬曆癸丑冬至甲寅之春,復大加葺治,增所未有,飾所未工。役既竣,以爲可以無加矣,將爲作記。而忽拜囧卿之命,蓋夢想所不到。既疏辭不獲,復爲部檄所敦促,逡巡久之,迺克就道。既抵滁陽,意殊不自得,野鳥入籠,山猿就檻,終違本性,非其所好耳。或謂豐樂、醉翁、瑯琊諸名勝,此豈不足君所乎?胡不一寓目,以解胸中牢懨?陳子然之,稍稍爲汗漫遊,而胸中牢懨終不能解。語云"信美非吾土",其然哉?于是,追憶園中景物,濡毫爲記,置之座右,以當臥遊。然園名曰涉,閒者不涉此園,已多日矣。放筆太息,不能已已。予亦安能鬱鬱久居此乎?寄語山靈,毋遽草《北山移》也。

增建友石軒五老堂記

陳所蘊

　　友石軒、五老堂者，日涉園中新搆室也。園成於丙申歲，垂二十年未有記。前年，出應南冏命，留滯滁陽，意殊不自得，乃遥憶園中景物，追爲作記，日置案頭，以當臥遊。自謂不復增葺，足吾事矣。客歲，移病自免，不待報而歸。歸而有以英山石求售者，予意猶在可否間已。卒售之，尚未卜日鳩工，方有待也，而夜夢五丈人來訪，皆龐眉皓首，衣冠甚偉。已前自通姓名，曰梧臺子，曰條支叟，曰大碣居士，曰月林生，曰點蒼道人。合詞而進曰：聞先生有堅貞介特之操，雅與吾儕臭味相宜，願庇宇下，以托終身。夢中不知所以，唯唯而已。詰問故人顧仲，説以太湖五石求售，因與夜夢相符，遂以六十金。居之亡何，而陸氏兄弟來言："昔年所售房，有山石二座，未嘗登券，仍是吾家故物。今應償直。"予笑曰："昔人有買宅以居者，入宅見庭樹，指語主人，曰：'此嘉樹，應償直。'遂予五十。千載以爲美談。諸陸以古人待我，我安敢不以古人自待？"遂以百三十緡予之，而舁石以歸。石既聚，將卜日鳩工。人有以顧山師薦者。山師，故朱氏奴産子，幼從主人醒石山人壘諸名園石，稍稍得其梗概，而胸中故別具有邱壑，高出主人遠甚，出藍青藍，信不誣也。於是即萬笏山房後，撤故庖副地，以壘英山石。英石先是已有成山，此舉最似可省。而里人入貲爲郎者，宦粵綑載歸，負予母錢六百緡，不能償，欲以是準其半，予拒之不得，而勉從之，非得已也。石既奇絶，山師以轉丸扛鼎，手爲之曲折變幻，若出鬼工。巨峰五，小峰數十，谿壑岩崖，磴道略具，拾級而上，一小亭據其巔，名曰集英，蓋張長興所命面。山下小軒，名曰友石，則取海岳山人語也。當今友道凌遲，非脂韋柔佞輩不與締好定交。若夫骨力堅勁、面目嚴冷，直如石丈人，世方以爲難犯不可近，而吾獨與結方外緣，用以矯世耳。顧、陸兩家石，鉅者十有三，小者數百計，就中擇其尤最鉅者五,立爲五峰,即以夢中姓名名其石,中一峰曰梧臺子,左曰條支叟,□[右]曰大礤居士,次左曰月林生,次右曰點蒼道人。□[中]峰挺直峭拔,而首微欹,一手支頤,西向長嘯,一手右旋而撫蹲獅,弄之股掌。左峰若老衲子,結跌蓮花臺上,對衆說無生法,小沙彌跪而諦聽,時或點頭。右峰磊砢多奇,峨冠巍然,兩袂開張,風生習習,足踏鬼子母,意欲生擘飽啗。次左直方大,兩人駢立偶語,踟躇不前,正如劉、阮入天台,隔溪悵望,欲問迷津。次右左手抱膝,倚隱囊,作梁父吟,右撟一足答焉,似喪我,有遺世獨立、羽化登仙之意。是五峰者,皆拔地特起,望之儼然,名曰五老,可爲稱情。前搆一堂,因山定名曰五老堂云。人言匡廬五老,鉅麗甲天下,以是區區五卷石者當之,得無爲山鬼揶揄耶?予曰:莊生不言乎,天下莫大於卷石,而泰山爲小。予且不欲與匡廬比長挈大,何物山鬼,乃敢笑人?山之麓環以曲澗,雜植荇藻之屬,亦有纖鱗撥刺其中。客欲流觴,則以桔橰取水,迴還過續,涓涓不絕。度澗而南,出玉乳洞,大□□其前,石瀬嶺岈,水聲瀺潺,濯足洗耳,無所不宜。□[南]望殿春軒,罳罘窈窕,倒影入池塘,儼然圖畫。沿流而東,舉趾漸高,至臥虹門,折而趾益高,復折而西,乃拾級登山之巔,四顧潁洞,空曠淼沉。周圍綠□[楊]翠篠,青松碧梧,披拂蕩漾,於若有若無間,令人有天際□[真]人想。西抵山之西麓,出棲雲門,遂履平地,則堂之廣庭在焉,延袤可百餘武。春日落英滿堦除,錦茵璀璨;□□[夏日]最宜納涼晞髮;秋日千頃琉璃,清光布地;冬日群峰積雪,玉樹巉岣。故五老堂又名四可堂,蓋言四時無所不可也。堂之東西皆步屧廊,由西步屧而南,則出振衣亭。君子林直抵南坡,陟土岡而下,度偃虹橋,過浴鳧池館,經過雲峰,度漾月橋,而會□[於]竹素堂。由東步屧而南,則排白板扉,東入由友石軒、萬笏山房,西過殿春軒,登翠雲屏,入濯煙閣,下穿問字館,過知希堂,折而東,復繞修禊亭而出,亦會於竹素堂。此園中後先大略也。蓋始事於張山人臥石，繼以曹生諒，最後乃得顧生。某人言張如程衛尉，曹如李將軍，顧於程、李可謂兼之，亦庶幾彷彿近似矣。予惟人情嗜好，惟本之天性者，爲最真最篤，即有它好，□不與易，迺陽浮慕之者，雖跡若沾沾其中，固戞戞□[乎]不相入矣。嘗憶一先輩，蚤歲罷官歸，聞人言壘石疊山爲高人雅致，不惜傾家特創一園，徒豪舉耳，非其好也。園成，目不睨視，終其身未嘗窺，左足闖山之足，日坐邱壑林麓間，與門下客謀爲出山計，鄙穢可厭。予嘗欲依《北山移文》故事，作南山文移之，有人好事者咸從□[臾]予。予以爲不長者，卒不果若此者，非惟人負山靈，山靈亦搤掔嘆知己之難遇矣。藉令五丈人而有知也，必曰當世有一人知己，足以不恨，其在陳生乎？其在陳生乎？予且與五丈人結歲寒盟矣。

日涉園圖咏

　　昔贊皇成澤潞之勳，平泉寄興；君實改熙豐之法，獨樂恬情。蓋豪華富貴之夫，往往營心田舍；而英賢特達之士，時時舒嘯煙霞。大纛高牙，享浮榮於朝宁；茂林修竹，輸真樂於家園。身後聲名，豈肯易生前酒；壺中日月，洵可作地行仙。太白羨秉燭之遊，良有以也；洛陽侈名園之記，蓋其盛哉。鯨海以西，龍浦之上，鍾山川之間氣，誕宇宙之完人。裔出席門，名高懸榻，妍媸獻狀，握黜陟於留都；桃李盈門，秉鑑衡於中土。身列紫薇之署，遽尋翠竹之盟，乃因唐氏之廢園，用闢莊生之新徑。林間高閣，驚蜃氣之起樓臺；沼上層巒，擬蓬邱之峙溟渤。雲興霞蔚，坐茂樹恍在深山；鳥語花香，憩幽軒嘗如春日。向巖頭而泛斝，遙看遠浦飛帆；循山足以攜筇，更得垂虹跨澗。修禊事，踵永和之後塵；記醉鄉，符東皋之雅興。臣心如水，棄組綬而效淵明；帝德光天，慰蒼生而起安石。晉臺初辟王命，幸獲堅辭；南岡復徵君恩，恐難終負。喜書劍之無恙，攜鶴琴以相隨。勝地賞心,每過瑯琊豐樂;故園回首,難忘蒼壁小磯。藉左右承弼之□□,試月露風雲之□□。記成則馬、班遜博,技騁雕龍;詩就而庾、鮑兼長,聲堪擲地。非三都之作賦,紙價忽騰;等五言於長城,偏師莫展。□[承]嘉命而覓句,無奈黃鍾之在前;蒐枯腸以揮毫,終慚白雪之難和。緬思輞川勝境,得繪畫而氣象□[常]新;池上遺篇,因作圖而風流可挹。豈以茲園之聚景,竟□[乏]佳筆以傳神,乃倩名流,各呈圖畫。煙雲凝而滿幅琳瑯,□□□□□□□。璧合珠聯,□錄唱酬之什;縹囊緗帙,難稱裝演之工。太卿□熙載以奮庸,何一邱之足戀;暇日倘按圖而披閱,同五岳之臥遊。弗作覆瓿,願攜行橐。他日功成麟閣,重看綠野堂開;此時身謝鳳池,遙對赤城霞起。籜冠新製,偕舊雨試問菊松;□□堪傾,趁良辰共中賢聖。則茲園信瀛洲、員嶠之分奇,而此卷亦蓮社、香山之左券矣。

萬曆丙辰端陽日通家晚生李紹文頓首撰并書。

日涉園 林有麟繪圖

子有元作

會心在林泉,雙屐足吾事。朝斯夕於斯,不知老將至。

李紹文和

爲圃與爲農,豈是公卿事。園林最近家,不妨日一至。

濯煙閣 金自洋繪圖

子有

春風吹萬戶,弱柳颺青綠。美人渺愁予,風流當在茲。

紹文

高閣凌霄起,開窗拂柳絲。不獨思張緒,泉明興在茲。

蒸霞徑沈士充繪圖

子有

度索山頭樹,河陽縣裏花。照山疑是火,映水總成霞。

紹文

度索遠難到,何緣見此花。試從花下飲,疑共吸流霞。

漾月橋莊嚴繪圖

子有

月在水之中,橋跨水之上。水流故瀠紆,月光亦簸蕩。

紹文

流水在山下,明月在山上。山間跨長虹,水月同搖蕩。

過雲峰李紹箕繪圖

子有

削成千仞峰,時有靉䨴色。箕踞坐其下,青翠紛欲滴。

紹文

但得一奇峰,園林便生色。況乃高出雲,空翠向人滴。

明月亭李紹箕繪圖

子有

烏啼夜未央,犬吠月方午。此時舒獨嘯,詎與今人伍?

紹文

桂樹月初圓,銜杯夜當午。千古赤壁遊,真堪與之伍。

浴鳧池館徐元瞪繪圖

子有

春波何澹蕩,春鳥自翩躚。無用愁鷹隼,沙頭盡日眠。

珍禽蓄樊中，何得時翩躚。不若泛泛鳧，安然沙上眠[7]。 　紹文

偃虹橋 時芳繪圖

絕澗臨高岡，欲濟無舟航。山迴路復轉，共詫有修梁。 　子有

本是從橋便，何須上野航。臨橋看魚躍，仿佛在濠梁。 　紹文

春艸軒 董孝初繪圖

芳艸何萋萋，遠近同一色。春風年復年，枯荄還復碧。 　子有

紅紫競芳菲，誰不賞春色。何處看花茵，軒前細艸碧。 　紹文

香雪嶺 常瑩繪圖

千林白皚皚，乃在春風裏。況有暗香來，雪固應遜爾。 　子有

瘦影自橫斜，如入孤山裏。主人愛清芬，相契惟有爾。 　紹文

桃花洞 顧林繪圖

行到水窮處，劃然開天門。水流花出峽，知有避秦人。 　子有

不是武陵澗，翻疑玉洞門。洞中何所有，試問捕魚人。 　紹文

萬筿山房周裕度繪圖

子有

群峰屼巏屼,停停俱直上。吾以支吾頤,獨坐觀昭曠。

紹文

曾登天平山,萬筿出其上。具體在兹園,地近心愈曠。
右十二景圖存。

殿春軒

子有

歸橐看如水,蕭然問水濱。滿船和月載,惟有洛陽春。

紹文

姚魏俱名卉,移從洛水濱。邑市蕭條色,今□(原缺)富貴春。

來鶴樓

子有

樓空鶴已去,鶴去名還留。不知丁令□[威],異日歸來不?

紹文

樓居僊子好,仙驥偶相留。腰纏固非願,乘軒恐亦不。

竹素堂

子有(紹文和作未見)

客來塵共揮,客去管自握。誰謂楊子雲,草堂乃寂寞。

五老堂

紹文(子有原作未見)

草堂長堤水滿塘,三三兩兩戲鴛鴦。小舟蕩漾輕於葉,載酒沿洄納晚涼。

右四景圖佚。

按：陳氏《日涉園圖》卷，向藏予家，不知何時失去。乾隆戊午之夏，予從顧氏重購得之，圖已僅存十二，首列"名園圖詠"四字，爲周裕度八分書；次即李紹文序。紹文字節之，華亭元薦先生之季子，布衣而有文望，書法尤工。惜是序剝蝕，不能盡讀。圖方幅不盈□[尺]，皆略寫大意，不求形似，子有原作、紹文和作則並書幀端。考日涉園，本具三十六景，景各有圖，自所列十二景外，有曰爾雅堂、曰飛雲橋、曰竹素堂、曰殿春軒、曰白雲洞、曰來鶴樓、曰啼鶯堂、曰東皋亭、曰修禊亭、曰知希堂、曰問字館、曰翠雲屏、曰夜舒池、曰小有洞天、曰友石軒、曰集英亭、曰五老堂、曰曲澗、曰石瀨、曰振衣亭、曰玉乳洞、曰臥虹門、曰雲樓門、曰君子林，中惟殿春軒、來鶴樓、竹素堂、五老堂諸詩尚得於殘編中，考見補列如右，餘則并詩而亡之，蓋佚去久矣。

竹　素　堂
萬卷羅片心，千秋懸五指。試看起草時，靈氣山山紫。

過　雲　峰
似遣巨靈手，嵯峨插青漠。雲來山更重，雲去山疑斷。

東　皋　亭
杜康故有祠，東皋復有亭。王無功自號東皋子，曾爲祠祀杜康。千秋一杯酒，願醉不願醒。

君　子　林
修篁臨曲池，徙倚衣裳綠。竹枝歌美人，婉轉敲寒玉。

右四詠，爲杜獻璠作，見姚氏《松風餘韻》中，蓋在圖卷之外者，因附於後。

曹錫寶露香書屋隨筆

吾邑陸氏所居竹素園,樹木森秀,山石間晨夕輒有煙雲起滅。相傳是前明陳太僕滬海公故宅,滬海公得之秦侍御後嗣。蓋甫落成,秦遽謝世,其子孤即售於滬海。一日,滬海同人扶乩,忽判云:昔時曾向曲江遊,鐵面霜風死即休。十畝田園歸何處,一堆枯骨葬荒邱。早知吾子皆豚犬,何用當年學馬牛。滬海乃肅然起拜,謂是哲嗣輩願售於某,並非某敢謀得者。隨又判云:秦漢江山唐又宋,前人留與後人收。滬海始釋然。吁!若秦公者,亦可謂達矣。

按:日涉園本唐氏廢圃,經營葺治,實出於子有先生,其自記甚明。鳳樓侍御降乩,一律本之《五茸志逸》,蓋言其所居宅第,售於喬春元海宇。喬偶扶乩而書示此詩,因以時祀公,並非謂日涉園。劍亭先生蓋傳聞偶誤,特附記而正之。

《日涉園錄》卷二

(上海)陸慶循 秀農　編

我陸氏世籍華亭,元明之際,餘慶公始出居魏塘之馬橋北莊,蓋別業也。蒙難投江,招魂歸葬。子竹居公贅於章,在黃浦東之洋涇,因家焉。再傳而生東隱公,北遷沙橋,今子孫猶聚族而處。又三傳而至襟宇公,是爲予六世祖。襟宇公舉有三子:長口[吉]雲公,次即予五世祖儼若公,季雲生公。時吉雲公口[方]宰江右,卜居潘恭定公之世澤堂故宅,而儼若公口[與]雲生公仍奉親,依祖舍,轉徙靖江公之紫薇堂。靖江公者(諱明揚),儼若公之叔父也。居十年,又以湫隘不克安。先是,吉雲公子元甫公栖息日涉園之東隅,未欲久依,乃以親命償其直,爲卜遷計,事在明崇禎之十年三月。是時,園蓋久歸范氏。我陸氏固得於范,非得於陳也。自東隅外,范質於喬,未幾而喬又他徙,儼若公乃得全園而居之。初非本志,其久大之説、分合之議,俱見之自書《理園記事》中。越至於今,蓋一百四十餘年矣。子孫衆多,固難以容,而他人入室,且大懼先業不能守,謹錄遺言,溯所緣起,俾後有考焉。

襟宇公日涉園詩

昔是冏卿圃,今爲老子居。先留五峰巧,后壘萬山奇。傾圮奈重整,力分兩非宜。得之信有數,堅推不可辭。先公亦鑒予,故物今在茲。栽梅馨峻嶺,種竹插新籬。日暖觀魚戲,風清聽鳥嬉。綠荷叢畫舫,鶴髮映花枝。比比皆書屋,勗我讀書兒。書香相繼守,拮据血中資。二老在天英,願言默佑之。謹案:是詩刻《片玉堂詞翰》中,時年蓋□[七*]十有七矣。

附:書訓示孫 力置名園,書室頗多,子孫通要,拘集寢食其中。請一名師爲範,朝晚習静,三六九作文,心專一路,内有實學,外自可觀。此亦園中之無限樂境也。願兒輩教誨,以慰老懷。

儼若公始得日涉園改作樂斯園記事

先文裕公有後樂園,唐龍江學憲有亦樂園,予追蹤芳軌,以樂斯名者何?取事親從兄之義也。父母俱存,兄弟無故,君子不以南面王易此樂。予不幸缺其二,而猶幸如天鴻庇,有父兄在,取以名園,欲後之子孫顧名思義,從孝友立根,庶幾古風人興賦之遺焉。憶予弱齡,吾母早世,家居鰥曠淒其,賴伯兄登賢書。予贅孝廉周恒山先生家,匝月一歸,兄弟聯牀,中夜嗚咽無母之苦,幼弟備嘗之。予兩年而□[亡]前婦,又兩年而娶今婦。授徒於外,定省久疏,爰儗世父孝廉公舊居之西偏,欲以迎養嗣。而内房湫隘,將别議遷樂斯園者,陳子有冏卿日涉園之舊址也。事始於猶子元甫,蓋止東之一隅耳。會親命予代,猶子固讓,予固辭。辭之不得,乃奉親以居之。自東隅外,范氏先質於喬孝廉典籍,喬與予同袍舊誼,兩家歡敘,晨夕過從。未幾而高朋分袂,喬又他適,於是范冠軍兄弟轉謀別棄，伯兄遠任，且有潘氏宅不能兩兼。予承親意，乃以六百五十緡購其全。親心愉快，登涉自娛，且以復先公五老諸峰，實爲平生樂事。其一得之春申浦中。此舉原以竟猶子之局，代伯兄之肩，於爲子爲弟，欲求無愧耳。五年以來，竭力仔肩，心力交瘁，名山有靈，知不我誚也。海上薄俗，縉紳第宅半爲傳舍，皆由本根先撥，或恣意逸樂，隕墜家聲；或昵情巾幗，乾餱起釁。其得之也，不以正則；其失之也，亦必於邪。天道循環，毫髮不爽。吾父淵懿寬大，貽謀宏遠。伯兄端方□［沉］練，季弟廉正多才，予皆不及，而孝友相傳，三人分得一體。諸猶子恂恂秉禮，昌大之徵可卜。予曩移書江右，云此地大堪下帷，仿八閩李寳弓先生家故事，兄弟叔姪聚首一堂，砥礪千古，庶不負山靈，仰承高堂，屬望後人繼起。至念園有竹素堂，堂東有廡，子有先生題曰"揚扢風雅"，蓋昔年藏書地也。予家無藏書，借觀友人處，殊不便。伯兄遠緘清俸，予悉以售書，藏之名山，金度、金簡兩兒頗敦古學，童子作解頤語，豈子有先生憐予經營之苦，而陰相報耶？葺理將成，予采李青蓮句，書於堂曰："會桃李之芳園，敍天倫之樂事。"後世子孫當思手澤留貽，庶幾可大而可久。若各心其心，明於纖悉，而昧於遠大，計及秋毫，讒閱相乘，務外不學，非吾子也。此語其世世珍之。

案：日涉園本陳□［氏］所題額，儼若公遷居後，初改五瑞，又改樂斯，後乃仍其舊名耳。

儼若公遷居日涉園記

予遷居日涉園，非初志也。日涉園者何？子有陳先生之所闢也。余初心不及此，而栖息於此者何？將以娛親也。憶余年十八，家貧出贅，硯田爲□［食］，三十而儼居世父襟元公之東□田舍。乃庭除狹小，未遂迎養。荏苒十年，不遑寧處，□謀諸婦曰："古人一日養不以三公易，親屆稀齡，而甘旨有缺，何以爲人子？盍更諸爽塏之區，得聚廬而托處焉？"適有以外舅周恒山先生故居相質，議將有成，家君曰："子誤矣。汝姪所置日涉園東隅，拳石勺水，可以忘老，吾將安於斯。爾兄有潘氏世澤堂，勿克能兼。兄弟各任其一可也。"鳳辭以先達名園，非寒士所宜，且水多，地少偏，居則界溷而難分。家君再命猶子固請，遂定卜居計。家君色喜，郵筒往江右，聞諸伯兄。伯兄移書曰："居第園林，位置各當，大人徜徉□[其]間，洵足樂也。"園之中爲竹素堂，南有來鶴樓，北有五老堂，東有濯煙閣，西有爾雅堂。池榭山林，交相翠映，實爲海上名蹟，乃陳氏□[不]守而歸之范氏，范氏又不守而歸之喬氏。自予處東隅未久，典籍又別營苑裘，范將轉售予他著姓。來鶴樓山石及五老峰，幾欲散之四方矣。予念五老峰□[乃]先文裕公故物，山樓諸石爲園之最勝處，不忍棄置。且他人入室，則東隅蕞爾亦孤□[危*]而難安，於是禀諸家君，遂收全園之勝。而傾圮飄搖，支肩不易，經之營之，罄笥以供匠氏之斵，頹毀者於以起，缺失者於以補，駸駸乎得改觀焉，因題一聯志喜，曰："將年老幸同五老，謝君王喜遇春王。"年來娛親素志稍伸萬分之一。予初遷之始，即建家祠於廳事之東，而以從伯祖文裕公、先賢子有陳公私謚之曰介直，附祀於家祠之左。親親賢賢，不忘所自也。嗟乎！予一窮措大耳。何人斯，乃敢繼跡先賢？天下事固有謀之未必得，不謀而反得，以物之成毀得失，有神□[焉]司之，何紛紛爭逐？爲每見縉紳子弟習故蒙安，不□[旋]踵而瞻烏興慨，牛馬襟裾，俛得俛失，滄桑遞變，而寸心不朽。凡我子□[孫]，修文礪行，孝友讀書，綿綿世德，與山水同高深，可也。家君聞而頤解，遂援筆書之於堂之左。

儼若公修理日涉園記事

日涉園自陳囧卿□[手*]闢而後傳於范香令，未嘗加葺，頹毀已極，滿目煙□[光*]，化作塵埃蔓艸。其敝甚，最難修者，莫如來鶴樓，墻屋傾圮，四面臨流。匠氏駕木登高，人力協助，數倍他處。予以葺荒園如理亂絲，必先從難處始。古香亭破敝，同於來鶴樓，挺峙園之西南。罔卿昔年放鶴觀梅於此，鳩工庀材，實勞塗茨。亭旁有兩斗室，不蔽風雨，有議毀者。予不忍，亦命葺焉。殘臘經始，拮据維艱，中池立架，整理頹垣，門牖之缺者補，棟柱之傾者安，墻塓之損者完，加以丹臒輝煌，丁頭磷磷，百工交作。總三處，名雖修葺，艱難實不減於重造。護園牆自南而東，自東而西，予高其崇墉，補其損漏。老親復命山師□[築]米家山一拳，點綴其旁，桃梅雜植，英萼繽紛。嶺有古杏一枝，上林佳種也。葡萄一樹，古松三章，猶是罔卿手植。嶺東有兩石梁，命工人平其傾仄，與來鶴樓通。家君時時登眺望其旁，予采古詩□[有*]“鶴舞千年樹，虹飛百尺橋”之句，波流上下，放畫舫其中。予聯句云“紅欄倒影樓頭月，畫舫飛來水面峰”，皆實錄也。樓之旁，有三神仙山，峻絕不可攀，與古香亭諸小山相掩映。亭下有石洞，洞有石，扣之琅琅有聲，罔卿題曰“玉振”。山上巒頭玲瓏，可提攜者半爲偷兒攫去。山樹亦濯濯無存，家君漸植其旁，菁蔥聳翠。中流有一拳，突兀而起，仿金、焦勝蹟也。葺其頹缺，紅榴綠楊，映帶左右，與來鶴樓前紫薇、繡球爭妍鬭彩。東有袍笏峰，儼然正色立朝氣象，拱竹素堂而屹立其旁。堂最爲壯麗宏敞，一園之冠也，罔卿榜於楹曰“品題泉石，揚扢風雅”。吳郡周天球題署尚存，得秦李斯筆意。堂□[臨*]河，游□[魚*]跳躍，舉網可得。晨起，羲陽初馭，水光與日色映射，摩盪梁間，頗可人意。第風雨飄搖，□□[椽瓦*]幾圮。予於明春正月命匠氏綢□[繆]補葺，工力浩煩，亦如來鶴樓。是年，家君適逢覃恩，膺封誥如伯兄銜。郡邑大夫有式廬之□[喜*]，予爲一聯紀其事云：“萬笏拱朝丹鳳闕，群仙高會碧雲居。”山光水影與五色鸞封輝映一時，袍笏峰似爲之兆云。士論鄉評以爲家居樹德食□[報*]，稱觴□[於*]此堂。堂之西偏有石梁，罔卿玩月處也，红栏重整,蜿蜒如龙卧波。登斯桥也,南望三神仙山、来鹤楼、古香亭诸胜境,心旷神怡。东联两石梁,画栏交映,如长鲸吸川、霓虹贯日,亦园中一胜事也。缘桥而通尔雅堂,此堂为冏卿入门第一华居,剥蚀尤甚。家君鼎而新之,婆娑其中,改名长春,为先文裕公手书。余为联句云:"那知阆苑瑶华国,即是平原桃李庄。"复建新楼于堂之后,名曰德馨楼。每一登眺,全园胜境如在画图中,与来鹤楼两两并峙。快哉此举,补冏卿当年所不及。楼之后有君子林,修竹千竿,为俗子蹂躏,余加意灌植,以河膏沃其根,渐长新芽,苍翠可爱。林之东,有殿春轩。轩庭有□[山]如屏障,山上有树如盖鬈,花色如金。山左有树,名龙枣,枝叶如虬龙,离奇曲折,夭矫绝伦,产于大名府,吴地未可多得。冏卿故物,疑有神焉以护之。当年多植牡丹,已渐灭无存矣,家君补以芍药,开时五色缤纷。旁有丛桂,可拟淮南。山巅古松一枝,苍然矻立。高眄澄波,波心文鱼踊跃,如霞蒸锦烂。绿荷红萼,夏景佳绝。池滨有古蕉两,年酿甘露,如仙掌繁盛,至开五花,其瑞徵乎?稚子登眺其旁,读《采莲》诗、《甘露赋》数章。轩藏书百卷,有邺架遗风。余与君谟姪课儿其中,题于楹曰:"素心聊寄介石,雅志不在窥园。"轩北河水清涟,一幅《辋川图》也。伯兄戒子弟辈云:"毋徒临渊之羡,共存结网之思。"借景示诫,得风人之意。西接君子林,林傍河滨芙蓉数本,绿杨红桃,间杂成章,结榴为屏。绿漪亭在五老峰之西隅,与殿春轩遥相掩映。亭不甚破漏,葺理工半于古香亭,然亦烦费,不仅如殿春轩修整帘栊窗牖而已。五老峰为先文裕公故物,玲珑苍秀,五幅各写一景,画家以为天然工巧,非笔舌所能绘。河东有罗汉峰,为五老之亚,与中峰角立相向。历年既久,岌岌将倾,而重大难举,百人不能胜。予以为理石工亦宜先从难处始,犹整墙屋必始自来鹤楼也。匠氏竭蹶而趋,泥□□[工番*]插从事,呼声动地。遐迩来观,咸以为子有先生再起。缘东河移至五老堂前,将竖,忽仆,几傷一匠氏，狂奔得免。石臥於地，形如獅象，聽其所止而休焉。山師以爲不及。嶺上舊有山茶一株，紅豔如珊瑚琥珀。五石丈臨河，石色斑駁，薜蘿爲裳，有詩以紀其事。河濱有釣魚臺，清流可以濯足，放舟中央，如坐天上。南聯殿春，東接萬笏山房，西有竹林映帶，北繞五老堂，堂有級，石欄可憑。庭中新植牡丹數本、剔牙松二株，家君鍾愛焉。堂宇高大，亞於竹素，有董元宰太史題額，書法逸宕，洵可寶也。東西兩廊一步一低徊，臺榭一覽在□[目*]。堂後有桂數株，數年不吐萼，余加意培植，年來頗蕃盛。庭有武康山石，尺幅小而有煙嵐氣。堂東西有兩曠，上可以爲圃，囧卿手植菓樹已無存。墻垣毁而重葺，蓋費幾苦心焉。圃植橙、柿、柑、梅之屬，如芽新茁，猶未成材也。憶丁丑卜居時，來鶴樓尚未屬余，猶子改修禊亭爲樓，與竹素堂通，北連映玉堂，即囧卿舊題"知希堂"者。堂前壘石，先一日，予備酒醴，攝衣冠，告諸土神曰："巖巖維石，高與雲齊。冰壺比潔，朗映纏奎。百尺元龍，星辰可梯。鳩工伊始，神默相兮。士龍之第，古人與稽。"次日危峰忽墜，廿人不能舉。予有一蒼頭，全身壓於其下，迆邐震驚，急來拯救，以爲必死也。而幸不死，以石篋空空處可容身，一足在石竅中，似天巧湊成，不爲薤粉。噫！亦奇矣。先時，有相士決此奴三日必有難出，萬死於一生，何其驗也。豈數有前定耶？抑神實有靈，寄好生之德於無情之石耶？合後之舉，羅漢峰匠氏幾傷而得免，山師何□[其*]太拙，而石何太巧也。映玉堂之後爲濯煙閣，古梅、玉蘭、丹桂、海棠各一，予食息於此。閣之後爲萬笏山，山石半入縉紳家。山有房，房以後武康嬰石諸小景，囧卿素奇愛焉，而滅浸不復存，舊址改爲廬矣。自丁丑越辛巳，凡五年，功將十之有七，其未竟者三，尚有待也。茲園之成毁有數，予物力之聚散有數，未易一二與俗人言也，高山流水間當有知我者矣。因援筆記示子孫，而終之以歐陽子之詩曰："毋爲邱園戀，滯此安車聘。"

按：古香亭、緑漪亭、袍笏峰、羅漢峰、釣魚臺、玉振諸勝，不列陳氏三十六景之中，而伯米峰、墨圭兩石玲瓏皺透，足供玩賞，則爲記中所未及。至儼若公修理茲園，大概本陳氏之舊而補所不及者，則爲西之德馨樓；其名之因舊而改題者，則爾雅堂之爲長春堂、知希堂之爲映玉堂。入門之徑，陳氏本由西，今故道猶存，囗[自*]元甫公居東隅，因即移之於東，遂相延至今。揖星樓，原修禊亭故址，亦元甫公所改建於樓下，題"日涉成趣"四字，爲全園標目者也。若萬笏山房之改三宜堂、問字館之改繼志堂、殿春軒之改傳經書屋，猶在其後，蓋百數十年間，亭臺池沼之屬，非無變更而面目猶是本來。今雖白露蒼涼，化作頹垣斷塹，而一二老樹婆娑，危峰臥石，猶見當年遺蹟。讀其記，而尋其境，若者云亡，若者宛在，猶足供藝林憑弔之資。夫某水某邱者，昔人尚志釣遊，況爲數世栖息之所，而可勿克溯所從來乎？此予之所不能不爲詳考也。又按：園中八景標目，前此未有，希杜公瀛儒。曾有詩紀事，或即爲其所題。茲並附存其目於後。

南樓遠眺　　水嶼煙迷　　曲池魚躍　　南山晚照
山閣雙梧　　霞徑垂楊　　五峰積雪　　山梁夜月

儼若公日涉園銘

事親從兄，課姪課子。拮据維艱，貽謀慎始。取與在公，任讓有禮。本是同根，何分我爾。負荷經營，高堂燕喜。家慶綿長，清白以俟。直上青雲，紆金拖紫。孝友傳芳，堦前履視。山高水清，賢者樂此。

附：題署牓聯已見前記中者不錄。

東軒　　董其昌題
西軒　　沈白題
小自在　垮題

容安居　瀛儒題

蟹甲瀛齡題，有跋。　東河亭斗室也。曷爲乎顏以"蟹甲"也？蓋古人或有以蝸廬名者，或有以繭室名者，名以蟹甲，仿古也。蠏，從解，義取諸發解也。左旁從虫，析之則中已一也。合甲字成文，解後中一甲也。驗耶？否耶？聽之天公可也。

繼志堂瀛亮題，有跋。　園爲曾王父創得之，王父受而力新之。予父鄉居而思返之，瀛亮仰承而屢修之，稍擴之，望吾子孫世保之，更光大之，庶乎克繼其志，爰顏其堂曰繼志。

傳經書屋秉笏題，有跋。　前明天、崇間，高祖贈參議公得日涉園，爲子孫讀書地。中有殿春軒，昔仲祖學憲公、先學博贈奉政公、叔父孝廉公、余與麗廷弟先後下帷其中。自順治辛卯，後相繼以《毛詩》受知科目。又歷四世，水榭駕空，易圮，余築基改造，屋後疊石爲山，顏曰"傳經書屋"。非好爲更張也，深懼先業廢墜，且以勗後人之顧名思義云。乾隆癸巳長夏，葵霑居士識。

拙閒堂　錫熊改題"長春堂"。

尚有西齋　錫熊題。

勉承先志，謹守敝廬。鳴球夢中句。

溪山勝處開圖畫，風日佳時樂性天。瀛齡題五老堂。

漱石枕流便是山林經濟，春華秋實更將風月平章。瀛齡題殿春軒。

心本太平方一寸，軒名自在勝千間。瀛齡題小自在。

在乎山水之間，可以絃誦於此。秉笏題傳經書屋。

按：儼若公後，又析爲三支。國朝順治十三年，園居分屬高伯祖，慎庵公居東隅，曰濯煙閣，曰映玉堂，曰揖星樓；次山公居西隅，曰長春堂，曰德馨樓，曰來鶴樓；高祖鶴坡公居北隅，曰殿春軒，曰五老堂，曰萬笏山房，而竹素堂則爲公地。嗣慎庵公別建聿脩堂於東里，次山公則遷荊桂堂新居，惟我高祖以來，世守至今。方池老屋不蔽風雨，人多難合，炭炭乎將勿克遵先訓。俯今追昔，念我族人，能勿感慨繫之也。

《日涉園錄》卷三

(上海)陸慶循 秀農 編

儼若公詩五首

日涉園居和放翁韻

家傳勤儉足生涯，操履清真不尚華。明月高樓聽夜讀，平泉曲徑看春花。整冠自笑空毛髮，搖筆誰誇利齒牙。五老高峰常作侶，曾無尺牘到官衙。

園名日涉往來稀，自有靈龜不朵頤。懶作傴僂苟禮數，欣逢知己問元奇。日窮自□[衣*]成書癖，夜禱心香有夢知。一枕黑甜神亦足，起來散髮步遲遲。

殿春軒窗屏詩畫文飾爲風雨所侵僅存其骨格水色山光扶疏樹影一覽在目口占一律

汰盡鉛華素質偏，稜稜風骨自天然。千重樹影穿岩牖，百折文瀾洗硯田。未畫象先元獨得，無絃琴上曲誰傳。由來白賁邱園吉，大塊文章斗室全。

園居即事

清冰銜鏡凍河澌，坐對青山飲數卮。墻角臘梅香噴雪，盤中銀芥細抽絲。含飴繞膝看蘭畹，舉案相莊捧玉匙。甫里家風垂竹素，徜徉五老下瑤池。

夏日園居口占

青箱有穀硯爲田，林壑栖遲七十年。九世同居忍過喜，一言行遠恕爲先。晏嬰近市無營利，潘岳閑亭自理編。已識之無掌上舞，涼生冰簟抱孫眠。

鶴坡公詩十一首

來鶴樓雜詠四首

幽棲曷常好樓居,勉力世守先人廬。從少至壯雖老矣,傳子及孫況身歟?晨昏講誦定不輟,師友切磋兼無虛。一簞一瓢我自樂,旁觀休笑生計疏。

突兀危樓宛似船,憑高一望思悠然。孤浮水際疑無地,同寄人間別有天。半榻琴書常寂寂,四山花木自綿綿。此中絕少風塵到,何用蓬萊更覓仙。

樓召來鶴意何微,應是知機貴息機。露滴月痕惟子和,風翻雲影任群飛。素衣皓皓真成潔,瘦骨稜稜豈羨肥。坡上老翁自號鶴,此心內省未爲非。

積翠含雲一老峰,巍然特立碧溪中。層層仄路崎嶇上,曲曲危橋宛轉通。小閣晝閑人自靜,短篇時咏興難窮。往還惟有知心者,物理能參異與同。

五老峰歌

五老堂前五老峰,離奇夭矯若虯龍。下有曠士字文中,朝吸濃露暮餐風。興酣狂歌發清籟,機忘不問窮與通。時垂芳餌釣溪水,閑尋麋鹿常自從。虛室雜陳琴與書,北窗高臥羲皇同。起來呼童沽濁酒,采薪聊摘庭前松。酒中深味殊堪賞,壺傾杯盡豁心胸。但恨家人前致辭,云無儲粟瓶已空。醉來怒罵不復言,唯聞掩淚怨天公。人生何必戀妻子,塵緣碌碌苦相蒙。我欲化身爲異物,化作秋來春去鴻。世上榮華誠足貴,一朝失勢等飄蓬。

河亭對月

曲澗斜廊映夕陽,翛然杖履任疏狂。桐香漫逐東風度,月白波澄夜未央。

行飯橋西

一灣流水小橋西,綠樹初陰覆曲隄。引蔓屏花任吐萼,露尖園筍怒掀泥。鶯如求友歌聲緩，燕喜將雛舞影低。飯罷衰翁忒無事，步攜筇竹遍山蹊。

殿春軒即事

岩畔名花種不同，年年領略北軒中。剪蔬挑筍山家味，酌酒哦詩處士風。老鶴引雛鳴欲和，群魚逐隊躍無窮。敢嗟垂老還多病，安享韶華頌歲功。

園居即事三首⑧

閑園草木劇爭春，花後花前醉且吟。大甕酒空添小甕，北林筍少及南林。游魚戲水吞餘沫，啼鳥移枝送好音。即此欣欣消永晝，不知衰與病相尋。

掘地窮蒐得石新，爲山雖小亦嶙峋。莫愁他日成還□[變*]，且喜今朝假似真。雨霽寒煙迷遠樹，月明曉露浥輕塵。醉來高臥山窗下，不讓羲皇以上人。

重修來鶴樓喜示兒曹

業真難創守尤難，差喜危樓今復安。先事徹桑知未雨，及時墐戶怯將寒。居鄰古洞和雲宿，北歸雲洞。影入澄潭待月看。東漾月橋。好課兒曹勤夜讀，功深九轉自成丹。

希杜公十二首

日涉園八景

南樓遠眺

何處風光好，南樓倚衆山。一林羅檻外，萬象盡窗間。眼以此彌曠，心因之更閑。園中多少趣，不獨此堪攀。

水嶼煙迷

水雲四面起，煙鎖更難知。山影如人影，柳絲疑釣絲。晴光原所愛，爽氣亦相宜。何獨迷離處，沉沉賦小詩。

曲池魚躍

水碧堪欣賞,聞魚躍有聲。臨池神自遠,下榻夢還清。靜處原多景,機來亦入情。綠萍日日滿,何以濯吾纓。

南山晚照

山聳高樓北,橋橫小澗東。偶留天色好,如在畫圖中。谷鳥聽無盡,岩花看不窮。此時餘興未,薄襯落霞紅。

山閣雙梧

雙梧依傑閣,一望自生姿。秋到枝先禿,春殘葉未垂。拂雲多夭矯,帶月更離奇。竹葉應同翠,猶堪映酒巵。

霞徑垂楊

獨有蒸霞徑,沉沉繞碧溪。舉頭聊一望,滿目盡皆迷。葉映山光淡,絲遮月影低。靜聽枝上鳥,宛轉作春啼。

五峰積雪

積雪重重處,峰嵐一望空。誰知五老者,竟作白頭翁。氣塞隆冬後,光凝大地中。舉杯惟一醉,伴爾敵寒風。

山梁夜月

月來何皎皎,豈獨照山梁。水映常然火,天開不夜光。苦吟成百韻,痛飲累千觴。風雨無聊候,淒清向石傍。

日涉園四景詩

春

林間花片片,水面燕飛飛。載酒前山去,長吟送夕暉。

夏

日長何所事,飲酒碧筒香。水閣翻書帙,風來枕簟涼。

秋

秋來叢菊好,日日探東籬。莫道明窗窄,高朋共賦詩。

冬

風景雖寥落,寒花凍復開。何□[勞*]剡曲□[倬*],立雪此裴徊。

柳村公十四首

早登古香亭

古香亭畔氣氤氲,四面風光迥不群。東候朝暉含宿霧,西看夜月擁微雲。層臺此接五峰聳,曲徑南臨二水分。且入山齋理舊課,一編靜對意勤勤。

夜步南山

清晨遥望亂山巓,静夜徐行小閣前。明月斜斜含露囗[下*],幽禽寂寂伴雲眠。卻貪病起神初洽,每厭詩成韻囗[未]全。漫理瑤琴還坐石,新篁古柏和鳴弦。

來鶴樓漫興

朱欄曲檻滿園春,喜接簾前景象新。煙鎖畫樓人不到,月沉曲澗興何真。一群飛鳥空啼谷,萬樹殘花亂點蘋。更有良朋同玩處,憑軒把酒咏詩頻。

即　景

啾唧鳴禽投翠竹,清幽差喜滿漁磯。偶來池畔餘暉照,一帶園林亂影飛。宿霧漫時迷弱柳,暮煙深處鎖閑扉。倦來欲入山間臥,月上東方夢不歸。

秋夜五老堂翫月

卷卻重簾坐畫堂,迢迢清漏度圍墻。一輪高掛芙蓉鏡,五老齊穿薜荔裳。堂前有五老峰。風入空林驚宿鳥,露凝衰草泣寒螿。阿兄今夜知何處,直北關山是帝鄉。時仲凡客都下。

三宜堂賞菊

秋光淡淡近重陽,爲喜秋花到草堂。既薄繁華仍冷豔,不應寥落傲清霜。數峰高聳臨流水,一徑紆迴繞曲廊。此後尚須攜酒至,東籬無日不千觴。

園　　居

院落清幽處，真成安樂窩。山窗邀月早，岸柳受風多。絡緯催機杼，蜘蛛布網羅。誰家吹鐵笛，頓起過雲歌。

溪　橋　晚　眺

晚涼新浴罷，信步水之涯。月上含清霧，潮平露淺沙。□[棲*]鴉數株柳，宿蝶一叢花。別有濠梁趣，莊生莫漫誇。

元夕南樓望月

登樓常突兀，憑檻更蒼茫。無處開燈市，偏宜借月光。或穿高樹下，時度小山旁。只怕長空外，寒雲凍欲黃。

君　子　林

樓外青松常寂寂，池邊翠竹自森森。初如圭璧長林透，好待雲霄君子心。奇石點苔滋細雨，山梁臥水下飛禽。夜深風動還傾耳，恍似簫聲和素琴。

臨　　流

小池缺岸接危橋，四面風光破寂寥。山色自宜天色映，禽聲若與水聲調。金堤曲曲星方轉，玉樹亭亭月可邀。終歲臨淵何所羨，蛟龍雲雨上青霄。

蒸霞徑梅花早放

早梅錯雜亂蒸霞，春色芳菲遍我家。有水有山有小隱，可歌可嘯可看花。浴鳧水際鳧隨浪，漾月橋邊月映紗。只羨孤高無俗品，橫窗瘦影漫相誇。

待　　月

□[待*]月南樓月未生，俄然月上斗初橫。半灣獨照冰心遠，萬籟無聞鐵笛清。山水蒼蒼雲外色，泉流滴滴靜中聲。最憐良友當遙夜，玉影金波寄我情。

園居即事

一片青山數畝池，幽居端不負幽期。柳梢新月三更夢，筆底春花七字詩。酒泛緑醽添意氣，茶翻白雪沁肝脾。長安多少風塵客，應羨江皋老釣師。

熙載公詩二十三首

日涉園二十首

閑居無事即神仙，日涉園中別有天。山徑迂迴忘躡屐，水波宕漾好乘船。禽聲嚦嚦林間出，花信頻頻眼底傳。自是幽人添逸興，時吟短句或長篇。

山頭雙木自翹翹，銀杏胡桃相望遥。廣蔭一方能蔽日，高擎百尺欲干霄。秋深葉落封苔徑，春曉枝横壓畫橋。最愛清風明月下，兩三知己坐良宵。

古柏長松四五株，森森羅列小山隅。孤高原是因天性，夭矯真堪入畫圖。風勁笙簧音並奏，歲寒霜雪色難渝。此生願結爲良友，不管旁人笑我迂。

新移翠竹已成陰，好稱初名君子林。圓質偏能持勁節，虛中端合抱貞心。琅玕美實堪充味，簫管良材足賞音。三徑欲開須二仲，其餘那許得相尋。

柳浪參差漾碧空，十圍千尺總無窮。風流不減當年少，姿美還誇春月中。眠起隨時皆自得，榮枯有兆必先通。沿堤手植看垂蔭，水榭涼生暑氣融。

幾樹寒梅逗早春，古香亭畔曲池濱。幽芳醉月偏宜夜，素質凝霜不染塵。魁占定須推正士，羮和應許作良辰。天然雅緻還清絶，縱有濃葩未可倫。

杏花元是歲星精，豔比夭桃分外明。漢苑仙株空異色，孔壇絃誦欲聞聲。環山遍植新枝秀，隔水遥看媚態生，洛下貴遊人不少，何如岩畔一身輕。

緣溪曲徑號蒸霞，無數夭桃整復斜。何必千年方結□

[果＊]，只須三月盡開花。和風拂拂飛紅雨，麗日瞳瞳映絳紗。卻笑武陵源上住，時□處處可爲家。

捲簾遥望紫丁香，花放春深正未央。簇簇繁英迷蝶影，叢叢密葉護蜂房。隨山迂曲穿茅徑，跨澗凌空度石梁。閑把一編林際坐，此身肯爲利名忙。

海棠多品尚垂絲，疑是佳人睡起時。莫謂無香空有恨，不妨有諱竟無詩。臨風欲舞微含笑，向日凝妝静縈思。開遍閑園春正暮，好攜春酒酹仙姿。

□軒臨水淨無塵，舊榜高題曰殿春。芍藥盛開多異種，牡丹徐放動經旬。香居第一人争羡，色並無雙世共珍。花相花王名自古，敢將詩句頌花神。

雙桐高聳與雲齊，恰在南山小閣西。玉蕊當窗香馥馥，瓊枝覆石影萋萋。莫嫌侵雪瑯玕淨，只擬朝陽鸞鳳棲。聞道良材聲最韻，斲成琴瑟儘堪攜。

清池十里盡栽荷，卻爲貪看不厭多。香遠隨風浮水面，花開映日傍山阿。高吟每歲詩成帙，雅集經旬醉□酕。漫道此中堪避暑，方之河朔竟如何。

□[安＊]石何年貢此花，張騫偷得上仙槎。開分遲早天時異，種向高低土力差。豔勝紅裙休見妒，靚逾碧玉莫相誇。最憐破腹稱公子，絕似丹床剖鏃砂。

成行棗棘自森森，舊幹新條懷赤心。漾月橋邊欹壓木，捫星樓外曲穿岑。看花難禁蜂争戀，落實徒憎鳥欲侵。傳說安期能卻老，仙丹即此不須尋。

畫省争傳重紫薇，移來廿載乍成圍。朱英方夏開彌久，綠實經秋老更肥。影覆空潭疑欲墮，根盤怪石巧相依。別花人少應同慨，料得今時愛者稀。

沿堤花發木芙蓉，白白黃黃紅復重。緝就願裁仙子服，妝成笑映美人容。拒霜秋老姿逾媚，挹露晨初豔倍濃。把酒酹花花欲舞，醉餘長嘯豁心胸。

數株岩桂卻離奇，舊本新栽土更宜。花發天香堪自悅，枝分月殿爲誰貽。淮王招隱徒勞賦，竇氏聯芳未敢思。愛向小山時獨坐，披風落落自襟期。

小徑飛花錦作鋪，一灣綠水更縈紆。擬將近日新詩□[句*]，補入當年舊畫圖。園舊有圖。病後壯懷空自減，倦餘逸興未全無。床頭買得書千卷，坐遣清光慎勿孤。

風光遞變四時新，花木森森長是春。興到山間堪命酒，閑來磯上好垂綸。不牽世事心彌曠，只率天機句自真。莫負故園名涉，往還勝友願頻頻。

並蒂蓮雙發紀瑞

歲逢己未，序屬新秋。綠蓋紅妝，子建曾動美人之慕；中通外直，濂溪特標君子之名。矧夫雙蕊爭妍，解語休誇天寶；抑且連枝竞秀，通仙不讓華山。暎翡翠於瑶池，妙在朔南並麗；伴鴛鴦於碧水，奇來前後交輝。誠希世之祥樂，與名葩相對；洵一時之盛慚，無彩筆能描。聊賦短章，敬求高和。

清遠流芳不染塵，聯珠竟起更怡人。風搖翠柄雙雙舞，露點紅衣兩兩勻。南澗枝頭方鬭豔，北溪花底恰爭新。當年兆應傳佳話，先仲父學憲公鄉薦，暨家兄景房選拔，俱應兆。今發奇葩今有神。

立秋後一日賞荷次李静淵韻二律

欲向花前醉幾回，寧辭陪飲碧筒杯。池灣綠水秋初漲，堤繞紅雲暑後開。兩兩敲棋看勝負，三三擊磬任徘徊。家園石磬其聲頗佳。天公解事涼生袂，盼望知心可得來。四面池蓮繞百千，入秋爭發倍清妍。山南榴火遥相映，家園石榴花開最久。亭北蘭香正接連。最愛客留情暢甚，卻緣雨過興悠然。莫言良會今年晚，風景元來勝去年。

葵霶公一首
園中柏樹爲颶風所倒作長歌紀之

濯煙閣畔童童柏，孤生挺立高百尺。鐵幹凌空枝拂雲，參天黛色霜皮坼。閱歷寒暄二百年，伴我七世於茲宅。對澗相攜抱節君，面山遙揖蒼髯客。翠蓋亭亭蔭碧岩，炎天不覺行天赤。下有石徑窈而深，彳亍可憩遊人屐。辛巳中元越四日，狂風撼宇驅潮汐。凍雨翻堦雲罨檐，勺水揚波亦□[湏＊]淒。並讀傍。浦人家瓦屋飛，邪許聲喧驚海舶。我方枯坐攢眉頭，劃然聞響如裂帛。摧枝折幹墮半空，須臾尺解復寸磔。似爾蟠固山之陽，胡乃倒臥山之脊。吁嗟颶母恣怒號，於我園林太相厄。不覺拊髀發浩歌，世事榮枯梭一擲。

附：題贈

失　題
孫致彌

望衡對宇過從便，況遇良朋共酒船。南極星辰尊一老，西園圖畫集群賢。梧桐記閏垂陰密，菡萏迎秋出水鮮。最是幼輿岩壑美，莫耽雲臥負華年。

失　題
董德其

五老峰高夙所瞻，連宵話舊雨垂簾。一池春水桃花綻，半榻清風繡被添。興到便攜笻竹杖，醉餘頻索水晶鹽。平生知己無多得，漫說新詞好易嫌。

君子林
陸敏時

千竿碧翠護閑居，詩咏漪漪德可如。高若凌雲其體直，潔能飲露此中虛。晨興脫穎惟拈韻，夜坐然藜又檢書。雷發根芽山色潤，玉堂指日借璠璵。

遊日涉園

王之醇

旦夕芳園裏，悠然興不窮。看山心自遠，鑒水境俱空。暖日薰苔徑，繁花映竹叢。主人能愛客，引入輞川中。

同人竹素堂觀荷

施潤

槐陰路淨午霖餘，結伴來尋二陸居。一屋三分皆綠水，八窗四面滿紅蕖。金樽雪椀宜留客，冰簟湘簾好著書。共指濠梁知樂意，東西南北葉邊魚。

來鶴樓同諸子雅集分韻得無字

陸永澂

慷慨情懷自不孤，況逢良會一狂呼。鳥乘春煖聲長短，柳舞風和影有無。道得真傳分異學，言能微中薄庸儒。不勞置酒皆心醉，月射清光貯玉壺。

日涉園芝草和韻

朱鏞

平原文運正逢辰，重見園林瑞草新。雨露無私由種德，郎君及第在明春。

根從石骨迸青青，移植黃甆供曲櫺。家慶更宜徵國瑞，引年應笑進豨苓。

日涉園亭舊有名，高軒頻過集群英。謝家草向坡前茁，不負書窗雪一檠。

水升雲降醞胚胎，紫姹黃芽挺翠苔。他日群芳重緝譜，會應蒐向此中來。

日　涉　園

施潤

　　江鄉亭樹總凌波，一屋三分水占多。日涉園頭心遠溯，渌池秋有未殘荷。

日涉園芝草賦呈葵霱先生

談起行

　　人傑由來驗物華，希逢枯木孕靈芽。紫光入夜凝瓊砌，翠葉穿空暎碧紗。十八莖傳司馬宅，新安昌大司馬家生芝十八莖，名其額曰十八莖芝草堂。祖孫瑞應殿元家。姑蘇彭氏。於今竹素堂前見，又爲春江陸氏誇。

　　三十年前宿有根，壬寅年曾產芝。新枝重茁似兒孫。潛生豈藉栽培力，移植還霑雨露恩。蓮已並頭呈水面，數年前池中蓮生並蒂。芝添五色絢苔痕。名園頻訝奇花卉，佳氣蔥蔥萃德門。

過陸副憲耳山先生故居

何琪

　　昔年我來竹素堂，論文池上偕主人。今來主人已物故，堂亦無有摧爲薪。危橋久斷少行跡，池中疊石猶嶙峋。亂水縱橫没階吒，披披荷葉通前津。盛衰今昔固如此，撫懷得不增悲辛。主人官高益清正，三令不救十口貧。煌煌文裕乃其祖，碑板照耀常如新。後先濟美世有幾，平泉興廢安足論。但愁莊田荒卻如雀群，眼前誰恤西華身。嗚呼，眼前誰恤西華身！

過竹素園感舊

喬鍾吳

　　池涸林枯遊目縱，哀聲隣笛聞餘弄。南峰傾圮走巉岩，北嶺參差露空洞。水周堂下斷石梁，砌傍雲高絶塵鞚。偶來縱展立蒼苔，昔遊如昨抱殊痛。喔喔鳴雞荒舍煙，萋萋衰草寒塘凍。敗垣碎礎徑欲迷,禿柳古藤風自動。寂寞名園舊鏡非,知交零落歸田夢。人生難得爽鳩樂,我輩徒增西州慟。何如一澆磊塊胸,臘醅新篘雪浮甕。

和顧昆發竹素堂觀荷韻簡陸繩山

喬承頤

碧池六月滿園陰,臨檻花光暑不侵。出水亭亭難褻玩,遠香馥馥解煩襟。下蟠泥窟惟緣節,上補天聰自有心。晌午徘徊慚茂叔,敢言我愛狎微吟。

和陸長卿日涉園芝草韻

喬承頤

科名莫忘歲逢辰,承露朝看瑞色新。不是地靈呈獨秀,無根焉得一枝春。

細葉垂垂對節青,植將盆裏護紗櫺。分明擎出仙人掌,何處還誇千歲苓。

新昌在昔著佳名,今日芳園毓異英。滿宅光華何燁燁,讀書先伴短長檠。

案頭細玩結靈胎,長向松根傍石苔。我識崑崙原有種,合生瑤圃爲移來。

竹素堂觀雙發並頭蓮仿迴紋體（堂之南北各發一莖）

金理

雙葩發處兩分莖,裊裊風搖豔色争。幢繡似懸南北渚,燭華如列後前檻。窗紗射日迷紅影,檻石棲鴛窺絳英。缸酒泛來香合四,狂吟欲絶愛蓮名。有蓮花幢、金蓮燭。

過陸葵霑姊婿竹素堂留飲

曹錫辰

軒敞林中屋,澄泓檻外波。閑尋成小憩,對酒輒高歌。勝地君長占,歡遊我獨多。坐深難遽去,寧惜醉顔酡。

七夕前一日竹素堂觀荷

戴駿龐

咫尺平原宅,秋荷料不殘。未登堂上揖,先對檻前看。樹石老生媚,亭橋新結寒。一池花與葉,爭奉主賓歡。

見說春潮□,根寒未得舒。徘徊煩瀦裏,綽約嫩涼初。密意長相待,閑情此弗虛。朝朝周茂叔,坐對意何如?

意愜渾無賴,解衣不顧人。近前移小榻,相妥置閑身。仙佩招遙遠,香風沐浴真。特慚衰醜客,辜負爾丰神。

絶嫩新蓮子,香清味不同。主憐青幹直,客喜素心通。呼吸小仙境,氤氳閑化工。寓言諸作手,補入類林中。

主人情最重,奈我突如來。只許營茶灶,無庸問酒杯。芳蘭迎客笑,紫綬傍池開。香色都相偎,荷花亦快哉。

按:日涉園甲一邑之勝,襟宇公後又累代喜交遊,四方名流時至,酬唱無已,故題咏頗多。茲竟莫由蒐考,姑就所見□首附於家咏之後,當俟異日蒐羅補列。

《日涉園録》卷四

(上海)陸慶循 秀農 編

陳子有傳

陳所藴,字子有,上海人,萬曆丙子魁南畿,己丑成進士,授南刑曹,歷員外郎。中有坐法當訊者,其人百計營請,直介大司寇暨公座師爲言,卒毅然按之不少假,有鐵面郎之目。調南選郎參藩江岳副憲,大名皆赫赫有聲。督學中州,謝絶請托,莫敢以薦牘通。尋擢參政,分守大梁。有奸弁上疏,請核河南羨帑者,乘驛按問,同事震懾。藴辨屈服之弁,坐妄言被逮。未幾,乞休。後起山西臬使，疏辭，復起南闈。少抵任滁陽，甫半載，不待報，竟趨歸。爲諸生孝廉時，即以名教清議爲己任。洎當官建豎，矢直弦疾，侃侃獨行其志，請老於家，足跡不入公府，削牘不及一私，地方有大利弊，往往以片言抵定，巖巖倚重，幾五十載。卒年八十有四。

附陳繼儒《竹素堂集序》

滬海陳先生嫻古文詞，自尚書郎以至太僕，數請數歸，十九在邱壑。所居在日涉園，園中有竹素堂，客至，相與揚扢風雅，盤礴泉石，命酒飛觴。暇則手一編，咿唔其中。今刻凡中年、晚年之作，咸在焉。不通朝貴牘，不登講學壇，身經五朝，壽逾大耋。劉夢得詩云"莫道桑榆晚，爲霞尚滿天"，公之謂矣。

按：儼若公有《懷子有先生》詩云："天房懸闕卿雲榮，小子垂髫荷蓋傾。月旦尚存吾黨直，箴銘親見古人行。青山四面連天碧，披月三更映沼清。私諡先生嘗仰止，元龍意氣自崢嶸。"蓋奉襟宇公命，仿宋儒私諡諡先生曰介直。附記之，以見水木之有本源云。

陸氏世系考

吾陸氏本有嬀之後。據《史記索隱》，齊宣公友子達食采於陸鄉，號曰陸侯，而《唐書·世系表》則以爲齊宣王少子通，封於平原般縣陸鄉，因以爲氏，通諡元侯。通與達雖不同，而其爲得姓受氏之源則一。元侯生發，發生二子，曰萬，曰皋。皋孫賈爲漢太中大夫。萬生烈，爲吳令，遷豫章都尉。既卒，吳人思之，迎其喪葬於胥屏亭，子孫遂爲吳郡吳縣人。自《漢書》以下所列各傳，郡望皆標吳郡，而今世所稱平原，則以平原般縣而改，殊非其實。王氏《急就篇》稱爲芈姓，出陸終氏，而《陳留風俗傳》又以爲陸渾國之後，皆非。蓋陸氏自步陸孤之變爲陸，又大陸氏外無二孤也。雲間陸氏最爲著名，而吾宗實非機、雲之後。上溯淵源，舊譜各有不同，世遠年湮，莫能傳信，故予作譜，斷自上海始遷祖餘慶公始。餘慶生竹居（德衡），竹居生筠松(璿)，筠松生東隱(寅)，東隱生悟菴(河)，悟菴生豫門(柝)，豫門生襟宇(明允)，襟宇生儼若(起鳳)。儼若公始遷日涉園，而實奉親以居，故譜園居世次，當以襟宇公爲第一世。今自襟宇公下，皆標明世系，盡列其名，其有行誼可考者，別作小傳於後。夫譜學之弊在合不在分，歐陽子所謂"諸房子孫，各紀其所當紀"，是可由分而得合，則是録即爲吾宗小譜可也。襟宇公舉有三子，而儼若公則居其仲。伯與季未嘗居園，故雖載其名，而不復聯以系，殆從其實耳。

（整理者單位：上海博物館敏求圖書館）

---

① 楊嘉祐：《〈日涉園圖〉與明代上海日涉園》，《上海博物館集刊》第4期，上海人民出版社，1987年，第390—396頁。
② 王韜：《瀛壖雜志》卷二，清光緒元年(1875)廣州刻本，第21頁。
③ 闕文據陳所藴《竹素堂續稿》卷十九《得家報家園小山已成二首》補。其二爲："窈窱開三徑，嶙峋秀五峰。墻頭掛薜荔，水面插芙蓉。已足一瓢計，何須千畝封。即看拋鵲印，花底任攜筇。"
④ 闕文據陳所藴《竹素堂文鈔》補。
⑤ 干，原誤作"千"，據《竹素堂文鈔》改。
⑥ 厭，原誤作"朕"，據《竹素堂文鈔》改。
⑦ "沙"，《〈日涉園圖〉與明代上海日涉園》録作"水"，或誤。
⑧ 標題三首，實爲二首。

敦煌文獻中古代裱補修復形態研究[*]

□ 宋雪春

古人對書籍的修復與書籍的産生和流傳相伴而生。北魏賈思勰《齊民要術》卷三"雜説第三十"云："書有毁裂,酈方紙而補者,率皆攣拳,瘢瘡硬厚。瘢痕於書有損。裂薄紙如蘘葉以補織,微相入,殆無際會,自非向明舉而看之,略不覺補。裂若屈曲者,還須於正紙上,逐屈曲形勢裂取而補之。若不先正元理,隨宜裂斜紙者,則令書拳縮。"[①]賈思勰對當時不同裱補方式及其裱補效果的優劣進行了較爲深刻的總結,是現存較早有關寫本古籍修復的文字記載。敦煌遺書中保存了大量的古代修復實例,如配補缺頁、綴接首尾和裱補褙紙等。據不完全統計,經過古人不同程度修復過的文獻約占全部敦煌遺書的三分之一,數量之龐大不容忽視。

一、古人修復行爲的分類

依修復主要目的之不同,敦煌遺書所展現的古人修復行爲大

---

[*] 本文系國家社科基金重大項目"英藏敦煌社會歷史文獻整理與研究"(項目號：10&ZD080)和國家社會科學基金一般項目"寫本學視域下敦煌遺書中古代裱補研究"(項目號：21BZS143)的階段性成果。

致可區分爲兩類：其一是爲了保證寫本內容完整，其二是爲了保持寫本外觀完好。

其一，古人將殘缺的寫卷通過配補缺頁、綴接首尾等方式進行補足，從而保證寫本內容的完整。參與修復工作的既有寺院也有個人，如 P.3010《龍興寺歷年配補藏經錄》，記錄了龍興寺在吐蕃統治時期的未年（815 年）至卯年（823 年）間配補藏經情況。BD11505《某寺配補〈大般若波羅蜜多經〉用紙歷》所抄爲《大般若波羅蜜多經》第三十六等三帙中五卷經每卷的用紙數，爲某寺配補佛經的記錄。而最著名的補經僧即道真和尚，敦煌遺書中保存了多條有關道真的修經題記，如 BD05788《佛名經》（23 紙），原爲唐寫本，前二紙爲歸義軍時期所補，據題記"沙門道真修此經"，[2]可知道真即修補經卷之人。另 S.6225 背面有題記"三界寺比丘道真諸方求覓諸經，隨得雜經錄記"，而此件正面記錄了道真修復的經卷："集《大般若經》一部，六百卷，具全。又集《大般若經》一部，未全。《大涅盤（槃）經》三部。[3]《大悲經》三卷，具全。經錄一本。"[4]除了道真，還有不少僧人曾修補過殘缺經卷。BD00288《金光明最勝王經》（16 紙），護首及前二紙爲後補，護首及第 2 紙背有同樣的"金光明卷第一，圖，武法律，不是同帙，雜遂"一行，[5]可知配補經卷的人就是靈圖寺武法律。此外還有配補護首和拖尾的例子：BD01242《維摩詰經》（18 紙），護首及第一紙係後補。BD00547《妙法蓮華經》（8 紙），拖尾爲後配。

其二，古人對開裂變壞、殘破缺損的寫本通過裱補褙紙，使之外觀完好並可以繼續使用。此種修復包含三種情形：第一爲"維持性修復"，即文獻在長期流傳過程中受損殘破、開裂脫落，古人爲了繼續展閱使用而做的修復。現知敦煌遺書中的古代裱補大多屬於此類。第二爲"再利用性修復"，一般是對僅有單面書寫的殘破文獻進行的裱補修復，其後又利用裱補紙的空白處書寫新的文字內容。如 BD11928《維摩詰所説經》(1紙),背有古代裱補,習字雜寫"其及所之既"等9行抄寫在背面裱補紙上。第三爲"補闕糾錯性修復",粘貼裱補紙是爲了補更原文獻的殘洞和錯誤。如 BD00053《妙法蓮華經》(18紙),第12紙經文有1字貼補。《中國文化遺産研究院藏西域遺珍》〇七二號《道行般若經(帛氏注)》,用粘貼裱補紙的方式校加字。胡語寫本文獻亦概莫能外,BD14306《無量壽宗要經》(藏文),首紙上有貼補字。

因此可以説,第一類修復旨在追求文本內容的完整,而第二類修復側重維持文本外觀的完好。學界對敦煌文獻中配補經卷、綴接首尾的案例關注較多。施萍亭先生梳理了道真配補佛經與三界寺藏經的關係,認爲敦煌藏經洞所藏之佛經與當年道真的努力直接相關。[6]張湧泉先生對古代寫經的綴接情況作了總結論述,[7]並探索了敦煌殘卷綴合的意義。[8]徐浩先生注意到敦煌寫經修復中的批量綴補卷首現象,對綴接首尾的特徵和不同系統做了闡釋。[9]對第二類修復的關注重點在於裱補紙,並存在三種研究傾向。其一,聚焦於對裱補紙所載文獻的拼綴及歷史問題的發掘,最具代表性的成果即榮新江先生所編輯的《英國圖書館藏敦煌漢文非佛教文獻殘卷目録》,[10]作者對從其他經卷、繪畫、經帙揭取的裱補紙文獻進行綴合,不僅拼綴出了久已失傳的珍貴古籍,還拼綴出了史籍缺載的歷史真實。其二,體現在古籍修復人員從揭取裱補紙、復原裱補紙文字等技術層面,積極探尋修復敦煌文獻最科學有效的方法。以國家圖書館古籍館和古籍保護中心的杜偉生、張平、胡玉清等爲代表的古籍修復專家,對敦煌遺書的科學保護做出了突出貢獻。其三,着眼於評析敦煌文獻中的古代修復案例,涉及修補材料、修復方法和效果等,如林世田先生以道真補經和佛經修復爲切入點,試圖構築4—11世紀中國書籍修復史框架。[11]劉郝霞女史探討了敦煌俗文獻的修補、修復與再利用,但由於所蒐材料並不全面,故有些評判失於武斷。[12]筆者謹在前賢研究的基礎上,通過充分調查敦煌遺書中的古代修復案例,對前人着墨不足的裱補修復展開論述,希冀將寫本裱補所關涉的諸多面向呈現給讀者。需要說明的是,近現代官方收藏機構、私人藏家或書賈出於保護或珍藏的目的進行的裝裱或托裱,不在本文的討論範圍之內。

二、裱補屬於寫本學的研究內容之一

進入 21 世紀以來,敦煌寫本學現已成爲引人注目的新范式,成爲敦煌學的新的分支或研究領域。[13]郝春文先生對中國古代寫本學和敦煌寫本學的含義、研究對象、分期做了高屋建瓴的恰當界定,他指出敦煌寫本學的研究內容應包括對寫本學理論,寫本的種類、數量等,書寫材料,書寫工具,寫本抄寫者,寫本來源,寫本形態,寫本文本形態及抄寫格式、抄寫體例與各種識別字號等,寫本字體及其演變,寫本俗字,寫本異文,寫本的印記、簽押等,寫本題記,寫本的二次加工,寫本內容的校勘及名稱、年代和形制的考證,寫本正背關係,寫本斷裂與綴合,寫本的辨僞等十九個面向的探討和考察。[14]那麼裱補紙是否屬於寫本學的研究內容之一呢? 學界常將裱補紙視作所裱補寫本之附屬物,原因大致有二:首先,從寫本內容看,裱補紙往往與原寫本內容不相關涉,如果揭取下來,並不會影響到原寫本內容的完整性,因此被視作獨立於原寫本的附屬物;其次,部分裱補紙本身就有文字(包括胡語文獻),有的還是解讀歷史問題的重要材料,所以多家收藏機構都將裱補紙揭下單獨編號。這一做法雖然還原了所裱補寫本的最初原貌,但也使得裱補紙和原寫本產生了分離,破壞了裱補後寫本的整體性。如果從寫本延續的角度來看,裱補紙已和原寫本構成了新的有機體,對寫本以完整形態繼續流傳產生了重要的保障作用。因而對裱補紙的研究,有利於加深我們對寫本流傳細節的瞭解。

依據郝文對所謂"寫本的二次加工及多次加工"的界定,[15]來審視敦煌遺書中的裱補紙,發現不論修改者是抄寫者、讀者或使用者,用裱補紙貼補字詞或在裱補紙上書寫文字都符合"對寫本文字的修改"項。此類案例甚多,無法一一羅列,這裏僅擇選幾種略加介紹。如BD00394《金光明最勝王經》卷首殘破,實施裱補行為者用一張相對完整的紙幾乎是全卷托裱,並補出缺失的文字,同時用毛筆在補紙的下方劃出界欄。山東省博物館藏LB.009《般若波羅蜜多心經》原卷右下殘破,裱補後在補紙上補足經文。BD07131《大般若經》(1紙),原爲吐蕃時期寫本,背有古代裱補,裱補紙正面有歸義軍時期補寫的經文。因此從內容看,裱補紙所書文字與原寫本構成了新的有機體,進而成爲裱補後寫本不可或缺的一部分。從形態看,裱補紙作爲維繫和支撐寫本完整性的重要紐帶,也成爲了寫本的重要組成部分。如果沒有裱補紙,殘破受損的原卷可能會四分五裂,絕非我們今天所能看到的模樣。因此進行敦煌寫本學研究,就不應忽略寫本裱補這一現象。

三、寫本學視域下的敦煌遺書裱補形態

衆所周知,考察敦煌遺書的寫本形態,首選肯定是目驗原卷。但囿於客觀條件的限制,極少有人能通閱原卷。筆者對敦煌文獻中裱補形態的調查,主要依托近幾十年來刊布的關於國內外不同機構所藏敦煌文獻的圖錄、目錄和釋文成果。[16]值得一提的是,由方廣錩先生首創的"條記目錄",從文物研究價值、文獻研究價值、文字研究價值三個層面來厘定每件文獻的各個知識點,通過目錄可較全面、清晰地瞭解文獻情況,給沒有條件親睹原卷的研究者提供了莫大的方便。以下謹從寫本學的角度,對裱補材料的物質屬性、古人采用的裱補方式、裱補紙的文物類型、被裱補對象的文物類型、裱補紙粘貼的方式、裱補紙的製作方法、裱補紙所載語言類

型、裱補紙與被裱補對象所載文獻的性質、裱補紙的來源、實施裱補行爲者的身份等諸多方面，來揭示寫本學視域下的敦煌遺書裱補形態。

（一）從裱補材料的物質屬性來看，目前可知的有紙張和絲絹兩種。相較而言，紙張裱補具有顯著的優勢：取材更爲便捷、粘補效果更佳，所以絕大多數的裱補材料爲紙張。絲絹多用於裱補護首，且數量極少。BD12721，護首（大般涅槃經）係三界寺藏經，1紙，背有古代絲絹裱補。BD13544，護首（經名不詳），1紙，有古代絲絹裱補。BD13254，素紙一塊，長寬爲 1.4×14.8 cm，紙背有棕色絲絹托裱。BD13325，素紙一塊，長寬爲 11×18cm，有古代絲絹裱補和絹的殘跡。絲絹裱補或許受簡帛製作方式的影響，也跟護首形態有關。

（二）從古人采用的裱補方式來看，主要有漿糊粘貼、麻繩（線）縫綴、絲線穿連等，其中以漿糊粘貼最爲常見。敦煌文獻中發現很多表面有漿糊的殘片，多爲或脫落或揭取的裱補紙。如 BD10791《厭蟲術》（1 紙），原爲揭下的裱補紙，卷面殘留漿糊。S.705 號 A《開蒙要訓》（5 紙），背面粘貼多塊裱補紙，且卷面有明顯的漿糊痕跡。漿糊的塗抹方式也有差異：有的將漿糊塗在殘損的原卷上，如果塗抹不勻或過多，會導致裱補處的漿糊溢出補紙，如 BD01275《金光明最勝王經》，第 13 紙裱補處的漿糊暴露在補紙之外。

除了以漿糊粘貼裱補紙之外，古人還會用麻繩（線）縫綴破損處。如 BD00062《四分律比丘戒本》，尾端撕裂處繫有麻繩。BD04731《妙法蓮華經》第一、二紙縫開裂處以細麻繩綴連，尾紙末端脫斷，亦用細麻繩穿連。以絲線穿連綴接，例證較少，如 BD07917《維摩詰經》，背面有古代裱補，即以絲線穿連縫綴。

（三）從裱補紙的文物類型來看，分有字文獻、無字素紙、護首、燕尾、袟皮等。其中有字文獻又分單面有字、雙面均有字兩種。對單面有字的文獻，實施裱補行爲者多將有字一面朝内粘貼，一則可以利用背面的空白繼續書寫，另外還能保持被裱補面的整潔美觀。

（四）從被裱補對象的文物類型來看，分有字文獻、無字素紙、絹紙繪畫、木捺佛像、經袟、護首等。其中以有字文獻、經袟、護首所揭裱補紙的實例居多，而無字素紙、絹紙繪畫、木捺佛像的裱補例證較少。如編號 BD13247、BD13251、BD13318（均不出圖版）的無字素紙殘片上另綴有裱補紙。S.8443F 系揭自 Ch.0074 絹本"阿彌陀八大菩薩圖"，S.8516 揭自絹畫 Ch.xxxviii 005"二觀音菩薩像"。BD15281"木捺佛像"，背有裱補紙。

（五）從裱補紙粘貼的方式來看，有正面補、背面補、正背雙面均補，這主要取決於殘破受損處在原寫本的位置。從粘補的效果看，有的補紙裁剪整齊，粘貼時順着紙紋或界欄方向；有的卻粘貼隨意，無章可循。甚至有的在原卷並無殘破處粘貼了裱補紙（如 BD00176）。

除了單層裱補紙外，粘貼雙層或多層裱補紙的也頗爲常見。如 S.3427V《啓請文》，中間及尾部的大部分內容被裱補紙遮蓋。有的內容是後人補寫於裱補紙上，但又被新的裱補紙所掩蓋，可見該寫本經過了至少兩次的修補。BD01924《大般若經》，首紙背有雙層古代裱補。BD15604《金剛般若波羅蜜經》，背有多層古代裱補，紙質、紙色不一，屬不同時期所補。一般而言，雙層或多層裱補紙的紙張大小會隨裱補次數的增多而逐漸變大。

還有一種粘貼在護首上的特殊裱補紙，上書經名、袟次及所屬寺院的簡稱，或所屬個人的題名等。雖然意在説明經卷之歸屬，但以裱補紙的形態出現。如 BD12553，護首（大般若經），"蓮"字寫在裱補紙上，表明此乃蓮台寺所藏經。BD12811，護首，經名處粘貼一紙，上書"令狐温子□身"，或爲個人保存的某種文書。

（六）從裱補紙的製作方法來看，有剪切、撕裂、寫本脫落、粘接而成等多種方式，體現了實施裱補行爲者就地取材，主觀性強的特點。

第一，剪切而來。裱補紙多是經過實施裱補行爲者精心裁剪而成的。如 S.1099《金剛般若波羅蜜經》（7 紙），殘破不堪，古人剪下藏文文獻予以裱補。BD00391《灌頂章句拔除過罪生死得度經》（9 紙），前數紙背有裱補紙 9 塊，均係從同一《金剛般若波羅蜜經》剪下。《濱田德海蒐藏敦煌遺書》伍倫 36 號《瑜伽師地論疏》，卷背裱補紙係從某"地契"剪下。

國圖藏 BD15443 號《太玄真一本際經》，與 BD15444、BD15446、BD15449、BD15452、BD15454、BD15457、BD15459、BD15470、BD15474、BD15475、BD15478、BD15483、BD15484 等 13 號原爲同卷。該卷被橫向裁成 4 條，又被剪爲長短不等的矩形或梯形長條。其中 BD15449 號爲兩個梯形長條合綴的梭形。上述 14 號 15 條可分別綴接爲 3 塊，3 塊之間尚有殘缺。[17] 上述剪成十數條《太玄真一本際經》，極有可能爲裱補某文獻而裁剪。

另外，一些揭取下來的裱補用素紙，有明顯的剪切痕跡，並有墨欄、上下界欄、存殘燕尾等，表明均剪自已經使用的文獻。

第二，撕裂所致。BD01789《金光明最勝王經》（11 紙），第 3 紙背的裱補紙形狀極不規則，係隨手所撕。BD02549《妙法蓮華經》（4 紙），護首的裱補紙即隨手撕就而成。

還有的裱補紙，一邊裁剪平整，另一邊卻參差不齊。例如由《天津圖書館藏敦煌遺書》編號津圖 129、131、133、143 的殘片背面揭下的部分裱補紙，上下邊可"嚴絲合縫"地直接綴合，左右邊卻保留着撕裂造成的粗紙纖維。

第三，寫本脫落。有的寫本由於存放時間久遠，殘破的紙張會自然脱落。BD16147包括6塊小殘片,均爲《開元户籍》脱落,其中4塊爲素紙,長度、高度均小於1.2 cm。由BD04085《目連變文》揭下的編號16299D的素紙長、高度均小於5 cm,係同卷《齋文》脱落的小殘片,但不能直接綴接。脱落的素紙多爲形狀不規則,且長度、高度均小於10 cm的殘片。

第四,粘接而成。具有明顯粘接痕跡的主要是裱補用素紙,這些由兩片至多片的素紙或重疊,或上下垂直,或上下錯位,或横向,或縱向,或左右角相接,使之符合殘破處的大小。從BD03138《金光明最勝王經》揭下76塊裱補紙,其中編號BD16053A的一塊素紙殘片長、寬爲5.3×18 cm,是由5.2×8.5 cm在上,3.3×8.3 cm、3.5×9.1 cm在下,3.7×1.9 cm在中的四個紙質不同的殘片拼接而成。自BD06387《天地八陽神咒經》揭下的裱補紙,其中編號BD16254A的一張裱補紙長、高爲50.2×5.2 cm,即由3張素紙橫向拼接而成。

(七)從裱補紙所載語言類型區分,有漢文文獻和胡語文獻,漢文文獻佔據絶對的比重。胡語文獻又細分爲藏文、回鶻文、粟特文等,其中又以藏文文獻數量最多。

(八)從裱補紙與被裱補對象所載文獻的性質來看,主要是宗教文獻和社會歷史文獻(或稱世俗文獻)的兩兩對應關係。以宗教文獻裱補宗教文獻的數量最多(包括胡語文獻),其中又以佛教文獻裱補佛教文獻所佔的比重最大,亦有道教文獻裱補佛教文獻者。同時存在佛教、道教文獻同卷裱補佛教文獻者。以社會歷史文獻裱補宗教文獻者次之(包括胡語文獻),以社會歷史文獻裱補社會歷史文獻者又次之。同時存在宗教、社會歷史文獻同卷裱補宗教文獻者。另外,敦煌文獻中還存在以宗教文獻裱補社會歷史文獻者,如BD15438"道深爲與弟惠晏分割債負上神毫牒"(1紙),係僧人家庭關係、財産和賦役類文書,背面裱補紙乃《四分律》。

由此，曾有學者所判斷的"其修補用紙片確是基本均爲俗世文獻，而絕没有佛典，使用佛經殘片來修補俗世文獻的例子幾乎没有"，[18]看來是不能成立的。

（九）從裱補紙的來源看，大概有四個途徑：第一，官府淘汰的正式文書，如户籍、田籍、牒狀、契約、入破歷等，一般帶有印章、簽署、花押等明顯標識；第二，寺院殘破廢舊的經典和文書，主要是佛典、僧尼名録、釋門狀啓、什物點檢歷等，具有顯著的寺院活動性質，或有寺院藏印；第三，學校（主要指寺學）廢棄的習學材料，如童蒙讀物、儒家經典、習字雜寫等；第四，私人寫本，多爲社司轉帖、便物歷、書儀、齋文等，亦有佛教典籍。私人寫本具有顯著的僧俗所屬傾向，與上述二、三條有重合部分。其實，不管裱補紙的來源有多麽的複雜，它們的共同特徵，即在實施裱補行爲者的眼中，這些已是失去作用並可隨意割剖裁剪、撕裂拼綴的"廢紙"。

（一〇）從實施裱補行爲者的身份來看，如果從"就地取材"的原則考量，以世俗文獻裱補世俗文獻者，多爲"世俗人"；以佛典裱補佛典者，多是"僧尼衆"。實施裱補行爲者留下的身份信息較少，從寫本持有者、讀者或使用者而言，原卷上的題名至少有50%的可能即實施裱補行爲者，如BD15174《觀世音經》（7紙），背面有三小紙粘接的"社司轉帖"作爲裱補紙，據其第二紙至第四紙背面題記"丁卯年（967）正月一日金光明寺僧玄教《觀世音菩薩經》一卷"推測，[19]玄教作爲經卷持有者，應該會對殘損經卷作及時的修補。另如BD15146《金剛般若波羅蜜經》（7紙），尾題後有題記"甲寅年（954）十一月十五日，金光明寺玄教集《金剛經》十卷，年支弟子轉經件記"。[20]而玄教和年支弟子均有可能對寫卷作了裱補修復。直接寫在裱補紙上的題名，就有更大的可能屬於實施裱補行爲者。BD00111《天地八陽神咒經》（9紙），裱補紙上有題記"三界寺僧沙彌海子讀《八陽經》者"，[21]可以推測沙彌海子在誦讀《天地八陽神咒經》時，對殘破處進行了修補。S.268《大乘百法明門論開宗義記》(23紙)，第四紙裱補紙上的題名"張流信"，或許就是寫本修復者。

裱補褙紙應與配補經卷同期進行。據敦煌研究院藏0345號《三界寺見一切入藏經目録》的題記所載："長興五年(934)歲次甲午六月十五日，弟子三界寺比丘道真乃見當寺藏内經論部〔袟〕不全，[22]遂乃啓顙虔誠，誓發弘願，謹於諸家函藏，尋訪古壞經文，收入寺〔中〕，[23]修補頭尾，流傳於世，光飾玄門，萬代千秋，永充供養。"[24]道真發願題記中的關鍵字包括"經論不全""古壞經文""修補頭尾"，我們可理解爲道真做的工作主要是蒐集諸家函藏的殘缺經卷，配補綴接，使成完璧。從道真補經的題記中，未發現有裱補褙紙的記述，但道真在配補經卷缺頁時應該不會對殘破受損處視而不見，最合理的推測是裱補褙紙與配補經卷乃同期進行。

四、結　語

雖然實施裱補行爲者具有相同的修復目的，但因其選取的材料、製作的方法、貫徹的理念不同，使得裱補形態具有强烈的個體差異性。同卷揭取並可相互拼綴的，或異卷揭取可以拼綴的，如前述《天津圖書館藏敦煌遺書》的例子，基本可以確定實施裱補行爲者爲同一個人；而有多層裱補紙的，往往是由不同的人在不同時期或由同一人在不同時間的修復結果。裱補紙的形狀反映了實施裱補行爲者的態度，有的極爲認真，有的簡單隨性，複雜多樣，因人而異。郝師文中指出考察寫本的二次加工及多次加工，"對瞭解寫本的使用情況、性質、所有者的變換及流傳情況都有重要意義"。[25]施之於裱補紙，洞曉裱補紙的製作方法、粘貼方式、裱補次數、所載文獻的性質等情況，對瞭解該寫本的使用情況、修復時間、所有者的變換及流傳情況等具有重要意義。

(作者單位:上海師範大學圖書館)

---

① 賈思勰著,繆啓愉校釋,繆桂龍參校:《齊民要術校釋》,農業出版社,1982年,第163—164頁。

② 任繼愈主編:《國家圖書館藏敦煌遺書》(77),北京圖書館出版社,2008年,第228頁。

③ "盤",當作"槃",《敦煌佛教經録輯校》據歷代經録校改。參閲方廣錩《敦煌佛教經録輯校》,江蘇古籍出版社,1997年,第938頁。

④ 中國社會科學院歷史研究所、中國敦煌吐魯番學會敦煌古文獻編輯委員會、英國國家圖書館、倫敦大學亞非學院合編:《英藏敦煌文獻》(10卷),四川人民出版社,1994年,第200—201頁。

⑤ 任繼愈主編:《國家圖書館藏敦煌遺書》(5),北京圖書館出版社,2005年,第91頁。

⑥ 施萍亭:《三界寺·道真·敦煌藏經》,《1990年敦煌學國際國際研討會文集·石窟考古編》,遼寧美術出版社,1995年,第178—210頁。

⑦ 張涌泉、劉溪:《古代寫經修復綴接釋例——以國圖藏〈佛名經〉敦煌寫卷爲中心》,《宗教學研究》2015年第4期,第80—86頁。

⑧ 張涌泉:《綴合與敦煌殘卷的定名——敦煌殘卷綴合的意義之一》,《文獻》2021年第1期,第103—115頁。

⑨ 徐浩:《批量補綴卷首——古人對敦煌寫經的一種特殊修復》,《敦煌研究》2018年第6期,第85—97頁。

⑩ 榮新江:《英國圖書館藏敦煌漢文非佛教文獻殘卷目録》,新文豐出版公司,1994年。

⑪ 林世田:《敦煌遺書古代修復簡論——構築4—11世紀中國書籍修復史框架(草稿)》,《百年敦煌文獻整理研究國際學術討論會論文集》,浙江古籍出版社,2010年,第434—446頁。林世田、薩仁高娃:《國家圖書館藏敦煌寫本〈金光明最勝王經〉古代修復簡論》,《敦煌研究》2006年第6期,第183—191頁。林世田、張平、趙大瑩:《國家圖書館所藏與道真有關寫卷古代修復淺析》,《中國典籍與文化》2007年第3期,第25—31頁。

⑫ 劉郝霞:《古人對敦煌俗文獻的修補、修復與再利用》,《圖書與情報》2014年第4期,第139頁。

⑬ 郝春文:《用新範式和新視角開闢敦煌學的新領域》,《光明日報》2020年8月

17日14版。更爲詳細的文本參見：郝春文：《用新範式和新視角開闢敦煌學的新領域》，《敦煌研究》2020年第6期，第17—19頁。

⑭ 郝春文：《敦煌寫本學與中國古代寫本學》，《中國高校社會科學》2015年第2期，第67—74頁。

⑮ 所謂二次加工及多次加工，指在書寫好的寫本上作修改或添加内容。現存寫本中二次加工和多次加工的情況十分複雜，有的是抄寫者對寫本文字的修改，有的是讀者或使用者的修改，有的是寫本所有者改變後，新主人對文字的修改或利用寫本的空白處添加新的内容。修改一般使用朱筆，也有用墨筆、藍書修改者。郝春文：《敦煌寫本學與中國古代寫本學》，《中國高校社會科學》2015年第2期，第72頁。

⑯ 有關國内外不同機構的敦煌文獻藏品之圖版釋文的刊布、目録的編纂等情況的介紹，可參見郝春文、宋雪春、武紹衛《當代中國敦煌學研究(1949—2019)》，中國社會科學出版社，2020年，第3—56頁。

⑰ 方廣錩主編：《中國國家圖書館藏敦煌遺書總目録·館藏目録卷》第八册，國家圖書館出版社，2012年，第8635頁。

⑱ 劉郝霞：《古人對敦煌俗文獻的修補、修復與再利用》，第139頁。

⑲ 任繼愈主編：《國家圖書館藏敦煌遺書》(140)，北京圖書館出版社，2011年，第167頁。

⑳ 任繼愈主編：《國家圖書館藏敦煌遺書》(139)，北京圖書館出版社，2011年，第395頁。

㉑ 任繼愈主編：《國家圖書館藏敦煌遺書》(2)，北京圖書館出版社，2005年，第319頁。

㉒ "袄"，《三界寺·道真·敦煌藏經》據文義校補。

㉓ "中"，《三界寺·道真·敦煌藏經》據文義校補。

㉔ 段文傑主編：《甘肅藏敦煌文獻》第二卷，甘肅人民出版社，1999年，第109—110頁。

㉕ 郝春文：《敦煌寫本學與中國古代寫本學》，《中國高校社會科學》2015年第2期，第72頁。

明前期(1368—1464)土司司所志輯録

□ 黄偉

明清時期,土司轄區作爲一種政區,同府州廳縣一樣被納入王朝修志體系。但如今留存的土司司所志多爲清代纂修志書,①數量稀少,且方志書目、提要多有未記,現今僅見湖北存《卯峒司志》,湖南存《永順宣慰司志》《添平所志》《麻寮所志》《桑植司志》《柿溪司志》以及《唐氏族譜》所録《麻寮地輿志》《麻寮建設志》,②四川存《九姓司志》《九姓志略》,廣西存《思明府志》《白山司志》《思陵土州志》《憑祥土州鄉土志》。明代土司司所志,除了嘉靖時編修、道光時補輯的《添平所志》留存外,其餘皆亡佚。數量稀缺,從而導致學界對其認知多樣:有人稱之爲"土司志",以沈松平爲代表;③有人稱之爲"司志",以陸振嶽爲代表;④還有人稱之爲"土司司所志",以來新夏爲代表。⑤同時《明代方志考》對明初大量編修的土司司所志缺載。⑥因此本文對《永樂大典》《寰宇通志》《大明一統志》《文淵閣書目》等明初史志中土司司所志及佚文進行輯録,依照《土官底簿》及龔蔭《中國土司制度史》所録土司,以明代省級行政單位作爲歸類單元進行歸類,並根據其設置與改流時間,同時對照所引文獻年代,確定其大概年代,並根據永樂十六年(1418)頒布的"纂修志書凡例"進行條目標識。本文輯録所得佚志對邊疆文獻、土司文獻以及方志研究當有所俾益。

一、湖廣布政司

永順軍民宣慰使司[洪武六年(1373)升置,雍正六年(1728)改流][⑦]

1.《永順軍民宣慰使司舊志》　洪武至永樂　佚

　　形勝。《大明一統志》卷六十六"永順軍民宣慰使司":

　　　　依山爲郡,乃四通八達之地。《舊志》。

　　案:早在唐代,中央編修地理總志,會規定三年至五年,各地上呈圖經。元修《大元一統志》亦規定進獻地方圖籍以編一統志。明承元制,明王朝撰修地理總志采取同樣的模式,其中最早編修的地理總志當屬洪武年間的《大明志書》:"編類天下州郡地理形勢、降附顛末爲書。凡天下行省十二、府一百二十、州一百八、縣八百八十七、安撫司三、長官司一。東至海,南至瓊崖,西至臨洮,北至北平。"[⑧]洪武三年(1370)書成,其中顯見的土司司所志四:"安撫司三,長官司一。"永樂十六年(1418),昭修《天下郡縣志書》,但書未成,而景泰帝在撰修《寰宇通志》時,承繼明成祖之志:"朕皇曾祖考太宗文皇帝,嘗思廣如神之智,貽謀子孫,以及天下後世,遣使分行四方,旁求故實之凡有關於輿(地)者,[⑨]來錄以進,付諸編輯。事方伊始,而龍馭上賓,因循至今,而先至未畢。"[⑩]同樣,明英宗在編修《大明一統志》時故意規避《寰宇通志》,也將其修地理總志歸爲承繼成祖之志:"我太宗文皇帝慨然有志於是,遂遣使遍采天下郡邑圖籍,特命儒臣大加修纂,必欲成書,貽謀子孫,以嘉惠天下後世,惜乎書未就緒,而龍馭賓天。"[⑪]可見成祖《天下郡縣志書》書未成,但是留有一批收集上來的志書。而且無論是《寰宇通志》,還是《大明一統志》皆受永樂《天下郡縣志書》直接影響,都利用了其收集到的志書。同時《大明一統志》編引志書極力區隔《寰宇通志》，而《寰宇通志》在撰修時候，除了徵引歷代志書，還特意另起一行標注有一套"天下府州縣衛所宣慰宣撫招討司志書"，可見此乃一套景泰新編志書。⑫因此可以預測在編修《大明一統志》時會有一批新的地方志編輯成書，以用來區別《寰宇通志》。所以在《大明一統志》修撰完成前，明王朝共四次收錄天下圖籍志書，即洪武《大明志書》所需志書、永樂《天下郡縣志書》所需志書、景泰《寰宇通志》所需志書以及天順《大明一統志》所需志書，《大明一統志》《寰宇通志》徵引的"土司司所志"志名繁多亦可印證。

該條"永順軍民宣慰使者司"爲洪武六年（1374）升設，⑬同時《寰宇通志》並無"永順軍民宣慰使司"記述，因此推測《永順軍民宣慰使司舊志》爲洪武至永樂間修成。

2.《永順軍民宣慰使司新志》　天順　佚

形勝。《大明一統志》卷六十六"永順軍民宣慰使司"：

東抵荆湘，西通巴蜀，南近辰陽，北距歸峽。《新志》。

風俗。《大明一統志》卷六十六"永順軍民宣慰使司"：

《新志》：土民裔出槃瓠，身服五色斑衣，刀耕火種，漁獵養生，不曉文字，刻木爲契，親死則啜粥素食，鄉團老少弔而皆泣，逾月則釋服矣。

案：《寰宇通志》並無"永順軍民宣慰使司"記述，因此可得《永順軍民宣慰使司新志》當爲天順間《大明一統志》纂修上呈志書。

保靖州軍民宣慰使司［洪武六年（1373）升置；雍正七年（1729）改流］

1.《保靖州軍民宣慰使司新志》　天順　佚

形勝。《大明一統志》卷六十六"保靖州軍民宣慰使司"：

《新志》：四面山巒叢巖疊聳，環抱城郭，澗水中流。

風俗：《大明一統志》卷六十六"保靖州軍民宣慰使司"：

《新志》：土民服花衣短裙，露頂赤腳，被髮椎髻，好持刀槍，喜食腥膻，不知五常。歲時殺牛屠狗，淫祀邪鬼。刀耕火種

案：《寰宇通志》並無"保靖州軍民宣慰使司"記述，因此可知《保靖州軍民宣慰使司新志》亦爲天順間《大明一統志》纂修上呈志書。

2.《保靖州軍民宣慰使司舊志》 洪武至永樂 佚

案：載《保靖州軍民宣慰使司新志》，則必有《保靖州軍民宣慰使司舊志》，而"保靖州軍民宣慰使司"爲洪武六年(1374)升設，[14]《寰宇通志》無"保靖州軍民宣慰使司"記述，因此推測該志爲洪武朝或永樂朝纂修地理總志時上呈志書。

二、四川布政司

馬湖府[15][洪武四年(1371)改置；弘治八年(1495)改流]
1.《馬湖府圖志》 洪武至永樂 佚

案：《文淵閣書目》將收錄志書分爲"舊志""新志"，該書目編成於正統六年(1441)，其中"新志"收有《烏羅府志》《新化府志》，前者永樂十一年(1413)置，宣德五年(1430)廢，後者永樂十一年(1413)置，宣德九年(1434)廢，可見"新志"當爲永樂至正統年間修，"舊志"則在此之前。張升亦認爲"舊志"多爲洪武時所修，"新志"爲永樂至正統所修。[16]

2.《馬湖府圖經志》[17] 洪武至永樂 佚

山川。《永樂大典》卷二千二百六十七：

"馬湖"……《馬湖府圖經志》：在蠻夷長官司之西山之嶺，有大湖，周圍百餘里。傳聞其地昔日曾產良馬，此湖故以

馬爲名。湖歲在山之頂,而水之起落,卻與大江同。

案:"馬湖府"爲洪武四年(1371)改設,⑱《永樂大典》於永樂六年(1408)抄錄完成,永樂十六年(1418),才昭修《天下郡縣志書》,因此可得該志大概率修於洪武年間。

3.《馬湖府志》　永樂至正統　佚

案:《文淵閣書目》"新志"有引。

4.《馬湖府郡志》　永樂至天順　佚

形勝。《大明一統志》卷七十"馬湖府":

《郡志》:地狹民稀,山高水急。

風俗。《寰宇通志》卷六十五"馬湖府":

《郡志》:夷夏雜居,粗知禮義,夷多夏少,夏則循乎禮法,頗識文字,夷則披氈左言,信鬼不藥。

東川軍民府[洪武十六年(1383)升置;康熙三十四年(1695)改流]

1.《東川軍民府志》　永樂至正統　佚

案:《文淵閣書目》"新志"有引。

2.《東川軍民府志》　洪武至天順　佚

風俗。《大明一統志》卷七十二"東川軍民府志":

《府志》:夷人有兩種,其一曰㑺人,推髻披氈,戴氈笠,用氈裹其脛,躡皮履,好貿易爲業。

其一曰羅羅,即爨蠻也。性勁而悍,摘須束髮於頂,覆以白布尖巾,衣氈履革。

烏蒙軍民府[洪武十六年(1383)升置;雍正四年(1726)改流]

1.《烏蒙軍民府志》　永樂至正統　佚

案:《文淵閣書目》"新志"有引。

2.《烏蒙軍民府郡志》 洪武至景泰 佚

形勝。《寰宇通志》卷六十九"烏蒙軍民府":

前據索橋之險,右恃雪山之高。《郡志》。

風俗。《大明一統志》卷七十二"烏蒙軍民府":

《郡志》:夷民有三種,曰羅羅,曰土獠蠻,曰夷人。
男子十四五歲,擊去左右二齒乃娶。
夷人土獠,種類不一,出入佩刀,以隨相見,去帽爲禮。

3.《烏蒙軍民府新志》 天順 佚

形勝。《大明一統志》卷七十二"烏蒙軍民府":

龍洞環於左,涼山聳於右。《新志》。

烏撒軍民府[洪武十六年(1383)升置;雍正四年(1726)改流]

1.《烏撒軍民府志》 永樂至正統 佚

案:《文淵閣書目》"新志"有引。

2.《烏撒軍民府新志》 景泰 佚

形勝。《寰宇通志》卷六十九"烏撒軍民府":

前臨可渡,後倚烏門。《新志》。

風俗。《寰宇通志》卷六十九"烏撒軍民府":

刀耕火種,勤於稼穡,不事蠶桑,病不醫藥,惟禱鬼神。
《新志》。

芒部軍民府[洪武十六年(1383)升置;康熙三十四年(1695)改流]

1.《芒部軍民府志》 永樂至正統 佚

案:《文淵閣書目》"新志"有引。

2.《芒部軍民府郡志》 洪武至景泰 佚

形勝。《大明一統志》卷七十二"芒部軍民府":

苴斗河橫於南,勿食料溪環於北。左峙綽怛山,右繞硌砌雄。《郡志》。

風俗。《寰宇通志》卷六十九"芒部軍民府":

夷民性勁而愚,俗樸而野。《郡志》。

3.《芒部軍民府新志》 天順 佚

形勝。《大明一統志》卷七十二"芒部軍民府":

地在遐荒。《新志》。

風俗。《大明一統志》卷七十二"芒部軍民府":

崇信巫鬼。《新志》。

播州宣慰使司[洪武四年(1371)改置;萬曆二十九年(1601)改流]

1.《播州宣慰司志》 洪武至永樂 佚

案:《文淵閣書目》"舊志"有引。

2.《播州宣慰司舊志》 洪武至天順 佚

形勝。《大明一統志》卷七十二"播州宣慰使司":

西連僰道,南極牂牁。《舊志》。

永寧宣撫司[洪武八年(1375)改置;崇禎三年(1630)改流]

1.《永寧宣撫司圖志》 洪武至永樂 佚

案:《文淵閣書目》"舊志"有引。

2.《永寧宣撫司圖經》 洪武至景泰 佚

形勝。《寰宇通志》卷六十九"永寧宣撫司":

> 環城皆山,疊翠如屏。《圖經》。

風俗。《寰宇通志》卷六十九"永寧宣撫司":

> 惟務農桑,不事商賈。《圖經》。

3.《永寧宣撫司志》　永樂至正統　佚

案:《文淵閣書目》"新志"有引。

4.《永寧宣撫司郡志》　洪武至天順　佚

形勝。《大明一統志》卷七十二"永寧宣撫司":

> 馬口崖鎮其北,漁漕溪橫其南。
>
> 南接蠻夷,上通雲南,北連川廣,水陸交通,分界於此。《郡志》。

風俗。《大明一統志》卷七十二"永寧宣撫司":

> 習俗鄙陋,性格野樸。《郡志》。

龍州宣撫司[洪武七年(1374)改置;嘉靖四十五年(1566)改流]

1.《龍州志》　洪武至永樂　佚

案:《文淵閣書目》"舊志"有引。洪武七年(1375)改設龍州,洪武二十三年(1390)改設龍州軍民千戶所,尋改回龍州,宣德七年(1432)改爲龍州宣撫司。⑲

2.《龍州宣撫司圖經》　洪武至天順　佚

形勝。《大明一統志》卷七十三"龍州宣撫司":

> 其地四塞山川重阻。《圖經》。

風俗。《大明一統志》卷七十三"龍州宣撫司":

> 《舊經》:巖居谷處,多學道教,罕見儒術。

3.《龍州志》　永樂至正統　佚

物產。《蜀中廣記》卷六十七：

> 《龍州志》云：州產金砂，在西北九十里。

案：《文淵閣書目》"新志"有引。

酉陽宣撫司[洪武八年(1375)改置；雍正十二年(1734)改流]

《酉陽宣撫司志》　永樂至正統　佚

案：《文淵閣書目》"新志"有引。

石砫宣撫司[洪武八年(1375)改置；乾隆二十五年(1760)改流]

《石砫宣撫司志》　永樂至正統　佚

案：《文淵閣書目》"新志"有引。

天全六番招討使司[洪武初並天全招討司與六番招討司設，雍正六年(1728)改流]

1. 《天全六番圖志》　洪武至永樂　佚

    案：《文淵閣書目》"舊志"有引。

2. 《天全六番圖經》　洪武至天順　佚

    形勝。《大明一統志》卷七十三"天全六番招討使司"：

    > 抵接黎雅，控帶夷落。《圖經》。

3. 《天全六番招討使司志》　永樂至正統　佚

    案：《文淵閣書目》"新志"有引。

4. 《天全六番招討使司志》　洪武至天順　佚

    形勝。《大明一統志》卷七十三"天全六番招討使司"：

    > 《司志》：長河居其西，韓胡在其北，西蜀之襟帶，南詔之咽喉。

5. 《天全六番招討使司新志》　景泰　佚

形勝。《寰宇通志》卷七十"天全六番招討使司":

> 東連雅州,西控斡溪,南接榮經,北抵靈關。《新志》。

風俗。《寰宇通志》卷七十"天全六番招討使司":

> 男不習工藝,婦不事紡,惟以耕種爲業。《新志》。

黎州安撫司[洪武十一年(1378)升置;萬曆十九年(1591)降爲千户,後改爲百户,道光十三年(1833)因罪革去]

1.《黎州安撫司志》 永樂至正統 佚

案:《文淵閣書目》"新志"有引。

2.《黎州安撫司郡志》 洪武至景泰 佚

風俗。《寰宇通志》卷七十"黎州安撫司":

> 漢夷雜居。《郡志》。

《大明一統志》卷七十三"黎州安撫司":

> 《郡志》:地處極邊,俗混漢夷。

《蜀中廣記》卷六十九:

> 《黎州志》:蠻部內有渥窪地,産馬。其處首領號鬼王,有印篆文,曰武犍水軍。

九姓長官司[洪武初年置;光緒三十四年(1908)改流]

《九姓長官司志》 永樂至正統 佚

案:《文淵閣書目》"新志"有引。

平茶洞長官司[洪武八年(1375)改置;雍正十三年(1735)改流]

1.《平茶洞長官司志》 洪武至景泰 佚

形勝。《寰宇通志》卷七十"平茶洞長官司"：

　　《平茶志》：路通荆楚，境界貴州，以酉陽爲藩籬，以石耶爲襟帶，亦邊徼之僻地也。

風俗。《寰宇通志》卷七十"平茶洞長官司"：

　　土僚號爲南客，言語侏離，好捕獵，人頗知禮。俱《平茶志》。

案：《大明一統志》卷七十三"平茶洞長官司"：

　　唱歌送殯。《司志》。

2.《平茶洞長官司新志》　天順　佚

形勝。《大明一統志》卷七十三"平茶洞長官司"：

　　以酉陽爲藩籬，石耶爲襟帶。路通荆楚。俱《新志》。

風俗。《大明一統志》卷七十三"平茶洞長官司"：

　　言語侏離，性好捕獵。《新志》。

　　火炕焙穀，野麻緝布。《新志》：火炕焙穀，而給木浪槽之春，野麻緝布而製花斑色之服。

三、廣西布政司

田州府［洪武二年（1369）改置；光緒元年（1875）改流］

1.《田州府並屬縣誌》　永樂至正統　佚

　　案：《文淵閣書目》"新志"有引。

2.《田州志》　洪武至景泰　佚

形勝。《寰宇通志》卷一百十"田州府"：

　　山平地曠，控百粵以分封，包鎮安而奠壤。《田州志》。

風俗。《寰宇通志》卷一百十"田州府"：

《田州志》:地接交趾,禮義粗疏,男以青布爲巾,女戴竹蔑笠,惟耕織與中州頗近。

思明府[洪武元年(1368)改置;康熙五十八年(1719)改流]
1.《思明府並屬縣誌》　永樂至正統　佚
　　案:《文淵閣書目》"新志"有引。
2.《思明志》　洪武至景泰　佚
　　形勝。《寰宇通志》卷一百十"思明府":

　　　石山卓立,江水回繞。《思明志》。

　　風俗。《寰宇通志》卷一百十"思明府":

　　　《思明志》:蓬頭跣足,畏官法,無醫藥,如有假貸,則刻竹比指,信若契書。

思恩軍民府[正統五年(1440)改置;弘治十七年(1504)改流]
《思恩志》　正統至景泰　佚
　　形勝。《寰宇通志》卷一百十"思恩軍民府":

　　　山屹立乎前,水流繞其後。《思恩志》。

　　風俗。《寰宇通志》卷一百十"思恩軍民府":

　　　《思恩志》:瑤僮雜處,不事詩書,自國朝建學,粗知禮義,稍有變者。

鎮安府[洪武二年(1369)改置;康熙二年(1663)改流]
1.《鎮安府志》　永樂至正統　佚
　　案:《文淵閣書目》"新志"有引。
2.《鎮安志》　洪武至景泰　佚

形勝。《寰宇通志》卷一百十"鎮安府"：

> 高峰峻嶺，環帶左右。《鎮安志》。

風俗。《寰宇通志》卷一百十"鎮安府"：

> 性資梗執，情義乖疏。《鎮安志》。

3.《鎮安府新志》 天順 佚

形勝。《大明一統志》卷八十五"鎮安府"：

> 雷高據其左，馬鞍翼其右。《新志》。

風俗。《大明一統志》卷八十五"鎮安府"：

> 婚姻以牛酒爲聘。《新志》。

泗城州［宋置，元明因之，雍正五年(1727)改流］

1.《泗城州圖志》 洪武至永樂 佚

案：《文淵閣書目》"舊志"有引。

2.《泗城志》 景泰前 佚

形勝。《寰宇通志》卷一百十"泗城州"：

> 山明水秀，地僻林深。《泗城志》。

《大明一統志》卷八十五"泗城州"：

> 迎暉聳奇，餞暘拔秀。《泗城志》。

風俗。《寰宇通志》卷一百十"泗城州"：

> 《泗城志》：喪葬之日，男女歌唱。婚娶之後，父子各爨。自蒙國朝治化以來，漸習禮法，與昔不侔矣。

利州［宋置，元明因之，嘉靖二年(1523)省并］

1.《利州圖志》 洪武至永樂 佚
   案:《文淵閣書目》"舊志"有引。
2.《利州志》 景泰前 佚
   形勝。《寰宇通志》卷一百十"利州":

   群山秀拔。《利州志》。

   《大明一統志》卷八十五"利州":

   蒙泓東注,阪作南流。《利州志》。

   風俗。《寰宇通志》卷一百十"利州":

   刀耕火種,異居各爨。《利州志》。

   《大明一統志》卷八十五"利州":

   婚喪用俗,禮謳歌娛樂。《利州志》。

奉議州[洪武二十八年(1395)改衛,隨後又改州;嘉靖後絕嗣,改流]
1.《奉議州志》 永樂至正統 佚
   案:《文淵閣書目》"新志"有引。
2.《奉議志》 洪武至景泰 佚
   形勝。《寰宇通志》卷一百十"奉議州":

   山環水繞。《奉議志》。

   風俗。《寰宇通志》卷一百十"奉議州":

   耕種紡績,謳歌娛樂。《奉議志》。

   《大明一統志》卷八十五"奉議州":

   男巾青布,女戴竹笠。《奉議志》。

3.《奉議州新志》 天順 佚

　　形勝。《大明一統志》卷八十五"奉議州":

　　　　石門峙其東南,右江環其西北。《新志》。

向武州[洪武初改所,洪武三十三年(1401)復置;明清未改流]
1.《向武志》 洪武至景泰 佚

　　風俗。《寰宇通志》卷一百十"向武州":

　　　　人物粗疏。《向武志》。

2.《向武州新志》 天順 佚

　　形勝。《大明一統志》卷八十五"向武州":

　　　　馬鞍左峙,枯榕前繞。《新志》。

　　風俗。《大明一統志》卷八十五"向武州":

　　　　病不服藥。婚以檳榔爲禮。俱《新志》。

都康州[洪武初改所,洪武三十三年(1401)復置;明清未改流]
1.《都康志》 洪武至景泰 佚

　　形勝。《寰宇通志》卷一百十"都康州":

　　　　崇山陡嶺,環列左右。《都康志》。

　　風俗。《寰宇通志》卷一百十"都康州":

　　　　儀文禮貌,多異中州。《都康志》。

　　《大明一統志》卷八十五"都康州":

　　　　自歸附以來,習俗稍變。《都康志》。

2.《都康州新志》 天順 佚

形勝。《大明一統志》卷八十五"都康州"：

> 東接龍英，西抵鎮安。《新志》。

龍州[洪武初設置；雍正三年(1725)革職，分上、下龍司，州遂廢]
1.《龍州志》 洪武八年(1375) 佚
　　[嘉靖]《廣西通志》卷四十四：

> 又按洪武八年《龍州志》有載：宋藤州守李萬所刻斷碑。

2.《龍州志》 洪武至景泰 佚
　　形勝。《寰宇通志》卷一百十"龍州"：

> 控制南交，藩屏中原。《龍州志》。

　　風俗。《寰宇通志》卷一百十"龍州"：

> 《龍州志》：有疾病，輒具牲牢，詣神祠所禱。有被誣則盟誓歃血，委質性命。私相貸借則刻木比指，信若契書。抵冒罪刑則繫草於脛，重逾桎梏。

3.《龍州新志》 天順 佚
　　形勝。《大明一統志》卷八十五"龍州"：

> 地在極邊。《新志》。

江州[宋置，元明因之，明清未改流]
1.《江州志》 景泰前 佚
　　形勝。《寰宇通志》卷一百十"江州"：

> 山川環秀。《江州志》。

　　風俗。《寰宇通志》卷一百十"江州"：

> 不知商賈，惟務耕種，病不服藥，惟祭鬼神。《江州志》。

2.《江州新志》　天順　佚

　　形勝。《大明一統志》卷八十五"江州"：

　　　　左依平原，右連曠野。《新志》。

思陵州［洪武初省并，洪武二十一年（1388）復置；明清未改流］
《思陵志》　洪武至景泰　佚

　　形勝。《寰宇通志》卷一百十"思陵州"：

　　　　諸峰疊翠，二水交流。《思陵志》。

　　風俗。《寰宇通志》卷一百十"思陵州"：

　　　　婚姻尚早，歌唱送終。《思陵志》。

上林長官司［永樂七年（1409）置；嘉靖初廢］
1.《上林志》　永樂至景泰　佚

　　形勝。《寰宇通志》卷一百十"長林長官司"：

　　　　累峰據其前倉，冒峙其後。《上林志》。

　　風俗。《寰宇通志》卷一百十"長林長官司"：

　　　　赤腳蓬頭，白帶頂笠。《上林志》。

2.《上林長官司新志》　天順　佚

　　風俗。《大明一統志》卷八十五"上林長官司"：

　　　　父子各居，男女混雜。《新志》。

安隆長官司［永樂元年（1403）置；康熙五年（1666）改流］
1.《安隆志》　永樂至景泰　佚

　　形勝。《寰宇通志》卷一百十"安隆長官司"：

群峰聳峙,澗水環流。《安隆志》。

風俗。《寰宇通志》卷一百十"安隆長官司":

稟性各異,趁食爲生。《安隆志》。

2.《安隆長官司新志》 天順 佚

風俗。《大明一統志》卷八十五"安隆長官司":

男女混雜,婚姻尚早。《新志》。

四、雲南布政司

澂江府[洪武十五年(1382)改置;清初裁革]

1.《澂江府志》 永樂至正統 佚

案:《文淵閣書目》"新志"有引。

2.《澂江志》 洪武至天順 佚

形勝。《大明一統志》卷八十六"澂江府":

《澂江志》:東跨賜溥,西倚涌拔,面撫仙而背羅藏,山水明秀之地。

景東府[洪武中改置;康熙四年(1665)改流]

1.《景東府志》 永樂至正統 佚

案:《文淵閣書目》"新志"有引。

2.《景東府郡志》 洪武至景泰 佚

形勝。《寰宇通志》卷一百十二"景東府":

東有邦泰山之秀,南有孟沼山之雄,蒙樂山起伏於西,鶴籠山聳拔於其北地,接極邊是亦控扼之所。《郡志》。

風俗。《寰宇通志》卷一百十二"景東府":

民多百夷,田皆種秋。不通漢書,惟用緬字。俱《郡志》。

廣南府[洪武中置;順治十八年(1661)改流]
1.《廣南府志》　永樂至正統　佚
　　案:《文淵閣書目》"新志"有引。
2.《廣南府郡志》　洪武至景泰　佚
　　形勝。《寰宇通志》卷一百十二"廣南府":

　　　　山崖高峻,道途峙崛,一夫當隘,百夫莫入,其險固若金城陽池。《郡志》。

　　風俗。《寰宇通志》卷一百十二"廣南府":

　　　　《郡志》:其地多儂人,相傳爲蠻寇儂智高裔。

　　《大明一統志》卷八十七"廣南府":

　　　　《郡志》:其地多儂人、沙人,習俗儉約,男女皆事犁鋤,服短衣長裙,構樓而居,好食百蟲犬鼠,病不服藥,惟務祭鬼而已。

廣西府[明初改置;成化十七年(1481)改流]
1.《廣西府志》　永樂至正統　佚
　　案:《文淵閣書目》"新志"有引。
2.《廣西府舊志》　洪武至天順　佚
　　形勝。《大明一統志》卷八十七"廣西府":

　　　　東瞰廣西,南距交趾。《舊志》。

鎮沅府[永樂初升置;雍正五年(1727)改流]
《鎮沅府郡志》　永樂至景泰　佚

形勝。《寰宇通志》卷一百十三"鎮沅府":

> 依山爲郡。《郡志》。

風俗。《寰宇通志》卷一百十三"鎮沅府":

> 《郡志》:婦人勤蠶績,務耕作而略無少暇,產子即浴於江,歸付其夫。

> 《郡志》:土人有病不事醫藥,惟信巫祀鬼而已。

永寧府[永樂四年(1406)升置;正統三年(1438)改流]
《永寧府志》 永樂至正統 佚
　　案:《文淵閣書目》"新志"有引。

姚安軍民府[洪武十五年(1382)改置;雍正三年(1725)改流]
1.《姚安軍民府志》 永樂至正統 佚
　　案:《文淵閣書目》"新志"有引。
2.《姚安軍民府郡志》 洪武至景泰 佚
　　風俗。《寰宇通志》卷一百十三"姚安軍民府":

> 勤耕作。《郡志》。

鶴慶軍民府[洪武十五年(1382)改置;正統八年(1443)改流]
1.《鶴慶軍民府志》 永樂至正統 佚
　　案:《文淵閣書目》"新志"有引。
2.《鶴慶軍民府郡志》 洪武至景泰 佚
　　形勝。《寰宇通志》卷一百十三"鶴慶軍民府":

> 左麗江,右劍川。《郡志》。

風俗。《寰宇通志》卷一百十三"鶴慶軍民府":

其民蠢樸,而囂訟。《郡志》。

武定軍民府[明初改置;明末改流]
1.《武定軍民府志》　永樂至正統　佚
　　案:《文淵閣書目》"新志"有引。
2.《武定軍民府郡志》　洪武至天順　佚
　　形勝。《大明一統志》卷八十七"武定軍民府":

　　　　東頮綎,西姚褒。《郡志》。

　　風俗。《大明一統志》卷八十七"武定軍民府":

　　　　《郡志》:男女好浴,混雜不爲恥。

尋甸軍民府[洪武十六年(1383)改置;成化十二年(1476)改流)
《尋甸軍民府志》　永樂至正統　佚
　　案:《文淵閣書目》"新志"有引。

麗江軍民府[洪武十五年(1382)改置;雍正元年(1723)改流]
1.《麗江軍民府志》　永樂至正統　佚
　　案:《文淵閣書目》"新志"有引。
2.《麗江軍民府舊志》　洪武至天順　佚
　　形勝。《大明一統志》卷八十七"麗江軍民府":

　　　　横連千里,雄據九賧。《舊志》。

　　風俗。《大明一統志》卷八十七"麗江軍民府":

　　　　善騎射,最勇厲。《舊志》。

元江軍民府志[洪武十五年(1382)改置;順治十七年(1660)改流]

1.《元江軍民府志》 永樂至正統 佚

案:《文淵閣書目》"新志"有引。

2.《元江軍民府郡志》 洪武至景泰 佚

風俗。《寰宇通志》卷一百十三"元江軍民府":

> 《郡志》:其地多瘴癘,產檳榔,食之可禦。凡遇親友、賓客,輒奉啗以爲禮。

《大明一統志》卷八十七"元江軍民府":

> 男女溷淆。檳榔致禮。家藏積貝。俱《郡志》。

曲靖軍民府志[洪武間改置;萬曆十三年(1576)改流]

1.《曲靖軍民府志》 永樂至正統 佚

案:《文淵閣書目》"新志"有引。

2.《曲靖軍民府郡志》 洪武至天順 佚

形勝。《大明一統志》卷八十七"曲靖軍民府":

> 盤水之固。《郡志》。

北勝州[洪武十五年(1382)改置;明末改流]

1.《北勝州舊志》 洪武至天順 佚

風俗。《大明一統志》卷八十七"北勝州":

> 《舊志》,人物勇厲,大概與麗江府同。

2.《北勝州郡志》 洪武至天順 佚

形勝。《大明一統志》卷八十七"北勝州":

> 《郡志》:地廣人稀,山川險扼。

風俗。《大明一統志》卷八十七"北勝州":

《郡志》：七種雜處，氣習樸野，七種，蓋瀾河、白蠻、羅落、麽些、冬門、尋丁、俄昌諸蠻也。

馬龍他郎甸長官司［洪武十五年（1382）改置；弘治十四年（1501）改流］

《馬龍他郎甸志》　永樂至正統　佚

　　案：《文淵閣書目》"新志"有引。

者樂甸長官司［洪武三十一年（1398）分馬龍他郎甸長官司地置；雍正五年（1727）改置恩樂縣］

《者樂甸長官司志》　永樂至正統　佚

　　案：《文淵閣書目》"新志"有引。

車里軍民宣慰使司［洪武十九年（1386）改置；天啓七年（1627）緬占］

《車里軍民宣慰使司郡志》　　天順　佚

　　風俗。《大明一統志》卷八十七"車里軍民宣慰使司"：

　　　　《郡志》：民皆百夷，性頗淳。額上刺一旗爲號，作樂以手拍羊皮長鼓，而間以銅鐃、銅鼓拍板。其鄉村飲宴則擊大鼓、吹蘆笙、舞牌爲樂。

　　案：《大明一統志》中"雲南布政司"條目下"車里""木邦""孟養""緬甸""八百""老撾"等府、州、宣慰司及宣撫司，各自均徵引"郡志"，然而《寰宇通志》將該處六宣慰司、三宣撫司、二長官司、二府、四州統一匯總記述，無志書徵引，結合明初地理總志纂修，皆修有一套"天下府州縣衛所宣慰宣撫招討司志書"，故該十七處土司司所所引"郡志"乃天順間纂修。

木邦軍民宣慰使司[洪武十五年(1382)改府,尋改司;萬曆三十四年(1606)緬占]

《木邦軍民宣慰使司郡志》　天順　佚

風俗。《大明一統志》卷八十七"木邦軍民宣慰使司":

《郡志》:其夷類數種。男子皆衣白衣,文身髡髮,摘髭鬚,修眉睫。婦人則上衣白衣,下圍桶裙,耳帶大金圈,手貫象牙鐲。男貴女賤,雖小民,視其妻為奴,耕織、貿易、差徭皆係之。

案:修纂時間同"車里軍民宣慰使司"。

孟養軍民宣慰使司[洪武十七年(1384)改置;萬曆三十二年(1604)緬占]

《孟養軍民宣慰使司郡志》　天順　佚

風俗。《大明一統志》卷八十七"孟養軍民宣慰使司":

《郡志》:其民皆百夷,性生野,小有釁隙即構兵相殺。其土下濕,夜寒晝熱,多瀕江為竹樓以居。一日數浴,餘俗與木邦同。

案:修纂時間同"車里軍民宣慰使司"。

緬甸軍民宣慰使司[洪武二十九年(1396)附置;天啟末緬甸絕貢]

《緬甸軍民宣慰使司郡志》　天順　佚

風俗。《大明一統志》卷八十七"緬甸軍民宣慰使司":

《郡志》:緬人形陋體黑,性柔而詐。其酋號曰卜剌浪。男子善浮水,夏熱,穿白窄袖單衣;冬寒,穿白兜羅錦衣,仍用莎羅布二幅合之,纏於上以為飾。其富者,出入著大袖白布衫。男子綰髻於頂前,用青白二色布纏之;婦人綰髻於後,不施脂粉。男女皆和白檀、麝香、當歸、薑黃末塗於身及頭面以爲奇。其酋長出入乘平轎,或騎象,坐則在前,從者圍後,皆席地。

緬人專事佛敬僧,立阿瓦刹城邦啞直根等寺,莊嚴甚整,有大事則抱佛説誓,質之僧然後决。

山川。《大明一統志》卷八十七"緬甸軍民宣慰使司":

　　金沙江。《郡志》:地勢廣衍,有金沙大江闊五里餘,水勢甚盛,緬人恃以爲險。

案:修纂時間同"車里軍民宣慰使司"。

八百大甸軍民宣慰使司[洪武二十四年(1391)置;嘉靖間爲緬所并]

《八百大甸軍民宣慰使司郡志》　天順　佚

風俗。《大明一統志》卷八十七"八百大甸軍民宣慰使司":

　　《郡志》:民皆百夷,性頗緩,刺花樣於眉目間。其男女服食皆與木邦同,但與客相見,則把手爲禮,亦事佛如緬人。

案:修纂時間同"車里軍民宣慰使司"。

老撾軍民宣慰使司[永樂三年(1405)置;萬曆四十年(1612)絶貢]

《老撾軍民宣慰使司郡志》　天順　佚

風俗。《大明一統志》卷八十七"老撾軍民宣慰使司":

　　《郡志》:民皆百夷,衣服、飲食類木邦。性獷悍,身及眉目皆刺花。其酋長有三等,大曰招木弄,次曰招木牛,又次曰招化。而爲宣慰者即招木弄也,居高樓,其上寬廣,見人不下樓。部屬見之,則所至之地各爲等限,使客亦然,而設通事引之,以至其地,不差尺寸。

案:修纂時間同"車里軍民宣慰使司"。

孟定府[洪武十五年(1382)改置;明清未改流]
《孟定府郡志》　天順　佚

風俗。《大明一統志》卷八十七"孟定府":

《郡志》:民皆百夷。男子光頭、赤腳、黑齒,著白布衣,戴細竹絲帽,以金玉等寶飾其頂,遍插翠花翎毛之類,後垂紅纓。婦人出外,戴漆藤大笠,狀類團牌,頂尖,身衣文繡,飾以珂貝。

案:修纂時間同"車里軍民宣慰使司"。

南甸宣撫司[正統八年(1443)改置;明清未改流]
1.《南甸州志》　永樂至正統　佚

案:南甸宣撫司,在洪武十五年(1382)爲南甸府,永樂十二年(1414)改南甸州,正統八年(1443)升爲南甸宣撫司。[20]同時《文淵閣書目》"新志"有引。

2.《南甸宣撫司郡志》　天順　佚

風俗。《大明一統志》卷八十七"南甸宣撫司":

《郡志》:民皆百夷,俗與木邦同。其結親則用穀茶二長筒、雞卵五七籠爲聘。禮客至,以穀茶供奉,手抓而食之。

案:修纂時間同"車里軍民宣慰使司"。

干崖宣撫司[正統間升置;明清未改流]
《干崖宣撫司郡志》　天順　佚

風俗。《大明一統志》卷八十七"干崖宣撫司":

  《郡志》:境內甚熱,四時皆蠶,以其絲染五色,織土錦充供。

案:修纂時間同"車里軍民宣慰使司"。

鈕兀長官司[宣德八年(1433)置;清初廢]
《鈕兀長官司郡志》　天順　佚
  風俗。《大明一統志》卷八十七"鈕兀長官司":

  《郡志》:其民皆倭泥,類蒲蠻。男子綰髻於頂,白布纏頭。婦人盤頭露頂,以花布爲套頭,見人拜禮。

案:修纂時間同"車里軍民宣慰使司"。

灣甸州[永樂元年(1403)設灣甸長官司,尋改州;明清未見改流]
《灣甸州郡志》　天順　佚
  風俗。《大明一統志》卷八十七"灣甸州":

  《郡志》:其民亦百夷。婦人貴者,以象牙作筒,長三寸許,貫於髻,插金鳳蛾,其項絡以金索,手帶牙鐲,以紅氈帶束臂、纏頭,衣白布窄袖短衫、黑布桶裙,不穿耳,不施脂粉。餘俗與鎮康同。

案:修纂時間同"車里軍民宣慰使司"。

五、貴州布政司

貴州宣慰使司[洪武初置;清初廢]
1.《貴州宣慰司志》　永樂至正統　佚
  案:《文淵閣書目》"新志"有引。

2.《貴州宣慰使司舊志》　洪武至景泰　佚

形勝。《寰宇通志》卷一百十四"貴州宣慰使司"：

> 《舊志》：羅羅、仡佬、東苗、西苗諸夷，宋、蔡、曾、龍諸姓，舊皆澆邪之俗。國朝洪武以來，儒學漸興，而冠婚喪祭之禮，多效慕中國，間有向意書業，登科出仕者多矣。

3.《貴州志》　洪武至景泰　佚

形勝。《寰宇通志》卷一百十四"貴州宣慰使司"：

> 東阻五溪之雄，西距盤江之險，滇南門戶。俱《貴州志》。

4.《貴州宣慰司志》　洪武至天順　佚

風俗。《大明一統志》卷八十八"貴州宣慰使司"：

> 疾病不識醫藥。被毯衫以爲禮。俱《宣慰司志》。

金築安撫司［洪武十年(1377)改置；萬曆四十年(1612)改流］

1.《金築安撫司志》　洪武至天順　佚

風俗。《大明一統志》卷八十八"金築安撫司"：

> 男子以白布裹頭。《司志》。

2.《金築安撫司新志》　天順　佚

形勝。《大明一統志》卷八十八"金築安撫司"：

> 據諸夷叢聚之地。《新志》。

清平長官司［洪武二十二年(1389)置；弘治七年(1494)改流］

《清平長官司志》　洪武至天順　佚

風俗。《大明一統志》卷八十八"清平衛"：

> 居無床席，手搏飯食。《清平長官司志》。

六、羈縻衛所

哈密衛［永樂四年（1406）設置；正德九年（1514）爲吐魯番所并］
《哈密衛志》 永樂至正德 佚

物産。《宋氏家規部》卷四：

鑌鐵，《哈密衛志》云：有礦石謂之喫鐵，剖之得鑌鐵。

綜上所輯，明前期（1368—1464）湖廣布政司修土司司所志4部，四川布政司修志34部，廣西布政司修志29部，雲南布政司修志39部，貴州布政司修志7部，羈縻衛所志1部。其中確定洪武年間纂修1部，洪武至永樂10部，洪武至景泰20部，洪武至天順15部，永樂至正統34部，永樂至景泰2部，永樂至天順1部，正統至景泰1部，景泰前3部，景泰2部，天順25部，永樂至正德1部，總114部。另外，輯錄可知土司司所志類型有宣慰司志、宣撫司志、安撫司志、招討司志、長官司志、土府志、土州志、土衛所志八種，體現了該志種類的多元性。同時佚文中多描述古代邊疆民族風俗習慣，體現了記述的民族性。總而言之，土司司所志雖有特性，但仍是明王朝大一統體制下行政區劃志書的組成部分，其編修展示了方志文化向邊疆拓展的歷史實踐過程。

（作者單位：復旦大學歷史學系）

---

① 一些府縣志目錄中存在"土司志"篇目，如［雍正］《太平府志》中《名宦志》卷之三十二存《土司志》、［同治］《高縣志》卷二十四有《土司志》，因此爲避免歧義，將本文討論文獻稱之爲"土司司所志"。
② 《麻寮地輿志》與《麻寮建設志》在同一族譜內，故記爲一志。
③ 沈松平：《方志發展史》，浙江大學出版社，2013年，第30頁。
④ 陸振嶽：《方志學研究》，齊魯書社，2013年，第34頁。

⑤ 來新夏:《方志學概論》,福建人民出版社,1983年,第14頁。
⑥ 林平、張紀亮編纂:《明代方志考》,四川大學出版社,2001年。
⑦ 土司司所建置、改流時間參考《明實錄》、《寰宇通志》、《大明一統志》、[嘉靖]《尋甸府志》、《明史》、《黔草》、《清史稿》、《來鳳縣民族志》、《中國土司制度史》、《中國少數民族史大辭典》等書。
⑧《明太祖實錄》卷五九,臺北"中研院"歷史語言所,1962年,第1149頁。
⑨ 抱經樓版及廣方言版《明實錄》記"凡有關於輿地者"。
⑩《明英宗實錄》卷二六六,第5644頁。
⑪《明英宗實錄》卷三二七,第6740—6741頁。
⑫ (明)陳循等編:《寰宇通志》第一冊,朝華出版社,2020年,第33頁。
⑬ (明)李賢等撰:《大明一統志》,三秦出版社,1990年,第1031頁。
⑭ 同上。
⑮ 嘉靖間余承勛在編纂《馬湖府志》時,感歎道:"馬湖舊志載安氏事詳,而修殆家乘也,故不足觀。"足見時人對土司所志的觀感。(明)余承勛纂修:《馬湖府志》序,《四川歷代方志集成·第三輯》23,國家圖書館出版社,2016年,第170頁。
⑯ 張升:《明代方志數質疑》,《中國地方誌》2000年第3期,第64頁。
⑰ 唐宋方志多稱之爲"圖經",但明代方志亦有稱之爲"圖經",如[景泰]《雲南圖經志書》、[弘治]《貴州圖經新志》。
⑱ (明)陳循等撰:《寰宇通志》卷六五,臺北藏景泰時期內府刊初印本,第14頁。
⑲ (明)陳循等撰:《寰宇通志》卷七十,第2頁。
⑳ (明)李賢等撰:《大明一統志》,三秦出版社,1990年,第1340頁。

中華醫學會上海分會圖書館藏《丹亭盧真人廣胎息經》探研

= □ 白照傑 =

《丹亭盧真人廣胎息經》是一部明代道教內練指導著作,以丹亭盧真人與弟子養浩生的對話展開鋪述,以平實直白、不弄玄虛著稱。此書既有獨創內容,亦按主題廣泛抄撮流行的內練典籍,因使用便宜而為丹家所重,尤因傅山(字青主,1607—1684)抄本見存而獲蕭天石(1909—1986)等現代學者垂青。然此書流行抄本(即本文所謂"傅山本")實際是四個節抄本,且因題署問題而對現下研究產生誤導。近經朱越利教授告知,獲悉中華醫學會上海分會圖書館可能存有完本。又經金順英教授及中華醫學會上海分會諸前輩引介,得以入館翻閱,發現館中所藏確為難得一見之全本。特撰文介紹,一探究竟。

一、《丹亭盧真人廣胎息經》基本情況及傅山本與上圖本

《丹亭盧真人廣胎息經》未見刊刻信息,以抄本形式流傳。《欽定續文獻通考》[①]和《四庫全書總目》均著錄此書,後者稱:

《廣胎息經》二十二卷,兩淮鹽政采進本。

不著撰人名氏，但題爲宋人。然第二十一卷中引羅洪先、陳獻章語，則明代道流所作。題宋人者，妄矣。其書皆稱養浩生問而丹亭真人答，分却病、延年、成真、了道四部，論吐納之法，兼及容成之術，非道家正傳也。②

與後文將介紹的中華醫學會上海分會圖書館藏本（簡稱上醫抄本）和上海圖書館藏本（簡稱上圖抄本）均爲十二卷不同，《四庫全書總目》著録的兩淮鹽政蒐集呈進的《廣胎息經》分爲二十二卷。"二十二卷"的説法未必是"十二卷之訛"，引文中提到"第二十一卷"的事實可佐證確曾存在一個"二十二卷"本。以抄本的形式流傳，或許使此書分卷分册相對隨意。但就《四庫全書總目》所謂此書由"却病、延年、成真、了道"四部内容組成的記述來看，二十二卷本與十二卷本主體當不會有太大差異。《四庫總目》所録的《廣胎息經》題爲宋人所著，確屬抄者故弄玄虛，除引文所據羅洪先（1504—1564）、陳獻章（1428—1500）語外，亦有別證。上圖和上醫的十二卷本最末"諸祖源流"，開列淨明道法脈，其中"淨明第十六代嗣教導師止一邵真人"當即邵以正（約 1368—1463），③ 已是明人，而創作《廣胎息經》的"淨明第二十五代嗣教導師丹亭盧真人"時代只能更晚。《四庫全書總目》中"非道家正傳"的非議頗有深意。明代著名丹家伍守陽（1574—約 1644）在《仙佛合宗語録》中即激烈批判《廣胎息經》，稱："他如盧丹亭之作《廣胎息經》，最邪妄，最淫惡，詐托旌陽爲説，僭瀆帝經爲名，罪深無間地獄，不必言之而可易知其爲邪。"④ 伍守陽在其另一部著作《天仙正理直論》中亦批評《丹亭盧真人廣胎息經》，重點指責書中練法涉及男女交媾之事，並不可取。⑤ 伍守陽的斥責與《四庫全書總目》中強調《廣胎息經》包含"容成之術"相對應。伍守陽的内丹"伍柳派"在當時影響巨大，永瑢等人有可能接受了此派觀點，得出《廣胎息經》"非道家正傳"的看法。但與此同時，伍守陽和永瑢等人的批評，以及所謂傅山等抄本的傳世，也說明這部著作在明清之際的修道圈子裏仍有一定影響力。

永瑢等人所見之二十二卷本《丹亭盧真人廣胎息經》已不知所蹤。就檢索"中文古籍聯合目錄及循證平臺"、《浙江中醫藥古籍聯合目錄》等書錄的結果來看，[6]可知目前能見到的《廣胎息經》抄本主要有三種，分別是傅山抄本、上圖抄本及上醫抄本。以下先來看前兩種抄本情況，而後重點介紹上醫抄本。

（一）傅山抄本

所謂的傅山抄本，共有四種，均藏於臺灣地區"國立"中央圖書館，爲蕭天石所注意，收入《道藏精華》。四者內容不同，節抄《廣胎息經》各部分，分別成書，題署如下：

表1 《道藏精華》所收傅山節抄本

書　　名	題　署　等	《道藏精華》冊數
《盧丹亭真人養真秘笈》	太原傅青主錄 （封面書"遺老傅青主錄"，並有無錫張子遊繪"丹亭真人傳道圖"、禮亭考證記）	第52冊第12集之3
《丹亭悟真篇》	太原傅青主錄	第57冊第13集之5
《傅青主丹亭問答集》	太原傅青主纂 （有天篤老人石舟題字并序）	第57冊第13集之5
《丹亭真人盧祖師玄談集》	太原傅青主手錄秘本[7]	第57冊第13集之5

蕭天石稱《養真秘笈》"爲盧門傳道集之首篇"。[8]據其所撰《丹亭真人傳道集序》可知"盧門傳道集"是其爲表1中四書所冠

之總稱。⑨然對比稍後即將介紹之上醫抄本《廣胎息經》的內容,可發現《養真秘笈》主體抄自《廣胎息經》後半之"成真部"(對應詳情,見後文),"首篇"之說顯然不確。蓋《養真秘笈》首篇《總論》使蕭天石產生誤會,實則此一《總論》乃"成真部"之總論。蕭天石認爲以上四書均爲孤本,頗爲難得,值得整理刊布。其在《丹亭真人傳道密集序》中,對盧丹亭和傅青主與此書的關係進行考證和鋪述,引《青城秘錄》稱盧丹亭是隱居廬山之高真,並遊五嶽、青城、峨眉,二百餘歲鶴髮童顔,筋骨強健;又引了一子語,稱盧丹亭爲盧敖等仙人苗裔,有祖傳秘笈,擅吐納之法、變化之術云云。蕭天石復發現《少室山房雜記》有記述擅長金丹之道的濟源"丹亭"之文字,懷疑此人可能就是盧丹亭。由於蕭天石所見四部著作均題傅青主抄錄,傅青主本人既有道教師承,又對醫學丹道頗有建樹,故蕭天石直接得出"青主曾師事龍門派盧祖師丹亭真人"的判斷。⑩儘管蕭天石的介紹此後被學界作爲"常識"所接受,但根本問題卻依舊存在:一者,《廣胎息經》作者盧丹亭神龍見首不見尾,很難推求其真實情況;二者,傅青主師事盧丹亭的看法,恐怕還是太過冒險。僞托名人題署自高身價的情況絕不罕見,在僅憑題署而無其他證據的情況下推定這四個節抄本爲傅青主製作必要干冒極大風險,⑪而定傅山屬於盧丹亭一脈的修道者更使推理鏈條過於跳脫。因此,蕭天石等前賢對傅山與此書關係之判斷還需謹慎對待,尤其是不能冒然將這些節抄認爲是傅山本人的創作和思想積澱。⑫

與伍守陽對《廣胎息經》的極端厭惡不同,蕭天石等人對這些傅山抄本的評價相當高,稱其"確屬一字千金之作,價逾連城,得未曾有""一反丹家數千年之積習,盡去隱語喻詞之秘文;簡明淺近,而不違大道,洩盡天機,而不乖真旨;復以其係采問答體語錄體,故盡人可學,易知易行,易修易成,立竿見影",⑬這樣的評價爲當代學者對此書的價值評判奠定了基調。經過蕭天石的刊布和贊揚,

《道藏精華》所收的四個傅山節抄本成爲最流行（甚至可以説是唯一）的《廣胎息經》文本，成爲學者們的研究對象。除王象禮、李遠國等人之專題研究外，⑭周全彬、盛克琦以及張明亮所整理的兩個當代點校本也是以蕭天石所刊布的傅山本爲底本展開的工作。⑮

（二）上圖抄本

"中文古籍聯合目録及循證平臺"録入上圖抄本《廣胎息經》的基本信息。此本題爲《丹亭真人盧祖師廣胎息經》，清抄本，全書當有十二卷，上圖現有二册，不全。⑯因檢索便利，上圖本已爲一些學者所注意，如周全彬、盛克琦已指出上圖抄本的存在，⑰但真正翻閲並在研究中使用此本者卻只有許蔚等少數幾人。許蔚在其道教論著中不止一次談及上圖抄本《廣胎息經》，其經調查發現，此本應有十二卷，按"元亨利貞"分爲四册，今存元、貞兩册，分别包括《廣胎息經》的却病部和了道部。許蔚推測亨、利二册應該包含延年部和成真部"共四卷"，且"周天數息卦爻法"不知其詳，但可與羅念庵之"周天數息"參觀。⑱此外，上圖抄本最末附淨明道宗譜，許蔚對之提起注意。這一宗譜從淨明啓教宗主日中氽孝道仙王一直開列到二十七代待嗣教弟子孫静怡等人，盧丹亭爲第二十五代祖師。許蔚認爲《廣胎息經》應該是到二十五代盧丹亭方才成書，但這個丹亭之後自稱淨明的宗派"應該只是比附宗派，以示丹法的正宗"，跟淨明道未必有什麽實際關係。⑲許蔚的判斷基本正確，但一些細節推定似乎還有疑問。第一，《廣胎息經》原本爲十二卷，許蔚發現上圖本了道部（最後一册）封皮朱題"貞"，推測此本當按"元亨利貞"分爲四册。但筆者發現上圖本所謂"元"册最末貼有標籤，寫明"編號：21347；册數：6；售價：60.00；清初抄本"，此與"元亨利貞"的朱題不符，原因不詳。爲方便敍述起見，這裏還是將上圖抄本《廣胎息經》的首册稱爲元册，尾册稱爲貞册。第二，儘管上圖抄本《廣胎息經》的成真部"周天數息卦爻法"殘缺，但這部分内容卻可在傅山本中找到。蕭天石刊布的《盧丹亭真人養真秘笈》主體内容抄録《廣胎息經·成真部》，其中詳述"周天數息卦爻法"。[20]這樣兩個細節疑問，究其根源不外全本《廣胎息經》難得一見。

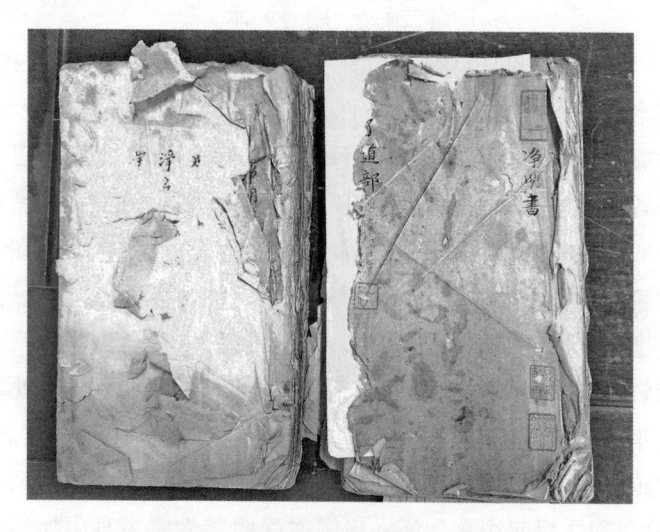

圖1　上海圖書館所藏《廣胎息經》

筆者亦親自對上圖藏本《廣胎息經》進行核實，復收集到以下信息。上圖所藏首尾兩册，元册包含卻病部四卷，貞册包含了道部四卷。二者保存狀態不甚理想，元册情況更糟。2023年春調閲時，得知此書殘損，已不允許出庫翻閲。兩册前數頁殘破，内裏尚可閲讀。元册已無封面，貞册封面尚存，信息比較豐富（圖1）。封面右上題"淨明書"三字，墨跡與書中正文相似，蓋爲一人所抄。左側中段朱書"九卷至十二卷了道部"，並有一"貞"字。書衣押藏書印數枚，均爲陽文，包括：右上角"江湖滿地一漁翁圖"並舟子樣，[21]橫豎爲：1.7×3 cm；右下角"練湖□月"，殘字左半爲"魚"，右半不清,橫豎爲：1.4×1.8 cm;右下角"純陽",橫豎爲：1.6×1.9 cm;左側中央"一蓭",橫豎均爲 1.9 cm。儘管上圖本元册保存狀況不佳,但全書目錄卻完整地保存下來,爲了解此書內容帶來莫大方便。上圖本《廣胎息經》暫未電子化,且修復前不再出庫,觀之不易,有必要列出目錄如下：

表 2　上圖抄本《廣胎息經》元册所列全書目録

卷數	部　屬	子　目
一卷	却病部一靜功	總論；癱；痿；臟；膈；寒；痰；脾；種子；瘧；痢；呃逆噯氣；吞酸；饐；怔忡；積聚；疽；霍亂；嘔吐；頭痛；耳聾。
二卷	却病部二靜功	舌；齒；目；咽喉；結核；瘦瘤；肺癰；心痛；腹痛；腰脇痛；臂背痛；骨節痛；腳氣；癲疝；消渴；痙病。
三卷	却病部三靜功	瘰疬；疔；便毒；下疳；瘡；折傷金瘡。
	却病部四動功	總論；頭痛，五款。目疾，九款。耳，三款。鼻，一款。牙，二款。胸膈，五款。心，四款。膈噎，一款。腰背，十四款。脾，十款。勞，十款。痰，三款。寒，六款。瘧，一款。濕，一款。瘡，一款。腰氣，三款。絞腸痧，二款。疝墜，二款。大小便，二款。癱瘓，六款。
	却病部五按摩	總論；癱瘓，五款。痿，八款。臟，四款。膈，二款。目，五款。耳，三款。喉口齒，四款。肩背指，八款。心脾氣，七款。腰腎膝足，二十一款。
四卷	却病部六按摩	寒，四款。痰，七款。頭，七款。偏疝，五款。瘦瘤痔，六款。男婦雜症，八款。附脈穴圖解十四。
	却病部七按摩小兒	總論；辯症；手訣；應病；附圖十。
五卷	延年部一	總論；大采補；築基；開關；鑄劍；辨鼎；浔藥；靜功養火。

(續表)

卷數	部屬	子目
六卷	延年部二	静功養火。
	延年部三	三田補氣養火。
	延年部四	上峰補氣養火五品;中峰補氣養火五品。
七卷	延年部五	下峰補氣養火十四品。
	延年部六	外藥補氣養火。
八卷	成真部一	數息第一	周天數息卦爻法;呼吸論;真炁辨;所以呼吸之處論;外郛解;内臟形解。
		調息第二	調息法;止念法;却昏法;氣息使緩法;辨咽喉徑路法。
	成真部二	閉息第三	閉息法;用舌抵顎法;增息法;化浮火使真氣不止逆法;化民火使真氣不下行法;化邪火使真氣不作毒法;熏蒸四肢法。
		住息第四	開任督諸關法;引氣入四肢百脈法;留炁法;消陰還陽進神火法;護陽炁不散法;減便溺不洩真炁法。
	成真部三	踵息第五	踵息法;文蒸武煉法;氣氣自然歸根法;進水法;進火法;水火交進銖數法。
		胎息第六	護胎封固法;老煉結丹法;養丹成像法。
		無胎息第七	養大周天火候坐忘法;附女金丹。

（續表）

卷數	部屬	子目
九卷	了道部一	鼎器諸真口訣辨凡百餘款
十卷	了道部二	藥物諸真口訣辨凡百餘款
十一卷	了道部三	火候下手諸真口訣辨凡百餘款
十二卷	了道部四	雜類口訣凡百餘款

上圖本元册目錄有其價值，對了解《廣胎息經》的整體面貌幫助很大，但這個目錄的缺點也很明顯，其中目錄與兩册抄本内容的不完全對應就是非常顯著的問題。例如，目錄卷四的"應症"，書中對應處標題爲"小兒諸驚推揉等法第三"；目錄卷十二所謂"雜類口訣百餘款"，書中實際的標題是"諸真了道口訣"和"丹房節目誡讔"等。最爲明顯的錯誤，是目錄卷九至十二所錄爲了道部一至四，但保存下來的貞册恰好涵蓋了卷九至十二的全部内容，其中包括了道部一至八。上圖本元册的目錄製作呈現出虎頭蛇尾的態勢，這樣的態勢或許反映出作爲上圖抄本的某個"原本"並没有目錄，目錄是在歷代傳抄過程中爲方便閲讀而分頭製作出來的部分。類似的目錄缺陷，在稍後介紹的上醫《廣胎息經》抄本中也存在。兩者互相印證《廣胎息經》的目錄製作大概是抄手們各自推進的結果。

了解傅山節抄本和上圖殘抄本的情況後，讓我們將重點轉移中華醫學會上海分會圖書館所藏的全本《丹亭盧真人廣胎息經》上。

二、中華醫學會上海分會圖書館藏《丹亭盧真人廣胎息經》抄本及與其他二本的簡要對比

位於上海市徐匯區零陵路604號的中華醫學會上海分會

圖書館創立於 1931 年，原屬中華醫學會總會，1956 年改爲今名。其所收藏的《丹亭盧真人廣胎息經》十二卷，在"中文古籍聯合目錄及循證平臺"著録爲"明抄本"。㉒筆者親赴中華醫學會上海分會圖書館詢問這一抄本來源和著録時代之依據，得知此抄本來源未登記清楚，猜測是 20 世紀中葉的個人捐贈；"明抄本"的時代判斷依據不詳。筆者懷疑"明抄本"的說法可能是由於《廣胎息經》在《四庫全書總目》等著作中被著録爲明代著作，故中華醫學會上海分會圖書館在登記信息時直接將之寫爲"明抄本"。由於此書最末同樣附有淨明道"諸祖源流"二十七代祖師等人物，且與上海圖書館所藏殘本同樣將第十六代寫爲"止一邵真人"，推測上醫抄本與上圖抄本源出同一個抄本系統。筆者了解到，此前朱越利、許蔚等學者已注意到上醫抄本《廣胎息經》的存在，但未及親自翻閱。周全彬、盛克琦對此也有了解，認爲上醫所藏《廣胎息經》抄本六冊"也當爲殘本"。㉓但據筆者考察，可知事實並非如此。實際上，中華醫學會上海分會圖書館所藏者是目前所能見到的唯一全本《廣胎息經》。

上醫抄本依《禮記》文句訂爲博、厚、高、明、悠、久六冊，裝爲一函（見圖 2、3）。書分却病、延年、成真、了道四部，末附淨明祖師源流。前後十二卷內容俱全，但存在漏題卷號的現象，如延年部裏漏卷六之號，了道部裏漏題卷十，但除可能漏抄一則文字外，內容並無大塊缺損（參考表 2）。六冊封面均寫《廣胎息經》，內題《丹亭盧真人廣胎息經》，無撰述人，亦無手録人等題名。六冊封面皆簽"戟眉氏藏"章，陽文，長、寬均爲 2.4 cm。博冊目録頁右下角押章兩枚，分別是："爾正"，陽文，長、寬均爲 1 cm；"汪國荃印"，陰文，長、寬均爲 1 cm。卷一開篇押藏書章三枚，均爲陽文，分別是："戟眉氏藏"，長、寬均爲 2.4 cm；"目心閣藏"，長、寬均爲 1.9 cm；

"中華醫學會上海分會圖書館",長、寬均爲2 cm。[24] 書中有少量批删塗抹之墨跡。

圖 2、3　中華醫學會上海分會圖書館藏《廣胎息經》

鑒於上醫抄本《廣胎息經》的全部内容很難得見,這裏先録出各卷信息,而後再將之與上圖抄本和傅青主抄本作一比較。爲使結構更加清晰,並方便與上圖本元册目録相對比,雖不免機械,但下面還是以表格形式列述上醫抄本《廣胎息經》的内容要目。需要指出的是,上醫抄本並沒有專門的全書目錄,以下目錄係筆者按書中各級標題整理得出。

表3 中華醫學會上海分會圖書館藏《廣胎息經》抄本內容組成

册	卷	部	細　目
博	卷之一	却病部一:靜功	總論第一;癱瘓第二;虛勞第三;臌脹第四;嗝噎第五;寒疾第六;痰㉕症第七;脾胃第八;痔疾第九;種子第十;瘧症第十一;痢疾第十二;呃逆噯氣第十三;吞酸第十四;嘈雜第十五;怔忡第十六;積聚第十七 疸症第十八;霍亂第十九;嘔病第二十;頭疼第二十一;耳聾第二十二。
	卷之二	却病部二:靜功	舌病第二十三;齒病第二十四;目病第二十五;咽喉第二十六;結核第二十七;瘿瘤第二十八;肺癰第二十九;心痛第三十;腹痛第三十一;腰脇痛第三十二;臂背痛第三十三;骨節痛第三十四;腳氣症第三十五;癲疝第三十六;痿躄症第三十七;消渴第三十八;痓病第三十九;瘡瘍第四十。㉖
厚		却病部三:靜功	瘰癧第四十二;疔瘡第四十三;便毒第四十四;下疳第四十五;梅瘡第四十六(疥癬附此);折傷金瘡第四十七。
	卷之三	却病部四:動功	總論;頭病第一;目疾第二;耳疾第三;鼻症第四;牙症第五;胸膈氣症第六;心症第七;膈噎第八;腰背第九;脾胃第十;痨症第十一;痰火第十二;傷寒第十三;瘧疾第十四;痢疾第十五;濕症第十六;瘡疽第十七;腸氣第十八;絞腸沙第十九;疝墮第二十;大小便第二十一;癱瘓第二十二。
		却病部五:按摩	總論;按摩癱瘓諸穴法第一;按摩痨傷諸穴法第二;㉗按摩膈噎諸穴法第四;按摩目疾諸穴法第五;按摩耳症㉘穴法第六;按摩喉口齒諸疾穴法第七;按摩肩背指諸穴法第八;按摩心脾氣諸疾穴法第九;按摩腰腎膝足諸穴法第十。

(續表)

册	卷	部	細 目
厚	卷之四	却病部六：按摩	傷寒諸穴法第十一（附瘧）；痰疾諸穴法第十二；頭痛諸穴法第十三；偏疝諸穴法第十四；瘦癧痔諸穴法第十五；諸雜症穴法第十六。 各經出像脈絡附解十四篇：足少陽膽經一附解；足厥陰肝經二附解；手太陰肺經三附解；手陽明大腸經四附解；足陽明胃經五附解；足太陰脾經六附解；足少陰心經七附解；手太陽小腸經八附解；足太陽膀胱經九附解；足少陰腎經十附解；手厥陰心包經十一附解；手少陽三焦經十二附解；任脈圖十三附解；督脈經圖十四附解。
		却病部七：按推小兒	總論；辨症證第一；手訣第二；小兒諸驚推揉等法第三；小兒諸圖附（案：附圖10張）。
高	卷之五（延年部第二前漏題卷之六）	延年部第一：大采補	總論；大采補法一品第一。
		延年部第二：大采補	火功；附：周天火候之圖。
		延年部三：小采補養火	（案：內不分細目，專講小采捕養火）
		延年部四：小采補二十四品	總論； 上峰五品 第一品天庭至寶；第二品鵲橋仙丹；第三品白鶴靈芝；第四品寒林玉樹；第五品准瓊液。 中峰五品 第一品白虎丹頭；第二品伏火真精；第三品金粒仙丹；第四品蟠桃仙酒；第五品美金花丹。

（續表）

册	卷	部	細　目
明	卷之七	延年部第五（案：接續小采補二十四品）	下峰一十四品補炁養火 第一品首經至寶；第二品先天真炁；第三品刀圭玄珠；第四品水中銀丹；第五品浮信真精；第六品金砂至寶；第七品絳雪靈液；第八品水中金丹；第九品玄霜絳酒；第十品龍精鳳髓；第十二品火主珠大丹；第十三品混元大丹；第十四品青龍真精。
		延年部六	（案：開列與二十四品"同類外藥"於此，含多種神丹方劑。）
	卷之八[29]	成真部第一*閉息之前漏題成真部第二；踵息之前漏題成真部三	總論 **數息第一** 總論；周天數息卦爻法；呼吸論；真炁辨；所以呼吸之處論；外郭論；內臟郭解；"附臟郭圖於後"（正人臟圖一；伏人臟圖一）。 **調息第二** 總論；調息；止念法；卻昏法；氣急使緩法；辨咽喉明徑路法。 **閉息第三** 總論；閉息法；用舌抵齶法；增息法；化浮火使真氣不上逆；化民火使氣不下行法；化邪火使真氣不作毒法；薰蒸四敗法。 **住息第四** 總論；住息法；開任督諸關法；開督脈法；開夾脊關法；開玉枕關法；引炁入四脈法；留炁法；消陰還陽進神火法；護陽不散法；減便溺便不泄真法。 **踵息第五** 總論；踵息法；文烹武煉法；炁炁歸根法；進水法；進火法；水火交進銖數法。 **胎息第六** 總論；封固法；老煉結丹法；養丹成像法。 **無胎息第七** 總論；養大周天火候法；附女真丹。

(續表)

册	卷	部	細目
悠	卷之九＊漏題卷之十	了道部一：胎息諸真口訣	（案：內不分細目，抄錄諸真口訣）
		了道部二：諸真胎息了道口訣	（案：內不分細目，抄錄諸真口訣）
		了道部三：諸真藥物了道口訣	（案：內不分細目，抄錄列諸真口訣）
久	卷之十一	了道部四：諸真藥物口訣	（案：抄錄諸真藥物口訣，並附諸真碎玉藥物訣）
		了道部五：諸真火候口訣	（案：內不分細目，抄錄諸真口訣）
		了道部六諸真鼎器訣	（案：內不分細目，抄錄諸真口訣）
	卷之十二	了道部七諸真了道作用口訣	（案：內不分細目，抄錄諸真口訣）
		了道部八	丹房節目誡遣：天；日；月；星雲漢；地山；河江水；身體；涕唾汗；嚏便溺；愁泣；怒叫；喜笑；歌舞；語言；思念；睡臥；夢魘；洗沐；扣櫛；漱濯；戒文三十六款；諸祖師源流列（附派）。

通過表3列述，上醫《廣胎息經》抄本的情況一目了然，此書以養浩生與丹亭真人（偶爾亦稱胎息真人或真人）的問答展開，以却

病、延年、成真、了道四部構成層層遞進的煉養修道階次。却病部專門介紹療疾知識，延年部通過采補服食的方式延長壽命，成真部由淺入深詳細介紹從數息到無胎息的胎息吐納法門，了道部則按照主旨總結胎息和内丹相關的諸真口訣及修道中的注意事項，最後所附的法脈譜系則反映着將書中道法進行正統化的一番努力和用心。

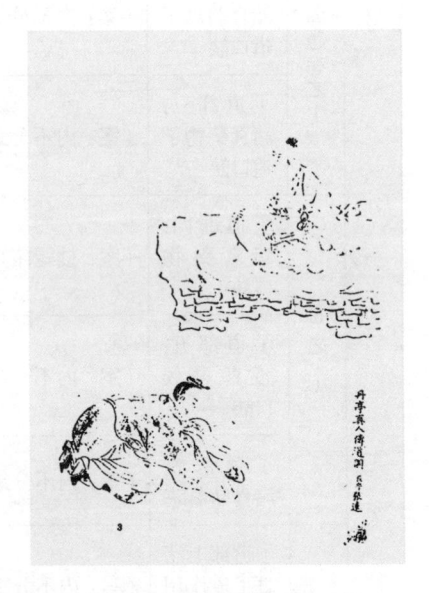

圖 4、5 《道藏精華》册 52 所收《盧丹亭真人養真秘笈》書影

了解上醫抄本基本情況後，便可將之與傅山本和上圖本進行簡要對比，來看看不同抄本之間的關係。題爲傅青主纂録的四件抄本可與上醫抄本的内容逐一對應。1.《盧丹亭真人養真秘笈》基本與上醫本《廣胎息經》的成真部對應，但細節處也有不同。《盧丹亭真人養真秘笈》卷首"丹亭真人傳道圖"（圖5）及所附"蟠桃酒方、天門膏方"不見於上醫抄本《廣胎息經》，同時，《廣胎息經》"女真丹"之後所附的"開關之法"也不見於《盧丹亭真人養真

秘笈》）。2.《丹亭悟真篇》，與《廣胎息經》卷十二的主要內容吻合，書中"直指"到"百家明心訣法"抄自了道部七，"丹方"和"自定"節抄了道部八。前者的節錄現象很明顯，如《廣胎息經》卷十二所列戒文三十六款，《丹亭悟真篇》所列者雖稱也有"三十六款"，但實際僅列出十款。3.《傅青主丹亭問答集》，與上醫本《廣胎息經》了道部四、五、六對應。所謂"傅青主丹亭問答集"的書名，具有較大誤導性，上醫本《廣胎息經》相應部分並未反映傅青主是丹亭盧真人的提問人。4.《丹亭真人盧祖師談玄集》，與上醫本《廣胎息經》卷一、卷二（即却病部一、二）相對應。

　　上醫抄本與上圖殘本很可能屬於同一個抄本系統，這一點可從二者最末抄錄相同的淨明道法脈傳承內容等現象看出。因此，這兩個抄本的關係看上去就要簡單得多，二者或可向上追溯到同一個文本源頭。與此同時，其他一些現象也值得注意。有關上圖殘本《廣胎息經》目錄的問題上文已作交代，而正如表3注釋所述，上醫抄本《廣胎息經》並沒有全書目錄，一些卷次內容給出本卷目錄，另一些則沒有。這樣的現象也證明了目錄的製作可能是抄手們的行爲，而非此書創作者的工作。上醫本存在遺漏卷號、標題的現象，結合上圖抄本目錄和內容，上醫本的錯誤可得到糾正。如上醫抄本所遺漏的"卷之六"，其實應該題在延年部第二之前；又如表3所示，上醫抄本《廣胎息經》成真部標題與其他幾部模式不同，涵蓋"數息第一""調息第二""閉息第三"等，篇幅巨大。但依却病部、延年部和了道部的情況及體量來看，成真部內部也當分爲若干篇次，而不當只有"成真部一"。事實上，如果成真部只有一部分，也無必要專門署上"一"字。這一問題無法通過觀察上醫抄本內部記述解決，而上圖殘本元册全書目錄的保存，使這一問題順利解決。參考上圖本元册目錄可以發現，上醫抄本確實遺漏了"成真部二"（當題於閉息之前）和"成真部三"（當題於踵息之前）兩個標題。

有關上醫抄本與上圖殘本和傅山本《廣胎息經》的進一步比較，需留待筆者團隊完整抄録上醫本之後方能展開，此暫告一段落。

三、結論：中華醫學會上海分會圖書館藏《丹亭真人廣胎息經》的學術價值

至此，我們已對三個較爲重要的《廣胎息經》抄本作以考察，上醫抄本《廣胎息經》的意義已獲呈現。作爲目前能找到的較完整的唯一抄本，上醫抄本《廣胎息經》在傳統文獻保存與傳承方面擁有無與倫比的價值。目前可以上醫抄本爲底本，以上圖殘本和傅山本爲參校本，整理出一個相對完整的《廣胎息經》本子，方便今後研究之用。

對於上醫"全本"的重新發現和刊布，有助於糾正截至目前傅山本主導《廣胎息經》研究所産生的一系列問題。這些問題包括（但不限於）：過分強調傅山與《廣胎息經》中的醫學和道學思想的關係；毫無防備地輕信"傅山本"就是傅山手録或抄纂的結果；因傅山的威望而又刻意抬高《廣胎息經》的文化價值；忽視盧丹亭、《廣胎息經》與淨明道之間可能存在的糾葛——比如常獲使用的傅山本沒有抄録與淨明道關係切近的内容，因此當學界注意到伍守陽《仙佛合宗語録》批評盧丹亭《廣胎息經》"詐托旌陽爲説，僭瀆帝經爲名"時，並未對此給予特别關注。但知曉上醫本和上圖本最末部分内容的情況後，對於伍守陽的批評就不難理解了。淨明道是建立在許旌陽信仰基礎上的道派，《廣胎息經》和盧丹亭恰恰是希望將自身歸入淨明傳統的修道運動。這一自覺歸附除表現在前述《廣胎息經》末尾對淨明道法脈的列述外，在了道部三十六戒之後還有一段弟子們對盧丹亭胎息法和淨明道的雙重贊美，也

毫不掩飾地將自身道法與淨明道連綴起來，文稱：

> 於是真人説經已了，諸大弟子盡皆歡忻踴躍，咸稱贊曰：
> 舉世人人胎息同，如何炁外覓根宗。
> 金爐慢慢烹天地，土釜悠悠制虎龍。
> 一脈泥丸通上下，半鐺玉液配東西。
> 淨明不是尋常道，息息還須要守中。

有鑒於此，筆者正着手以中華醫學會上海分會圖書館所藏抄本爲底本，參合上圖本和博山本，重新整理全本《丹亭盧祖師廣胎息經》，望此書能早日刊布，惠享學林。

（作者單位：上海社會科學院哲學研究所·
道家古典學研究中心）

---

① "《廣胎息經》二十二卷，不著撰人名氏。臣等謹案是書第二十一卷引羅洪先、陳獻章語，審爲明代道流所作，舊題宋人者妄也"。見（清）曹仁虎、嵇璜等《欽定續文獻通考》卷一八五，《景印文淵閣四庫全書》第 630 冊，臺灣商務印書館，1986 年，第 463 頁。

② （清）永瑢等編：《四庫全書總目》卷一四七，中華書局，1965 年，第 1261a 頁。《欽定續文獻通考》與《四庫全書總目》所述《廣胎息經》當爲同一抄本。

③ 許蔚指出，"之一"當爲"止止"，"一"恐爲重文號之誤。邵以正號止止道人。見許蔚《〈淨明忠孝全書〉的刊行與元明之際淨明統緒的構建——以日本內閣文庫藏明景泰三年邵以正序刊本爲中心》，《古典文獻研究》第十七輯上卷，鳳凰出版社，2014 年，第 136 頁，注 1。

④ 伍守陽：《重刻仙佛合宗語録》卷六，收入《重刊道藏輯要》畢集，光緒三十二年成都二仙庵刻本，第 31 葉。

⑤ 伍守陽：《天仙正理直論增註》本序并注，收入《重刊道藏輯要》畢集，光緒三十二年成都二仙庵刻本，第 1 葉。

⑥ 《浙江中醫藥古籍聯合目録》據稱收録浙江 35 個單位截止 1991 年底收藏的中醫藥古籍 2866 種。書中 2330 號著録《丹亭盧真人廣胎息經》十二卷，抄本 2 冊；2355 號《廣胎息經》，題盧祖師撰，抄本 2 冊。二者顯然均爲本文所討論的《廣胎息經》抄本，

但此書未給出二者的收藏單位或更多抄本信息，使人無從尋找。見胡濱、鮑曉東主編《浙江中醫藥古籍聯合目錄》，中醫古籍出版社，2009年，第140、142頁。

⑦《道藏精華》第57冊書目，將《傅青主丹亭問答集》與《丹亭真人談玄集》題署弄混。

⑧蕭天石：《重刊養真秘笈序》，蕭天石主編：《道藏精華》第52冊第12集之3，台灣自由出版社，1956—1992年，第1頁。

⑨蕭天石：《丹亭真人傳道密集序》，《道藏精華》第57冊第13集之5，第1頁。

⑩同上書，第1—6頁。

⑪此外，想要確定這些抄本是傅山"手錄"，至少也要通過與傅山其他墨跡進行筆跡對比後才能得出結論，而絕不能在文本由來不清的情況下僅根據題署冒然定案。

⑫爲行文方便，本文依舊稱這四個本子爲"傅山（青主）抄本"。

⑬蕭天石：《丹亭真人傳道密集序》，《道藏精華》第57冊第13集之5，第1頁。

⑭李遠國：《丹亭真人治虛勞法》，《中國氣功科學》1997年第3期，第29頁；王象禮：《傅山道教醫學著述考》，《山西中醫》2008年第3期，第35—37頁；王象禮：《傅山人體泰卦説探微》，《山西中醫》2012年第7期，第31—33頁；梁琳玲：《傅山道教思想研究》，華中師範大學碩士論文，2012年，第30—32頁；王占成、張凡、楊繼紅：《傅山手錄〈丹亭真人盧祖師養真秘笈〉功法淺析》，《山西中醫學院學報》2013年第2期，第2—4頁。

⑮周全彬、盛克琦點校：《玄門寶典：性命圭旨·丹亭傳道密集·道元一炁合刊》，華夏出版社，2017年；張明亮：《傅山手錄〈丹亭真人盧祖師玄談〉校釋》，中醫古籍出版社，2022年。

⑯https://gj.library.sh.cn/unionCatalogue/work/list#uri = http://data.library.sh.cn/gj/resource/instance/6i56rpyzte6daou7

⑰周全彬、盛克琦點校：《玄門寶典》，第13—14頁。周全彬、盛克琦還指出南京圖書館可能也存在《丹亭問答》的抄本。

⑱許蔚：《豫章羅念庵、鄧定宇二先生學行輯述》，中西書局，2022年，第14頁，注4。本文寫作過程中，就《廣胎息經》之事，求教復旦大學許蔚教授，獲詳細指點，特表感激！

⑲許蔚：《〈淨明忠孝全書〉的刊行與元明之際淨明統緒的構建——以日本內閣文庫藏明景泰三年邵以正序刊本爲中心》，第135—136頁。

⑳《丹亭真人盧祖師養真秘笈》，《道藏精華》第52冊第12集之3，第11頁及之後。

㉑此印文字，得九江學院廬山文化研究中心滑紅彬教授指教，特表感激！

㉒https://gj.library.sh.cn/unionCatalogue/work/list? o1rLJfIhVrpT = 1663638609594#uri=http://data.library.sh.cn/gj/resource/instance/x3r32xdbm1mmpplx

㉓周全彬、盛克琦點校：《玄門寶典》，第14頁。

㉔印章文字識別，獲成都中醫藥大學王家葵教授指導，特表感謝！

㉕卷一有一目錄（第三卷開始並非每卷均製作目錄），寫爲"疫症"，旁批改"疫"爲

"痰",查正文相應段落確爲"痰症"。

㉖ 兩卷之間,無四十一。前卷尾題"卷之二終",本卷開頭亦無殘缺,疑抄者漏抄一則。

㉗ 書中無"第三",疑抄手漏抄。

㉘ 按上下文體例,此漏一"諸"字。

㉙ 此卷有目錄,目錄中"成真第一"或誤。結合正文可知,此條目錄當指成真部第一中的"數息第一"。

再辨王韜六札的撰寫年代

□ 陳正青

近年來,筆者蒐集到王韜晚年書信一百多通,這些信札大都僅注月、日,而未書年款,故而研究者在利用某些書信時各自結合資料推斷撰寫年代。筆者在整理這批書信的過程中,也盡量爲之繫年。惟偶與前賢論斷有相悖之處,茲舉六通書札辨析如下。

一

杏蓀①方伯先生大人閣下:

久未奉書,心常懸念。慕思綦切,夢想殊勞。瞻望慈雲,如在天上。南北相左,問訊爲難。今夏忽逢酷暑,幾於爍石流金。讀雲漢之詩,無陰以憩,炎埃毒日中,敞門不出,終日握鉛槧,以從事香帥命譯之書。至此草創甫就,尚須補輯,加以潤色。全書衷然盈八十冊,亦可謂洋務之大觀。至於蒐羅富備,釐訂精詳,則視乎力之所能至而已。一俟繕呈清本,當塵②鈞覽。韜曾倩人別譯"商務"之書,約計四卷,與香帥所譯迥爾不同。既不虞雷同,亦無憂剿襲。韜始意大加改削,乃寄之郵筒,惟近日屢軀多病,藥爐茗碗,終日弗離,必至秋涼,始能捉筆。特過於遲緩,恐勞懸盼,故先寄呈台端,觀其大略,敬俟閣下許可,然後再行刪正未晚也。去年格致書院冬季課卷由閣下命題,彙齊後即求閣下鑒閱,甄別優劣,次第③甲乙,量之以玉尺,度之以金針,爲多士所矜式。乃自冬而春,自夏而秋,雖四季未周,而八月已届,肄業諸生仰望久矣,而尚未蒙鑒定,環集以待,屬盼良殷,敢以爲請,想閣下必有以鼓舞而裁成之,薰陶而涵泳之,以激勵此一隅碩彥也。楚南風俗剛勁,志與西人爲讐。西人久已知之,特含忍而未發。今匪人既借端以挑釁,而西人亦藉勢以求通,將來兩相齟齬,必至釀成巨禍,此則時事之大可虞者也。天氣漸涼,略有秋意,惟冀爲國自重,不宣。晚生王韜頓首拜手上書。中元前一日。④

案:夏東元先生確定此信寫於1893年,即光緒十九年。⑤

筆者辨析如下:

此信中有"以從事香帥命譯之書(即《洋務叢書》)。草創甫就,尚須補輯,加以潤色"云云。筆者找到一封王韜寫給理雅各的信中有這樣一句:"去年正月兩湖督憲張香帥命譯《洋務叢書》,以韜總纂……今秋譯事已畢,而增訂修飾尚有所待。"⑥落款爲"辛卯八月二十九日"。此處"辛卯"即光緒十七年(1891)。

兩相參照,即可知此信函當寫於光緒十七年(1891)。

二

杏蓀方伯先生大人閣下:

前日敬肅寸箋,由郵筒遞呈,亮邀慈鑒。側聞旌節言旋在此月中,從此辭榮簪紱,娛志林泉,作急流勇退,想名成身隱、高尚厥志固得矣,其如天下蒼生之屬望何?澍雨甘霖,待施孔亟。當軸者倚畀方殷,恐未許高臥也。韜屏跡滬江,日惟廠門卻埽,習靜養疴。有時耳聞目見,聊筆於書,豈敢云箸述哉?亦藉以自娛耳。前從諸君子後,載酒看花,間有屬意,題裏索扇,貽以篇章,前後積成五十二律,已付手民,鋟之於石,春蚓秋蛇,不堪寓目。嫫母陋姿,老老忘其醜,反欲牽簾自炫。謹塵一册,閣下見之,應爲掀髯一笑也。所請格致書院秋季課題未蒙賜下,肄業多士懸望慕切。竊思格致之學爲當今要務,西法入門必以此立基。方今強學、實學相繼並起,咸賴閣下爲之主持,倡厥先聲,開其風氣。兩年以來未命課題,示之準則,端其趨向,士子之揣摩洋務者,幾於無所依歸。伏求閣下今歲秋季迅賜課題,俾承學之士有所稟承,不勝幸甚。韜承乏書院十年於兹,並無薪水,惟冀挽回積習,先以空言,而後收實效。以請題之艱,屢思辭之而猶未果者,尚冀西學、西法他日或有傳人,於國家不無尺寸之補耳。况閣下爲造就人才、樂育後進者哉!是韜之所深望於公者也。韜在城西構畏人之小築,將閉户以劬書,取生平所作,寫成定本。雖當世無知我者,後之人或有取爾,則亦可以無憾矣。西風起矣,珍重裝棉,伏冀攝衛維時,萬萬爲國自重,不備。晚生王韜頓首上。十月四日。⑦

案:夏東元先生確定此信寫於1893年,即光緒十九年。⑧

筆者辨析如下:

第一,信中提及盛宣懷於格致書院"兩年以來未命課題"。按《格致書院課藝》,盛宣懷從光緒十三年至十八年,每年給格致書院命課題,或夏季,或秋季,或冬季,光緒十八年出的是秋季課題,以後未見命題。從光緒十八年秋季到二十年十月恰好符合本信中所謂"兩年以來未命課題"之語。

第二,信中寫到"韜承乏書院十年"。衆所周知,王韜擔任格致書院監院始於光緒十一年。⑨既云"承乏書院十年",則寫本信時,無疑應是光緒二十年。

從以上兩點分析,這封信當寫於光緒二十年(1894)十月四日。

三

杏蓀方伯先生大人閣下：

連日以天氣炎熇，不敢效襁襟子觸熱往還，日惟跂腳看書，科頭讀畫。有時高臥北窗，涼風颯至，自謂羲皇上人。陶泉明銷夏之法，真吾師也。"商務"書又鈔得兩本，敬塵鈞覽。韜處鈔胥共得三人，六月中旬以暑暫停，自七月朔始，仍令照常繕寫矣。嗣後如蜕旌北上，當封固寄津。蔣退庵鈔得"商務"兩本（一本昨日送來），今令其專鈔《禮俗》一門。是書頗有異聞奇事，可資博覽。有稔於日本情形者言，近日日人頗思變動，蓋自山縣有朋從俄京返，欲改舊盟，圖取遼東，俄人必不從壁上觀。日俄有事，固我中國之憂也。法俄之勢成，則日英之交亦必合，從此中國其多事矣。昨胡君鐵梅來言，欲我公預《蘇報》股分，每股五百圓，謂前日曾有人代達此意，特言之未果。韜謂閣下未必肯來。惟彼望之甚殷，得閣下一言以辭之，即可作復矣（世間多妄想人，恐天下屬望於公者，必有十萬人）。沈贄翁於十二日右手足忽患中風，不能動履，至二十五日竟不能語，惟祝其漸有轉機。病中猶諄諄以林樂知教習一席為言，謹將來札坿呈（十九日已不能書，口述而令他人書）。一俟天氣稍涼，即當敬趨台端，面聆塵教。此外伏冀攝衛維時，為國自重。鄉晚生王韜頓首上。七月二日。

四

杏蓀方伯先生大人閣下：

前日承賜兼金二百鎰，拜登之下，感泐難名。入秋十日，漸有涼意，酷暑乍消，清飆颯至，或俟一二日間，當可徑造台端，作晉人清言矣。時中書院之設，前時曾據贄翁面述，以為莫如虹口為最佳。爲高必因⑩邱陵,爲下必因⑪川澤,事半功倍,可以握之操券,特未⑫識高見以爲何如耳?"商務"書茲又鈔得三冊,所考商務源流頗有可觀。蔣退菴一月來僅鈔兩本,穉生性懶可知。韜處鈔胥者有三人,儘堪供驅使也。韜自六月十五後,裹足不出,幾於跬步,不離戶閾,靜中自有佳趣,非閒散人不易領略耳。旌節何時赴津?當謀一醉,兼可藉傾積愫也。秋風旣起,蒓鱸滋味何如?想不容東山高臥也。伏冀萬萬爲國自重,不備。鄕晚生王韜頓首上。七夕後一日。

五

杏蓀方伯先生大人閣下:

　　昨奉環雲,敬悉壹是。半載以來,得把芳徽,未盈十日,所以然者,草埜疏懶之民,究未敢脫略威儀,漫爲進退,不如以筆墨達喉舌,反得曲盡其詞。時中書院之設,教育英才,培養儒士,使之明曉西學,通達治體,誠爲自強之根本。日人之圖遼東、踞朝鮮,早在十餘年之前,時遣遊歷人員易裝至北旅居,測量水道深淺,韜屢以爲言,而當軸者不察也。然俄人在今日,其處心積慮猶日人也。俄人志在北方,法人意注南服,我朝與俄結歡,深中英人之忌。時事日亟,杞憂方大,正不知將何從下手。韜前十年曾作論數十篇,驗之今日情事,有如燭照,數計而龜卜也。眼當命小胥⑬鈔出,録塵⑭鈞覽。《洋務輯要》今又奉呈"商務"二本、"國用"一本,敬乞詧收。以後每一門鈔竟後,自當封固寄津。格致書院茲屆秋季課期,敬請大人命題,以式多士。院中肄業士子,不奉大人鈞誨者已有年矣。今院中如李經畬、葉瀚、潘敦先、殷之輅,皆深明西學,博通時務,可造之才也,皆昔日由大人之教育培養,得以至此,今胡爲置之不問耶?甚非所望於我公也,願益有以策勵之。韜自識紫芝,辱承繆賞一十八年於茲(己卯至日東,道經滬上,得見[15]於徐氏未園),感德沐恩,深銘肺腑,永矢勿諼。第秉性戇愚,不能爲翕翕熱,然在羹牆而如見,雖寢饋而弗忘,廿年如一日也。昔宣尼大聖也,猶且得季孫之粟千鍾、孟孫之車二乘,而交益親,道彌行。韜自蒙大人之分[16]惠廉泉,而得以養其廉介[17]之節,不妄干人。今日韜薄有微名,咸[18]出於大人所賜。惟是自[19]構畏人小築,土木之費綦鉅,薄蓄殆罄。近又負氣辭申館之論不作,所入較少。倘有可以助草堂貲者,乞公留意。知己感恩,拳拳在抱,圖報有心,惟力是視。餘暑未退,早晚頗有涼意,伏冀萬萬爲國自重,不備。鄉晚生王韜頓首上。七月十有三日。

案:夏東元先生認爲以上三封信都寫於1895年,即光緒二十一年。[20]

筆者辨析如下:

第一,從夏先生的依據説起。

在第三封信前,夏先生有一句説明:"王韜來函,請投資入股支持正在籌備的《蘇報》。"[21]其下注釋:"《蘇報》於1896年6月26日創刊,……"[22]據此認爲《蘇報》投資入股一定是在《蘇報》創刊前一年的1895年籌備期。筆者以爲也不能排除是在《蘇報》創辦以後致函盛宣懷請其投資入股的可能。

第四、第五這兩封信都提到時中書院。夏先生在注釋中提到:"所謂'時中書院之設',即盛宣懷擬在上海辦正式大學堂,此'時中書院'即次年設在徐家匯的南洋公學。"[23]很可能夏先生把這一點作爲判定這兩封信的撰寫年份爲1895年的根據。筆者以爲這個依據似乎也不成立。

《盛宣懷年譜長編》刊錄了1896年10月盛宣懷《條陳自強大計折》附奏二《請設學堂片》,內有:"本年春間,又在上海捐購基地,禀明兩江督臣劉坤一,籌款議建南洋公學,……"㉔兩個月後,此奏摺得到光緒皇帝准允。由此標志着南洋公學的創立。

然而,福開森1931年5月寫的《南洋公學早期歷史》一文中說到,南洋公學"於1897年春季舉行了一次考試,要招收三十人,……這個班的成員稱爲師範生。……這三十名師範生所組成的最早集體就是建立南洋學院的基礎。……開辦學院的唯一場所,就是那座稱爲"修道院"的舊樓房,它曾被用作接待週末遊客的郊區旅館。……靠近徐家匯,正好是虹橋路和海格路交叉路口的對面……立即著手尋找一個永久的校址……在1898年……我最後的選擇就是本學院現在的位址"。㉕由此可見,南洋公學正式開辦招生是在1897年。

據此,夏先生所謂"此'時中書院'即次年設在徐家匯的南洋公學"中的"次年"應該是1897年,那麼這第四、第五兩封信的撰寫年份當在此前一年,即1896年(光緒二十二年)。

第二,從這3封信和其他16封信都提到的幾件事情來分析。

筆者從上海圖書館和香港中文大學蒐羅到的、初步確定爲光緒二十二年王韜寫給盛宣懷的信件共19封(以上三信包括在内),這些信始終貫穿了幾件事情作主線,前後關聯,有詳有略,先後順序合乎邏輯。

首先,這19封信中多次提到爲盛宣懷抄《洋務輯要》(即張之洞請王韜主持編譯的《洋務叢書》)一事,並且可連續看到抄書的進度。特別是第三、四兩封信中和其他幾封信中都提到蔣退庵其人。蔣氏五月下旬來王韜處求職,六月初經過盛宣懷同意前來王韜處抄書,九月份突然去世。六月十六日王韜致盛宣懷信中寫了蔣退庵抄書的情況,後面提到自己"明年七十矣"。㉖衆所周知,王韜生於1828年,到1897年邁入70歲。由此可以推測,他寫信時是1896年,即光緒二十二年。

其次，第五封信中王韜提到自建新屋之事："惟是自構畏人小築，土木之費綦巨，薄蓄殆罄……倘有可以助草堂貲者，乞公留意。"王韜給盛宣懷好幾封信中都有詳有略提到此事，寫得較詳細的是五月二十二日信："韜於四月下旬有五日移居城西……惟是土木之工爲費不貲，陸賈之裝，阮藉之囊，早已罄其所有。其後又提及自己"明歲犬馬之齒已屆古稀"。㉗

再次，第三、第四這兩封信都提到沈贅翁幫盛宣懷請林樂知及其女公子做英文教師的事情。如六月初一日信中王韜提醒盛宣懷，如約見林樂知，則"初二係西人禮拜，例不見客"。㉘第二天信中再提到："禮拜一日（初三），爲林君專會教友、分辨教事之期，更形忙碌，不如定於禮拜二日（初四）午後三、四點鐘，往晤暢談何如？"㉙經查，僅光緒二十二年六月初二日（1896年7月12日）爲禮拜日。

第三，值得注意的一段文字。

王韜在第五封信中寫道："韜自識紫芝，辱承繆賞一十八年於茲（己卯至日東，道經滬上，得見於徐氏未園），感德沐恩，深銘肺腑，永矢勿諼。"信末署"七月十有三日"。其中"己卯"，即指光緒五年（1879）。十八年以後王韜寫本信時，應是光緒二十二年（1896），而不可能是光緒二十三年（1897），蓋此年四月二十三日（5月24日），王韜業已去世。

從以上幾點分析推測，第三至第五這三封信，確定寫於同一年，但不是光緒二十一年（1895），而應該是光緒二十二年（1896）。

六

銳止老衲上人㉚丈室：

久不見慈顏矣，想容光四射，普照衆生。北方捐賑，殊屬棘手，吳中耆宿，又弱一個。當飛書告急之時，正騎鶴升天之際，天不慭遺一老,爲可歎也。滬上歡場,近又一變。芙蓉城主已隨瘦腰郎去,惟八詠樓中,帶圍漸減,恐無續命縷,奈何。廣寒仙子自立門戶,改陸爲華,然門前冷落車門稀矣。後起之秀則推林桂芬,問其年,止盈盈十三齡也。杏翁來此,迄無所遇,現侍左右者,不過兩粗婢耳。弟曾爲代覓一金閶小女子,名曰阿福(姓程,其兄曰炳南,住慈悲橋),年僅三五,頗有姿致。杏翁雖評之曰超等,而意仍未屬。此女子已墮藩溷,弟拯之黑海,藏之金屋,以其猶是葳蕤之質,未遽問津,不意彼竟敢開閣自去,空費阿堵物五百圓。此真花月其貌,蛇蝎其性者哉!如此種人,當墮阿鼻地獄。以我上人觀之,作何説法?邇來上人意興若何?作何消遣?獨居斗室中,蒲團燈火,不嫌寂寞否?今年相識中多凋喪者,潘君鏡如、張君少渠,年僅長余一歲,敝戚醒逋没已逾一載,墓草宿矣,思之腹痛。人生忙迫一場便休,鐘鳴漏盡,而猶夜行不息,真苦惱衆生也。弟爲文字禪束縛,著述畢生,亦徒自苦耳。亦思數百年後,空名豈澤枯骨哉!幸弟於一切詩詞古文信筆直書,不假焦思苦慮。兹之刻書,非必欲傳世,亦使世間知有我之一人,庶不空生此世界中六七十年耳。非然,將與石火電光、塵露泡影一齊消滅,非我佛涅盤本意也。佛家之旨,自有之無,自寂之虛,然何以猶有往生淨土而皈依極樂世界之説?不生不滅,常有常存,此是真諦。弟書已刻至《法國志略》,敬以兩部奉塵澄鑒。此書采摭頗廣,紀載維詳,或亦可備海外掌故與?此間寒燠不常,病骨未甦,伏冀慎護眠餐,爲道自重。小弟王韜頓首。嘉平八日。

案:王爾敏先生節録此信,斷定寫於光緒二十一年(1895)十二月初八日。[31]

筆者辨析如下:

第一,此信提到芙蓉城主(妓女姚蓉初)嫁瘦腰郎、廣寒仙子(妓女陸月舫)自立門户以及王韜被阿福騙去五百圓三事,在光緒十六年十月十三日王韜致盛宣懷信札中都有幾乎相同的敍述。㉜就常理來看，似乎不大可能在五年之後，王韜又將此當作新鮮事，在另一封信裏向另一位友人謝家福全部重述一遍。

第二，此信最後一段提到"書已刻至《法國志略》"，並説要送給謝綏之兩部。此信落款日期爲"嘉平八日"，嘉平即農曆十二月。查光緒十六年閏二月十四日王韜致盛宣懷函中提及，《法國志略》將竣工。㉝同年十月二十日王韜致盛宣懷函中又説到，《法國志略》已經出版，並送給盛宣懷八部。㉞那麽過了一個多月，到十二月八日，王韜寫信給謝家福，説《法國志略》剛刻成，要送兩部給他，這是順理成章的事。

第三，此信有"今年相識中多凋喪者，潘君鏡如"云云，其中"潘君鏡如"即貴州青谿鐵廠總辦潘露（字镜如），乃時任貴州巡撫潘霨（字偉如）之弟。潘露積勞病故於光緒十六年七月十六日。㉟

綜合以上三點，此信當寫於光緒十六年（1890）。

（作者單位：上海商學院虹橋分院）

---

① 即盛宣懷。

② "塵"，夏東元《盛宣懷年譜長編》録爲"麈"（上海交通大學出版社，2004年，第410頁），似有誤。

③ "第"，《盛宣懷年譜長編》録爲"等"（第410頁）。似有誤。

④ 《盛宣懷年譜長編》摘録刊載了主要部分（第410頁）。

⑤ 同上書，第410頁。

⑥ 該信見李志剛《從王韜晚年五札探其與理雅各牧師的交往》文後附録，林啓彥、黃文江主編：《王韜與近代世界》，香港教育圖書公司，2000年，第472頁。

⑦ 此信原件保存在香港中文大學文物館。見王爾敏、陳善偉編《近代名人手札真蹟》，香港中文大學出版社，1988年，第3514頁。夏東元《盛宣懷年譜長編》摘録刊載了主要部分，第412頁。

⑧ 《盛宣懷年譜長編》，第412頁。

⑨如王韜《格致書院課藝·丙戌格致書院課藝序》云:"乙酉秋……延余爲監院……"《戊子格致書院課藝序》:"余忝主格致書院皋比者五年於茲矣。"《己丑格致書院課藝序》:"余承乏格致書院,謬主皋比,七年於茲。"《辛卯格致書院課藝序》:"……余之謬擁皋比,承之山長也,自乙酉始。"《癸巳格致書院課藝序》:"余自乙酉之夏,謬掌皋比,迄今十有一年。"以上見王韜輯《格致書院課藝》,清光緒二十八年(1902)上海圖書集成公司鉛印本。

⑩"因",《盛宣懷年譜長編》録爲"自"(第489頁),似有誤。

⑪"因",《盛宣懷年譜長編》録爲"自"(第489頁),似有誤。

⑫"特未",《盛宣懷年譜長編》録爲"不"(第489頁),似有誤。

⑬"胥",《盛宣懷年譜長編》録爲"眉"(第489頁),似有誤。

⑭"塵",《盛宣懷年譜長編》録爲"塵"(第489頁),似有誤。

⑮"見",《盛宣懷年譜長編》漏録此字,第489頁。

⑯"分",《盛宣懷年譜長編》録爲"鄉"(第489頁),似有誤。

⑰"廉介",《盛宣懷年譜長編》漏録"廉"(第489頁),似有誤。

⑱"咸",《盛宣懷年譜長編》録爲"感咸"(第489頁),似多一"感"字。

⑲"自",《盛宣懷年譜長編》漏録(第489頁),似有誤。

⑳《盛宣懷年譜長編》,第487—489頁。

㉑同上書,第487—488頁。

㉒同上書,第488頁。

㉓同上書,第489頁。

㉔同上書,第542頁。

㉕此文福開森以英文撰寫,題目爲"Early Years of Nanyang College",有中文譯本,現存上海交通大學檔案館。見《交通大學校史》撰寫組編《交通大學校史資料選編》第一卷,西安交通大學出版社,1986年,第10—11頁。此文又刊於上海交大校史編委會編《百年交大故事擷英》,上海交通大學出版社,2021年,第10—11頁。

㉖此信原件保存在香港中文大學文物館。見《近代名人手札真蹟》,第3557頁。

㉗此信原件保存在香港中文大學文物館。見《近代名人手札真蹟》,第3539頁。

㉘此信原件保存在香港中文大學文物館。見《近代名人手札真蹟》,第3548頁。

㉙此信原件保存在香港中文大學文物館。見《近代名人手札真蹟》,第3546頁。

㉚即謝家福(1847—1896),榜名家樹,字綏之,一字鋭止,小字太乙,號望炊、鋭庵、蘭階主人、桃園主人、望炊樓主人等,吳縣(今江蘇蘇州)人。

㉛王爾敏:《王韜生活的一面——風流至性》,《"中研院"近代史研究所集刊》第24期上册,1995年,第258頁。

㉜信末落款日期爲"庚寅十月十有三日",此處"庚寅"即光緒十六年(1890)。此信原件保存在香港中文大學文物館。見《近代名人手札真蹟》,第3444頁。

㉝信末落款日期爲"閏二月下澣四日",信中提到:"己丑秋季課卷寄來已久,想當早經評定甲乙。"評定課卷不可能隔時間太久,己丑年(即光緒十五年)後一二年中有

閏二月的只有光緒十六年(1890)。此信原件保存在香港中文大學文物館。見《近代名人手札真蹟》,第3374頁。

㉞信末落款日期爲"庚寅十月二十日",此處"庚寅"即光緒十六年(1890)。此信原件保存在香港中文大學文物館。見《近代名人手札真蹟》,第3449頁。

㉟潘家元纂修《[江蘇蘇州]大阜潘氏支譜·正編》卷五《世系考一·敷九公支長房蓼懷公支》:"露,遵淵公次子,原名廷榮,字湛廷,號鏡如……奉旨辦理貴州礦務……卒於清光緒十六年庚寅七月十六日,年六十有四。"民國十六年(1927)鉛印本。上海圖書館藏,索書號:xh。《光緒十六年八月三日貴州巡撫潘霨奏》:"……乃忽據清谿局委員候選通判徐慶沅稟稱:'臣弟潘露心力交瘁,竟於七月十六日積勞病故,衆商缺望,慘不忍言。'"見中國史學會主編《洋務運動》(七),收入《中國近代史資料叢刊》,上海人民出版社,1961年,第183頁。《申報》清光緒十六年(1890)七月二十五日(9月8日)《電傳噩耗》:"昨接貴州發來電信,云清溪礦局開爐後霪雨連日,煤氣鬱蒸,工匠抱病者甚多。潘鏡如觀察日後督工,感受瘴癘,忽於十六日身故。"

圖書在版編目(CIP)數據

歷史文獻. 第 24 輯 / 上海圖書館歷史文獻研究所編. —上海：上海古籍出版社，2023.11
ISBN 978-7-5732-0751-7

Ⅰ.①歷… Ⅱ.①上… Ⅲ.①中國歷史－文集 Ⅳ.①K207－53

中國國家版本館 CIP 數據核字(2023)第 120988 號

歷 史 文 獻

第 24 輯

上海圖書館歷史文獻研究所　編
上海古籍出版社出版發行
（上海市閔行區號景路 159 弄 1－5 號 A 座 5F　郵政編碼 201101）
(1) 網址：www.guji.com.cn
(2) E-mail: guji1@guji.com.cn
(3) 易文網網址：www.ewen.co
啓東市人民印刷有限公司印刷
開本 850×1168　1/32　印張 19.5　插頁 2　字數 472,000
2023 年 11 月第 1 版　2023 年 11 月第 1 次印刷
ISBN 978-7-5732-0751-7
K・3400　定價：98.00 元
如有質量問題，請與承印公司聯繫